신(神)산(算)육(六)효(爻)

神算 金用淵의

六 爻 新 講

김용연/노응근 공저

안 암 문 화 사

신(神)산(算)육(六)효(爻)

神算 金用淵의

六_육 爻_효 新_신 講_강

1판 1쇄 2014. 7. 30.
저　　자 김용연 · 노응근
편집교정교열 박혜경
발 행 인 이창식
발 행 처 안암문화사
등　　록 1978. 5. 24. 제2-565호
주　　소 135-200　서울시 강남구 자곡로 230
　　　　　　　자곡포레APT 311동 807호
전　　화 (02)2238-0491 / Fax (02)2252-4334

Copyright ⓒ 2014. by An Am Publishing Co.
Printed in Seoul, Korea

ISBN 978-89-7235-051-4 03150

이 도서의 국립중앙도서관 출판예정도서목록(CIP)은 서지정보유통지원시스템 홈페이지(http://seoji.nl.go.kr)와 국가
자료공동목록시스템(http://www.nl.go.kr/kolisnet)에서 이용하실 수 있습니다.(CIP제어번호 : CIP2014020725)

서문

　2001년부터 출간된 『신산육효-이것이 귀신도 곡하는 점술이다』는 국내 육효 연구의 새 지평을 여는 데 이바지를 하였고 역학계에 큰 영향을 주었다.

　'易'은 서지(書誌) 따위에 의해 규명되는 것이 아니다. '신산육효의 원칙'은 잡다한 이론과 유설에 있지 않고 '적중'하는 데 있다. 바른 정신과 자세로 스스로 이치를 얻어야 한다. 역학 분야가 학문으로 발전하려면 지속적으로 연구하고 전문성을 확보해야 할 것이다.

　고전은 현재와는 생활환경이나 관습이 상당히 다른 시대에 저술된 것이다. 불과 50~60년 전만 해도 당뇨 · 고혈압 · 암 같은 질환은 수명을 장담하지 못했다. 그러나 지금은 어떤가? 완치까지는 어려워도 그 질병과 수십 년 동행한다. 고전의 이론대로 수명을 판단한다면 과연 적중할 수 있겠는가? 시대가 바뀌면 그 시대에 적합한 이론으로 정립되어야 하고 예문도 시대에 맞게 설정되어야 한다.

　맞지 않는 고전의 원리를 시대에 맞게 체계화하여 새롭게 정립한 결과물이 바로 '신산육효신강'이다. 생활 주변에서 빈번하게 일어나는 사안에 대해 길흉화복을 간결하게 판단하는 데 중점을 뒀다. 신산육효가 높은 평가를 받는 이유는 이론을 밝힘에 그러한 연유(緣由)를 함께 제시함으로써 논리적인 세밀함으로 신뢰를 주었다는 점이다. 예문은 필자가 고객과의 상담에서 얻은 것을 우선하되, 점사에 맞는 적절한 예문을 추가로 설정해 신산육효를 쉽게 이해할 수 있도록 했다. '신산육효'만이 정석이라고 강요하지 않는다. 선택은 독자의 몫이다.

육효점은 다른 점술에 비해 적극적인 점법이다. 예를 들어 가뭄이 들면 비가 오기를 기다리는 것이 아니라 물줄기를 찾는 식이다. 그리하여 육효점은 전쟁과 함께 발전하였다. 선비·사대부들은 일일 자기 수신과 처신을 위해 적절히 활용하였고, 민족의 성웅 이순신 장군도 육효점을 적용해 임진왜란을 승리로 이끌어내셨다.

혹자는 필자를 적중률에만 치중한다고 폄하하지만, '점의 궁극적 목적'은 바로 '적중'이 아니겠는가! 그래야 진정한 교화(敎化)의 역할을 할 수 있다. 적중하기 위해서는 논리적인 이론을 바탕으로 해야 한다. 시중의 상당수의 역학 서적에는 유설이 많다. 일파와 암동, 순공과 진공, 진신과 퇴신, 회두생과 회두극이 분별되지 않은 책이 있다. 그러면서도 특별한 비전인 것처럼 나돌고 있으니 참으로 안타깝다.

신산육효를 고전[원문]을 단순 번역·해석한 책으로 오해하는 후학이 간혹 있는데 이것은 고전을 제대로 읽지 않았다는 것을 증명하는 무지몽매(無知蒙昧)한 편견이다. 필자의 신산육효 이론이 정설(定說)이 되어 있는 것이 현실인 와중에 기승전결(起承轉結)을 무시하고 '결'만 인용·도용하는 사례가 종종 있다. 반쪽 강의·반쪽 논문이 되는 실수를 범하지 않기를 바란다.

(2001년)『신산육효-이것이 귀신도 곡하는 점술이다』는 육효의 기초와 함께 육효점을 각 분야별로 소개한 입문서다. 육효를 빠른 시일 내에 익히고자 하는 후학을 위해 신산육효의 요점만 뽑아 집필했다.

(2013년)『신산육효정해』는 상담 실전에서 바른 점사와 정확한 괘풀이로, 전율할 만큼 신묘하고 높은 적중률로 안내하는 실전응용편이다. 고전의 하지장과 이차지장(여차지장)의 오류를 시정하여, 현시대에 맞게 '하여지장'으로 완성했다. 신수 판단법의 새로운 방법을 제시했다는 호평을 받고 있는 '신산성명학 신수요결 작괘법'은 성명과 나이로 신수를 판단하는 법으로 수명에 중점을 두었다.

(2009년)『신산육효비전요결』은 십팔문답의 올바른 이해, 신살의 적용법, 그 어떤 책에서도 다루지 않은 도액장(度厄章)과 문복하러 온 사람이 묻고자 하는 사안을 예측해 보는 내정장(來情章)을 심층 있게 분석했다.

(2014년)『신산육효-육효 신강』은 고전에 충실히 근거하면서 현대적 이론의 완벽한 정립과 체계적인 구성으로 자세히 설명하였다. 육효를 체계적으로 새롭게 배우고자 하는 후학을 위해 육효의 완전 분석과 해석, 현대적 예문과 괘풀이로 신산육효를 종합한 육효의 백미라 하겠다. 다른 책에서는 볼 수 없는 주식 투자에 대해 실전 위주의 이론뿐만 아니라 현실적인 사례도 함께 제시했다.

그동안의 성원에 보답하기 위해 더 알차게 보여주고 쓰고자 하였으나 못다 쓴 내용이 많다. 역학이나 육효학을 공부하는데 있어 여러 학설이나 막연한 이론으로 헤매고 있다면 '자연의 순환 이치'와 '상식'을 바탕으로 연구하라! 문리(文理)를 얻을 수 있다.

책을 펼치면 궁금한 내용이 해결되도록 빈틈없이 구성했다. 출판하는 데 원고 정리와 검토를 도와준 신산육효연구회 회원 역술인 박혜경 선생, 물심양면으로 지원해 주신 안암문화사 이창식 사장님께 감사한 마음을 전합니다.

2014년 7월 甲午 盛夏

신산 김용연

차·례

제3편 신산육효학의 기초 이론과 실제

15 ●

제 **1** 편

역

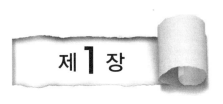

역의 원리

易

1. 태극

- 태초(太初)에 우주공간에 기체도 고체도 액체도 아닌 끈적끈적한 물체가 형체를 이루지 못하고 서로 엉키어 떠돌아다니고 있었다. 이 과정을 혼돈[混沌 : 무극(无極)]이라 한다.

- 이 혼돈에서 홀연 일기(一氣)가 일어나 서로 운집(雲集)해 구(球)가 형성되니 이것이 바로 태극(太極)이다. 서양에서는 야훼(Yahweh)가 세상을 창조하였다 하여 야훼를 유일(唯一) 신(神)으로 숭배하나, 동양에서는 자연(自然)에 의해 세상이 형성되었다 하여 자연을 숭배의 대상으로 삼고 있다.

- 태극은 무형(無形)에서 유형(有形)으로의 시작이다. 넓게는 우주를, 보편적으로는 우리가 생활하는 세상을 말하며 좁게는 내가 세상을 관찰하기 시작하는 자리다. 그저 막연하고 신비스러운 것이 아니다. 우리가 태극 속에서 생활하고 있다고 생각하면 태극을 이해하는 데 도움이 되겠다.

2. 양의(兩儀)[음양(陰陽)]

- 태극이 자전(自轉)과 공전(空轉)을 순환 반복하며 우주공간을 떠돌아 다니나 우주 공간이 아득히 깊고 어두워 그 형체를 식별하기 어려웠다.
- 이때 밝은 빛이 나타나 그 형체를 비추니 밝은 부분과 어두운 부분으로 선명하게 나눠진다. 밝은 부분을 양(陽 : ━), 어두운 부분을 음(陰 : --)이라 했다.
- 이제 비로소 밝고 어두움[음양(陰陽)]으로 세상의 모든 물체의 형상을 분별할 수 있다 하여 양의(兩儀)라 한다.

3. 사상(四象)

- 사상(四象)은 양의에서 한 단계 더 발전한 것이다.
- 양(陽 : ━) 중 밝은 부분과 다소 어두운 부분으로 분류하여 밝은 부분을 태양(太陽 : ⚌ : 노양老陽)이라 하고,
  다소 어두운 부분은 양(陽 : ━) 중에서 음(陰 : --)이 처음 발생하여 아직 어리니 소음(少陰 : ⚍)이라 한다.
- 음(陰 : --) 중 어두운 부분과 다소 밝은 부분으로 분류하여 어두운 부분을 태음(太陰 : ⚏ : 노음老陰)이라 하고,
  다소 밝은 부분은 음(陰 : --) 중에서 양(陽 : ━)이 처음 발생하여 아직 어리니 소양(少陽 : ⚎)이라 한다.
- 다시 정리하면 사상은 양의 중 양(陽 : ━)에서 태양(太陽 : ⚌)과 소음(少陰 : ⚍)으로,
  음(陰 : --)에서 태음(太陰 : ⚏)과 소양(少陽 : ⚎)으로 분별된다.

● 사상(四象)은 동양 정신문화의 바탕이다.

4. 팔괘

● 팔괘(八卦)는 사상(四象)에서 다시 한 단계 발전된 것으로 우리
일상에 필요한 자연의 구성 요소다.

태양(太陽☰) 중에서 밝은 (—) 부분 ☰	건	乾
태양(太陽☰) 중에서 어두운 (--) 부분 ☱	태	兌
소음(少陰☲) 중에서 밝은 (—) 부분 ☲	이	離
소음(少陰☲) 중에서 어두운 (--) 부분 ☳	진	震
소양(少陽☴) 중에서 밝은 (—) 부분 ☴	손	巽
소양(少陽☴) 중에서 어두운 (--) 부분 ☵	감	坎
태음(太陰☶) 중에서 밝은 (—) 부분 ☶	간	艮
태음太(陰☷) 중에서 어두운 (--) 부분 ☷	곤	坤

● ☰, ☱, ☲, ☳, ☴, ☵, ☶, ☷ → 팔괘를 소성괘(小成卦)라
한다. 소성괘가 각각 서로 만나 상하(上下)로 결합이 되면 64괘
가 되는데, 이 64괘를 대성괘(大成卦)라고 한다.
  ㉔ 소성괘 : ☰, ☱, ☲, ☳, ☴, ☵, ☶, ☷
  ㉔ 대성괘 : ䷀, ䷁, ䷂, ䷃, ䷄, ䷅, ䷆, ䷇...
● 대성괘(64괘)를 가지고 자연의 순환 이치에 따라 바름과 바르
지 못함을 분별해 지혜로운 선택으로 흉(凶)을 피하고 길(吉)을
취한다. 이것이 점(占)이다.

〈그림-1〉 태극에서 육십사괘까지 발전 진행도

☯ 太極에서 六十四卦까지

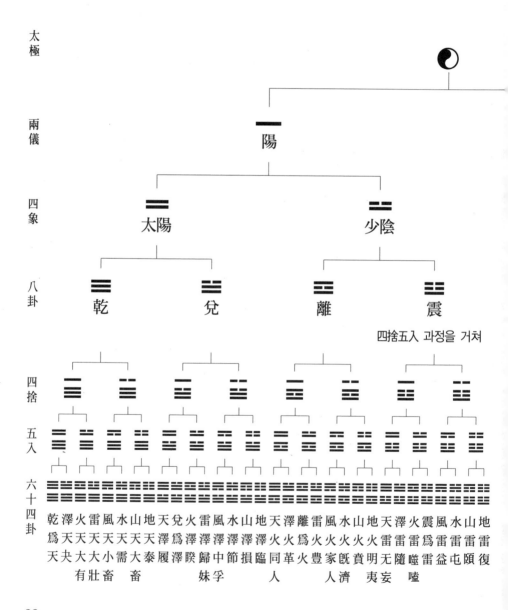

太極

兩儀   陽

四象   太陽   少陰

八卦   乾   兌   離   震

四捨五入 과정을 거쳐

四捨

五入

六十四卦

乾 澤 火 雷 風 水 山 地 兌 火 雷 風 水 山 地 澤 離 雷 風 水 山 地 天 澤 火 震 風 水 山 地
爲 天 天 天 天 天 天 天 澤 爲 澤 澤 澤 澤 澤 澤 火 火 爲 火 火 火 火 火 雷 雷 雷 爲 雷 雷 雷 雷
天 夬 大 大 小 需 大 泰 履 澤 睽 歸 中 節 損 臨 同 革 火 豊 家 旣 賁 明 无 隨 噬 雷 益 屯 頤 復
     有 壯 畜 畜   小 孚   妹 孚   人   人 濟 夷 妄 嗑

發展進行圖

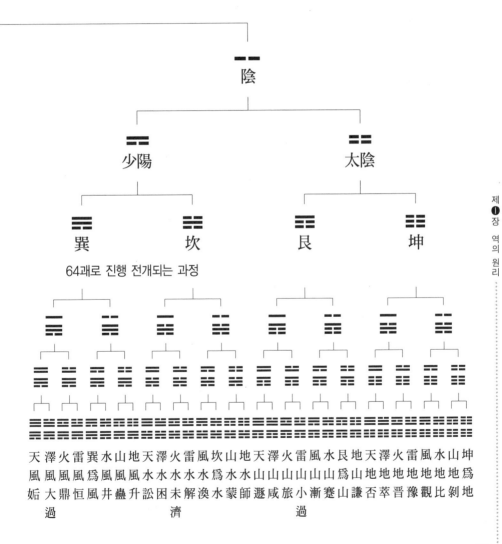

64괘로 진행 전개되는 과정

天澤火雷巽水山地天澤火雷風山地天澤火雷風水艮地天澤火雷風水山坤
風風風風爲風風風水水水水水爲水水山山山山山山爲山地地地地地地爲
姤 大鼎恒風井蠱升訟困未解渙水蒙師遯咸旅小漸蹇山謙否萃晋豫觀比剝地
　　過　　　　濟　　　　過

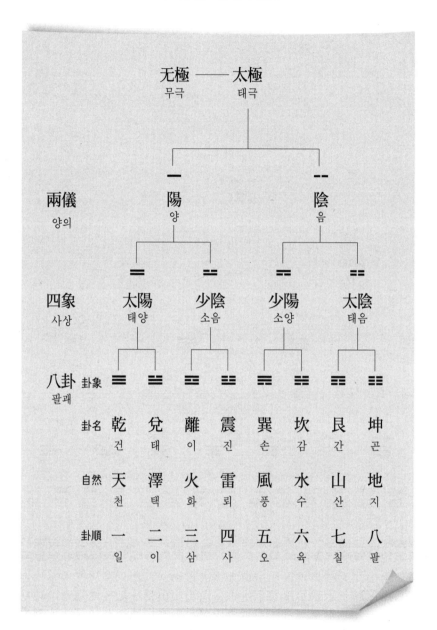

5. 하도와 낙서

1) 용마하도

- 중국 고대의 삼황(三皇) 중 복희씨(伏羲氏)가 하수(河水: 강 이름)에서 용마(龍馬: 머리는 용, 몸은 말의 형상)를 발견했다. 등에 55개(흰점 25개, 검은 점 30개)의 점 형상[무늬]을 보고 음양동정(陰陽動靜)의 이치를 깨달아 자연 운행의 원리를 밝혔다. 하도(河圖)란 하수에서 발견한 그림이라 해서 붙여진 이름이다. 용마하도(龍馬河圖)라고도 한다.

- 하도를 살펴보면, 하얀 점은 하늘[天]과 양(陽), 검은 점은 땅[地]과 음(陰), 동그라미 개수는 수(數)를 나타낸다. 1점과 6점은 북방(北方), 2점과 7점은 남방(南方), 3점과 8점은 동방(東方), 4점과 9점은 서방(西方), 5점과 10점은 중앙에 각각 자리 잡고 있다.

- 이를 오행으로 설명하면 1점과 6점은 수(水), 2점과 7점은 화(火), 3점과 8점은 목(木), 4점과 9점은 금(金), 5점과 10점은 토(土)를 각각 표시한다.

〈그림-3〉 하도

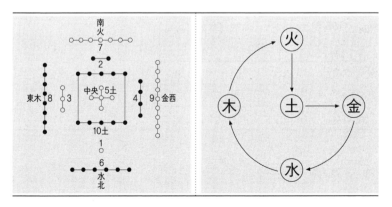

- 하도에서 양(陽)은 천수(天數)·양수(陽數)이고, 음(陰)은 지수(地數)·음수(陰數)다.

  북방에서는 천수1(壬 : 陽水)과 지수6(癸 : 陰水),

  동방에서는 천수3(甲 : 陽木)과 지수8(乙 : 陰木),

  남방에서는 천수7(丙 : 陽火)과 지수2(丁 : 陰火),

  서방에서는 천수9(庚 : 陽金)와 지수4(辛 : 陰金),

  중앙에서는 천수5(戊 : 陽土)와 지수10(己 : 陰土)이 각각 대응하고 있다.

  천수(天數)의 합은 25수, 지수(地數)의 합은 30수라, 천수와 지수를 합하면 55수[天地之數]가 된다.

- 여기서 오행 기본수 원수(五行源數) 즉 5를 빼면 50수가 된다. 이 수(數)를 대연수(大衍數)라 한다. 또 대연수에서 태극 1수를 빼면 49수가 되는데, 이것이 육효점(六爻占)에서 쓰는 수다.

생수＋성수＝55수	55수－오행수5＝대연수	대연수50－태극수1＝49수

〈표-1〉 생수와 성수

五行(오행)	水	火	木	金	土	생수 바탕수 성수	
方位(방위)	北	南	東	西	中央	1 ＋ 5 ＝ 6	1·6 수
生數(생수)	1	2	3	4	5	2 ＋ 5 ＝ 7	2·7 화
陰陽·五行	陽水	陰火	陽木	陰金	陽土		
天數·地數	천수	지수	천수	지수	천수	3 ＋ 5 ＝ 8	3·8 목
成數(성수)	6	7	8	9	10	4 ＋ 5 ＝ 9	4·9 금
陰陽·五行	陰水	陽火	陰木	陽金	陰土		
天數·地數	지수	천수	지수	천수	지수	5 ＋ 5 ＝ 10	5·10토

2) 신구낙서

- 중국 하나라 우왕 시절에 치수할 때 낙수에서 신구[거북이]를

발견했다. 등에 45개의 점 형상(거북이 등이 갈라져 있는 것이 글자처럼 보여 圖가 아니라 書라는 견해도 있고, 글과 함께 있었다고도 함)을 보고 역(易)의 모든 원리를 연구해 후대 왕들이 백성의 일상생활과 길흉화복을 분별하는 바탕으로 삼도록 했다. 신구낙서(神龜洛書)라고도 한다.

● 양수(陽數)9는 남방, 양수1은 북방, 양수3은 동방, 양수7은 서방, 양수5는 중앙, 음수(陰數)2는 서남방, 음수8은 동북방, 음수4는 동남방, 음수6은 서북방에 각각 위치하고 있다.

<그림-4> 낙서

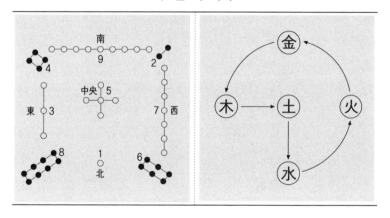

6. 팔괘도

1) 복희선천팔괘도

● 복희선천팔괘도(伏羲先天八卦圖)는 하도를 바탕으로 한다.

● 송나라의 소강절(소옹)이 도상화(圖象化)한 것이다.

● 위 남방(南方)에 있는 乾(건)은 하늘[天]이고, 아래 북방(北方)에 있는 坤(곤)은 땅[地]이다. 하늘과 땅의 위치가 정해졌다는 의미다.

동방(東方)의 離(이)는 불[火]이고, 서방(西方)의 坎(감)은 물[水]이다. 불과 물은 서로 대립하면서도 서로 구제한다는 뜻이다. 서북방(西北方)에 있는 艮(간)은 산[山]이고, 동남방(東南方)에 있는 兌(태)는 못[澤]이다. 산과 못은 그 기운이 통함을 의미한다. 동북방(東北方)의 震(진)은 우레[雷]이고, 서남방(西南方)의 巽(손)은 바람[風]이다. 우레와 바람은 서로 어울리며 부딪친다는 뜻이다.

〈그림-5〉 선천팔괘도

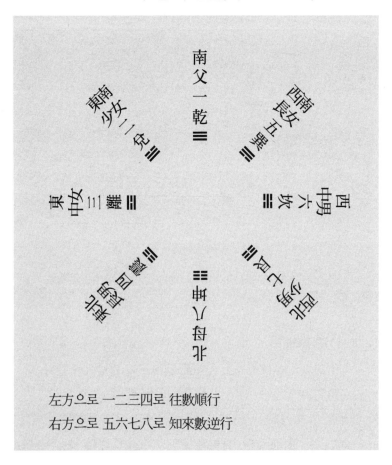

2) 문왕후천팔괘도

◉ 문왕후천팔괘도(文王後天八卦圖)는 낙서를 바탕으로 한다.

◉ 송나라의 소강절(소옹)이 도상화(圖象化)한 것이다.

◉ 坎水(감수)1은 북방, 坤地(곤지)2는 서남방, 震木(진목)3은 동방,
  巽木(손목)4는 동남방, 5는 중앙, 乾金(건금)6은 서북방, 兌金(태
  금)7은 서방, 艮土(간토)8은 동북방, 離火(이화)9는 남방이다.

◉ 구궁도(九宮圖)는 후천팔괘도를 바탕으로 한 것이다.

〈그림-6〉 후천팔괘도

7. 구궁도

1) 구궁

- 구궁은 방위(方位)를 말한다.
- 내가 서 있는 기점을 중심으로.

子	午	卯	酉	丑·寅	辰·巳	未·申	戌·亥
정북	정남	정동	정서	동북	동남	서남	서북

〈표-2〉 구궁도

☴ 巽 巳辰 4 東南	☲ 離 午 9 南	☷ 坤 未申 2 南西
☳ 震 卯 3 東	5 中宮 中央	☱ 兌 酉 7 西
☶ 艮 寅丑 8 東北	☵ 坎 子 1 北	☰ 乾 戌亥 6 西北

〈그림-7〉 구궁도 손가락 위치

제2장

역의 기초

1. 간지

1) 간지
- 간지(干支)는 10개의 천간과 12개의 지지를 일컫는다.

2) 십간
- 십간(十干)은 갑(甲), 을(乙), 병(丙), 정(丁), 무(戊), 기(己), 경(庚), 신(辛), 임(壬), 계(癸)다.
- 천간(天干), 십천간(十天干)이라고 한다.

十干	甲	乙	丙	丁	戊	己	庚	辛	壬	癸
십간	갑	을	병	정	무	기	경	신	임	계

3) 십이지
- 십이지(十二支)는 자(子), 축(丑), 인(寅), 묘(卯), 진(辰), 사(巳), 오(午), 미(未), 신(申), 유(酉), 술(戌), 해(亥)다.

- 지지(地支), 십이지지(十二地支)라고 한다.
- 십이지수(十二支獸)라고 하여 동물에 비유하기도 한다.

十二支	子	丑	寅	卯	辰	巳	午	未	申	酉	戌	亥
십이지	자	축	인	묘	진	사	오	미	신	유	술	해

2. 육십갑자

1) 갑자

- 갑자(甲子)는 십간과 십이지를 순차적으로 짝을 지은 60개의 간지 중 제일 첫 번째 간지로 육십갑자를 대표하고 상징한다.

2) 육십갑자

- 육갑(六甲)이라고 한다.
- 십간의 갑(甲), 을(乙), 병(丙), 정(丁), 무(戊), 기(己), 경(庚), 신(辛), 임(壬), 계(癸)와 십이지의 자(子), 축(丑), 인(寅), 묘(卯), 진(辰), 사(巳), 오(午), 미(未), 신(申), 유(酉), 술(戌), 해(亥)를 각각 하나씩 순서대로 짝지어 조합한 것으로, 모두 60개가 된다.
- 십간은 6회, 십이지는 5회 순환한다. 6개의 순(旬)으로, 오행으로도 분류된다.

甲子	乙丑	丙寅	丁卯	戊辰	己巳	庚午	辛未	壬申	癸酉
갑자	을축	병인	정묘	무진	기사	경오	신미	임신	계유
甲戌	乙亥	丙子	丁丑	戊寅	己卯	庚辰	辛巳	壬午	癸未
갑술	을해	병자	정축	무인	기묘	경진	신사	임오	계미
甲申	乙酉	丙戌	丁亥	戊子	己丑	庚寅	辛卯	壬辰	癸巳
갑신	을유	병술	정해	무자	기축	경인	신묘	임진	계사
甲午	乙未	丙申	丁酉	戊戌	己亥	庚子	辛丑	壬寅	癸卯
갑오	을미	병신	정유	무술	기해	경자	신축	임인	계묘
甲辰	乙巳	丙午	丁未	戊申	己酉	庚戌	辛亥	壬子	癸丑
갑진	을사	병오	정미	무신	기유	경술	신해	임자	계축
甲寅	乙卯	丙辰	丁巳	戊午	己未	庚申	辛酉	壬戌	癸亥
갑인	을묘	병진	정사	무오	기미	경신	신유	임술	계해

제2장 역의 기초

〈표-4〉 간지와 출생년도

갑자년	을축년	병인년	정묘년	무진년	기사년	경오년	신미년	임신년	계유년
1864	1865	1866	1867	1868	1869	1870	1871	1872	1873
1924	1925	1926	1927	1928	1929	1930	1931	1932	1933
1984	1985	1986	1987	1988	1989	1990	1991	1992	1993
2044	2045	2046	2047	2048	2049	2050	2051	2052	2053
2104	2105	2106	2107	2108	2109	2110	2111	2112	2113
갑술년	을해년	병자년	정축년	무인년	기묘년	경진년	신사년	임오년	계미년
1874	1875	1876	1877	1878	1879	1880	1881	1882	1883
1934	1935	1936	1937	1938	1939	1940	1941	1942	1943
1994	1995	1996	1997	1998	1999	2000	2001	2002	2003
2054	2055	2056	2057	2058	2059	2060	2061	2062	2063
2114	2115	2116	2117	2118	2119	2120	2121	2122	2123
갑신년	을유년	병술년	정해년	무자년	기축년	경인년	신묘년	임진년	계사년
1884	1885	1886	1887	1888	1889	1890	1891	1892	1893
1944	1945	1946	1947	1948	1949	1950	1951	1952	1953
2004	2005	2006	2007	2008	2009	2010	2011	2012	2013
2064	2065	2066	2067	2068	2069	2070	2071	2072	2073
2124	2125	2126	2127	2128	2129	2130	2131	2132	2133
갑오년	을미년	병신년	정유년	무술년	기해년	경자년	신축년	임인년	계묘년
1894	1895	1896	1897	1898	1899	1900	1901	1902	1903
1954	1955	1956	1957	1958	1959	1960	1961	1962	1963
2014	2015	2016	2017	2018	2019	2020	2021	2022	2023
2074	2075	2076	2077	2078	2079	2080	2081	2082	2083
2134	2135	2136	2137	2138	2139	2140	2141	2142	2143
갑진년	을사년	병오년	정미년	무신년	기유년	경술년	신해년	임자년	계축년
1904	1905	1906	1907	1908	1909	1910	1911	1912	1913
1964	1965	1966	1967	1968	1969	1970	1971	1972	1973
2024	2025	2026	2027	2028	2029	2030	2031	2032	2033
2084	2085	2086	2087	2088	2089	2090	2091	2092	2093
2144	2145	2146	2147	2148	2149	2150	2151	2152	2153
갑인년	을묘년	병진년	정사년	무오년	기미년	경신년	신유년	임술년	계해년
1914	1915	1916	1917	1918	1919	1920	1921	1922	1923
1974	1975	1976	1977	1978	1979	1980	1981	1982	1983
2034	2035	2036	2037	2038	2039	2040	2041	2042	2043
2094	2095	2096	2097	2098	2099	2100	2101	2102	2103
2154	2155	2156	2157	2158	2159	2160	2161	2162	2163

3. 납음오행

1) 납음오행

● 납음오행(納音五行)이란 간지를 두 개씩 묶어 오행(五行)과 물
  상(物像)을 배속한 것이다. 활용법을 모르는 것인지 사용하는
  경우가 드문 것이 현실이다. 그러나 신산육효에서는 수명점과
  양택 · 음택(분묘점)에 적용하고 있다.

〈표-5〉 납음오행

甲子 乙丑 海中金 해중금	丙寅 丁卯 爐中火 노중화	戊辰 己巳 大林木 대림목	庚午 辛未 路傍土 노방토	壬申 癸酉 劍鋒金 검봉금
甲戌 乙亥 山頭火 산두화	丙子 丁丑 澗下水 간하수	戊寅 己卯 城頭土 성두토	庚辰 辛巳 白鑞金 백랍금	壬午 癸未 楊柳木 양류목
甲申 乙酉 泉中水 천중수	丙戌 丁亥 屋上土 옥상토	戊子 己丑 霹靂火 벽력화	庚寅 辛卯 松栢木 송백목	壬辰 癸巳 長流水 장류수
甲午 乙未 沙中金 사중금	丙申 丁酉 山下火 산하화	戊戌 己亥 平地木 평지목	庚子 辛丑 壁上土 벽상토	壬寅 癸卯 金箔金 금박금
甲辰 乙巳 覆燈火 복등화	丙午 丁未 天河水 천하수	戊申 己酉 大驛土 대역토	庚戌 辛亥 釵釧金 차천금	壬子 癸丑 桑柘木 상자목
甲寅 乙卯 大溪水 대계수	丙辰 丁巳 沙中土 사중토	戊午 己未 天上火 천상화	庚申 辛酉 石榴木 석류목	壬戌 癸亥 大海水 대해수

2) 납음오행 산출법

● **1** 납음오행의 산출은 49수(대연수 50수 - 태극수 1)와 선천수
로 계산한다.

● ㉠甲子 · 乙丑의 간지 선천수 합은 34(甲9+子9+乙8+丑8)이
다. 49수에서 34를 빼면 15가 된다. 15를 오행수 5로 나누면
나머지가 없다. 나머지가 없으면 오행수 5를 그대로 사용한다.
5는 오행으로 토(土)에 해당한다. 토(土)가 생하는 오행 금(金)
이 갑자 · 을축의 납음오행이 된다.

● ㉠丙寅 · 丁卯의 간지 선천수의 합은 26(丙7+寅7+丁6+卯6)
이다. 49수에서 26을 빼면 23이 된다. 23을 5로 나누면 3이
남는다. 3은 목(木)에 해당한다. 목(木)이 생하는 오행 화(火)가
병인 · 정묘의 납음오행이 된다.

● **2** ㉠갑자(甲子)의 납음오행은 ①甲1+子1=2(*숫자에 해당하
는 오행이 납음오행이 된다.) ②표에서 2는 금(金)이다. ③甲子
의 납음오행은 金이다.

〈표-6〉 납음오행 산출 속견표

木		金		水		火		土	
1		2		3		4		5	
갑(甲)	을(乙)	병(丙)	정(丁)	무(戊)	기(己)	경(庚)	신(辛)	임(壬)	계(癸)
자(子)	축(丑)	인(寅)	묘(卯)	진(辰)	사(巳)				
오(午)	미(未)	신(申)	유(酉)	술(戌)	해(亥)				

● ㉠병술(丙戌)의 납음오행은 ①丙2+戌3=5 ②표에서 5는 토
(土)다. ③丙戌의 납음오행은 土다.

● ㉠계해(癸亥)의 납음오행은 ①癸5+亥3=8 ②8-5=3(*5이상
의 숫자가 나오면 5를 뺀다.) ③표에서 3은 수(水)다. ④癸亥의

납음오행은 水다.

● 예기사(己巳)의 납음오행은 ①己3＋巳3＝6 ②6-5＝1 ③표에서 1은 목(木)이다. ④己巳의 납음오행은 木이다.

4. 간지의 소속

1) 음양

십 간	甲	乙	丙	丁	戊	己	庚	辛	壬	癸
음 양	陽	陰	陽	陰	陽	陰	陽	陰	陽	陰

십이지	子	丑	寅	卯	辰	巳	午	未	申	酉	戌	亥
음 양	陽	陰	陽	陰	陽	陰	陽	陰	陽	陰	陽	陰

陰 陽	陽	陰
十 干	甲丙戊庚壬	乙丁己辛癸
十二支	子寅辰午申戌	丑卯巳未酉亥

2) 오행

십 간	甲	乙	丙	丁	戊	己	庚	辛	壬	癸
오 행	木	木	火	火	土	土	金	金	水	水

십이지	子	丑	寅	卯	辰	巳	午	未	申	酉	戌	亥
오 행	水	土	木	木	土	火	火	土	金	金	土	水

五 行	木	火	土	金	水
十 干	甲乙	丙丁	戊己	庚辛	壬癸
十二支	寅卯	巳午	辰戌丑未	申酉	亥子

3) 음양오행

십 간	甲	乙	丙	丁	戊	己	庚	辛	壬	癸
음 양	陽	陰	陽	陰	陽	陰	陽	陰	陽	陰
오 행	木	木	火	火	土	土	金	金	水	水

십이지	子	丑	寅	卯	辰	巳	午	未	申	酉	戌	亥
음 양	陽	陰	陽	陰	陽	陰	陽	陰	陽	陰	陽	陰
오 행	水	土	木	木	土	火	火	土	金	金	土	水

五行	木	火	土	金	水
陽	甲寅	丙午	戊辰戌	庚申	壬子
陰	乙卯	丁巳	己丑未	辛酉	癸亥

4) 동물(띠)

십이지	子	丑	寅	卯	辰	巳	午	未	申	酉	戌	亥
동 물	쥐	소	호랑이	토끼	용	뱀	말	양	원숭이	닭	개	돼지

5) 시간

십이지	子	丑	寅	卯	辰	巳	午	未	申	酉	戌	亥
시 간	23~01	01~03	03~05	05~07	07~09	09~11	11~13	13~15	15~17	17~19	19~21	21~23

6) 월건

십이지	子月	丑月	寅月	卯月	辰月	巳月	午月	未月	申月	酉月	戌月	亥月
월 건	11月	12月	1月	2月	3月	4月	5月	6月	7月	8月	9月	10月

7) 절기

월건	寅月	卯月	辰月	巳月	午月	未月	申月	酉月	戌月	亥月	子月	丑月
절기	立春 입춘	驚蟄 경칩	清明 청명	立夏 입하	芒種 망종	小暑 소서	立秋 입추	白露 백로	寒露 한로	立冬 입동	大雪 대설	小寒 소한
양력	2.3 ~ 2.5	3.5 ~ 3.7	4.4 ~ 4.6	5.5 ~ 5.7	6.5 ~ 6.7	7.6 ~ 7.8	8.7 ~ 8.9	9.7 ~ 9.9	10.8 ~ 10.9	11.7 ~ 11.8	12.6 ~ 12.8	1.5 ~ 1.7

- 예1월(寅月 : 정월)이 시작되는 기준은 입춘이다. 2월(卯月)의
  시작은 경칩이니, 절기로 경칩이 되는 시점부터 2월이다.

8) 계절

계 절	봄(春)	여름(夏)	가을(秋)	겨울(冬)	사계절(四季節)
오 행	木	火	金	水	土
십 간	甲乙	丙丁	庚辛	壬癸	戊己
십이지	寅卯辰月	巳午未月	申酉戌月	亥子丑月	辰戌丑未月

- 3개월이 모여 한 계절을 이룬다.
- 봄은 인묘진(寅卯辰)월로 오행은 木, 여름은 사오미(巳午未)월로
  오행은 火, 가을은 신유술(申酉戌)월로 오행은 金, 겨울은 해자축
  (亥子丑)월로 오행은 水다. 계절과 계절 사이에 있는 각 계절의
  끝인 진술축미(辰戌丑未)월은 사계(四季)라 하며 오행은 土다.

9) 방위

오행	木	火	土	金	水
방위	동(東)	남(南)	중앙(中央)	서(西)	북(北)

方位(五行)	東(木)	南(火)	中央(土)	西(金)	北(水)
十 干	甲乙	丙丁	戊己	庚辛	壬癸
十二支	寅卯	巳午	辰戌丑未	申酉	亥子

10) 색

색	靑 청	赤 적	黃 황	白 백	黑 흑
오 행	木	火	土	金	水
십 간	甲乙	丙丁	戊己	庚辛	壬癸
십이지	寅卯	巳午	辰戌丑未	申酉	亥子

11) 선천수

십 간	甲	乙	丙	丁	戊	己	庚	辛	壬	癸
선천수	9	8	7	6	5	9	8	7	6	5

십이지	子	丑	寅	卯	辰	巳	午	未	申	酉	戌	亥
선천수	9	8	7	6	5	4	9	8	7	6	5	4

先天數	9	8	7	6	5	4
干 支	甲己子午 갑기자오	乙庚丑未 을경축미	丙辛寅申 병신인신	丁壬卯酉 정임묘유	戊癸辰戌 무계진술	巳亥 사해

12) 후천수

십 간	甲	乙	丙	丁	戊	己	庚	辛	壬	癸
후천수	3	8	7	2	5	獨100	9	4	1	6

십이지	子	丑	寅	卯	辰	巳	午	未	申	酉	戌	亥
후천수	1	10	3	8	5	2	7	10	9	4	5	6

後天數	3	8	7	2	5	獨100	10	9	4	1	6
干 支	甲寅	乙卯	丙午	丁巳	戊辰戌	己	丑未	庚申	辛酉	壬子	癸亥

13) 오행과 후천수

오 행	木	火	土	金	水
수(數)	3, 8	2, 7	5, 10	4, 9	1, 6

〈표-7〉 오행과 간지 소속

五行 오행	木 목		火 화		土 토		金 금		水 수	
天干	甲	乙	丙	丁	戊	己	庚	辛	壬	癸
天干先天數	9	8	7	6	5	9	8	7	6	5
地支	寅	卯	午	巳	辰戌	丑未	申	酉	子	亥
地支先天數	7	6	9	4	5	8	7	6	9	4
干支後天數	3	8	7	2	5	10	9	4	1	6
五方 오방	東 동		南 남		中央 중앙		西 서		北 북	
四季 사계	春 봄		夏 여름		四季 끝 계절		秋 가을		冬 겨울	
五色 오색	靑 청		赤 적		黃 황		白 백		黑 흑	
五臟 오장	肝 간		心 심		脾 비		肺 폐		腎 신	
六腑 육부	膽 담		小腸 소장		胃 위		大腸 대장		膀胱 방광	
五味 오미	酸 신맛		苦 쓴맛		甘 단맛		辛 매운맛		鹹 짠맛	
五官 오관	眼 눈		舌 혀		口 입		鼻 코		耳 귀	
音五行 음오행	ㄱㅋ		ㄴㄷㄹㅌ		ㅇㅎ		ㅅㅈㅊ		ㅁㅂㅍ	

1) 간지의 합충형파해

● 십간과 십이지는 각각 성질이 달라 서로 합(合)·충(沖)·형(刑)·해(害)하는 관계가 있다. 육효(六爻)에서는 십간의 합충은 제외하고, 십이지의 합, 충, 형만 활용한다. 대체적으로 합은 길(吉)한 것으로, 충이나 형은 흉(凶)한 것으로 인식이 되어 있으나 점사의 내용에 따라 해석을 달리 한다.

● 합이 항상 좋은 것만은 아니다. 용신(用神)이나 희신(喜神)이 합이 되면 묶여 작용을 하지 못하기 때문이다. 충도 항상 나쁜 것이 아니다. 충이 기신(忌神)이나 흉신(凶神)을 충거(沖去)하면 도리어 재앙이 물러가기 때문이다.

2) 십간의 합과 충

① 십간의 합

● 서로 합하는 관계다. 지정하는 십간으로부터 6번째 간(干)과 합이 된다. 합을 이루면 오행에 변화가 온다. 그러나 각기 가지고 있는 본질적인 개성은 내재되어 있다. 육효에서는 사용하지 않는다.

십간 합	甲己合 갑기합	乙庚合 을경합	丙辛合 병신합	丁壬合 정임합	戊癸合 무계합
오행	土	金	水	木	火

② 십간의 충

● 서로 충돌하는 관계다. 지정하는 십간으로부터 7번째 간(干)과

충이 된다. 그래서 칠살(七殺)이라 한다. 육효에서는 사용하지 않는다.

십간 충	甲庚冲 갑경충	乙辛冲 을신충	丙壬冲 병임충	丁癸冲 정계충

3) 십이지의 합충형파해

① 합(合)

- 6개의 합을 이루니 육합이다.
- 육효에서 육합은 서로의 행동에 제약을 준다.

육합	子丑合 자축합	寅亥合 인해합	卯戌合 묘술합	辰酉合 진유합	巳申合 사신합	午未合 오미합
오행	土	木	火	金	水	불변(不變)

② 삼합(三合)

- 자 · 오 · 묘 · 유(子午卯酉)를 중심으로 하여 자, 오, 묘, 유 오행의 장생(長生)지와 입고(入庫)시키는 위치가 모여 삼합을 이룬다. 삼합은 세력을 형성한다.

삼합	亥卯未合 해묘미합	寅午戌合 인오술합	巳酉丑合 사유축합	申子辰合 신자진합
오행	木	火	金	水

③ 방합(方合)

- 방합은 계절의 합이다.

방합	寅卯辰 인묘진	巳午未 사오미	申酉戌 신유술	亥子丑 해자축
오행	木	火	金	水

④ 충(沖)

● 서로 대칭적인 위치로 부딪히는 관계다.

沖	子午沖 자오충	丑未沖 축미충	寅申沖 인신충	卯酉沖 묘유충	辰戌沖 진술충	巳亥沖 사해충

⑤ 삼형(三刑), 상형(相刑), 자형(自刑)

● 육효에서는 괘 중에서 3자가 형(刑)을 이루고 그 중 한 글자가 타효(他爻)를 극해(克害)할 때 적용이 된다.

● 자형(自刑)은 크게 적용하지 않는다. 그러나 子卯형은 간혹 적용한다.

十二支 십이지	寅巳申 인사신	丑戌未 축술미	子卯 자묘	辰辰 진진	午午 오오	酉酉 유유	亥亥 해해
刑 형	三刑 삼형	三刑 삼형	相刑 상형	自刑 자형	自刑 자형	自刑 자형	自刑 자형

⑥ 파(破)

● 육효에서는 전혀 적용하지 않는다. 육효에서 파(破)는 상충(相沖) 관계에서 발생한다.

破	子酉	辰丑	寅亥	午卯	戌未	巳申

⑦ 해(害)

● 육효에서는 전혀 적용하지 않는다.

害	子未	丑午	寅巳	卯辰	申亥	酉戌

6. 오행의 상생상극과 비화

1) 오행의 생극제화(生克制化)

● 신산(神算)이 밝히는 '오행의 생극제화'는 다음과 같다.

● 생극제화는 오행의 운용(運用)이다. 자연은 오행으로 구성이 되어 있으며 서로 상생하고 상극하며 통제하고 화합한다.

● 생(生)은 낳거나 생성되는 것이며 극(克)은 다스리거나 소멸시키는 것이다. 제(制)는 억제하고 바로 잡는 것이며 화(化)는 틀을 벗어나 변화하는 것이다.

● 육효에서는 생극제화(왕상휴수사)로 오행의 강약을 판단하는 것이 매우 중요하다. 예를 들어 재물점을 판단하는 경우 재물에 해당하는 오행이 힘을 얻어(生 또는 比和) 강하면 재물 운이 좋아질 수 있는 조건이 되고, 반대라면 나빠질 수 있는 조건이 된다.

● 지금까지 동서고금을 막론하고 오행의 생극이 명확하게 정립되지 못하고 있다. 바위틈에서 물이 흘러나오니 금생수(金生水)다, 나무로 쟁기를 만들어 땅을 갈아엎으니 목극토(木克土)라고 하는 식의 궤변이 난무하고 있다.

① 오행의 상생(相生)

● 우리가 살고 있는 지구는 오행으로 토(土)에 속한다. 본시 형체의 분별이 어려운 지구[球]가 깊고 어두운 우주공간을 헤매고 있을 때 빛에 의해 구의 형체가 드러난다.

● 빛에 의해 토의 형체가 나타났다하여 화생토(火生土)가 된다.

● 구는 자전과 공전을 순환 반복하고 인력(引力)에 의해 큰 울타리가 만들어져 구를 감싸게 된다. 우리는 그 울타리를 하늘이라 한다. 하늘은 강하고 단단하며 고귀하다 하여 금(金)이라 했

다. 하늘은 우리가 생활하는 바탕의 움직임으로 만들어졌다. 그래서 토생금(土生金)이 된다.

- 보편적으로 금의 대명사를 단단한 물체나 금속류로 알고 있는데 본시 금의 대명사는 하늘이다. 고대에 철의 발견은 획기적인 것으로 그 귀함이 하늘에 비유할 만하여 金이라 했다.
- 하늘은 지표에 있는 물과 공기를 대기권 밖으로 흩어지지 않게 지켜주며 다시 취합하여 지상으로 내려보내 자연 만물을 생성하게 한다. 그래서 금생수(金生水)가 된다.
- 물과 공기는 자연에 존재하는 동식물을 자양(滋養)하며 살아 움직이게 하니 수생목(水生木)이다.
- 중생(衆生)인 목(木)이 살아 움직이므로 태양의 가치가 인정되니 목생화(木生火)가 된다.
- 상생이라 하지만 서로 생하는 것이 아니라, 한쪽에서 한쪽으로 일방적으로 생하는 관계다. 생을 받는 오행은 힘을 얻어 강해진다.

② 오행의 상극(相克)

- 우리는 사막이나 화성 등 동식물이 살아 움직이지 못하는 곳을 죽음의 땅이라 한다. 지상에 중생이 사라지면 이미 그 땅은 가치를 상실한다. 그래서 토(土)는 중생이 사라지는 것을 두려워하니 중생의 뜻을 받들어야 한다. 그래서 목극토(木克土)다.
- 모든 중생은 하늘의 변화를 두려워하니 금극목(金克木)이다.
- 하늘의 변화는 태양의 동정에 좌우된다. 화극금(火克金)이다.
- 화(火)는 수(水)가 없으면 기제(既濟)의 공(功)이 없으며 만물을 생성하고 포용하지 못하니 水가 없음을 두려워한다. 수극화(水克火)다.
- 水는 물을 담고 보호해 주는 그릇이 있어야 한다. 土가 水의 의지처가 되고 그릇이 된다. 土의 배려가 없음을 두려워한다. 그

래서 토극수(土克水)다.

- 상극이라 하지만 일방적으로 한쪽에서 한쪽으로 극하는 관계
  다. 극을 받는 오행은 힘을 잃는다.

③ 오행의 비화(比和)

- 같은 오행끼리 만나는 경우다.
- 木이 木, 火가 火, 土가 土, 金이 金, 水가 水를 각각 만날 때 비
  화라 한다.
- 비화 관계의 오행은 힘을 얻어 강해진다.

〈그림-8〉 오행상생도 & 오행상극도

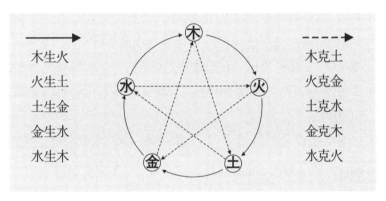

木生火	木克土
火生土	火克金
土生金	土克水
金生水	金克木
水生木	水克火

7. 오행의 왕상휴수사

1) 오행의 왕상휴수사

- 오행과 계절(절기 : 節氣)의 관계다. 오행은 계절에 따라 힘이 강
  해지기도 약해지기도 한다. 계절도 오행으로 구분되기 때문이다.
- 오행의 왕상휴수사는 오행의 생극제화를 말하는 것으로, 오행

의 강약(强弱)을 구분하는 데 중요하다.

- 인 · 묘 · 진월(寅卯辰月)은 목(木)의 계절로 목이 왕상(旺相)하고, 사 · 오 · 미월(巳午未月)은 화(火)의 계절로 화가 세력을 얻는다. 신 · 유 · 술월(申酉戌月)은 금(金)이 기세를 얻고, 해 · 자 · 축월(亥子丑月)은 수(水)가 범람하게 된다. 그 중 각 계절의 마지막인 진술축미월(辰戌丑未月)은 토(土)의 왕한 기세가 내재되어 있어 사계토왕(四季土旺)하다고 한다.

2) 오행의 왕상휴수사 분류

- 오행이 계절과 비화(比和)한 경우를 왕(旺), 오행이 계절의 생(生)을 받는 경우를 상(相), 오행이 계절에 기운을 설기(洩氣)하는 경우(쇠약해지는 것)를 휴(休), 오행이 계절에 기운을 소비(消費)하는 경우를 수(囚), 오행이 계절로부터 극(克)을 받는 경우(기가 없는 것)를 사(死)라고 한다.
- 오행이 강해질 때를 왕상(旺相), 약해질 때를 휴수사(休囚死)라고 한다.
- 오행이 강한 순서는 왕 → 상 → 휴 → 수 → 사 순이다.

왕(旺)	계절과 오행이 비화 관계인 경우	오행이 왕한 것
상(相)	계절이 오행을 생하는 경우	오행이 생 받는 것
휴(休)	오행이 계절을 생하는 경우	오행이 쉬는 것
수(囚)	오행이 계절을 극하는 경우	오행이 갇히는 것
사(死)	계절이 오행을 극하는 경우	오행이 죽는 것

3) 오행의 왕상휴수사 예문

- 오행이 木(甲 · 乙, 寅 · 卯)인 경우.
  목(木)과 비화관계인 인 · 묘월(寅卯月)에는 왕(旺), 木이 생(生)

을 받는 해·자월(亥子月)에는 상(相), 木이 생하는 사·오월
(巳午月)에는 휴(休), 木이 극(克)하는 진·술·축·미월(辰戌
丑未月)에는 수(囚), 木이 극을 받는 신·유월(申酉月)에는 사
(死)가 된다.

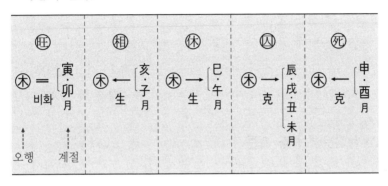

〈표-8〉 오행의 왕상휴수사

절기(계절) 오행	春(木)	夏(火)	四季(土)	秋(金)	冬(水)
木	旺	休	囚	死	相
火	相	旺	休	囚	死
土	死	相	旺	休	囚
金	囚	死	相	旺	休
水	休	囚	死	相	旺

8. 십이운성

1) 십이운성

● 십이운성(十二運星)은 오행의 왕상휴수사를 의미한다. 각 궁의
  오행이 십이지의 운행에 따라 변화하는 모습을 나타낸 것이다.

● 만물(萬物)이 자연의 순리에 따라 포태에서 소멸해 자연의 품으로 돌아갈 때까지의 변화 과정을 12단계로 비유한 것이다.

2) 십이운성의 적용
● 육효에 적용되는 부분과 그렇지 않은 부분이 있다. 괘 중 육친을 일·월에 대비하여 왕상휴수를 결정한다.
● 신산육효에서는 십이운성을 진술축미(辰戌丑未) 사고(四庫)의 동정(動靜), 동효와 변효의 관계, 태효(胎爻)를 분별할 때 적용한다.

3) 십이운성 산출 기준
● 육효에서는 각 속궁(屬宮)의 오행을 기준으로 각 효(爻)마다 12운성을 붙인다.

〈표-9〉 십이운성

십이운성 오행	絕절(胞)포	胎태	養양	長장生생	沐목浴욕	冠관帶대	健건祿록	帝제旺왕	衰쇠	病병	死사	墓묘(庫)고
金	寅	卯	辰	巳	午	未	申	酉	戌	亥	子	丑
水·土	巳	午	未	申	酉	戌	亥	子	丑	寅	卯	辰
木	申	酉	戌	亥	子	丑	寅	卯	辰	巳	午	未
火	亥	子	丑	寅	卯	辰	巳	午	未	申	酉	戌

4) 십이운성 분류

① 절(絕)
● 포(胞)라고도 한다. 움직임이 멈추고 앞뒤를 분별할 수 없는 혼돈의 상태다. 기(氣)가 멈춰진 환경에서 순환을 예측하기 어려운 상태다. 오행을 바탕으로 하는 모든 점에서는 절(絕)을 만나면 기가 단절되는 것을 의미한다.

② 태(胎)

● 기(氣)가 일어나기 시작하는 시기다. 정자와 난자가 만나 잉태
한 상태다. 아직 분명한 형태를 갖추지 않아 기세가 없다.

③ 양(養)

● 새 생명이 안착하여 성장하기 시작하며 태어날 시기를 기다린
다. 즉 모태(母胎)에서의 성장 과정이다. 점차 기세가 차오르게
된다.

④ 장생(長生)

● 모체(母體) 밖으로 태어나는 순간이다. 꿈과 희망을 갖는 시
기다.

⑤ 목욕(沐浴)

● 태어난 아기의 성장을 위해 노력하는 시기다. 출산 직후 타의
(他意)에 의해 목욕하는 상태다. 성장과정에서 고통과 어려움
이 따르기도 하지만 부모의 사랑과 귀여움을 독차지하는 시기
다. 그래서 도화살, 욕살(浴殺) 또는 패살(敗殺)이라고도 한다.
따라서 남녀 간의 외도, 망신, 번거로움과 길흉반복이 있다.

⑥ 관대(冠帶)

● 성장하여 몸가짐을 바르게 하며 의관을 갖추고 스스로의 위치
를 정한다. 과감성, 맹목성이 있어 변화와 실패를 두려워하지
않는다. 힘차게 뻗어나갈 수 있는 단계이므로 길하다고 본다.

⑦ 건록(健祿)

● 화려한 관복을 입고 대중을 이끌며 권세와 복을 누리는 시기

다. 자신의 위치가 안정되고 뜻을 세워 앞으로 나아간다. 인간이 성장해 이름을 떨치고 국가의 녹(祿)을 받는 것이다.

⑧ 제왕(帝旺)

● 지혜와 힘을 겸비한 최고의 전성기다. 대로(大路)를 질주하는 최상의 힘을 나타내며 계획한 일이 모두 이뤄진다. 원숙한 지혜로 두각을 나타내고 뜻을 실천한다. 자존심, 실천력이 강하다.

⑨ 쇠(衰)

● 왕성하던 기세가 수그러지며 늙어가고 쇠퇴하기 시작한다. 많은 경험으로 자중하지만 노고와 외로움이 따른다. 새로운 일을 시작하면 도중하차하거나 고전(苦戰)한다.

⑩ 병(病)

● 이미 노쇠하고 늙어 병이 깊은 상태로 죽음을 바라본다. 따라서 집에 우환과 손재가 일어나며 모든 일이 정상적이지 않아 감상적이며 비관적이다.

⑪ 사(死)

● 삶을 마치고 생명의 소멸을 맞이한다. 소멸하는 과정이니 이루어지는 일이 없다.

⑫ 묘(墓)

● 고(庫) 또는 장(葬)이라고도 한다. 생명이 소멸하여 묘(墓)에 들어간다. 지하에 묻혀 답답한 상태다. 진행하는 일이 정체하고 멈추게 된다.

9. 십이신살

1) 십이신살

- 십이신살(十二神殺)은 사람이 살아가는 생활환경에서 일어날 수 있는 사안을 12가지로 분류하여 어려움을 피하고 편안하고 안정된 곳을 찾기 위한 방편이다.
- 오행을 바탕으로 하는 역서(易書)에 반드시 등장하는 것 중 하나가 12신살이다. 모든 점법에 적용된다. 도화살과 역마살의 적중률은 탁월하다. 그 외의 신살도 적절하게 응용하면 적중률을 높일 수 있다.

〈표-10〉 십이신살

십이신살 일진(支)	劫殺	災殺	天殺	地殺	年殺	月殺	亡身	將星	攀鞍	驛馬	六害	華蓋
申子辰	巳	午	未	申	酉	戌	亥	子	丑	寅	卯	辰
亥卯未	申	酉	戌	亥	子	丑	寅	卯	辰	巳	午	未
寅午戌	亥	子	丑	寅	卯	辰	巳	午	未	申	酉	戌
巳酉丑	寅	卯	辰	巳	午	未	申	酉	戌	亥	子	丑

2) 십이신살 산출 기준

- 점치는 날의 일진(支)을 기준으로 산출하지만 괘의 속궁(屬宮) 오행을 대비하여 산출하기도 한다.

3) 십이신살 분류와 적용

- 인 · 신 · 사 · 해(寅申巳亥)는 지살, 망신, 역마, 겁살에 해당한다.
- 자 · 오 · 묘 · 유(子午卯酉)는 연살, 장성, 육해, 재살에 해당한다.
- 진 · 술 · 축 · 미(辰戌丑未)는 월살, 반안, 화개, 천살에 해당한다.

① 겁살(劫殺)

● 겁살은 다른 오행을 겁박하는 의미가 있으나 육효에서는 급하거나 서두른다는 뜻으로 적용한다.

② 재살(災殺)

● 재앙과 재난을 의미한다. 수옥살(囚獄殺)이라 한다. 재살이 흉살(凶殺)이 되어 용신(用神)이나 세효(世爻)를 극하면 관재(官災)가 있다.

③ 천살(天殺)

● 종교적 문제나 영적(靈的)인 일을 판단한다. 천살이 기신(忌神)이나 기살(忌殺)이 되어 세효나 용신을 극하면 돌발적인 재난이 우려된다. 그러나 천살이 용신이나 희신(喜神)이 되어 세효를 생부(生扶)하면 조상이나 신(神)의 도움이 있다.

④ 지살(地殺)

● 지살도 역마살과 관련이 있으며 여행·변화·변동 등을 주관한다. 지살이 기신이나 흉살이 되어 용신이나 세효를 극하면 승용물(乘用物 : 탈 것, 교통수단)로 인한 피해를 당하거나 객지·여행 중에 어려움을 만난다. 그러나 지살이 용신이 되거나 희신이 되어 용신이나 세효를 생부(生扶)하면 객지·여행 중에 이득을 취한다.

⑤ 연살(年殺)

● 연살이 기살이 되어 용신이나 세효를 극해(克害)하면 이성으로 인하여 상처를 입거나 피해를 당한다. 연살이 원신(原神)이나 용신이 되어 세효를 생부하면 이성으로 인한 도움이 있다.

⑥ 월살(月殺)

● 뿌리를 흔든다는 의미가 있다. 월살이 괘 중에서 기신이나 흉살이 되어 용신이나 세효를 상해(傷害)하면 심한 고통을 당하게 된다. 그러나 용신이나 희신이 되면 무난하다.

⑦ 망신살(亡身殺)

● 망신살이 기신을 대하고 용신이나 세효를 극상(克傷)하면 무모하거나 계획성이 없는 일로 손재(損財)가 발생한다. 그리고 남녀 모두 이성으로 인하여 재물을 허비(虛費)한다.

⑧ 장성살(將星殺)

● 세력을 상징한다. 그러나 괘 중에서 흉살을 대하고 세효나 용신을 극해(克害)하면 힘 있는 자 또는 세력 있는 기관으로부터 어려운 일을 당한다. 세효가 장성을 대하고 다른 효를 극해하면 내가 가지고 있는 힘을 이용하여 타인을 겁박하거나 괴롭힌다.

⑨ 반안살(攀鞍殺)

● 반안은 말의 안장이다. 권력이나 세력을 상징한다. 반안살이 괘 중에서 기신을 대하고 발동(發動)하여 세효나 용신을 극상(克傷)하면 세력이 있는 자로부터 괴로움을 당한다.

⑩ 역마살(驛馬殺)

● 역마는 승용물(乘用物)을 포괄적으로 의미한다. 역마살이 괘 중에서 기신을 대하고 발동해 세효나 용신을 극해(克害)하면 승용물로 인해 피해를 당한다. 역마살이 용신이나 희신이 되어 세효를 생부하면 타향(他鄕)에서 재물을 모으거나 즐거움이 있다.

⑪ 육해살(六害殺)

● 갈등·분쟁(分爭)을 의미한다. 육해살이 기신을 대하고 괘 중에서 발동해 세효를 극하면 형제나 가까운 친구로부터 정신적인 피해를 당하거나 물질적인 손실이 있다. 세효가 육해살을 대하고 다른 효를 손상하면 내가 주위 사람에게 피해를 준다.

⑫ 화개살(華蓋殺)

● 모든 매사에 여유롭고 완숙해 보이나 게으르고 교만하다. 타인의 위에 군림(君臨)하려는 속성이 있으며, 종교를 이용하거나 신(神)을 빙자하려는 경향이 있다. 화개살이 괘 중에서 발동해 용신이나 세효를 손상하면 타인의 감언이설(甘言利說)로 피해를 본다. 그리고 세효에서 화개살이 발동해 다른 효를 극하면 내가 신이나 종교를 이용해 타인을 괴롭힌다.

제**2**편

신산육효의
구성

신산육효
神 算 六 爻

1. 육효점과 주역점

- 주역은 64괘 384효다. 주역은 시사하는 내용에 비해 소극적인 점법이다. 단역(斷易)이라고 하는 주역점은 점치는 사람이 괘를 뽑은 뒤 해설서의 풀이를 찾아 읽으면 되는 수준이라 희망과 조언을 얻기에는 부족하다.

- 주역이 근간인 육효는 효의 동정 변화를 적용하여 주역과 달리 적극적이고 공격적인 점법으로 발전했다. 그래서 전쟁에 많이 이용되고 전쟁과 함께 발전했다. 육효점은 괘가 바르게 나오면 세밀하고 정확한 판단을 할 수 있기에 점술에 능(能)하다는 사람은 대부분 육효점을 치고 있다.

- 이 책은 어렵다고 하는 육효에 대해 기초에서 실전 응용은 물론 필자의 임상 경험이 담긴 비전(秘傳)까지 자세히 설명하고 있다. 특히 다른 서지(書誌)에서는 볼 수 없는 이론과 예문을 폭넓게 제시하였다. 따라서 차근히 읽어 나가면 누구나 신산육효의 묘미를 맛볼 수 있을 것이다.

2. 신산육효학 & 신산육효점

- 육효의 발전도를 요약하면 다음과 같다.

  주역 → 경방[중국 한대] → 소옹(소강절)[북송] → 유기(유백온)[원·명] → 왕유덕(왕홍서)[청] → 신산 김용연[대한민국]

- 점술의 이치를 깨닫는 데는 자연의 순환(循環) 변화(變化)를 잘 이해해야 한다. 점술에는 원리가 있다. 원리를 근거로 공부하더라도 시대와 사상에 따라 달리 적용된다는 것을 명심해야 한다. 고전에서 벗어나 현시대의 환경에 맞게 적용하고 판단할 수 있는 육효로 재정립한 것이 신산육효다.

- 신산육효는 현시대에 맞는 점사를 바탕으로 실전 예문을 선택하고 필요에 따라 점사에 맞는 예문을 작성하여 공부와 이해를 돕는 데 중점을 두었다.

- 육효는 문복(問卜) 사안에 따라 왕상휴수와 생극제화를 바탕으로 판단하는 법과 단편적으로 효에 나타난 육친으로만 판단하는 법이 있다. 또 육수를 반드시 적용하는 분야와 참고만 하는 분야가 있다. 그런데 이 내용을 명확히 기술한 곳이 없었다.

- 월파와 일파의 기준이 명료하지 못하고 순공과 진공의 구분이 분명하지 못한 서적이 출판되고 있어 초학자들에게 혼돈만 주고 있다. 애석하게도 고전[원전]의 학설과 이론을 시대에 맞게 번역·해석하지 못하고 단순한 원본 의역(意譯)으로 마치 특별한 저서인 것처럼 포장된 책자가 난무하고 있어 안타까움을 금할 수 없다. 신산육효는 고전의 폐단을 이해할 수 있도록 기본 개념부터 실전 유형까지 사례별 중심으로 구체적으로 밝히고 있다. 후학들이 올바른 뜻을 세우는 계기를 갖기 바라는 마음에서 '신산육효'를 세상에 선보인 것이다.

제 2 장

효
爻

1. 효(爻)

- 효(爻)란 음양(陰陽)을 나타내는 부호이다.
- ━, -- 부호와 /, ∥ 부호를 일컫는다.

2. 양효(陽爻)

- 양(陽)을 의미하는 부호는 ━ · / 이고, 양효(陽爻)라고 부른다.
- ' / '로 간편하게 표시한다.

3. 음효(陰爻)

- 음(陰)을 의미하는 부호는 -- · ∥ 이고, 음효(陰爻)라고 부른다.
- ' ∥ '로 간편하게 표시한다.

4. 동효(動爻)

- 양효가 동효인 경우 'ㄨ'로 표시하고, '양동(陽動)'이라고 부른다.
- 음효가 동효인 경우 'ㄨ'로 표시하고, '음동(陰動)'이라고 부른다.

5. 효(爻) 부호 정리

/	//	X	X
양효(陽爻)	음효(陰爻)	양효 동(陽動)	음효 동(陰動)

팔괘
八 卦

1. 팔괘

● 팔괘(八卦)란 ☰, ☱, ☲, ☳, ☴, ☵, ☶, ☷ 이처럼 8개의
부호이다. 소성괘(小成卦)라고 한다.

2. 팔괘의 구성

● 각 괘마다 3개의 효로 구성이 되어 있다.
즉 양효 3개나 음효 3개 또는 양효와 음
효의 조합으로 3개의 효가 모여서 만들
어진 것이다.

● 3개 효 중 위에 있는 효를 상효(上爻),
가운데 있는 효를 중효(中爻), 아래에 있
는 효를 하효(下爻)라 한다.

3. 팔괘의 부호

● -- : 절(絶)이나 허(虛)는 비어 있다, 끊어져 있다는 의미로, 음
효(陰爻)를 나타낸다.
● ━ : 연(連)은 붙어 있다, 연결되어 있다는 의미로, 양효(陽爻)
를 나타낸다.

4. 팔괘의 명칭과 모양

❶ ☰ 一乾天 乾三連 일건천, 건삼련

● 1은 乾(건), 天(천:하늘)이다.
● 세 효가 모두 양효(陽爻)로 연결되어 있다.
● 건삼련(乾三連)이라 한다.

❷ ☱ 二兌澤 兌上絶 이태택, 태상절

● 2는 兌(태), 澤(택:못)이다.
● 세 효 중에서 上爻(상효:윗 효)가 음효(陰爻)
로 끊어져 있다.
● 태상절(兌上絶)이라 한다.

| **3** | ☲ | 三離火 | 離虛中 | 삼리화, 이허중 |

- 3은 離(이), 火(화:불)이다.
- 세 효 중에서 中爻(중효:가운데 효)가 음효로 끊어져 있다.
- 이허중(離虛中)이라 한다.

| **4** | ☳ | 四震雷 | 震下連, 震仰盂 | 사진뢰, 진하련, 진앙우 |

- 4는 震(진), 雷(뢰:우레)다.
- 세 효 중에서 下爻(하효:아래 효)만 양효로 연결되어 있다.
- 진하련(震下連)이라 한다.

| **5** | ☴ | 五巽風 | 巽下絕, 巽下斷 | 오손풍, 손하절, 손하단 |

- 5는 巽(손), 風(풍:바람)이다.
- 세 효 중에서 下爻(하효:아래 효)만 음효로 끊어져 있다.
- 손하절(巽下絕)이라 한다.

| **6** | ☵ | 六坎水 | 坎中連 | 육감수, 감중련 |

- 6은 坎, 水(수:물)이다.
- 세 효 중에서 中爻(중효:가운데 효)만 양효로 연결되어 있다.
- 감중련(坎中連)이라 한다.

| **7** | ☶ | 七艮山 | 艮上連, 艮覆碗 | 칠간산, 간상련, 간복완 |

- 7은 艮(간), 山(산)이다.
- 세 효 중에서 上爻(상효:윗 효)만 양효로 연결되어 있다.
- 간상련(艮上連)이라 한다.

| **8** | ☷ | 八坤地 | 坤三絶, 坤六斷 | 팔곤지, 곤삼절, 곤육단 |

- 8은 坤(곤), 地(지:땅)이다.
- 세 효가 모두 음효로 끊어져 있다.
- 곤삼절(坤三絶)이라 한다.

5. 팔괘 의미

- 음양, 오행, 자연, 방위, 인간관계, 신체, 동물, 색, 계절, 시간, 성정 등 여러 가지를 내포(內包)하고 있다.

1) 자연

팔괘	乾	兌	離	震	巽	坎	艮	坤
자연	하늘	못	불	우레	바람	물	산	땅

2) 수(數)

팔괘	乾	兌	離	震	巽	坎	艮	坤
수	1	2	3	4	5	6	7	8

3) 음양오행

팔괘	乾	兌	離	震	巽	坎	艮	坤
음양 오행	陽 金	陰 金	陰 火	陽 木	陰 木	陽 水	陽 土	陰 土

4) 방위

팔괘	乾	兌	離	震	巽	坎	艮	坤
방위	서북	서	남	동	동남	북	동북	서남

● 후천 팔괘도를 참고.

5) 육친관계(인간)

팔괘	乾	兌	離	震	巽	坎	艮	坤
육친	老父 노부	少女 소녀	中女 중녀	長男 장남	長女 장녀	中男 중남	少男 소남	老母 노모

● 자연의 모든 사물은 아래에서 위로 성장한다. 세 효 중에서 하
  효(下爻)가 제일 먼저 발생했으므로 장(長), 중효(中爻)는 하효
  다음이므로 중(中), 상효(上爻)는 세 효 중에서 제일 늦게 이루
  어졌으므로 소(少)라 한다.
● 남녀 구분은 세 효 중에서 한 개 또는 세 개인 효를 취해 양(陽)
  이면 남자, 음(陰)이면 여자다. 하효의 음양에 따라 장남·장
  녀, 중효의 음양에 따라 중남·중녀, 상효의 음양에 따라 소
  남·소녀로 나뉜다.

〈표-11〉 팔괘 소속

卦괘 順순	八 卦(팔괘)		自자 然연	陰음 陽양	五오 行행	對대 人인	方방 位위	八팔 獸수	人인 身신
	모양	명칭							
1	☰	乾 건	天 천	○ 양	金 금	老父 노부	西北 서북	馬 말	頭 머리
2	☱	兌 태	澤 택	● 음	金 금	少女 소녀	西 서	羊 양	口 입
3	☲	離 이	火 화	● 음	火 화	中女 중녀	南 남	雉 꿩	目 눈
4	☳	震 진	雷 뢰	○ 양	木 목	長男 장남	東 동	龍 용	足 발
5	☴	巽 손	風 풍	● 음	木 목	長女 장녀	東南 동남	鷄 닭	股 대퇴부
6	☵	坎 감	水 수	○ 양	水 수	中男 중남	北 북	豕 돼지	耳 귀
7	☶	艮 간	山 산	○ 양	土 토	少男 소남	東北 동북	狗 개	手 손
8	☷	坤 곤	地 지	● 음	土 토	老母 노모	西南 서남	牛 소	腹 배

제4장

육십사괘
六 十 四 卦

1. 육십사괘의 구성

1) 소성괘

- 소성괘(小成卦)란 ☰(乾), ☱(兌), ☲(離), ☳(震), ☴(巽), ☵(坎), ☶(艮), ☷(坤).
- 이처럼 세 효로 구성된 것이다. 팔괘라고 한다.

2) 대성괘

- 대성괘(大成卦)란 소성괘가 위아래로 짝을 이룬 것이다. 짝을 이루면 모두 64개가 만들어진다. 이것이 64괘다.
- 대성괘는 소성괘와 소성괘가 서로 결합해 만들어지므로 여섯 개의 효로 구성된다. 괘라고 하면 일반적으로 대성괘를 말한다. 육효는 주역의 64괘를 기본으로 활용한다.

2. 64괘의 이름[괘명]

- 64괘는 각각 고유한 명칭을 가지고 있다. 소성괘와 소성괘 간 결합의 특성이 함축되어 있지만 그 의미가 애매모호한 괘명도 있다.
- 예 火地晋, 水火旣濟에서 끝 글자 또는 끝 두 글자(晋, 旣濟)가 괘명(卦名)이 된다.

3. 64괘와 숫자

- 소성괘는 1에서 8까지 순서가 정해져 있다고 설명했다. 대성괘(64괘)도 상·하괘를 1에서 8까지의 두 숫자로 표현할 수 있다.
- 예 3·8이면 → '3'은 離(이-離爲火), '8'은 坤(곤-坤爲地)이다. 괘의 모양은 ䷢이고, 괘의 명칭은 火地晋(화지진)이다.

- 예 5·6이면, '5'는 巽(손-巽爲風), '6'은 坎(감-坎爲水)이다. 괘의 모양은 ䷲이고, 괘의 명칭은 風水渙(풍수환)이다.

제5장

득괘법
得 卦 法

1. 득괘

● 득괘(得卦)란 괘를 얻는 것을 말한다.

2. 득괘법

● 득괘법(得卦法)이란 괘를 얻는 방법이다.
● 작괘법(作卦法)이란 괘를 작성하는 방법이다.
● 어떤 득괘법이 최고로 좋을까? 사람마다 개성이 다르므로 나의
  취향에 맞게 선택하여 정성껏 숫자 3개만 얻으면 된다.

3. 득괘 시 주의사항

● 육효는 괘를 얻는 과정과 괘를 풀이하는 과정으로 나눌 수 있
  다. 이 가운데 괘를 얻는 과정이 더 중요하다. 괘를 바르게 얻

지 못하면 풀이를 아무리 잘해도 적중할 수 없기 때문이다.

- 괘를 구하는 것은 미래를 예측하기 위해서다. 괘를 구하려면 우리를 태어나게 했으며 생존하게 하고 되돌아가는 자연에 겸허한 자세로 청해야 한다.

- 따라서 우리는 하늘에 간절한 마음으로 정성을 기울여 기도하면서 미래의 일을 물어야 한다. 모든 점(占)은 자연으로부터 계시(啓示)를 받아야 한다. 가벼운 자세로 괘를 얻으면 神(신)도 가볍게 가르쳐 준다.

- 또 한 가지 일에 한 번만 점을 쳐야 한다. 얻은 괘가 나쁘다고 해서 좋은 괘가 나올 때까지 여러 번 점치는 것은 자연이나 신을 신뢰하지 않는 행위다.

4. 득괘 시 기도문

- 괘를 얻기 전에 두 손을 깨끗이 씻고 분향한 뒤 마음을 가다듬고 정신을 모은다. 백지에 점치는 연월일, 점을 묻는 사람의 생년, 거주지(시, 도, 군, 읍, 면, 동), 남녀 구분, 성명, 점의 목적 등을 쓴다. 하늘에 기도(주문)를 한 뒤 괘를 뽑는다.

- 예로부터 전해오는 기도문은 다음과 같다.
  "하늘이 어찌 말씀이 있으시며 땅이 어찌 말씀이 있겠습니까. 그러나 신은 영험하시니 고하면 응하실 줄 압니다. ○○년 ○○월 ○○일에 ○○동에 사는 ○○생 건명(남자는 건명, 여자는 곤명) ○○○가 무슨 일(점의 목적)에 길흉을 알지 못하여 엎드려 빕니다. 천지신명께서는 통하심을 바로 비쳐 주십시오."

- 득괘할 때는 위에서 강조한 것처럼 하늘에 대한 정성과 경건한 마음 그리고 꼭 맞는다는 신념이 있어야 한다. 점치는 내용이

중대사일 경우 옛 선현은 2~3일 전부터 몸과 마음을 단정히 하고 근신했다. 그만큼 정성이 중요하다.

5. 득괘법의 종류

○ 자연에서 일어나는 변화로 괘를 얻을 수 있고, 연월일시, 시각 (초, 분, 시), 글자의 개수, 획수, 책 페이지, 옷차림의 색상 (color), 카드, 주사위, 화투 등 여러 가지가 있다. 여기서는 대표적 득괘법인 산대법, 척전법, 설시법을 설명한다.

1) 산대법
○ 산대란 괘를 얻기 위한 8개의 막대기(Stick)다.
○ 산대법이란 산대를 3번 뽑아 괘를 얻는 방법이다.

① 산대 만들기
○ 대나무로-굵기는 손으로 잡기[쥐기] 편리하게, 길이는 18~20cm 정도-8개의 막대기를 만든다. 1에서 8까지의 숫자를 각각 표시한다.(1은 乾, 2는 兌, 3은 離, 4는 震, 5는 巽, 6은 坎, 7은 艮, 8은 坤을 뜻한다.) 아니면 팔괘를 그리거나 조각(彫刻)한다.

② 산대법으로 괘를 구하는 순서
○ 산대 8개를 양손으로 감싸 쥐고 머리 위로 올려 천지신명의 가르침을 받아 내린 뒤 왼손으로 1개를 뽑아 내괘를 얻는다. 여자는 남자와 반대로 오른손부터 먼저 뽑는다. 항상 남좌여우(男左女右)다.

- 그 다음 처음과 같이 하되, 오른손으로 산대 1개를 뽑아 외괘를 얻는다.
- 다시 반복하되, 왼손으로 산대 1개를 뽑아 동효로 삼는다.

③ 산대법에서 동효를 정하는 법
- 뽑은 산대의 숫자가 1, 2, 3, 4, 5, 6이면 '해당 숫자'가 동효다.
- '7'이 나오는 경우에는 '7'에서 6을 빼고 남은 수 '1'이 동효다.
- '8'이 나오는 경우에는 '8'에서 6을 빼고 남은 수 '2'가 동효다.
- '6'으로 나누는 이유는 모든 괘는 6개의 효로 구성되어 있기 때문이다.

④ 산대법으로 득괘한 예문
- 처음 왼손으로 뽑은 괘의 수가 '8'이면 ☷(곤-坤爲地)이다. 내괘다.
- 다음 오른손으로 뽑은 괘의 수가 '6'이면 ☵(감-坎爲水)이다. 외괘다.
- 다시 왼손으로 뽑은 수가 '2 또는 8'이면 2효가 동효다.
- 따라서 水地比(수지비 ䷇)괘 2효동이 된다.

- 괘상을 그려보면 다음과 같다.

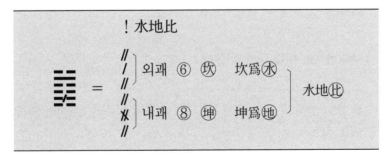

2) 척전법[동전점]

● 척전법(擲錢法)이란 동전 3개를 6번 던져서 괘를 얻는 방법이다. 동전점이라고 한다.

① 척전법의 단점

● 척전법은 괘를 쉽게 얻을 수 있는 장점이 있으나 동효가 너무 많이 나올 경우 통변이 난해한 경향이 있다.

② 척전법에서 음양과 동효를 구분하는 법

● 동전에는 앞면과 뒷면이 있다. 숫자가 있는 부분이 앞면이다. 앞면을 양(陽)으로, 뒷면을 음(陰)으로 정한다.
● 동전을 3개 던져서,

1개가 양(陽), 2개가 음(陰)이면	앞뒤뒤 = 양음음	양효(陽爻)
1개가 음(陰), 2개가 양(陽)이면	뒤앞앞 = 음양양	음효(陰爻)
3개 모두 양(陽)이면	앞앞앞 = 양양양	양효동(陽爻動)
3개 모두 음(陰)이면	뒤뒤뒤 = 음음음	음효동(陰爻動)

③ 척전법으로 괘를 구하는 순서

● 동전 3개를 준비해 앞면과 뒷면을 확인한다. 그리고 동전 3개를 한 번 던져서 하나의 효를 얻으니 여섯 번을 던져야 육효(여섯 개의 효)를 얻을 수 있다.

④ 척전법으로 득괘한 예문

● 첫 번째 던져서 양음음(앞뒤뒤)이면 …… 양 (/) → 초효.
● 두 번째 던져서 음음음(뒤뒤뒤)이면 …… 음동(X) → 2효.
● 세 번째 던져서 양양양(앞앞앞)이면 …… 양동(X) → 3효.

- 네 번째 던져서 음양양(뒤앞앞)이면 …… 음 (∥) → 4효.
- 다섯 번째 던져서 양양음(앞앞뒤)이면 …… 음 (∥) → 5효.
- 여섯 번째 던져서 양음음(앞뒤뒤)이면 …… 양 (∕) → 6효.
- 괘는 항상 내괘(초효)부터 작성한다. 괘상으로 표시하면 다음과 같다.

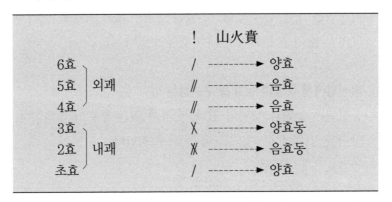

3) 설시법[시초점]

- 설시법(揲蓍法)이란 시초(蓍草)로 괘를 얻는 것이다. 시초점, 서법(筮法)이라고도 한다.
- 시초는 중국에서 자생하는 식물로 한 포기에 50개의 줄기가 달린다고 한다. 시초를 구하기 어렵기 때문에 대나무로 대체하여 50개의 막대를 만들거나 솔잎을 이용한다.

① 설시법의 단점

- 서법은 복잡하기 때문에 현재는 거의 이용하지 않는다.

② 설시법으로 괘를 구하는 순서

- 괘를 얻을 때는 먼저 단정한 몸가짐과 바른 마음으로 분향하고 자신이 숭배하는 神에게 기도한다. 그리고 두 손으로 시초를

감싸고 정중하게 이마 위로 올렸다 내린 뒤 한 개를 왼손으로 뽑아 바로 앞에 반듯하게 내려놓는다. 이 시초는 태극을 상징하는데 괘를 모두 얻을 때까지 움직여서는 안 된다. 만약 움직이게 되면 처음부터 다시 시작한다.

- 나머지 49개를 양손에 적당히 나누어 쥔다. 이는 양의(兩儀:陰陽)를 상징한다. 왼손은 하늘을 상징하고 천시(天蓍), 오른손은 땅을 상징하고 지시(地蓍)라 한다. 그리고 오른손에서 한 개를 뽑아 왼손 약지와 무명지 사이에 끼우는데 인시(人蓍)라 한다.

- 왼손에 있는 천시를 4개씩 나누어 남는 것을 왼손 중지와 무명지 사이에 끼운다. 오른손에 있는 지시도 4개씩 나누어 남는 것을 중지와 무명지 사이에 끼운 다음, 천시와 지시와 인시를 뽑아 모은다. 이때 합은 5나 9가 된다.

- 위와 같은 과정이 일변(一變)이다. 일변에서 얻은 시초를 앞에 단정히 놓고, 나머지 시초도 똑같은 과정을 거치는데 이를 이변(二變)이라 한다. 이변에서 얻은 시초를 일변 때 얻은 시초 옆에 단정히 놓는다. 이변에서 얻은 시초는 5나 9가 아니어도 괜찮다.

- 나머지 시초로 삼변(三變)을 구한다. 일변, 이변, 삼변에서 구한 시초를 모두 합한다. 합한 수는 13, 17, 21, 25 중의 하나가 된다. 이렇게 얻은 수가 초효다. 따라서 이와 같은 과정을 6번 반복해야 6개의 효를 얻으니 18변법(變法)이라 한다.

- 그 다음, 위에서 얻은 수를 49(시초 50개에서 태극을 뺀 수)에서 각각 뺀 나머지가 본수(本數)다. 13을 얻었다면 49-13=36이 되고, 17을 얻었다면 49-17=32가 되고, 21을 얻었다면 49-21=28이 되고, 25를 얻었다면 49-25=24다. 이 숫자를 4로 나누면 9, 8, 7, 6이 된다. 이 때 9와 7은 양(陽)인데 9는 양

동(陽動)으로, 8과 6은 음(陰)인데 6은 음동(陰動)으로 한다.

③ 설시법으로 득괘한 예문

● 서법으로 얻은 괘의 예

9	8	7	6	7	6
Ⅹ	∥	∕	ⅩⅩ	∕	ⅩⅩ

● 삼변을 처음해서 얻은 수가 9이면　(Ⅹ)→ 초효.
● 삼변을 두 번해서 얻은 수가 8이면　(∥)→ 2효.
● 삼변을 세 번해서 얻은 수가 7이면　(∕)→ 3효.
● 삼변을 네 번해서 얻은 수가 6이면　(ⅩⅩ)→ 4효.
● 삼변 다섯 번해서 얻은 수가 7이면　(∕)→ 5효.
● 삼변 여섯 번해서 얻은 수가 6이면　(ⅩⅩ)→ 6효.
● 이것을 괘상으로 나타내면 다음과 같다.

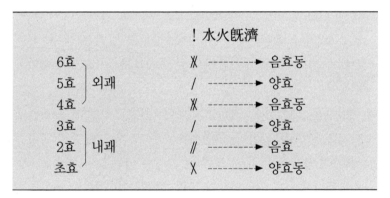

!水火旣濟

6효		ⅩⅩ	------→ 음효동
5효	외괘	∕	------→ 양효
4효		ⅩⅩ	------→ 음효동
3효		∕	------→ 양효
2효	내괘	∥	------→ 음효
초효		Ⅹ	------→ 양효동

4) 기타 득괘 방법

① 바둑알

● 바둑알 대신에 콩(팥)이나 구슬을 이용해도 된다.

② 바둑알로 괘를 구하는 순서

- 바둑알을 깨끗이 씻어서 바둑알 통에 넣어 두고 한 움큼씩 세 차례 집어내, 괘를 얻는다.
- 첫 번째와 두 번째 집은 바둑알을 8로 나누어 남는 수를 차례 대로 내괘, 외괘로 정한다.
- 세 번째 집은 바둑알은 6으로 나누어 남는 수를 동효로 정한다.

제6장

속궁 오행
屬宮 五行

1. 속궁

- 속궁(屬宮)이란 64괘를 8개의 각 궁(팔궁 : 乾宮, 兌宮, 離宮, 震宮, 巽宮, 坎宮, 艮宮, 坤宮)에 8개씩 배속한 것이다.

2. 속궁 오행

- 팔괘의 오행을 따라, 각 궁의 소속 오행은 건궁·태궁은 금(金), 이궁은 화(火), 진궁·손궁은 목(木), 감궁은 수(水), 간궁·곤궁은 토(土)다.
- 속궁 오행은 육친관계를 정할 때 기준(자신·我)이 된다.

3. 수위괘

- 수위괘(首位卦)란 각 궁에서 제일 위에 있는 괘다.

- 팔괘가 상·하로 중복된 괘다.
- 수위괘는 그 궁을 대표한다.

4. 수위괘 분류

- 건궁에는 건위천, 태궁에는 태위택, 이궁에는 이위화, 진궁에는 진위뢰, 손궁에는 손위풍, 감궁에는 감위수, 간궁에는 간위산, 곤궁에는 곤위지가 수위괘다.

5. 속궁 구성

- 속궁은 수위괘를 초효부터 하나씩 변화를 일으켜 구성된다.
- 각 궁의 수위괘는 그 궁의 상징이므로 제일 윗자리에 배치된다. 자연 속에 존재하는 만물은 대체로 아래에서 위로 성장한다. 육효도 가장 아래에 위치한 초효부터 움직임이 시작된다. 움직임은 변화를 의미한다. 음양(陰陽)은 음(陰)과 양(陽) 2위(二位)뿐이므로 음이 움직이면 양으로 변하고, 양이 움직이면 음으로 변한다.
- 예 건궁(乾宮). ❶ 수위괘인 '건위천괘'는 내괘와 외괘가 소성괘인 건괘로 구성이 되어 있고 초효부터 6효까지 모두 양효이다. 위의 설명처럼 변화는 아래에서 위로(내괘에서 외괘로) 진행이 되므로 건위천괘의 내괘 초효부터 변화가 시작된다. ❷ 건위천괘의 초효인 양효가 변하면 음효가 되니 건괘였던 내괘가 손괘로 변한다. 그래서 '천풍구괘'가 된다. ❸ 초효에 이어 순차적으로 2효가 변하면 건위천괘의 내괘인 건괘가 간괘로

변한다. 그래서 '천산둔괘'가 된다. ❹ 건위천괘의 3효가 초효·2효 다음으로 변하면 내괘가 곤괘가 되므로 '천지비괘'가 된다. ❺ 초효·2효·3효 다음으로 4효가 변하면 건위천괘의 외괘가 손괘로 되니 '풍지관괘'가 된다. ❻ 계속하여 4효를 이어 5효까지 변하면 외괘 건괘가 간괘로 되니 '산지박괘'가 된다. ❼ 다음으로 6효가 변화를 일으켜야 하는데, 6효는 상징적인 위치이므로 변화를 주지 않는다. 초효부터 6효까지 동하여 변하면 그 궁의 본질이 바뀌게 된다. 그래서 다시 4효로 내려와 변화를 주게 된다. 그러면 4효인 음효가 다시 양효로 변하면 이괘로 되니 '화지진괘'가 된다. 효의 위치가 중복하여 움직이니 유혼괘라 한다. ❽ 마지막으로 내괘 3개 효를 본괘로 환원하면 '화천대유괘'가 된다. 본궁 내괘로 다시 환원하니 귀혼괘라 한다. ❾ 지금까지 설명한 8개의 괘는 건궁에서의 변화로 이뤄진 괘이므로 오행은 금(金)이다. 다른 속궁도 위의 설명처럼 적용하면 된다.

〈표-12〉 속궁 형성 과정

(예)

건위천	천풍구	천산둔	천지비	풍지관	산지박	화지진	화천대유
／	／	／	／	／	／	／	／
／	／	／	／	／	⫽ 5효	⫽	⫽
／	／	／	／	⫽ 4효	⫽	／ 4효	／
／	／	／	⫽ 3효	⫽	⫽	⫽	／ 3효
／	／	⫽ 2효	⫽	⫽	⫽	⫽	／
／	⫽ 초효	⫽	⫽	⫽	⫽	⫽	／
수위괘	초효	초·2효	초효~3효	초효~4효	초효~5효	유혼괘 (4효로 다시)	귀혼괘 (본괘로 회복)

乾宮 건궁 金(금)	兌宮 태궁 金(금)	離宮 이궁 火(화)	震宮 진궁 木(목)	巽宮 손궁 木(목)	坎宮 감궁 水(수)	艮宮 간궁 土(토)	坤宮 곤궁 土(토)	世 위 치
乾爲天 (건위천)	兌爲澤 (태위택)	離爲火 (이위화)	震爲雷 (진위뢰)	巽爲風 (손위풍)	坎爲水 (감위수)	艮爲山 (간위산)	坤爲地 (곤위지)	6효
天風姤 (천풍구)	澤水困 (택수곤)	火山旅 (화산려)	雷地豫 (뇌지예)	風天小畜 (풍천소축)	水澤節 (수택절)	山火賁 (산화비)	地雷復 (지뢰복)	초효
天山遯 (천산둔)	澤地萃 (택지췌)	火風鼎 (화풍정)	雷水解 (뇌수해)	風火家人 (풍화가인)	水雷屯 (수뢰둔)	山天大畜 (산천대축)	地澤臨 (지택림)	2효
天地否 (천지비)	澤山咸 (택산함)	火水未濟 (화수미제)	雷風恒 (뇌풍항)	風雷益 (풍뢰익)	水火旣濟 (수화기제)	山澤損 (산택손)	地天泰 (지천태)	3효
風地觀 (풍지관)	水山蹇 (수산건)	山水蒙 (산수몽)	地風升 (지풍승)	天雷无妄 (천뢰무망)	澤火革 (택화혁)	火澤睽 (화택규)	雷天大壯 (뇌천대장)	4효
山地剝 (산지박)	地山謙 (지산겸)	風水渙 (풍수환)	水風井 (수풍정)	火雷噬嗑 (화뢰서합)	雷火豊 (뇌화풍)	天澤履 (천택리)	澤天夬 (택천쾌)	5효
火地晋 (화지진)	雷山小過 (뇌산소과)	天水訟 (천수송)	澤風大過 (택풍대과)	山雷頤 (산뢰이)	地火明夷 (지화명이)	風澤中孚 (풍택중부)	水天需 (수천수)	4효 유혼
火天大有 (화천대유)	雷澤歸妹 (뇌택귀매)	天火同人 (천화동인)	澤雷隨 (택뢰수)	山風蠱 (산풍고)	地水師 (지수사)	風山漸 (풍산점)	水地比 (수지비)	3효 귀혼

제 7 장

내괘와 외괘
內卦   外卦

1. 괘

- 소성괘와 대성괘로 분류된다. 일반적으로 괘라고 하면 대성괘를 의미한다.
- 64괘(대성괘)란 세 효로 이뤄진 소성괘가 아래·위로 짝을 이루어 형성된 것이다. 64괘는 모두 6개의 효로 구성된다.
- 아래부터 위로 [안에서 밖으로] 초효, 2효, 3효, 4효, 5효, 6효.

2. 내괘(하괘)

- 초효, 2효, 3효(아래에 있는 소성괘)를 내괘(內卦) 또는 하괘(下卦)라고 한다.

3. 외괘(상괘)

● 4효, 5효, 6효(위에 있는 소성괘)를 외괘(外卦) 또는 상괘(上卦) 라고 한다.

4. 효 그리는 순서

● 내괘인 초효부터 시작하여 위로 6효까지 순서대로 그려간다.

5. 괘 읽는 순서

● 상괘를 먼저 읽고 그 다음에 하괘를 읽는다. 괘는 아래 초효 부터 6효까지 순서대로 만들어지나, 읽기는 위에서 아래로 읽는다.

!地天泰	!地天泰	!地天泰
// 6효 ⎤ // 5효 ⎥외괘(상괘) // 4효 ⎦ / 3효 ⎤ / 2효 ⎥내괘(하괘) / 초효 ⎦	// ↑ // ↑ // ↑ / ↑ / ↑ / ↑ 효 그릴 때	// ↓ 괘 읽을 때 // // ↓ / / / ↓

제 ❼ 장 내괘와 외괘

제8장

납갑법
納 甲 法

1. 납갑법

- 납갑법(納甲法)이란 괘와 효에 간지(干支)를 붙인 것이다.
- 납갑과 납지를 총칭하여 납갑이라고 부른다.

2. 납갑

- 납갑(納甲)이란 각 괘에 십간을 배속한 것이다.
- 양(陽)인 괘에는 양간(陽干), 음(陰)인 괘에는 음간(陰干)을 각 각 배속한다.
- 양괘(陽卦)는 乾, 震, 坎, 艮卦이고, 음괘(陰卦)는 坤, 巽, 離, 兌卦이다.
- 건(乾) 내괘에 갑(甲) · 외괘에 임(壬), 곤(坤) 내괘에 을(乙) · 외괘에 계(癸), 간(艮) 내 · 외괘에 병(丙), 태(兌) 내 · 외괘에 정(丁), 감(坎) 내 · 외괘에 무(戊), 이(離) 내 · 외괘에 기(己), 진(震) 내 · 외괘에 경(庚), 손(巽) 내 · 외괘에 신(辛)을 각각 배속한다.

3. 납지

- 납지(納支)란 각 괘의 효에 십이지를 배속한 것이다.
- 육효에서 사용되는 십이지(十二支)를 납지(納支) 또는 납사(納子)라고 한다. 양(陽)과 음(陰)으로 구분하여 양(陽)인 괘에는 양지(陽支), 음(陰)인 괘에는 음지(陰支)를 각각 배속한다.

4. 납갑의 구성

<표-14> 납갑

	乾건	坤곤	艮간	兌태	坎감	離이	震진	巽손
외괘	壬	癸	丙	丁	戊	己	庚	辛
내괘	甲	乙	丙	丁	戊	己	庚	辛

- 건(乾)과 곤(坤)은 부(父)와 모(母)로 6자(六子)를 포용한다. 시작은 갑(甲)과 을(乙)이고 마침은 임(壬)과 계(癸)다. 건(乾)은 내괘에 갑(甲)을 배속해 내괘의 시작으로 하고, 외괘에 임(壬)을 배속해 외괘의 마침으로 한다. 곤(坤)은 내괘에 을(乙)을 배속해 내괘의 시작으로 하고, 외괘에 계(癸)를 배속해 외괘의 마침으로 한다.
- 건(乾)과 곤(坤)이 포용한 6자 중 진(震)은 곤(坤)의 하효(下爻)에 건(乾)을 받아들여 형성되고, 손(巽)은 건(乾)의 하효에 곤(坤)을 받아 들여 형성된다. 그래서 각기 장남과 장녀를 상징하는데, 자녀 중 비중을 두어 으뜸을 상징하는 경(庚)과 신(辛)을 배속한다.

- 이(離)는 건(乾)의 중효(中爻)에 곤(坤)을 받아들여 형성되고, 감(坎)은 곤(坤)의 중효에 건(乾)의 사랑으로 이루어진다. 그래서 각기 중남과 중녀이고 중앙을 나타내는 무(戊)와 기(己)를 배속한다.
- 태(兌)는 건(乾)의 상효(上爻)에 곤(坤)을 받아들여 형성되고, 간(艮)은 곤(坤)의 상효에 건(乾)의 배려로 이루어진다. 그래서 삼남(三男:소남)과 삼녀(三女:소녀)다. 삼남과 삼녀는 아직 어려 배려와 사랑이 필요하다. 사랑과 배려의 상징인 화(火)를 부여해 병(丙)과 정(丁)을 배속한다.

5. 납지의 구성

〈표-15〉 납지

	乾건	坤곤	震진	巽손	坎감	離이	艮간	兌태
6효	戊	酉	戊	卯	子	巳	寅	未
5효	申	亥	申	巳	戊	未	子	酉
4효	午	丑	午	未	申	酉	戊	亥
3효	辰	卯	辰	酉	午	亥	申	丑
2효	寅	巳	寅	亥	辰	丑	午	卯
초효	子	未	子	丑	寅	卯	辰	巳

陽卦

- 건(乾)은 양(陽)의 기세가 처음으로 발생하는 동지(冬至)인 자월(子月)을 바탕으로 한다. 양지(陽支)는 순행(順行)한다. 음지(陰支)를 건너뛰게 되므로 자(子) · 인(寅) · 진(辰) · 오(午) · 신(申) · 술(戊)로 초효부터 6효까지 배속해 6효에 건(乾)의 바탕

인 술(戌)을 머무르게 한다. 乾(陽)은 자기중심적이다. 그래서 각 위치의 변화에 따라 乾(陽)의 개성의 일부를 부여한다.

- 진(震)은 곤(坤)이 하효에 건(乾)을 받아들여 이루어진 자다. 건(乾)의 초효 납지인 자(子)를 부여해 진(震)이 건(乾)의 장남임을 분명하게 했으며, 건과 납갑은 다르나 납지는 같다. 진(震)은 6효에 진(震)의 상징인 묘(卯)를 올리지 못함은 묘(卯)가 음(陰)에 해당하기 때문이다. 그래서 묘(卯)와 육합이 되는 술(戌)이다.

- 감(坎)은 곤(坤)이 중효에 건(乾)을 받아들여 이루어진 자다. 건(乾)의 2효에 있는 납지 인(寅)을 부여해 건(乾)의 중남임을 인식케 했으며, 인(寅)·진(辰)·오(午)·신(申)·술(戌)·자(子)로 초효부터 6효까지 배속하여 6효에 감(坎)의 상징인 자(子)를 머무르게 했다.

- 간(艮)은 곤(坤)이 상효에 건(乾)을 받아들여 이루어진 자다. 건(乾) 3효에 있는 납지 진(辰)을 부여해 건(乾)의 삼남임을 인식케 했으며 진(辰)·오(午)·신(申)·술(戌)·자(子)·인(寅)으로 초효부터 6효까지 배속해, 6효에 간(艮)의 상징인 인(寅)을 머무르게 했다.

陰卦

- 곤(坤)은 음(陰)이다. 곤(坤)의 바탕이며 일음(一陰)의 기세가 일어나는 하지(夏至)를 포용하고 있는 오월(午月)을 바탕에 두어야 하나 오(午)는 양(陽)에 속한다. 그래서 하지와 가장 근접한 미월(未月)을 선택해 초효부터 미(未)·사(巳)·묘(卯)·축(丑)·해(亥)·유(酉) 역순으로 6효까지 배속했다. 곤(坤)은 배려와 결합을 중시한다.

- 손(巽)은 건(乾)이 초효에 곤(坤)을 받아들여 이루어진 자다. 건

(乾)의 장남인 진(震)과의 관계를 배려해 자(子)와 가장 가까운 자리에 있으며 육합(六合)이 되는 축(丑)을 취해 초효로 하여 장남과 균형을 이루게 했다. 축(丑) · 해(亥) · 유(酉) · 미(未) · 사(巳) · 묘(卯) 역순으로 상효까지 배열했다.

- 이(離)는 건(乾)이 중효에 곤(坤)을 영입하여 이루어졌다. 건(乾)의 2효 납지는 인(寅)이다. 중남인 감(坎)을 배려해 인(寅)이 배속된 간(艮)에서 축(丑)을 취해 중녀(中女)의 바탕으로 삼으려 했다. 그러나 이미 장녀(長女)가 축(丑)을 차지해 부득이 인(寅)과 가장 가까운 묘(卯)를 취해 초효로 중녀(中女)의 바탕으로 정했다. 묘(卯) · 축(丑) · 해(亥) · 유(酉) · 미(未) · 사(巳)로 역순으로 6효까지 배속했다.

- 태(兌)는 건(乾)이 상효에 곤(坤)을 받아들여 이루어졌다. 건의 3효 납지는 진(辰)이다. 손(巽)에 진(辰)과 동거하는 자는 사(巳)다. 사(巳)를 바탕으로 삼남(三男)과 균형을 이루게 했다. 사(巳) · 묘(卯) · 축(丑) · 해(亥) · 유(酉) · 미(未) 역순으로 6효까지 배속했다.

〈표-16〉 납갑표(납갑과 납지)

卦順		一	二	三	四	五	六	七	八
八卦		乾전 ☰	兌태 ☱	離이 ☲	震진 ☳	巽손 ☴	坎감 ☵	艮간 ☶	坤곤 ☷
五行		金금	金금	火화	木목	木목	水수	土토	土토
外卦(上卦)	6효	戌/ 술	未// 미	巳/ 사	戌// 술	卯/ 묘	子// 자	寅/ 인	酉// 유
	5효	申/ 신	酉/ 유	未// 미	申// 신	巳/ 사	戌/ 술	子// 자	亥// 해
	4효	午/ 오 壬	亥/ 해 丁	酉/ 유 己	午/ 오 庚	未// 미 辛	申// 신 戊	戌// 술 丙	丑// 축 癸
內卦(下卦)	3효	辰/ 진	丑// 축	亥/ 해	辰// 진	酉/ 유	午// 오	申/ 신	卯// 묘
	2효	寅/ 인	卯/ 묘	丑// 축	寅// 인	亥/ 해	辰/ 진	午// 오	巳// 사
	초효	子/ 자 甲	巳/ 사 丁	卯/ 묘 己	子/ 자 庚	丑// 축 辛	寅// 인 戊	辰// 진 丙	未// 미 乙

- 乾金 內甲 子寅辰 (건금갑 자인진) 外壬 午申戌 (임 오신술)
- 兌金 內丁 巳卯丑 (태금정 사묘축) 外丁 亥酉未 (정 해유미)
- 離火 內己 卯丑亥 (이화기 묘축해) 外己 酉未巳 (기 유미사)
- 震木 內庚 子寅辰 (진목경 자인진) 外庚 午申戌 (경 오신술)
- 巽木 內辛 丑亥酉 (손목신 축해유) 外辛 未巳卯 (신 미사묘)
- 坎水 內戊 寅辰午 (감수무 인진오) 外戊 申戌子 (무 신술자)
- 艮土 內丙 辰午申 (간토병 진오신) 外丙 戌子寅 (병 술자인)
- 坤土 內乙 未巳卯 (곤토을 미사묘) 外癸 丑亥酉 (계 축해유)

제8장 납갑법

비신 붙이는 법
飛 神

1. 비신

● 비신(飛神)이란 납갑법에 의해 각 효에 붙여진 납지 즉 십이지
(十二支)이다.

2. 비신 붙이는 기준

● 비신 붙이는 법은 납갑법을 바탕으로 한다.

3. 비신 붙이는 순서와 예문

● ❶내괘가 팔괘(소성괘) 중 어디에 속하는 괘인지 확인하여 납
갑법에 의해 해당하는 비신을 효 왼쪽에 붙인다.
● ❷외괘가 팔괘(소성괘) 중 어디에 속하는 괘인지 확인하여 납
갑법에 의해 해당하는 비신을 효 왼쪽에 붙인다.

- ❸동효가 없는 경우는 ❶과 ❷ 순서대로 하면 된다.
- ❹동효가 있는 경우는 ❶과 ❷를 기본으로 하되, 변효 붙이는 법을 참고하라.
- 예 ①내괘(초효, 2효, 3효)가 乾卦(☰)이면 초효에 子, 2효에 寅, 3효에 辰을 붙인다.
  ②외괘(4효, 5효, 6효)가 乾卦(☰)이면 4효에 午, 5효에 申, 6효에 戌을 붙인다.

! 乾爲天		납갑표		乾	! 乾爲天	
6효	/	외괘	6효	戌	戌	/
5효	/ 乾 외괘		5효	申	申	/
4효	/		4효	午	午	/
3효	/	내괘	3효	辰	辰	/
2효	/ 乾 내괘		2효	寅	寅	/
초효	/		초효	子	子	/

- 예 ①내괘가 兌卦(☱)이면 초효에 巳, 2효에 卯, 3효에 丑을 붙인다.
  ②외괘가 離卦(☲)이면 4효에 酉, 5효에 未, 6효에 巳를 붙인다.

! 火澤睽		납갑표		兌	離	! 火澤睽	
6효	/	외괘	6효	未	巳	巳	/
5효	// 離 외괘		5효	酉	未	未	//
4효	/		4효	亥	酉	酉	/
3효	//	내괘	3효	丑	亥	丑	//
2효	/ 兌 내괘		2효	卯	丑	卯	/
초효	/		초효	巳	卯	巳	/

제10장

변효에 비신 붙이는 법
變爻 飛神

1. 동효

● 동효(動爻)란 효가 동(動)하는 것이다. 효의 움직임을 의미한다.

2. 변효

● 변효(變爻)란 효가 동(動)해서 화출(化出)된 것이다. 따라서 동효가 있어야 변효가 존재한다.

● 효가 동하면 음양(陰陽)이 바뀐다. 예 양효가 동하면 음효로(Ⅹ → ∥), 음효가 동하면 양효로(Ⅺ → ╱) 각각 변한다.

3. 본괘

● 본괘(本卦)란 처음에 얻은 괘이다.

4. 변괘

- 효(爻)가 동(動)하면 음양이 바뀐다. 따라서 괘 이름도 변한다. 이렇게 변한 괘를 변괘(變卦)라고 한다.

5. 변효와 변괘의 위치

- 변효는 동(動)한 효 즉 동효 위치에만 붙는다. 따라서 변효는 동효의 비신 왼쪽에 쓴다.
- 원래의 괘 이름(본괘:本卦)은 'ㅣ' 부호의 오른쪽에, 변한 괘 이름(변괘:變卦)은 'ㅣ' 부호의 왼쪽에 적는다.

6. 변효에 비신 붙이는 순서와 예문

- 효가 동하면 변효가 화출된다. 화출된 변효에도 비신과 육친을 붙인다.
- 변효에 붙는 비신은 변괘의 소속을 따르나 육친은 본괘를 기준으로 붙인다.
- 예 풍지관(風地觀) 괘에서 6효가 동효인 경우이다.
- ❶득괘한 괘 이름을 적고 효를 그린다.

  예 'ㅣ' 부호 오른쪽에 風地觀 괘 이름을 적고 효를 그린다.
- ❷동효 표시를 한다.

  예6효가 동했으므로 6효에 동효 표시를 한다.
- ❸본괘에 비신[납지]을 붙인다.

㉑풍지관은 내괘가 곤괘(☷)다. 곤괘의 내괘 비신은 未巳卯다.
초효에 未, 2효에 巳, 3효에 卯를 붙인다.
㉑풍지관의 외괘는 손괘(☴)다. 손괘의 외괘 비신은 未巳卯다.
4효에 未, 5효에 巳, 6효에 卯를 붙인다.

! 風地觀	납갑표		坤	巽	! 風地觀	
X	외괘	6효	酉	卯	卯	X
/		5효	亥	巳	巳	/
//		4효	丑	未	未	//
//	내괘	3효	卯	酉	卯	//
//		2효	巳	亥	巳	//
//		초효	未	丑	未	//

巽 외괘 / 坤 내괘

● ❹ '!' 부호 왼쪽에 변한 괘 이름을 적는다.
㉑풍지관괘의 6효가 양효인데 동하니까 음효로 변한다.
㉑풍지관의 외괘는 손괘(☴)에서 감괘(☵)로 변한다.
㉑내괘는 변함이 없으니(동효가 없으니) 그대로 곤괘(☷)다.
㉑따라서 내괘는 곤괘(☷), 외괘는 감괘(☵)가 되니 수지비괘로
변한다.
㉑ '!' 부호 왼쪽에 水地比 괘 이름을 적는다.

! 風地觀	! 風地觀		水地比 ! 風地觀
X	외괘 坎 // ← 卯 X	巽 외괘	卯 X
/	/ 巳 /		巳 /
//	// 未 //		未 //
//	내괘 坤 卯	坤 내괘	卯 //
//	巳 //		巳 //
//	未 //		未 //

● ❺동효 왼쪽에 변효의 비신을 붙인다.

㉮외괘가 감괘(☵)로 변하므로 감괘의 외괘 비신을 참고한다. 감괘의 외괘 비신은 申戌子이다. 4효가 申, 5효가 戌, 6효가 子다.

㉮6효만 동했으므로 6효 비신 子를 평행 이동시켜 동효 왼쪽에 붙인다.

㉮이것이 변효의 비신이 된다.

水地比 ! 風地觀	水地比 ! 風地觀	水地比 ! 風地觀

변효? 卯 Ⅹ
巳 /
未 ∥
卯 ∥
巳 ∥
未 ∥

외괘 坎	/ 卯 Ⅹ	
	/ 巳 /	巽 외괘
	∥ 未 ∥	
	卯 ∥	
	巳 ∥	
	未 ∥	

납갑표	坎	
외괘	6효 子	子 卯 Ⅹ
	5효 戌	巳 /
	4효 申	未 ∥
내괘	3효 午	卯 ∥
	2효 辰	巳 ∥
	초효 寅	未 ∥

제11장

육친 붙이는 법
六　親

1. 육친

● 육친(六親)이란 부모, 자손, 관귀, 처재, 형제를 일컫는다.

2. 육친 정하는 기준

● 속궁 오행을 기준으로 비신 오행과의 생극비화로 정한다.
● 속궁 오행이 비신 오행과 어떤 관계에 있느냐에 따라 육친이
  정해진다.

3. 육친 분류

부모(父母)	나를 생하는 자, 나를 낳은 자	生我者(생아자)
관귀(官鬼)	나를 극하는 자	克我者(극아자)
처재(妻財)	내가 극하는 자	我克者(아극자)
자손(子孫)	내가 생하는 자, 내가 낳은 자	我生者(아생자)
형제(兄弟)	나와 오행이 같은 자	比和者(비화자)

부모(父母)	비신 오행이 속궁 오행을 생한다.	부(父)
관귀(官鬼)	비신 오행이 속궁 오행을 극한다.	관(官)
처재(妻財)	속궁 오행이 비신 오행을 극한다.	재(財)
자손(子孫)	속궁 오행이 비신 오행을 생한다.	손(孫)
형제(兄弟)	속궁 오행과 비신 오행이 똑같다.	형(兄)

<그림-9> 육친 상생도와 육친 상극도

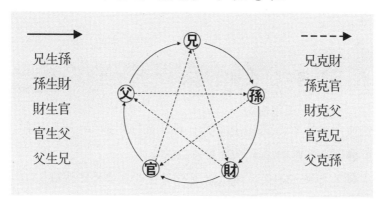

兄生孫　　　　　　　　　　　兄克財
孫生財　　　　　　　　　　　孫克官
財生官　　　　　　　　　　　財克父
官生父　　　　　　　　　　　官克兄
父生兄　　　　　　　　　　　父克孫

4. 육친의 표기와 위치

● 비신 옆에 육친을 붙인다. 부모는 父, 자손은 孫, 처재는 財, 관귀는 官, 형제는 兄으로 줄여서 간략하게 표시하고 부른다.

	육친	비신	!地澤臨
父母 → 父	孫	酉	//
子孫 → 孫	財	亥	//
妻財 → 財	兄	丑	//
	兄	丑	//
官鬼 → 官	官	卯	/
兄弟 → 兄	父	巳	/

<表-17> 육친 조견표

속궁 오행 비신 오행	木(진궁·손궁)	火(이궁)	土(간궁·곤궁)	金(건궁·태궁)	水(감궁)
木(목)	兄(형)	父(부)	官(관)	財(재)	孫(손)
火(화)	孫(손)	兄(형)	父(부)	官(관)	財(재)
土(토)	財(재)	孫(손)	兄(형)	父(부)	官(관)
金(금)	官(관)	財(재)	孫(손)	兄(형)	父(부)
水(수)	父(부)	官(관)	財(재)	孫(손)	兄(형)

5. 육친 붙이는 순서와 예문

- 예 동효가 없는 지택림(地澤臨) 괘에 육친을 붙이는 경우이다.
- ❶득괘한 괘 이름을 적고 효를 그린다.

  예 '!' 부호 오른쪽에 地澤臨 괘 이름을 적고 효를 그린다.
- ❷본괘에 비신을 붙인다.

  예 지택림의 내괘가 태괘(≡)이니 초효에 巳, 2효에 卯, 3효에 丑을 붙인다.

  예 지택림의 외괘가 곤괘(≡≡)이니 4효에 丑, 5효에 亥, 6효에 酉를 붙인다.

! 地澤臨		납갑표	兌	坤		! 地澤臨	
∥		외괘 6효	未	酉		酉	∥
∥	坤 외괘	외괘 5효	酉	亥		亥	∥
∥		외괘 4효	亥	丑		丑	∥
∥		내괘 3효	丑	卯		丑	∥
/	兌 내괘	내괘 2효	卯	巳		卯	/
/		내괘 초효	巳	未		巳	/

- ❸육친을 정하는 기준이 되는 괘의 속궁 오행을 찾는다.
   ㉠지택림 괘의 속궁 오행을 찾는다.
   ㉡지택림 괘의 속궁은 곤궁(坤宮)이고 오행은 토(土)다.
   ㉢土(나:我)가 육친을 정하는 기준이 된다.
- ❹속궁 오행과 비신 오행간의 생극비화 관계를 파악하여 해당
   육친(兄, 孫, 財, 官, 父)을 비신 옆에 쓴다.
   ㉠지택림 괘의 속궁 오행이 土이므로 土와 지택림 괘의 비신
   오행간의 생극비화 관계를 파악한다.
   ㉡초효 巳火는 土(나:我)를 생하니 부모(父母)를 붙인다.
   ㉢2효 卯木은 土(我)를 극하니 관귀(官鬼)를 붙인다.
   ㉣3효와 4효 丑土는 土(我)와 오행이 같으니 형제(兄弟)를 붙
   인다.
   ㉤5효 亥水는 土(我)가 극하니 처재(妻財)를 붙인다.
   ㉥6효 酉金은 土(我)가 생하니 자손(子孫)을 붙인다.
- ❺이것이 육친 붙이는 법이다.

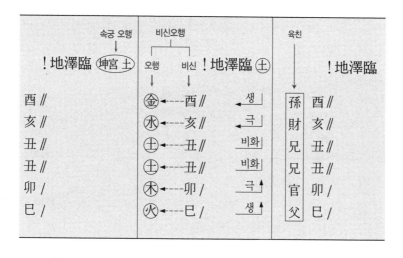

- 비신 붙이는 법과 변효 붙이는 법을 충분히 이해해야 한다.
- 예 지택림 괘에서 초효, 4효, 6효가 동효인 경우이다.
- ❶득괘한 괘 이름을 적고 효를 그린다.

  예 '!' 부호 오른쪽에 地澤臨 괘 이름을 쓰고 효를 그린다.
- ❷동효 표시를 한다.

  예 지택림 괘의 초효, 4효, 6효에 동효 표시를 한다.
- ❸본괘에 비신을 붙인다.

  예 지택림의 내괘는 태괘()다. 태괘의 내괘 비신은 巳卯丑이다. 초효에 巳, 2효에 卯, 3효에 丑을 붙인다.

  예 지택림의 외괘는 곤괘()다. 곤괘의 외괘 비신은 丑亥酉이다. 4효에 丑, 5효에 亥, 6효에 酉를 붙인다.

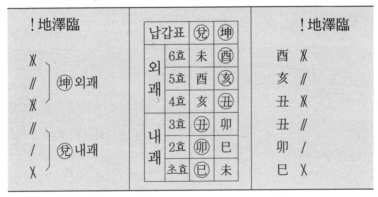

- ❹ '!' 부호 왼쪽에 변한 괘 이름을 적는다.

  예 지택림 괘의 초효는 양효에서 음효로, 4효는 음효에서 양효로, 6효는 음효에서 양효로 변한다.

  예 지택림 괘의 내괘는 태괘()에서 감괘()로 변한다.

  예 지택림 괘의 외괘는 곤괘()에서 이괘()로 변한다.

㉘따라서 '!' 부호 왼쪽에 火水未濟 괘 이름을 적는다.

! 地澤臨	! 地澤臨	火水未濟 ! 地澤臨
⟋ 酉 ⚹	⟋ 酉 ⚹ 외괘(離) ⫻ 亥 ⫽ (坤)외괘	酉 ⚹
亥 ⫽	⟋ 丑 ⚹	亥 ⫽
⟋ 丑 ⚹		丑 ⚹
丑 ⫽	⫽ 丑 ⫽ 내괘(坎) ⟋ 卯 ⟋ (兌)내괘	丑 ⫽
卯 ⟋	⫽ 巳 ⚹	卯 ⟋
⫽ 巳 ⚹		巳 ⚹

● ❺동한 효 즉 변효에 비신을 붙인다.

㉘지택림 괘의 내괘가 감괘(⚏)로 변한다. 감괘의 내괘 비신은 寅(초효), 辰(2효), 午(3효)이다. 따라서 초효 동효의 변효 비신은 寅이 된다.

㉘지택림 괘의 외괘가 이괘(⚏)로 변한다. 이괘의 외괘 비신은 酉(4효), 未(5효), 巳(6효)이다. 따라서 4효 동효의 변효 비신은 酉, 6효 동효의 변효 비신은 巳가 된다.

㉘그러므로 지택림 괘의 초효 동효 왼쪽에 寅, 4효 왼쪽에 酉, 6효 왼쪽에 巳를 각각 붙인다.

火水未濟 ! 地澤臨	火水未濟 ! 地澤臨	火水未濟 ! 地澤臨

	납갑표	坎	離			
(변효?) 酉 ⚹	외괘(離) ⫻ 酉 ⚹ (坤)외괘	외괘	6효	子	巳	巳 酉 ⚹
亥 ⫽			5효	戌	未	亥 ⫽
(변효?) 丑 ⚹	⟋ 丑 ⚹		4효	申	酉	酉 丑 ⚹
丑 ⫽	⫽ 丑 ⫽	내괘	3효	午	亥	丑 ⫽
卯 ⟋	내괘(坎) ⟋ 卯 ⟋ (兌)내괘		2효	辰	丑	卯 ⟋
(변효?) 巳 ⚹	⫽ 巳 ⚹		초효	寅	卯	寅 巳 ⚹

- **❻**육친을 정하는 기준이 되는 괘의 속궁 오행을 찾는다.

  ※변효에 육친을 붙이는 경우에도 원래 괘(本卦)의 속궁 오행이 기준이 된다. 변한 괘(變卦)의 속궁 오행이 기준이 되는 것이 아니다.

  ㉠지택림 괘의 속궁 오행을 찾는다.

  ㉠지택림 괘의 속궁은 곤궁(坤宮)이고, 오행은 토(土)다.

  ㉠土(나:我)가 육친을 정하는 기준이 된다.

- **❼**속궁 오행과 비신 오행간의 생극비화 관계를 파악하여 해당 육친(兄, 孫, 財, 官, 父)을 비신 옆에 쓴다.

  ㉠지택림 괘의 속궁 오행이 土이므로 土와 지택림 괘의 비신 오행간의 생극비화 관계를 파악한다.

  ㉠초효 巳火는 土(나:我)를 생하니 부모(父母)를 붙인다.

  ㉠2효 卯木은 土(我)를 극하니 관귀(官鬼)를 붙인다.

  ㉠3효와 4효 丑土는 土(我)와 오행이 같으니 형제(兄弟)를 붙인다.

  ㉠5효 亥水는 土(我)가 극하니 처재(妻財)를 붙인다.

  ㉠6효 酉金은 土(我)가 생하니 자손(子孫)을 붙인다.

  ㉠초효 변효 寅木이 土(나:我)를 극하니 관귀(官鬼)를 붙인다.

  ㉠4효 변효 酉金을 土(나:我)가 생하니 자손(子孫)을 붙인다.

  ㉠6효 변효 巳火가 土(나:我)를 생하니 부모(父母)를 붙인다.

제12장

복신 붙이는 법
伏 神

1. 복신

- 복신(伏神)이란 괘에 나타나지 않은 육친을 말한다.
- 육친을 붙였을 때 다섯 가지 육친이 모두 나오면 복신은 없는 것이다.

2. 복신의 표기와 위치

- 복신 표시는 효 오른쪽에 '괄호' 부호 안에 쓴다.

3. 복신 붙이는 순서와 예문

- 비신 붙이는 법과 육친 붙이는 법을 충분히 이해해야 한다.
- 예 천풍구 괘로 복신을 붙이는 경우이다.
- ❶득괘한 괘 이름을 적고 효를 그린다.

예 '!' 부호 오른쪽에 天風姤 괘 이름을 적고 효를 그린다.
- ❷본괘에 비신을 붙인다.
  예천풍구의 내괘는 손괘(☴)다. 손괘의 내괘 비신은 丑亥酉다.
  초효에 丑, 2효에 亥, 3효에 酉를 붙인다.
  예천풍구의 외괘는 건괘(☰)다. 건괘의 외괘 비신은 午申戌이
  다. 4효에 午, 5효에 申, 6효에 戌을 붙인다.

! 天風姤		! 天風姤

납갑표		巽	乾
외괘	6효	卯	戌
	5효	巳	申
	4효	未	午
내괘	3효	酉	辰
	2효	亥	寅
	초효	丑	子

(! 天風姤)
```
乾 외괘
  戌 /
  申 /
  午 /
巽 내괘
  酉 /
  亥 /
  丑 //
```

- ❸육친을 정하는 기준이 되는 괘의 속궁 오행을 찾는다.
  예천풍구 괘의 속궁은 건궁(乾宮)이고 오행은 금(金)이다.
  예金(나:我)이 육친을 정하는 기준이 된다.
- ❹속궁 오행과 비신 오행간의 생극비화 관계를 파악하여 해당
  육친(兄, 孫, 財, 官, 父)을 비신 옆에 쓴다.
  예천풍구 괘의 속궁 오행이 金이므로 金과 천풍구 괘의 비신
  오행간의 생극비화 관계를 파악한다.
  예초효 丑土는 金(나:我)을 생하니 부모(父母)를 붙인다.
  예2효 亥水는 金(나:我)이 생하니 자손(子孫)을 붙인다.
  예3효 酉金은 金(나:我)과 오행이 같으니 형제(兄弟)를 붙인다.
  예4효 午火는 金(나:我)을 극하니 관귀(官鬼)를 붙인다.
  예5효 申金은 金(나:我)과 오행이 같으니 형제(兄弟)를 붙인다.
  예6효 戌土는 金(나:我)을 생하니 부모(父母)를 붙인다.

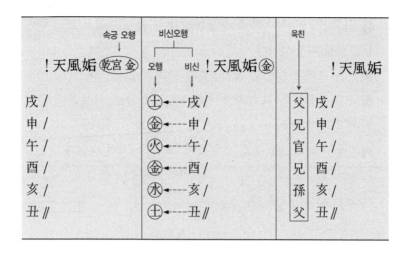

- ❺괘 중에서 나타나지 않은 육친을 찾는다.

  ㉠천풍구 괘는 처재(妻財)가 없다.

- ❻나타나지 않은 육친의 오행을 알기 위해 속궁 오행을 확인한다.

  ㉠천풍구 괘의 속궁 오행은 금(金)이다.

- ❼나타나지 않은 육친의 오행을 찾는다.

  ㉠나타나지 않은 처재(妻財)는 내가(나:我=속궁 오행) 극하는 육친이다.

  ㉠속궁 오행 金인 내가 극하는 오행은 木이다.(금극목)

  ㉠따라서 나타나지 않은 육친 처재(妻財)의 오행은 木이 된다.

  ㉠그러므로 천풍구 괘에서 처재(妻財)에 해당하는 오행은 木이다.

- ❽나타나지 않은 육친의 오행과 위치를 찾기 위해 괘의 속궁과 비신을 확인한다.

  ㉠천풍구 괘의 속궁은 건궁(乾宮)이다.

  ㉠건(乾)의 비신은 순서대로 子寅辰(내괘) 午申戌(외괘)이다.

  ㉠초학자는 건(乾)의 비신을 괘 오른쪽 빈 공간에 그대로 적는다.

  ㉠건(乾)의 비신에서 木에 해당하는 寅이 2효에 있다.

제 ⓬ 장 복신 붙이는 법

- ❾나타나지 않은 오행에 해당하는 비신 위치 그대로 괘를 향해 왼쪽으로 이동시킨다.

  ㉔寅을 그대로 천풍구 괘의 2효를 향해 이동시킨다.

- ❿나타나지 않은 육친과 비신을 해당 효 부호 오른쪽에 괄호 안에 적는다.

  ㉔천풍구 괘의 2효 부호 오른쪽에 (寅財) 이처럼 적는다.

```
        속궁 오행
          ↓
!天風姤 (乾宮 金)          납갑표 (乾)                !天風姤

父 戌 /                         6효  戌           父 戌 /
兄 申 / ①없는 육친→財      외괘 5효  申           兄 申 /
官 午 / ②財의 오행→木           4효  午           官 午 /
        (금극목)                                                    복신
兄 酉 / ③木에 해당 비신         3효  辰           兄 酉 /
         위치 찾기        내괘 (2효) (寅) →(木)   孫 亥 / (寅財)
孫 亥 /                         초효 子           父 丑 //
父 丑 //
```

〈표-18〉 복신 속견표

八宮	乾宮	兌宮	離宮	震宮	巽宮	坎宮	艮宮	坤宮
6효世	건위천	태위택	이위화	진위뢰	손위풍	감위수	간위산	곤위지
복신	×	×	×	×	×	×	×	×
초효世	천풍구	택수곤	화산려	뇌지예	풍천소축	수택절	산화비	지뢰복
복신	財寅	×	父卯,官亥	父子	官酉	×	父午,孫申	父巳
2효世	천산둔	택지췌	화풍정	뇌수해	풍화가인	수뢰둔	산천대축	지택림
복신	孫子,財寅	×	父卯	父子	官酉	財午	父午,孫申	
3효世	천지비	택산함	화수미제	뇌풍항	풍뢰익	수화기제	산택손	지천태
복신	孫子	財卯	官亥	兄寅	官酉	財午	孫申	父巳
4효世	풍지관	수산건	산수몽	지풍승	천뢰무망	택화혁	화택규	뇌천대장
복신	孫子,兄申	財卯	財酉	兄寅,孫午		財午	財子	
5효世	산지박	지산겸	풍수환	수풍정	화뢰서합	뇌화풍	천택리	택천쾌
복신	兄申	財卯	官亥,財酉	兄寅,孫午		×	財子	父巳
4효世유혼	화지진	뇌산소과	천수송	택풍대과	산뢰이	지화명이	풍택중부	수천수
복신	孫子	財卯,孫午	官亥	兄寅,孫午	官酉,孫巳	財午	孫申,財子	父巳
3효世귀혼	화천대유	뇌택귀매	천화동인	택뢰수	산풍고	지수사	풍산점	수지비
복신	×	孫亥		孫午	孫巳	×	財子	×

제**13**장

세효와 응효 붙이는 법
世 爻　　　應 爻

1. 세효와 응효

- 각 괘에는 주(主)와 객(客)이 되는 효가 있다.
- 세(世)는 내 위치이며 내가 주관하는 곳이다.
- 응(應)은 내 배경이며 주위 환경이다. 내 위치와 대칭이 되는 곳으로 내 위치를 살필 수 있는 곳이다.

2. 세효의 위치

- 본궁의 괘에 수위괘는 그대로 두고 초효부터 하나씩 변화를 주게 되는데 그 위치가 세효가 된다. 건궁을 예로 설명하겠다.
- 6효 世 : 궁을 대표하는 수위괘(건위천)는 6효가 세효다.
- 1효 世 : 수위괘(건위천)의 초효가 동해서 변하면 천풍구괘가 된다. 초효가 괘의 점사를 주도하니 초효를 세효로 정한다.
- 2효 世 : 수위괘(건위천)의 초효와 2효가 동하여 변하면 천산둔괘가 되고 2효가 세효다.
- 3효 世 : 수위괘(건위천)의 초효, 2효, 3효까지 동하여 변하면

천지비괘가 되고 3효가 세효다.

● 4효 世 : 수위괘(건위천)의 초효, 2효, 3효, 4효까지 동하여 변하면 풍지관괘가 되고 4효가 세효다.

● 5효 世 : 수위괘(건위천)의 초효, 2효, 3효, 4효, 5효까지 동하여 변하면 산지박괘가 되고 5효가 세효다.

● 4효 世 : 6효는 상징적인 위치라 변화를 주지 않는다. 초효부터 6효까지 동하여 변하면 그 궁의 본질이 바뀌게 된다. 그래서 다시 아래로 즉 4효로 내려오게 된다. 따라서 수위괘(건위천)의 초효, 2효, 3효, 4효, 5효에 이어 다시 내려와 4효가 동하여 변하면 화지진괘가 되고 4효가 세효다.

● 3효 世 : 수위괘(건위천)의 초효 · 2효 · 3효 · 4효, 5효에 이어 다시 4효 다음으로 이미 변화된 내괘(초효, 2효, 3효)를 본궁(건궁)으로 환원하면 화천대유괘가 된다. 3효가 세효다.

3. 응효의 위치

● 응효 위치를 정하는 법은 다음과 같다.

● ①점치는 목적에 따라 세효를 배제한 다섯 개의 효 중 하나의 효를 응효로 선택하는 법이 있다. 부모의 안부를 묻는 점이라면 부(父)가 응효, 형제의 질병을 묻는 점이라면 형(兄)이 응효가 된다.

● ②특별한 문제를 지정하여 판단할 때는 세효와 대칭되는 효를 응효로 선택하는 법이 있다. 응효는 세효의 배경이며 세효와 동행하는 자다. 세효와 응효는 서로 관찰하는 위치이다. 그래서 세효와 대칭이 되는 즉 세효에서 두 칸 건너 세 번째 효가 응효가 된다. 초효가 세효이면 4효가 응효, 2효가 세효이면 5효가 응효, 3효가 세효이면 6효가 응효, 4효가 세효이면 초효가 응효, 5효가 세효이면 2효가 응효, 6효가 세효이면 초효가 응효

다. 이것을 보편적인 응효라고 한다.

〈표-19〉 세·응과 64괘

세응위치 \ 속궁	건궁(乾宮)	태궁(兌宮)	이궁(離宮)	진궁(震宮)	손궁(巽宮)	감궁(坎宮)	간궁(艮宮)	곤궁(坤宮)
6효世 3효應	건위천	태위택	이위화	진위뢰	손위풍	감위수	간위산	곤위지
초효世 4효應	천풍구	택수곤	화산려	뇌지예	풍천소축	수택절	산화비	지뢰복
2효世 5효應	천산둔	택지췌	화풍정	뇌수해	풍화가인	수뢰둔	산천대축	지택림
3효世 6효應	천지비	택산함	화수미제	뇌풍항	풍뢰익	수화기제	산택손	지천태
4효世 초효應	풍지관	수산건	산수몽	지풍승	천뢰무망	택화혁	화택규	뇌천대장
5효世 2효應	산지박	지산겸	풍수환	수풍정	화뢰서합	뇌화풍	천택리	택천쾌
4효世 초효應	화지진	뇌산소과	천수송	택풍대과	산뢰이	지화명이	풍택중부	수천수
3효世 6효應	화천대유	뇌택귀매	천화동인	택뢰수	산풍고	지수사	풍산점	수지비

〈표-20〉 세·응 위치 변화 흐름도

(예)

건위천 → 천풍구 → 천산둔 → 천지비 → 풍지관 → 산지박 → 화지진 → 화천대유

건위천	천풍구	천산둔	천지비	풍지관	산지박	화지진	화천대유
/世	/	/	/應	/	/	/	/應
/	/	/應	/	/	//世	//	//
/	/應	/	//世	//	//	/世	
/應	/	/	//世	//	//	//	/世
/	//世	//	//	//	/應	//	
//世	//	//	//應	//	//應	//	
6세괘 (수위괘)	1세괘	2세괘	3세괘	4세괘	5세괘	4세괘 (유혼괘)	3세괘 (귀혼괘)

제 ⑬ 장 세효와 응효 붙이는 법

111

제 14 장

신과 명 붙이는 법
身   命

1. 신·명

● 신(身)과 명(命)은 병점(病占)이나 신상의 길흉을 묻는 점에 적용한다.

1) 신
● 신(身)은 내 몸을 나타낸다.

2) 명
● 명(命)은 내 몸을 감싸고 지키며 일생을 안내하는 길이다.

〈표-21〉 신·명 찾는 법

身命＼世爻	子午	丑未	寅申	卯酉	辰戌	巳亥
身	초효	2효	3효	4효	5효	6효
命	4효	5효	6효	초효	2효	3효

〈표-22〉 신 · 명 속견표

八宮	乾宮	兌宮	離宮	震宮	巽宮	坎宮	艮宮	坤宮
6효 世	건위천	태위택	이위화	진위뢰	손위풍	감위수	간위산	곤위지
지세 신 명	戌 5효 2효	未 2효 5효	巳 6효 3효	戌 5효 2효	卯 4효 초효	子 초효 4효	寅 3효 6효	酉 4효 초효
초효 世	천풍구	택수곤	화산려	뇌지예	풍천소축	수택절	산화비	지뢰복
지세 신 명	丑 2효 5효	寅 3효 6효	辰 5효 2효	未 2효 5효	子 초효 4효	巳 6효 3효	卯 4효 초효	子 초효 4효
2효 世	천산둔	택지췌	화풍정	뇌수해	풍화가인	수뢰둔	산천대축	지택림
지세 신 명	午 초효 4효	巳 6효 3효	亥 6효 3효	辰 5효 2효	丑 2효 5효	寅 3효 6효	寅 3효 6효	卯 4효 초효
3효 世	천지비	택산함	화수미제	뇌풍항	풍뢰익	수화기제	산택손	지천태
지세 신 명	卯 4효 초효	申 3효 6효	午 초효 4효	酉 4효 초효	辰 5효 2효	亥 6효 3효	丑 2효 5효	辰 5효 2효
4효 世	풍지관	수산건	산수몽	지풍승	천뢰무망	택화혁	화택규	뇌천대장
지세 신 명	未 2효 5효	申 3효 6효	戌 5효 2효	丑 2효 5효	午 초효 4효	亥 6효 3효	酉 4효 초효	午 초효 4효
5효 世	산지박	지산겸	풍수환	수풍정	화뢰서합	뇌화풍	천택리	택천쾌
지세 신 명	子 초효 4효	亥 6효 3효	巳 6효 3효	戌 5효 2효	未 2효 5효	申 3효 6효	申 3효 6효	酉 4효 초효
4효 世유혼	화지진	뇌산소과	천수송	택풍대과	산뢰이	지화명이	풍택중부	수천수
지세 신 명	酉 4효 초효	午 초효 4효	午 초효 4효	亥 6효 3효	戌 5효 2효	丑 2효 5효	未 2효 5효	申 3효 6효
3효 世귀혼	화천대유	뇌택귀매	천화동인	택뢰수	산풍고	지수사	풍산점	수지비
지세 신 명	辰 5효 2효	丑 2효 5효	亥 6효 3효	辰 5효 2효	酉 4효 초효	午 초효 4효	申 3효 6효	卯 4효 초효

2. 신 · 명 붙이는 기준

- 신(身)은 세효(世爻)에 위치한 비신(십이지)을 기준으로 정한다.
- 명(命)은 신(身)이 정해지면 세효와 응효의 관계처럼 신(身)과

대칭(위로 3칸이나 아래로 3칸이나 마찬가지)으로 붙인다.

3. 신·명 위치

- 子午持世(자오지세:세효 위치의 비신이 子 또는 午)이면 身은 초효, 命은 4효다.
- 丑未持世(축미지세:세효 위치의 비신이 丑 또는 未)이면 身은 2효, 命은 5효다.
- 寅申持世(인신지세:세효 위치의 비신이 寅 또는 申)이면 身은 3효, 命은 6효다.
- 卯酉持世(묘유지세:세효 위치의 비신이 卯 또는 酉)이면 身은 4효, 命은 초효다.
- 辰戌持世(진술지세:세효 위치의 비신이 辰 또는 戌)이면 身은 5효, 命은 2효다.
- 巳亥持世(사해지세:세효 위치의 비신이 巳 또는 亥)이면 身은 6효, 命은 3효다.
- 신(身)이 정해지면, 세응(世應)의 관계처럼 명(命)은 신(身)을 기준으로 위나 아래로 세 번째 효가 된다.

4. 신·명 붙이는 순서와 예문

- 예 지뢰복괘에 身·命 붙이는 경우다.
- ❶괘 중에서 세효를 찾는다.
  예)지뢰복괘는 세효가 초효에 있다.
- ❷세효 위치에 있는 비신을 확인하고 신(身)을 붙인다.

㉠세효에 임한 비신은 '子'이다. '子'이면 신(身)은 초효에 붙는다.

● ❸명(命)을 붙인다. 명(命)은 신(身)과 3개 효 간격으로 떨어져 위치한다.

㉠신(身)이 초효이니 명(命)은 4효가 된다.

! 地雷復	! 地雷復	! 地雷復
孫酉 //	孫酉 //	孫酉 //
財亥 //	財亥 //	財亥 //
兄丑 //	兄丑 //	兄丑 //　　　㊌
兄辰 //　세효 찾기	兄辰 //	兄辰 //
官寅 //　　│	官寅 //　세 위치의 비신 확인	官寅 //
財子 /　㊟	財子 /　世	財子 /　世　㊛

제15장

괘신 찾는 법
卦　身

1. 괘신

● 괘신(卦身)이란 괘의 틀로 점사의 규모를 나타낸다.

2. 괘신 찾는 기준

● 세효가 임한 효의 음양(陰陽)을 기준으로 찾는다.
●  양효(陽爻) : 동지를 기점으로 음의 기운이 쇠진해지고 양의 기운이 일어나기 시작한다. 세(世)가 양효인 경우 양기를 얻으니 초효에 동짓달인 자월(子月)을 붙여 십이지 순서에 따라 세(世) 위치에 이르는 십이지를 괘신으로 정한다.
●  음효(陰爻) : 하지를 기점으로 양의 기운이 쇠진해지고 음의 기운이 일어나기 시작한다. 세(世)가 음효인 경우 음기를 얻으니 초효에 하지달인 오월(午月)을 붙여 십이지 순서에 따라 세(世) 위치에 이르는 십이지를 괘신으로 정한다.

〈표-23〉 괘신 찾는 법

世爻의 陰陽 ＼ 世爻의 위치	초효	2효	3효	4효	5효	6효
陽	子月卦	丑月卦	寅月卦	卯月卦	辰月卦	巳月卦
陰	午月卦	未月卦	申月卦	酉月卦	戌月卦	亥月卦

〈표-24〉 괘신 속견표

속궁	건궁 (乾宮)	태궁 (兌宮)	이궁 (離宮)	진궁 (震宮)	손궁 (巽宮)	감궁 (坎宮)	간궁 (艮宮)	곤궁 (坤宮)
6효世	건위천	태위택	이위화	진위뢰	손위풍	감위수	간위산	곤위지
음양괘신	陽 4월괘	陰 10월괘	陽 4월괘	陰 10월괘	陽 4월괘	陰 10월괘	陽 4월괘	陰 10월괘
초효世	천풍구	택수곤	화산려	뇌지예	풍천소축	수택절	산화비	지뢰복
음양괘신	陰 5월괘	陽 5월괘	陰 5월괘	陽 5월괘	陽 11월괘	陰 11월괘	陽 11월괘	陰 11월괘
2효世	천산둔	택지췌	화풍정	뇌수해	풍화가인	수뢰둔	산천대축	지택림
음양괘신	陰 6월괘	陰 6월괘	陽 12월괘	陽 12월괘	陰 6월괘	陰 6월괘	陽 12월괘	陽 12월괘
3효世	천지비	택산함	화수미제	뇌풍항	풍뢰익	수화기제	산택손	지천태
음양괘신	陰 7월괘	陽 1월괘	陰 7월괘	陽 1월괘	陰 7월괘	陽 1월괘	陰 7월괘	陽 1월괘
4효世	풍지관	수산건	산수몽	지풍승	천뢰무망	택화혁	화택규	뇌천대장
음양괘신	陰 8월괘	陰 8월괘	陰 8월괘	陰 8월괘	陽 2월괘	陽 2월괘	陽 2월괘	陽 2월괘
5효世	산지박	지산겸	풍수환	수풍정	화뢰서합	뇌화풍	천택리	택천쾌
음양괘신	陰 9월괘	陰 9월괘	陽 3월괘	陽 3월괘	陽 9월괘	陰 9월괘	陽 3월괘	陽 3월괘
4효世 유혼	화지진	뇌산소과	천수송	택풍대과	산뢰이	지화명이	풍택중부	수천수
음양괘신	陽 2월괘	陽 2월괘	陽 2월괘	陽 2월괘	陰 8월괘	陰 8월괘	陰 8월괘	陰 8월괘
3효世 귀혼	화천대유	뇌택귀매	천화동인	택뢰수	산풍고	지수사	풍산점	수지비
음양괘신	陽 1월괘	陰 7월괘	陽 1월괘	陰 7월괘	陽 1월괘	陰 7월괘	陽 1월괘	陰 7월괘

3. 괘신 찾는 순서와 예문

- ❶괘 중에서 세효를 찾고 세효가 양효(陽爻)인지 음효(陰爻)인 지 먼저 확인한다.

  ㉠풍수환괘는 세효가 5효에 있고 양효다.

  ㉠수지비괘는 세효가 3효에 있고 음효다.

- ❷세효가 양효이면 초효에 자월(子月)을 붙여서 순차적으로[십 이지 순서] 세효까지 비신을 세면서 올라간다. 그리고 세효가 음효이면 초효에 오월(午月)을 붙여서 순차적으로 세효까지 비 신을 세면서 올라간다.

  ㉠풍수환괘에서 세효는 5효에 있고 양효이니 초효에 子月을 붙여서 세효까지 올라간다. 그러면 2효에 丑月, 3효에 寅月, 4 효에 卯月, 5효에 辰月이 붙는다. 세효에서 멈춘 '辰月'이 풍 수환괘의 괘신이 된다. '진월괘(辰月卦)'라고 부른다.

  ㉠수지비괘에서 세효가 3효에 있고 음효이니 초효에 午月을 붙여서 세효까지 올라간다. 그러면 2효에 未月, 3효에 申月이 붙는다. 세효에서 멈춘 '申月'이 수지비괘의 괘신이 된다. '신 월괘(申月卦)'라고 부른다.

! 風水渙		! 風水渙		! 水地比		! 水地比	
父卯 /	→양효	父卯 /		財子 // 應		財子 //	
兄巳 /世	→세효	兄巳 / 世	辰月	兄戌 /		兄戌 /	
孫未 //		孫未 //	卯月	孫申 //	→음효	孫申 //	
兄午 //		兄午 //	寅月	官卯 /世	→세효	官卯 // 世	申月
孫辰 / 應		孫辰 /	丑月	父巳 //		父巳 //	未月
父寅 //		父寅 //	子月	兄未 //		兄未 //	午月

118   제2편 신산육효의 구성

제16장

공망 찾는 법
空 亡

1. 순

● 순(旬)이란 '10' 을 의미한다. ㉖초순, 중순, 하순, 10일.

2. 일순

● 일순(一旬)이란 십간 甲에서 癸까지의 10위(位)를 말한다. ㉖甲子에서 癸酉까지를 갑자 순중(甲子旬中)이라고 한다.

3. 공망

● 십간은 10개이고 십이지는 12개이다. 십간과 십이지를 한 글자씩 짝지어 붙여 가면 항상 십이지 두 글자가 짝이 없다. 십간과 짝짓지 못한 2위(位)의 십이지가 공망(空亡)이다.

- ⑩십간 甲에서 癸까지, 십이지를 子부터 짝지어 붙여 가면 항상 癸에서 끝난 십이지 다음에 오는 戌과 亥는 십간과 짝이 없다. 짝이 없는 십이지 戌과 亥가 공망이 된다.
- ⑩甲子에서 癸酉까지의 일순(一旬)에서는 戌亥가 십간과 짝이 없다. 이 戌亥를 갑자 순중(甲子旬中)의 공망이라고 한다.

십간	甲	乙	丙	丁	戊	己	庚	辛	壬	癸	×	×
십이지	子	丑	寅	卯	辰	巳	午	未	申	酉	戌	亥

공망

- ⑩甲寅에서 癸亥까지의 일순(一旬)에서는 子丑이 십간과 짝이 없다. 이 子丑을 갑인 순중(甲寅旬中)의 공망이라고 한다.

십간	甲	乙	丙	丁	戊	己	庚	辛	壬	癸	×	×
십이지	寅	卯	辰	巳	午	未	申	酉	戌	亥	子	丑

공망

〈표-25〉 육십갑자와 공망

甲子 旬中 戌亥 空亡	甲子 갑자	乙丑 을축	丙寅 병인	丁卯 정묘	戊辰 무진	己巳 기사	庚午 경오	辛未 신미	壬申 임신	癸酉 계유
甲戌 旬中 申酉 空亡	甲戌 갑술	乙亥 을해	丙子 병자	丁丑 정축	戊寅 무인	己卯 기묘	庚辰 경진	辛巳 신사	壬午 임오	癸未 계미
甲申 旬中 午未 空亡	甲申 갑신	乙酉 을유	丙戌 병술	丁亥 정해	戊子 무자	己丑 기축	庚寅 경인	辛卯 신묘	壬辰 임진	癸巳 계사
甲午 旬中 辰巳 空亡	甲午 갑오	乙未 을미	丙申 병신	丁酉 정유	戊戌 무술	己亥 기해	庚子 경자	辛丑 신축	壬寅 임인	癸卯 계묘
甲辰 旬中 寅卯 空亡	甲辰 갑진	乙巳 을사	丙午 병오	丁未 정미	戊申 무신	己酉 기유	庚戌 경술	辛亥 신해	壬子 임자	癸丑 계축
甲寅 旬中 子丑 空亡	甲寅 갑인	乙卯 을묘	丙辰 병진	丁巳 정사	戊午 무오	己未 기미	庚申 경신	辛酉 신유	壬戌 임술	癸亥 계해

4. 공망 찾는 기준

○ 점치는 날의 일진(干支)이 기준이 된다. ㉲점치는 날이 子月 庚
申日이면 庚申이 기준이 된다.

5. 공망 표기와 위치

○ 괘에서 공망인 효 비신 왼쪽에 '°'(작은 동그라미)로 표시한다.

6. 공망 쉽게 찾는 순서와 예문

○ ❶점치는 날, 일진의 간지(干支)를 확인한다.
  ㉲점치는 날이 子月 庚申日인 경우 庚申이 기준이 된다.
○ ❷'지(支:십이지)' 위치에 '간(干:십간)'을 각각 한 글자씩 짝지
  어 항상 '계(癸)' 까지 붙여 간다.
  ㉲손바닥을 편 뒤, 손가락에서 申[支] 위치를 찾는다.
  ㉲申[십이지] 위치에 庚[십간]을 붙인다. 그러면 경신(庚申)이 된다.
  ㉲庚申부터 시작해서 '계(癸)' 까지 세어 간다.

○ ❸십간 계(癸)에 해당하는 십이지 다음에 오는 십이지 두 글자
  가 십간과 짝이 없으니 공망이 된다.

  ㉲子와 丑이 십간과 짝이 없으니 공망이 된다.

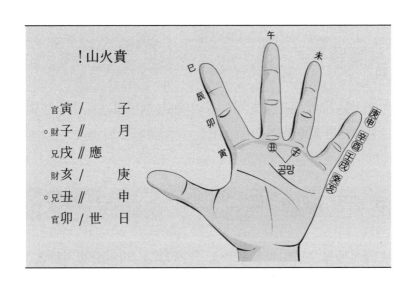

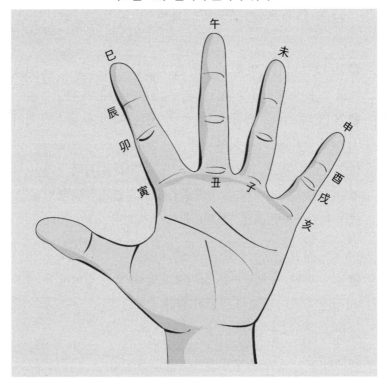

〈그림-10〉 십이지 손가락 위치

육수 붙이는 법
六　獸

1. 육수

● 육수(六獸)란 청룡(靑龍), 주작(朱雀), 구진(句陳), 등사(螣蛇), 백호(白虎), 현무(玄武)이다. 청·주·구·사·백·현(靑朱句蛇白玄) 이처럼 순서대로 읽으면 편하다.

2. 육수의 적용

● 신산육효에서는 음택과 분묘점에 비중있게 사용한다.

3. 육수의 형상

● 청룡(靑龍) : 전설에 나오는 동물로 돼지머리에 사슴뿔을 갖고 있고 큰 뱀의 몸통에 4개의 다리가 있다. 혀는 두툼하고 여의주를 물고 있다. 비록 뱀의 몸통을 갖고 있으나 뱀류는

아니다.

- 주작(朱雀) : 우리 주변에 흔한 새를 신격화(神格化)한 것이다.
- 구진(句陳) : 전설에 나오는 동물로 기린과 같은 형상이나 기린보다 몸이 크고 목도 굵다. 나무늘보처럼 행동이 느리고 둔하다.
- 등사(螣蛇) : 뱀류를 신격화한 것이다.
- 백호(白虎) : 늙은 호랑이를 신격화한 것이다. 하얀 색은 본시 신성(神聖)함을 의미하는데 호랑이도 늙으면 털이 하얗게 변한다.
- 현무(玄武) : 전설에 나오는 동물을 신격화한 것이다. 차갑고 음습(陰濕)한 곳에서 기거(寄居)하며 거북이와 자라를 반반씩 섞어 놓은 형상이다.

4. 육수 붙이는 기준

- 점(占) 치는 날의 일진(干)을 기준으로 한다.

〈표-26〉 육수 찾는 법

일진(干) 효위치	甲·乙	丙·丁	戊	己	庚·辛	壬·癸
6효	현무	청룡	주작	구진	등사	백호
5효	백호	현무	청룡	주작	구진	등사
4효	등사	백호	현무	청룡	주작	구진
3효	구진	등사	백호	현무	청룡	주작
2효	주작	구진	등사	백호	현무	청룡
초효	청룡	주작	구진	등사	백호	현무

- 청룡(靑龍) : 동방(東方)을 관장하고 오행은 목(木)이다. 갑·을 (甲乙)일은 초효에 청룡을 붙이고 6효까지 순서대로 붙여 올라 간다.

- 주작(朱雀) : 남방(南方)을 관장하고 오행은 화(火)다. 병·정 (丙丁)일은 초효에 주작을 붙이고 6효까지 순서대로 붙여 올라 간다.

- 구진(句陳) : 중앙(中央)을 관장하고 오행은 토(土)다. 무(戊)일 은 초효에 구진을 붙이고 6효까지 순서대로 붙여 올라간다.

- 등사(螣蛇) : 중앙(中央)에 해당하고 오행은 토(土)다. 기(己)일 은 초효에 등사를 붙이고 6효까지 순서대로 붙여 올라간다.

- 백호(白虎) : 서방(西方)을 관장하고 오행은 금(金)이다. 경·신 (庚辛)일은 초효에 백호를 붙이고 6효까지 순서대로 붙여 올라 간다.

- 현무(玄武) : 북방(北方)을 관장하고 오행은 수(水)다. 임·계 (壬癸)일은 초효에 현무를 붙이고 6효까지 순서대로 붙여 올라 간다.

5. 육수 붙이는 순서와 예문

- ❶점 치는 날의 일진(干)을 확인한다.
  ㉠예문에서 득괘한 날이 未월 己亥일이므로 己亥일이 일진이 된다.

- ❷일진(干)을 기준으로 초효에 해당하는 육수를 붙이고 순서대 로 6효까지 붙인다.
  ㉠기(己)일은 초효에 등사가 붙는다. 순서대로 2효에 백호, 3 효에 현무 ... 6효에 구진을 붙인다.

| 山風蠱！火風鼎 | | | | 山風蠱！火風鼎 |

효위치＼일진(干)	己		육수	
6효	구진	--->	句	
5효	주작	--->	朱	
4효	청룡	--->	靑	
3효	현무	--->	玄	
2효	백호	--->	白	
초효	등사	--->	㔾	

左:
兄巳 / 　　未
孫未 // 應　月
孫戌 財酉 X
　　財酉 /　己
　　官亥 / 世 亥
　　孫丑 //　日

右:
兄巳 / 　　未
孫未 // 應　月
孫戌 財酉 X
　　財酉 /　己
　　官亥 / 世 亥
　　孫丑 //　日

제18장
신산육효 작괘법 요약 정리

1. 신산육효 작괘법 순서

- ❶필수 사항을 적는다.
- 깨끗한 백지 상단에 점치는 날짜(年月日을 육십갑자로 표시), 점 보러 온 사람의 주소, 생년월일, 남녀구분, 성명, 점치는 목적을 쓴다.

- ❷점치는 당일의 연월일을 적는다.
- 태세[년], 월건[월], 일진[일]을 육십갑자 형태로, 중앙에 괘를 작성할 공간을 남겨두고 괘상에서 오른쪽 가장자리에 적는다.

- ❸괘를 뽑는다.
- 두 손으로 산대 8개를 모아 쥐고 머리 위로 올려 기도한 뒤, 왼손 → 오른손 → 왼손 순서로 산대를 한 개씩 뽑아 나온 괘를 확인한다.(이 경우는 점치는 사람이 건명(乾命:남자)일 때다. 만약 곤명(坤命:여자)이라면 오른손 → 왼손 → 오른손 순서로 뽑는다.) 이 과정에서는 무엇보다도 경건한 마음과 정성이 가

장 중요하다.

- 만물은 대체로 땅 위에 바탕을 두고 성장하므로 내괘 → 외괘 → 동효 순서로 득괘한다. 따라서 처음 얻은 괘가 내괘(하괘), 두 번째 얻은 괘가 외괘(상괘), 세 번째 얻은 괘가 동효가 된다.

- ❹괘이름을 적고 효를 그린다.
- 괘(얻은 괘)를 확인한 뒤 'ㅣ' 표시를 하고 오른쪽에 괘 이름을 적는다. 부호(/ 양효, ∥음효, ✕ 양효 동, ✕ 음효 동)를 이용하여 음양과 동효를 표시한다.

- ❺각 효에 비신과 육친을 붙인다.
- 비신은 납갑법, 육친은 얻은 괘[본괘]의 속궁 오행을 따른다.

- ❻세와 응을 붙인다.
- 속궁 오행표를 참작한다. 해당하는 효 오른쪽에 世와 應을 적는다.

- ❼변한 괘의 이름은 'ㅣ' 왼쪽에 쓰고 변효에 비신과 육친을 붙인다.
- 변효의 비신과 육친 붙이는 기준은 본괘의 속궁 오행이다.

- ❽복신이 있으면 찾는다.
- 효 오른쪽에 괄호( ) 부호를 그린다. 비신과 육친을 함께 괄호 안에 적는다.
- 괘에 나타나지 않은 육친을 찾는다. 속궁 오행을 확인한다. 나타나지 않은 육친에 해당하는 오행을 납갑표를 참작하여 괘를 향해 수평 이동시킨다.

- ❾공망 표시를 한다.
- 점치는 당일 일진(干支)을 기준으로 공망을 찾는다. 공망에 해당하는 비신의 육친 왼쪽에 작은 동그라미○로 표시한다.

- ❿괘상에서 왼쪽 가장자리에 육수를 붙인다.
- 점치는 당일의 일진(干)을 기준으로 하여 초효부터 6효까지 붙여간다.

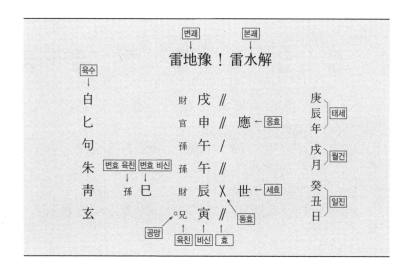

<表-27> 64괘 구성 일람표

1 上이 乾卦(건괘)로 된 것 ()

一	二	三	四	五	六	七	八
乾爲天 (건위천)	天澤履 (천택리)	天火同人 (천화동인)	天雷无妄 (천뢰무망)	天風姤 (천풍구)	天水訟 (천수송)	天山遯 (천산둔)	天地否 (천지비)
乾金	艮土	離火	巽木	乾金	離火	乾金	乾金
父戌 / 世	兄戌 / 命	孫戌 / 應 身	財戌 /	父戌 /	孫戌 /	父戌 /	父戌 / 應
兄申 / 身	孫申 / 世 (子財)	財申 /	官申 /	兄申 / 命	財申 /	兄申 / 應	兄申 /
官午 /	父午 /	兄午 /	孫午 / 世 命	官午 / 應	兄午 / 世 命	官午 / 命	官午 / 身
父辰 / 應	兄丑 // 身	官亥 / 世 命	財辰 //	兄酉 /	兄午 // (亥官)	兄申 /	財卯 // 世
財寅 / 命	官卯 / 應	孫丑 //	兄寅 //	孫亥 / (寅財) 身	孫辰 /	官午 // 世 (寅財)	官巳 //
孫子 / (六冲卦)	父巳 /	父卯 /	父子 / 應 身 (六冲卦)	父丑 // 世	父寅 // 應 身	父辰 // (子孫) 身	父未 // (子孫) 命 (六合卦)

② 上이 兌卦(태괘)로 된 것 (☱)

二一	二二	二三	二四	二五	二六	二七	二八
澤天夬 (택천쾌)	兌爲澤 (태위택)	澤火革 (택화혁)	澤雷隨 (택뢰수)	澤風大過 (택풍대과)	澤水困 (택수곤)	澤山咸 (택산함)	澤地萃 (택지췌)
坤土	兌金	坎水	震木	震木	兌金	兌金	兌金
兄未 //	父未 // 世	官未 // 身	財未 // 應	財未 // 身	父未 // 命	父未 // 應 命	父未 // 身
孫酉 / 世	兄酉 / 命	父酉 /	官酉 / 身	官酉 /	兄酉 /	兄酉 /	兄酉 / 應
財亥 / 身	孫亥 /	兄亥 / 世	父亥 / (午孫)	父亥 / 世 (午孫)	孫亥 / 應	孫亥 /	孫亥 /
兄辰 /	父丑 // 應	兄亥 / (午財) 命	財辰 // 世	官酉 / 命	官午 // 身	兄申 / 世 身	財卯 // 命
官寅 / 應 (巳父)	財卯 / 身	官丑 //	兄寅 // 命	父亥 / (寅兄)	父辰 /	官午 // (卯財)	官巳 // 世
財子 / 命	官巳 / (六冲卦)	孫卯 / 應	父子 /	財丑 // 應	財寅 // 世 (六合卦)	父辰 //	父未 //

③ 上이 離卦(이괘)로 된 것 (☲)

三一	三二	三三	三四	三五	三六	三七	三八
火天大有 (화천대유)	火澤暌 (화택규)	離爲火 (이위화)	火雷噬嗑 (화뢰서합)	火風鼎 (화풍정)	火水未濟 (화수미제)	火山旅 (화산려)	火地晋 (화지진)
☲ ☰	☲ ☱	☲ ☲	☲ ☳	☲ ☴	☲ ☵	☲ ☶	☲ ☷
乾金	艮土	離火	巽木	離火	離火	離火	乾金
官巳/應	父巳/	兄巳/世 身	孫巳/	兄巳/ 身	兄巳/應	兄巳/	官巳/
父未// 身	兄未//(子財)	孫未//	財未//世 命	孫未//應	孫未//	孫未// 身	父未//
兄酉/	孫酉/世 身	財酉/	官酉/	財酉/	財酉/ 命	財酉/應	兄酉/世 身
父辰/世	兄丑//	官亥/應 命	財辰//	財酉/ 命	兄午//世 (亥官)	財申/ (亥官)	財卯//
財寅/命	官卯/	孫丑//	兄寅//應 身	官亥/世	孫辰/	兄午// 命	官巳//
孫子/	父巳/應 命	父卯/ (六冲卦)	父子/	孫丑//(卯父) 身	父寅// 身	孫辰//世 (卯父) (六合卦)	父未//應 (子孫)命

4 上이 震卦(진괘)로 된 것 (☳)

四一	四二	四三	四四	四五	四六	四七	四八
雷天大壯 (뇌천대장)	雷澤歸妹 (뇌택귀매)	雷火豊 (뇌화풍)	震爲雷 (진위뢰)	雷風恒 (뇌풍항)	雷水解 (뇌수해)	雷山小過 (뇌산소과)	雷地豫 (뇌지예)
坤土	兌金	坎水	震木	震木	震木	兌金	震木
兄戌 //	父戌 // 應	官戌 // 命	財戌 // 世	財戌 // 應	財戌 //	父戌 //	財戌 //
孫申 //	兄申 // 命	父申 // 世	官申 //	官申 //	官申 // 應 身	兄申 //	官申 // 命
父午 / 世 命	官午 / (亥孫)	財午 /	孫午 /	孫午 / 身	孫午 /	官午 / 世 (亥孫)命	孫午 / 應
兄辰 /	父丑 // 世	兄亥 / 身	財辰 // 應	官酉 / 世	孫午 //	兄申 /	兄卯 //
官寅 /	財卯 / 身	官丑 // 應	兄寅 // 命	父亥 / (寅兄)	財辰 / 世 命	官午 // (卯財)	孫巳 // 身
財子 / 應 身 (六冲卦)	官巳 /	孫卯 /	父子 / 命 (六冲卦)	財丑 // 命	兄寅 // (子父)	父辰 // 應 身	財未 // 世 (子父) (六合卦)

제 18장 신산육효 작괘법 요약 정리

⑤ 上이 巽卦(손괘)로 된 것 (☴)

五一	五二	五三	五四	五五	五六	五七	五八
風天小畜 (풍천소축)	風澤中孚 (풍택중부)	風火家人 (풍화가인)	風雷益 (풍뢰익)	巽爲風 (손위풍)	風水渙 (풍수환)	風山漸 (풍산점)	風地觀 (풍지관)
☴	☴	☴	☴	☴	☴	☴	☴
巽木	艮土	巽木	巽木	巽木	離火	艮土	乾金
兄卯 /	官卯 /	兄卯 /	兄卯 /應	兄卯 /世	父卯 / 身	官卯 /應 命	財卯 /
孫巳 /	父巳 /(子財) 命	孫巳 /應 命	孫巳 / 身	孫巳 /	兄巳 /世	父巳 /(子財)	官巳 /(申兄) 命
財未 //應 命	兄未 //世	財未 //	財未 // 身	財未 //	孫未 //(酉財)	兄未 //	父未 //世
財辰 /(酉官)	兄丑 //(申孫)	父亥 /(酉官)	財辰 //世 (酉官)	官酉 /應	兄午 //(亥官) 命	孫申 /世 身	財卯 //
兄寅 /	官卯 / 身	財丑 //世 身	兄寅 // 命	父亥 /	孫辰 /應	父午 //	官巳 // 身
父子 /世 身	父巳 /應	兄卯 /	父子 /	財丑 // 命 (六冲卦)	父寅 //	兄辰 //	父未 //應 (子孫)

⑥ 上이 坎卦(감괘)로 된 것 (☵)

六一	六二	六三	六四	六五	六六	六七	六八
水天需 (수천수)	水澤節 (수택절)	水火旣濟 (수화기제)	水雷屯 (수뢰둔)	水風井 (수풍정)	坎爲水 (감위수)	水山蹇 (수산건)	水地比 (수지비)
䷄	䷻	䷾	䷂	䷯	䷜	䷦	䷇
坤土	坎水	坎水	坎水	震木	坎水	兌金	坤土
財子// 命	兄子// 身	兄子//應 身	兄子// 命	父子//	兄子//世	孫子// 命	財子//應
兄戌/	官戌/	官戌/	官戌/應	財戌/世 身	官戌/	父戌/	兄戌/
孫申//世	父申//應	父申//	父申//	官申/(午孫)	父申// 命	兄申//世	孫申// 身
兄辰/ 身	官丑// 命	兄亥/世 (午財)命	官辰//(午財) 身	官酉/	財午//應	兄申/ 身	官卯//世
官寅/(巳父)	孫卯/	官丑//	孫寅//世	父亥/應 (寅兄)命	官辰/	官午//(卯財)	父巳//
財子/應	財巳/世 (六合卦)	孫卯/	兄子/	財丑//	孫寅// 身 (六冲卦)	父辰//應	兄未// 命

7 上이 艮卦(간괘)로 된 것 (☶)

七一	七二	七三	七四	七五	七六	七七	七八
山天大畜 (산천대축)	山澤損 (산택손)	山火賁 (산화비)	山雷頤 (산뢰이)	山風蠱 (산풍고)	山水蒙 (산수몽)	艮爲山 (간위산)	山地剝 (산지박)
☶	☶	☶	☶	☶	☶	☶	☶
艮土	艮土	艮土	巽木	巽木	離火	艮土	乾金
官寅 / 命	官寅 / 應	官寅 /	兄寅 /	兄寅 / 應	父寅 /	官寅 / 世 命	財寅 /
財子 // 應	財子 // 命	財子 //	父子 //(巳孫)	父子 //(巳孫)	官子 // 身	財子 //	孫子 // 世 (申兄)
兄戌 //	兄戌 //	兄戌 // 應 身	財戌 // 世	財戌 // 身	孫戌 // 世 (酉財)	兄戌 //	父戌 // 命
兄辰 /(申孫) 身	兄丑 // 世 (申孫)	財亥 /(申孫)	財辰 //(酉官)	財辰 // 世	兄午 //	孫申 / 應 身	財卯 //
官寅 / 世 (午父)	官卯 / 身	兄丑 //(午父)	兄寅 // 命	父亥 /	孫辰 / 命	父午 //	官巳 // 應
財子 /	父巳 /	官卯 / 世 命 (六合卦)	父子 / 應	財丑 // 命	父寅 // 應	兄辰 // (六冲卦)	父未 // 身

8 上이 坤卦(곤괘)로 된 것 (☷)

八一	八二	八三	八四	八五	八六	八七	八八
地天泰 (지천태)	地澤臨 (지택림)	地火明夷 (지화명이)	地雷復 (지뢰복)	地風升 (지풍승)	地水師 (지수사)	地山謙 (지산겸)	坤爲地 (곤위지)
䷊	䷒	䷣	䷗	䷭	䷆	䷎	䷁
坤土	坤土	坎水	坤土	震木	坎水	兌金	坤土
孫酉//應	孫酉//	父酉//	孫酉//	官酉//	父酉//應	兄酉// 身	孫酉//世
財亥// 身	財亥//應	兄亥// 命	財亥//	父亥// 命	兄亥//	孫亥//世	財亥//
兄丑//	兄丑//	官丑//世 身	兄丑//應 命	財丑//世 (午孫)	官丑// 命	父丑//	兄丑// 身
兄辰/世	兄丑//	兄亥/(午財)	兄辰//	官酉/	財午//世	兄申/ 命	官卯//應
官寅/(巳父) 命	官卯/世	官丑// 身	官寅//(巳父)	父亥/(寅兄) 身	官辰/	官午//應 (卯財)	父巳//
財子/ (六合卦)	父巳/ 命	孫卯/應	財子/世 身 (六合卦)	財丑//應	孫寅// 身	父辰//	兄未// 命 (六沖卦)

제**3**편

신산·육효학의
기초 이론과
실제

신산육효 풀이의 기본

● 육효 풀이에서 가장 중요한 것은 점치는 목적을 나타내는 용신
과 연월일(年月日)간의 생극제화 관계다. 단기적인 사안은 일
진에 비중을 두고 장기적인 사안은 월건에 비중을 둔다. 급박
한 사안은 세효의 위치나 용신으로 판단한다.

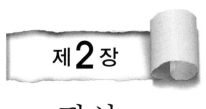

팔신
八 神

1. 팔신의 분류와 예문

- 팔신(八神)이란 비신(飛神), 용신(用神), 원신(原神), 기신(忌神), 구신(仇神), 복신(伏神), 진신(進神), 퇴신(退神)이다.

1) 비신

- 비신(飛神)이란 납갑법에 의해 괘의 효 옆에 붙이는 납지(納支: 십이지)다.

2) 용신

- 용신(用神)이란 점(占)을 보는 목적이다. 모든 점에서 용신의 동향이 가장 중요하다. 용신을 잘못 정하면 점사(占辭)가 바르지 않기 때문이다. 예자신의 점(占)을 볼 경우 세효(世爻)가 자신의 위치가 되고 목적하는 사안이 용신이다. 가족의 안위(安危)를 묻는 점은 해당 육친이 용신이다.

3) 원신

● 원신(原神)이란 용신을 생하는 육친·오행이다. ㉐인목(寅木)이나 묘목(卯木)이 용신이면 자수(子水)나 해수(亥水)가 원신이다. 사화(巳火)나 오화(午火)가 용신이면 인목(寅木)이나 묘목(卯木)이 원신이다. ㉐부(父)가 용신이면 관(官), 형(兄)이 용신이면 부(父), 손(孫)이 용신이면 형(兄), 재(財)가 용신이면 손(孫), 관(官) 용신이면 재(財)가 각각 원신이 된다.

승진점	재수점
!天雷无妄	**!澤水困**
財戌 / 　　원신　　　戊 官申 / 　　용신　　　月 孫午 / 世　　　　　　甲 財辰 // 　　원신　　　申 兄寅 // 　　　　　　　日 父子 / 應	父未 // 　　　　　　未 兄酉 / 　　　　　　　月 孫亥 / 應 원신　　　己 官午 // 　　　⬇생　亥 父辰 // 　　　　　　日 財寅 // 世 용신

4) 기신

● 기신(忌神)이란 용신을 극하는 육친·오행이다. ㉐부(父)가 용신이면 부(父)를 극하는 재(財)가 기신이다. 형(兄)이 용신이면 관(官), 손(孫)이 용신이면 부(父), 재(財)가 용신이면 형(兄)이 각각 기신(忌神)이다.

● ㉐인목(寅木)이나 묘목(卯木)이 용신이면 신금(申金)이나 유금(酉金)이 기신이다. 사화(巳火)나 오화(午火)가 용신이면 해수(亥水)나 자수(子水)가 기신이다.

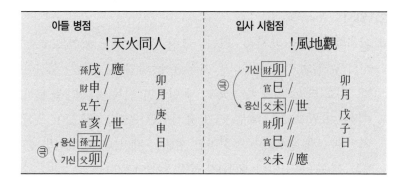

5) 구신

● 구신(仇神)이란 기신을 생하는 육친·오행이다. 원신을 극한다. 즉 구신은 원신을 극하는 관계다.

　㉠부(父)가 용신이면 재(財)가 기신이 되고, 재(財)를 생하는 손(孫)이 구신이 된다.

6) 복신

● 복신(伏神)이란 괘에 나타나지 않은 육친·오행이다. 몰신(沒神) 또는 은복(隱伏)이라고 한다.

● 복신이 없는 괘, 복신이 1개인 괘, 복신이 2개인 괘가 있다. 복신이 3개인 괘는 없다.

① 복신을 사용할 수 있는 경우

- 현재 나의 생활환경에서 감춰져 보이지 않는 육친·오행이다. 용신이 은복(隱伏)되었는데 다시 공망이 되면 소원하는 일이나 경영하는 일이 허망하다. 만약 진공이나 파(破)를 만나면 이미 소멸된 것이니 거론할 것이 없다.

- 복신은 사람을 찾는 점이나 물건을 찾는 점에는 유용(有用)하나 그 외는 적용률이 낮다.

- 복신은 일·월의 생부(生扶)가 없으면 사용하지 못하고 일·월의 생부가 있으면 사용한다.

7) 진신

- 진신과 퇴신은 오행 木·金·土에서만 나타난다.

- 진신(進神)이란 동(動)한 효 즉 동효에서만 나타난다. 동효와 변효의 오행이 같고 십이지의 순서에 의해 동효의 비신보다 변효의 비신이 앞으로 나아간 경우이다. 동효와 변효의 관계에서만 성립한다. 예)인목(寅木)이 동(動)하여 묘목(卯木)을 화출(化出)하거나, 신금(申金)이 동하여 유금(酉金)을 화출하거나, 축토(丑土)가 동하여 진토(辰土)를 화출하거나, 미토(未土)가 동하여 술토(戌土)를 화출하는 것이다.

① 진신이지만 진신이 되지 않는 경우

- 진신은 적극적인 움직임으로 앞으로 나아가는 모습이다. 용신이나 원신이 진신이면 바람직하나, 기신이나 구신이 진신이면 해악(害惡)이 크다.

- 진신이 되나 일이나 월의 생부가 없어 무력하면 진신의 형태만 이루었을 뿐 진신하지 못한다. 진공을 만나도 진신의 형태만 갖추었을 뿐 진신이 아니다. 일을 진행하지만 행동이 따르

지 못한다.

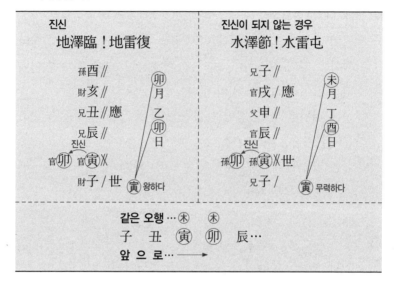

8) 퇴신

● 퇴신(退神)이란 동(動)한 효 즉 동효에서만 나타난다. 동효와 변효의 오행이 같고 십이지의 순서에 의해 동효의 비신보다 변효의 비신이 뒤로 물러선 경우이다. 동효와 변효의 관계에서만 성립한다. **예**묘목(卯木)이 동(動)하여 인목(寅木)을 화출(化出)하거나, 유금(酉金)이 동하여 신금(申金)을 화출하거나, 진토(辰土)가 동하여 축토(丑土)를 화출하거나, 술토(戌土)가 동하여 미토(未土)가 되는 것이다.

① 퇴신이지만 퇴신이 되지 않는 경우

● 퇴신은 소극적인 움직임으로 뒤로 물러가는 모습이다. 용신이나 원신이 퇴신하면 일이 머뭇거리거나 뒤로 물러가는 형상이다. 진행하거나 구상하는 일을 중단해야 한다.

● 퇴신이지만 일·월의 생부를 받아 왕상(旺相)하면 형태가 퇴신

이라도 퇴신이라 하지 않는다. 일이 다소 머뭇거릴 뿐 종당에
는 결과가 나타난다.

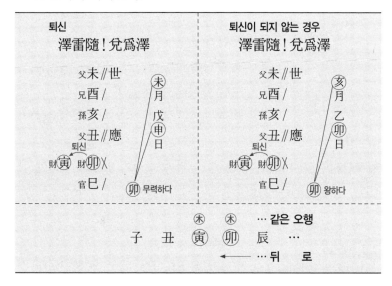

2. 팔신의 적용

1) 비신과 복신

- 비신(飛神)이 복신(伏神)을 극하면 내가 보호하고 있는 자에게 해(害)를 끼치고 있는 것 같아 바람직하지 않다.
- 복신이 비신을 극하면 보호받고 있는 자가 나를 겁박하는 것 같아 바람직하지 않다.
- 복신이 비신을 생하면 내가 보호하고 있는 자를 갈취하는 것 같아 도리(道理)가 아니다.
- 가장 아름다운 것은 내가 감싸고 보호하는 자를 도와주는 것이라 하겠다.

<table>
<tr><td colspan="2">**종업원 가출점**</td></tr>
<tr><td colspan="2">天澤履!風澤中孚</td></tr>
<tr><td>官卯 /</td><td rowspan="6"></td></tr>
<tr><td>父巳 / (子財)。</td></tr>
<tr><td>父午兄未 ✕ 世</td></tr>
<tr><td>∘兄丑 // (申孫)</td></tr>
<tr><td>官卯 /</td></tr>
<tr><td>父巳 / 應</td></tr>
</table>

申月 丙辰日

● 神算六爻 例文.

● 子水 財가 용신이다.

● 용신이 5효 巳火 父 아래 복신인데 타 궁외괘(他宮外卦)에 있다.

● 동남쪽으로 멀리 떨어진 존장(尊長:부모나 웃어른) 집에 숨어 있다.

● 복신이 비신을 극하니 거처(居處)가 불안하다.

● 亥日이 되면 비신이 충(冲)을 당하니 소식이 있겠고 子日에 찾겠다. 복자(伏者)는 출현일에 성사되기 때문이다.

<table>
<tr><td colspan="2">**아들 가출점**</td></tr>
<tr><td colspan="2">山澤損!山雷頤</td></tr>
<tr><td>兄寅 /</td><td rowspan="6"></td></tr>
<tr><td>父子 // (巳孫)</td></tr>
<tr><td>財戌 // 世</td></tr>
<tr><td>財辰 // (酉官)</td></tr>
<tr><td>兄卯兄寅 ✕</td></tr>
<tr><td>父子 / 應</td></tr>
</table>

卯月 戊子日

● 神算六爻 例文.

● 용신은 5효 子水 父 아래 복신인 巳火 孫이다.

● 복신이 비신의 극을 받으니 父의 핍박을 받고 있다.

● 아들은 巳火가 출현하는 巳日에 나타날 것이다. 아니면 출현 후 충을 받는 亥日을 기다려라.

● 한편 2효에서 寅木 兄이 발동해 진신이 되니 집 안에 손재가 있겠다.

<table>
<tr><td>

신랑 가출점

山地剝!山雷頤

兄寅 /
父子 //   午
財戌 // 世   月
財辰 // (酉官)。辛
兄寅 //   巳
財未父子 ✕ 應   日

</td><td>

● 神算六爻 例文.

● 용신은 酉金 官으로 3효 辰土 財 아래 복신이다.

● 용신이 비신 辰土와 생합(生合)하니 여자의 치마폭에 숨어 있는 모습이다.

● 용신이 있는 곳이 타궁내괘(他宮內卦)이니 근교에 있다.

</td></tr>
</table>

● 午月이 酉金 官을 극하고 다시 巳日이 극하는 가운데 진공이니 찾기 어렵겠다.

● 초효에서 子水 父가 발동해 財를 화출하니 문서를 가지고 가출했다.

2) 기신

● 기신(忌神)은 일·월의 통제를 받아야 길하다. 따라서 기신은 정(靜)하고 휴수(休囚)되거나 무력해야 한다. 일이나 월의 생부(生扶)를 받아 왕상(旺相)하거나 발동하면 매우 흉하다.

<table>
<tr><td>

당년 신수점

水火旣濟!風火家人

父子兄卯 ✕
孫巳 / 應   寅
財未 //   月
父亥 /   辛
財丑 // 世   酉
兄卯 /   日

</td><td>

● 神算六爻 例文.

● 2효에서 丑土 財가 지세함은 길하나 6효에서 卯木 兄이 발동함은 불길하다.

● 卯木 兄이 발동해 극세를 하려는데 일진이 卯木 兄을 충하니 충산이다.

● 세효를 극할 힘이 없다.

● 따라서 현재는 별일이 없으나, 卯月이

</td></tr>
</table>

나 亥·子月에는 큰 손재(損財)가 있으리라.

● 卯月에는 兄이 발동하기 때문이고 亥月에는 세효의 원신인 巳火 孫이 월파를 당한다. 子月에는 원신 巳火가 극을 당하기 때문이다.

3) 원신

● 원신(原神)은 일·월의 생부를 받아 왕(旺)한 가운데 발동(發動)하면 좋은 조건이다. 용신이 지세(持世)한 경우 반드시 즐거운 소식을 듣는다. 그러나 용신이 세효와 관련이 없으면 가족의 안부를 묻는 점 외에는 무심(無心)하다. 원신이 형충극해(刑冲克害)를 받거나 공망을 만나면 인사(人事)를 묻는 점에는 불안하고 소원(所願)하는 일과 거리가 멀다.

구직점

天雷无妄!風雷益

```
○兄卯 / 應
 孫巳 /          辰
孫午財未 ╳        月
 財辰 // 世(酉官)  乙
○兄寅 //          巳
 父子 /           日
```

● 神算六爻 例文.

● 용신은 3효 辰土 財 아래 복신인 酉金 官이다.

● 비신 辰土 財는 원신이다.

● 일·월의 생(生)을 받아 왕(旺)해진 원신이 용신을 생하니 반드시 직장을 구하리라.

● 복자(伏者)는 출현일에 성사되니 酉日에 좋은 소식이 있겠다.

승진점

山澤損!山天大畜

```
 官寅 /
 財子 // 應        亥
 兄戌 //           月
兄丑兄辰 ╳ (申孫)○  壬
 官寅 / 世         午
 財子 /            日
```

● 神算六爻 例文.

● 2효에서 寅木 官이 지세하니 관운(官運)이 좋다.

● 용신이 亥月의 생을 받고 초효에서 암동한 원신 子水 財의 생을 받으니 매우 왕하다.

● 기신은 3효에 복신인 申金 孫이다. 月에 휴수(休囚)되고 午日의 극을 받는 가운데 공망을 만나니 진공이다. 전혀 힘이 없다.

● 3효 辰土 兄은 구신인데 발동해 퇴신이 되니 원신을 치지 못

한다.

● 용신과 원신은 왕하고, 기신과 구신은 무력하니 반드시 승진하겠다. 子月을 기다려라.

4) 원신을 쓰지 못하는 경우

① 원신이 휴수되고 동하지 않을 때

```
재수점
      ! 天地否

  父戌 / 應
  兄申 /        午
  官午 /        月
 °財卯 // 世     丁
  官巳 //        未
  父未 // (子孫)  日
```

● 神算六爻 例文.

● 卯木 財가 지세함은 본인이 현재 재물을 갖고 있다는 뜻이다.

● 그러나 卯木 財가 午月에 휴수(休囚)되고 일묘(日墓)에 드니 흉하다.

● 더욱이 원신인 子水 孫이 초효 未土 父 아래 복신인데 월파되고 일진의 극을 받으니 무력하다.

● 재수(財數)를 말하기 어렵다.

② 원신이 진공이나 월파를 만날 때

```
고모 병점
水火旣濟 ! 水山蹇

  孫子 //
  父戌 /        子
  兄申 // 世     月
  兄申 /        丁
 °官午 //        亥
 財卯父辰 ⚊⚋ 應   日
```

● 神算六爻 例文.

● 초효 辰土 父가 용신이다.

● 2효에서 辰土의 원신인 午火 官은 월파를 만나고 일진의 극을 받은 뒤 공망에 떨어지니 진공이다.

● 또 용신 辰土 父는 발동해 卯木 財를 화출하고 회두극이 되니 卯日을 견디기 어렵겠다.

③ 휴수된 원신이 퇴신이 될 때

<table>
<tr><td colspan="2">어머니 병점</td></tr>
<tr><td colspan="2">震爲雷!澤雷隨</td></tr>
<tr><td>財未 // 應</td><td rowspan="6">寅月
己巳日</td></tr>
<tr><td>官申官酉 ╳</td></tr>
<tr><td>◦父亥 /</td></tr>
<tr><td>財辰 // 世</td></tr>
<tr><td>兄寅 //</td></tr>
<tr><td>父子 /</td></tr>
</table>

● 神算六爻 例文.

● 일진이 충(冲)하는 4효 亥水 父가 용신이다.

● 亥水 父가 寅月에 휴수(休囚)되고 공망인 가운데 일진의 충을 받으니 진공이고 일파다.

● 5효 원신 酉金은 寅月에 절지(絶地)가 되고 일진의 극을 받은 가운데 퇴신이니 힘이 없다.

● 용신에게 전혀 도움이 되지 않는다.

④ 원신이 쇠하고 절이 될 때

<table>
<tr><td colspan="2">처 병점</td></tr>
<tr><td colspan="2">風山漸!山地剝</td></tr>
<tr><td>財寅 /</td><td rowspan="6">巳月
戊戌日</td></tr>
<tr><td>◦官巳孫子 ╳ 世</td></tr>
<tr><td>父戌 //</td></tr>
<tr><td>兄申財卯 ╳</td></tr>
<tr><td>◦官巳 // 應</td></tr>
<tr><td>父未 //</td></tr>
</table>

● 神算六爻 例文.

● 3효에서 발동한 卯木 財가 용신이다.

● 5효에서 원신 子水 孫은 巳月에 휴수(休囚)되고 일진의 극을 받은 중 발동해 절지(絶地)에 빠지니 무력하다.

● 현재는 변효 巳火 官이 공망이라 괜찮지만 출공하는 乙巳日에 위태롭다.

⑤ 원신이 발동하여 입묘가 될 때

동생의 관재 여부

風雷益 ! 風火家人

```
    ○兄卯 /
     孫巳 / 應      辰
     財未 //          月
  財辰父亥 X          癸
     財丑 // 世      丑
    ○兄卯 /          日
```

- 神算六爻 例文.
- 지금 동생이 경찰서에 있는데 구속 여부를 물어 나온 괘다.
- 초효 卯木 兄이 용신이다.
- 3효에서 亥水 원신이 辰月과 丑日의 극을 받은 가운데 스스로 발동해 화묘(化墓)에 드니 대흉하다.
- 卯木 兄이 출공하는 내일 구속되리라.

제**3**장
용신 정하는 법

1) 용신

- 용신은 점사(占事)의 목적이다.
- 보편적인 점(占)에서는 일·월의 생부(生扶)를 얻어 유기(有氣) 하고 다른 효의 극제(克制)가 없으면 무방하다. 용신이 상해(傷害)되면 반드시 구원(救援)해야 하고 공망이나 파(破)를 만나지 말아야 한다.
- 소원점(所願占)에서는 반드시 세효와의 관계를 살펴야 한다. 세효와 인연이 있으면 소원하는 일이 순조롭고, 세효와 관련이 없으면 용신이 일·월의 생부를 얻어 왕상(旺相)해도 소원하는 일은 허망해진다.
- 용신이 형해(刑害)되면 즐겁지 못하다. 사절(死絕)이 되면 경영 하는 일이 어긋난다. 용신이 동했는데 다른 효가 발동해 충(冲) 하면 일이 흩어진다. 동효가 일진(日辰)의 충을 만나면 충산(冲散)이라 하니 무엇을 기대할 것인가?
- 용신이 발동해 화출된 효에 절(絕)이 되지만 일·월이 용신을

생부하면 일은 순조롭다.

2) 예문

```
신랑 병점
火雷噬嗑 ! 離爲火

   兄巳 / 世       午
   孫未 //         月
  °財酉 /          己
孫辰官亥 Ⅹ 應      卯
   孫丑 //         日
   父卯 /
```

- 神算六爻 例文.
- 3효 亥水 官이 午月에 절(絶)이 되고 발동해 회두극을 당하니 매우 흉하다.
- 오늘은 일진 卯木이 회두극하는 변효 辰土를 극하니 괜찮다.
- 내일 辰日에는 무사하지 못하리라.

```
아들 병점
天風姤 ! 乾爲天

   父戌 / 世       申
  °兄申 /          月
   官午 /          乙
   父辰 / 應        亥
   財寅 /          日
父丑孫子 Ⅹ
```

- 神算六爻 例文.
- 용신은 초효 子水 孫이다.
- 용신이 발동해 丑土 父로 변하면서 회두극을 당하나 申月이 생하고 亥日이 도우니 무사하리라.
- 寅日이 되면 기살인 丑土 父가 제거되니 완치 되겠다.

3) 특성이 있는 효

① 용신이 2개인 경우

- 신산육효에서는 용신이 2개일 때는 특성이 있는 효를 선택한다. 특성이 있는 효란 공망, 일파, 월파를 당한 효, 동효를 의미한다. 괘 중에 용신이 내·외괘에 있을 때는 먼저 특성이 있는 효를 분별해서 선택한다.

② 괘 중에 용신이 없는 경우

● 괘 중에 용신이 없을 때는 변효에서 용신을 취하고, 변효에도 용신이 없을 때는 복신에서 찾는다.

2. 용신의 분류와 예문

● 여기서는 기본적인 이론만 기재했다. 다양한 점사의 내용을 어찌 모두 서술하겠는가! 더불어 득괘한 괘의 동정을 파악해서 용신을 정하기도 하는 것을 단순히 암기만 해서는 안 된다. 원리를 통해 응용하는 법을 배워야 한다. 왜 용신으로 선택되었는지를 예문을 통해 근거를 명시하였다.

1) 세효 용신(世爻 用神)

● 나를 위한 점, 내가 나의 길흉을 묻는 점은 세효를 중심으로 판단한다. 즉 자신의 신상 문제는 세효가 용신이다. 그리고 묻고자 하는 일이 있으면 묻고자 하는 사안이 용신이 되므로 세효와 용신의 관계를 살펴 정한다.

2) 부모효 용신(父母爻 用神)

● 부모를 위한 점, 부모의 길흉을 묻는 점, 조부모, 증조부, 스승, 웃어른, 큰아버지, 작은아버지, 고모, 이모, 친구의 부모, 부모와 동년배인 어른의 길흉을 묻는 점, 집, 자동차, 배, 옷, 화물, 문서, 계약서, 책, 시험을 대상으로 하는 점 등이다. 천시점(天時占)에서 부모효는 비[雨]다.

3) 형제효 용신(兄弟爻 用神)

- 형제자매, 친구, 동창, 직장동료, 결혼, 연애의 라이벌과 관련된 점. 천시점에서 형제효는 바람[風]이다.

4) 자손효 용신(子孫爻 用神)

- 아들딸(자식), 손자, 손녀, 조카, 친구의 자녀를 위한 점 그리고 문하생, 충신, 경찰, 군인, 가축, 약(藥)이다. 천시점에서 자손효는 일월성신(日月星辰:해, 달, 별)이다.

5) 처재효 용신(妻財爻 用神)

- 부인, 여자친구, 내연녀. 그리고 종업원, 금, 은, 보석, 식량, 돈(유가증권), 물건값(가치), 창고 등이다. 천시점에서 처재효는 맑음, 갬[晴]이다.

6) 관귀효 용신(官鬼爻 用神)

- 신랑, 남자친구, 내연남이다. 관직, 지위를 위한 점, 관공서, 관사(官事), 송사(訟事), 관재, 재앙, 질병, 귀신, 도적, 시체와 관련된 점. 천시점에서 관귀효는 우레, 번개, 구름, 안개다.

3. 용신 다현

1) 용신 다현

- 용신 다현(用神多現)이란 본괘에 용신이 많이 나타나는 경우다.
- 용신이 많이 나타난다고 하나 본괘에 2개 이상 나타나는 괘는 없다.

2) 용신이 2개인 경우 용신 정하는 법

- 고전(古典)에 용신이 많이 나타난 경우 용신이 입묘(入墓)되는 것이 길(吉)하다고 했지만 이치에 맞지 않다.
- 용신이 많을 때 용신을 정하는 원칙이 있다. 특성이 있는 효, 즉 공망, 발동, 일파, 월파인 효를 선별해서 판단한다. 여기에도 해당하지 않으면 내·외괘를 분별하여 정한다.

3) 용신 다현 예문

자식점
! 天水訟
孫戌 /
財申 /
兄午 / 世
兄午 //
°孫辰 /
父寅 // 應

午月 癸卯日

- 神算六爻 例文.
- 戌土 孫과 辰土 孫이 출현했다.
- 이 괘에서는 2효 辰土가 공망이니 용신으로 정한다.

제4장

세와 응
世　　應

1. 세효와 응효

1) 세효의 기본 작용력

- 세효(世爻)는 내가 현재 생활하고 있는 위치다.
- 본인 관련 점에서는 세효로 본인의 길흉화복(吉凶禍福)을 명확하게 판단할 수 있다. 그러나 나를 제외한 다른 육친의 안부를 묻는 점에서는 해당 육친의 동정만 판단하면 되므로 세효를 관찰하거나 연계(連繫)시킬 필요가 없다.
- 세효는 일진이나 월건 또는 동효의 생부(生扶)를 받아 왕(旺)해야 길하고, 형충극해(刑冲克害)를 받거나 공망이면 흉하다.

2) 응효의 기본 작용력

- 응효(應爻)는 나의 위치나 환경의 배경이다. 세효와 대칭하는 위치에 있는 자로 세효의 반려다.
- 응효가 상(傷)하면 나의 배경이 흩어지거나 타인(他人)의 일이 무너진다.
- 응효가 충극(冲克)되거나 진공이면 다툼이나 경쟁하는 일 외에

내가 계획하고 진행하는 일은 불리하다.

3) 세효와 응효의 관계에서 기본 작용력

- 세효와 응효가 서로 상생하거나 생합(生合)하면 매사 순조롭다.
- 세효가 공망이면 나의 의사(意思)가 분명하지 않아 타인이 나를 신뢰하지 못한다. 응효가 공망이면 타인이 나를 배려하지 않는다.
- 세효와 응효가 함께 공망이면 나와 나의 배경이 무력해지거나 나와 상대가 서로 무심(無心)하다.
- 세효와 응효가 서로 동하여 충극이 되면 진행하는 일이나 경영하는 일이 서로 얽히게 되니 미래가 불투명하다.
- 세효와 응효가 서로 생합(生合)하면 좋은 환경이나 좋은 친구가 된다. 그러나 형충극해(刑冲克害)하면 경쟁자나 적이 된다.

2. 지세

1) 지세

- 지세(持世)란 세효가 임(臨)한 위치이다.

2) 지세의 기본 작용력

- 세효는 나의 위치이므로 어떤 육친이 지세했는가와 일월의 생극제화 그리고 용신과 기신의 동정이 점사(占辭)의 내용을 판단하는 데 결정적 영향을 준다.

3) 지세 예문

관운	주식투자
!雷風恒	!風雷益

관운 !雷風恒

財戌 // 應
官申 //　　　巳
孫午 /　─세효　月
官酉 / 世　　　辛
父亥 /　　　　卯
財丑 //　官 지세　日

주식투자 !風雷益

兄卯 / 應
孫巳 /　　　　寅
財未 //　─세효　月
財辰 // 世　　　癸
兄寅 //　　　　卯
父子 /　財 지세　日

3. 생세

1) 생세

● 생세(生世)란 발동(發動)한 효 즉 동효가 세효를 생(生)하는 것
이다.

2) 생세의 기본 작용력

● 보편적으로 일진이나 월건의 생부(生扶)를 얻으면 길한 것으로
인식하고 있지만 재검토가 필요하다. 나의 안위를 묻거나 건강
을 묻는 점에는 어려움이 없다 하겠으나 재수나 직장운 등 소
원하는 바를 묻는 점에는 상당한 오류가 발생한다.

3) 생세 예문

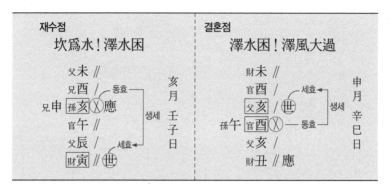

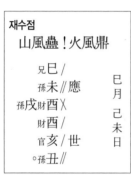

- 神算六爻 例文.
- 2효 亥水 世가 월파를 당하고 未日의 극을 받으니 매우 난감한 처지다.
- 다행히 4효에서 酉金 財가 발동해 생세하니 절처봉생이다.
- 申 · 酉月을 기다려라.

4. 극세

1) 극세

- 극세(克世)란 발동(發動)한 효 즉 동효가 세효를 극(克)하는 것이다.

2) 극세의 기본 작용력

- 어떤 괘를 막론하고 일 · 월이 세효를 극하는 것은 흉하다.
- 그러나 세효가 왕상(旺相)한 경우 괘 중에서 용신이 발동해 극

세하면 소원하는 일이 쉽게 이뤄진다.

3) 극세 예문

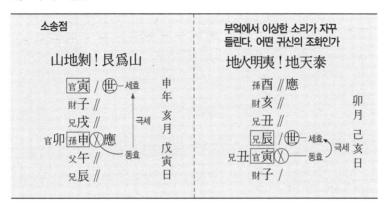

<table>
<tr><td colspan="2">소송점</td><td colspan="2">부엌에서 이상한 소리가 자꾸
들린다. 어떤 귀신의 조화인가</td></tr>
<tr><td colspan="2">山地剝 ! 艮爲山</td><td colspan="2">地火明夷 ! 地天泰</td></tr>
</table>

官寅 / 世 ─ 세효
財子 //
兄戌 //　　　　　　극세
官卯 孫申 Ｘ 應
父午 //　─ 동효
兄辰 //

申年 亥月 戊寅日

孫酉 // 應
財亥 //
兄丑 //
兄辰 / 世 ─ 세효
兄丑 官寅 Ｘ ─ 동효　　극세
財子 /

卯月 己亥日

언제 자식이 있겠는가
水地比 ! 澤地萃

父未 //
兄酉 / 應
兄申 孫亥 Ｘ
財卯 //
○官巳 // 世
父未 //

子月 甲午日

● 神算六爻 例文.
● 4효에서 亥水 孫이 子月의 생을 받은 가운데 발동해 2효 巳火 世를 극하니 이 달 중에 꼭 잉태하겠다.

승진점
地火明夷 ! 地天泰

孫酉 // 應
財亥 //
兄丑 //
兄辰 / 世
兄丑 ○官寅 Ｘ
財子 /

丑月 辛亥日

● 神算六爻 例文.
● 소원점에는 극세가 가장 좋다.
● 2효에서 寅木 官이 천을귀인을 대하고 발동해 극세하니 寅月에 꼭 승진하겠다.

제5장

일진과 월건과 태세
日辰　月建　太歲

1. 일진

1) 일진
- 일진(日辰)이란 점치는 당일(當日), 그 날이다.

2) 일진의 기본 작용력
- 일진은 당일을 관장하며 괘 중의 각 효를 생극(生克)할 수 있는 위치에 있다. 일진은 초효부터 6효까지, 그리고 변효와 복신까지 관리한다. 흉(凶)한 자를 능히 물리치고 길(吉)한 자를 도와준다.
- 급히 점단(占斷)해야 할 사안은 일진이 좌우한다. 일진이 용신을 상(傷)하게 하면 화(禍)가 염려된다. 괘 중의 효는 일진을 극해(克害)할 수 없다.
- 일진이 괘 중의 효에 임(臨)하면 괘 중에서 일을 살핀다 하여 자안(字眼)이라 한다. 자안은 괘 중에서 다른 효가 발동해 충극(冲克)해도 두려워하지 않는다. 그래서 동효의 충을 받아도 상해되지 않으므로 충불충(冲不冲)이라고 한다.

- 용신을 대하고 효가 월건을 만나면 다른 효에서 기신(忌神)이 발동해 용신을 극해(克害)하더라도 당하지 않는다. 다만 기신의 기세가 가라앉을 동안에 일이 잠시 머뭇거릴 뿐이다.
- 일이나 월이 용신을 생부하는 것은 덕이 된다. 진행하는 일이 수월하다.
- 기신이 세효에 임하면 매사 장애가 있다. 괘 중에서 세효가 기살(忌殺)을 만나는 경우 일진이나 월건의 생부가 없으면 상해(傷害)를 당한다.
- 점(占)의 목적이 용신이므로 용신은 일·월에 휴수(休囚)되거나 형·충·파·해(刑冲破害)가 되는 것을 꺼리고, 사·묘·절·공(死墓絶空)이 되는 것을 두려워한다.

3) 예문

시험점
天火同人 ! 乾爲天

父戌 / 世
兄申 /　　　亥
官午 /　　　月
○父辰 / 應　　壬
父丑財寅 Ⅹ　寅
孫子 /　　　日

- 神算六爻 例文.
- 6효에서 용신 父가 지세하니 시험운이 있는 듯하다.
- 그러나 용신이 亥月에 휴수되고 일진의 극을 받아 무력하니 흉하다.
- 2효에서 일진 寅木 財가 발동해 용신을 극하니 설상가상이다.
- 아무래도 좋은 성적을 얻기 어렵겠다.

재수점
天火同人!乾爲天

```
  ○父戌 / 世
   兄申 /              巳
   官午 /              月
   父辰 / 應            丙
父丑財寅 Ⅹ            寅
   孫子 /              日
```

- 神算六爻 例文.
- 2효 寅木 財가 용신이다.
- 용신 寅木 財가 2효에서 일진을 대하고 발동해 세효를 극하니 반드시 재수가 있다.
- 현재는 戌土 세효가 공망이니 출공일인 甲戌日부터 재수가 있겠다.

재수점
!乾爲天

```
  ○父戌 / 世
   兄申 /              酉
   官午 /              月
   父辰 / 應            壬
   財寅 /              申
   孫子 /              日
```

- 神算六爻 例文.
- 용신인 2효 寅木 財를 酉月이 극하고 申日이 충한다.
- 일파(日破)다.
- 용신이 무력하니 재수는커녕 손재가 클 것이다.
- 일극(日克), 일파, 암동을 잘 구분하자.

승진점
地風升!雷風恒

```
   財戌 // 應
   官申 //              午
財丑孫午 Ⅹ            月
   官酉 / 世            甲
   父亥 /              辰
   財丑 //             日
```

- 神算六爻 例文.
- 酉金 官이 지세하니 관운이 있다.
- 그런데 4효에서 午火 孫이 月을 대하고 발동해 극세하니 흉하다.
- 그러나 6효에서 戌土 財가 암동하니 午火 孫은 용신을 극하지 않고 財를 생하고 財는 다시 용신을 생한다. 탐생망극이다.
- 게다가 일진 辰土가 世와 생합(生合:辰酉)하니 금상첨화다. 戌月에 승진하겠다.

남편 관재점

地澤臨 ! 地水師

父酉 // 應
兄亥 //　　　寅
官丑 //　　　月
ᵒ財午 / 世　甲
官辰 /　　　申
財巳孫寅 ⚋　日

● 神算六爻 例文.

● 2효 辰土 官이 용신이다.

● 초효 寅木이 月을 대하고 발동해 용신을 극하니 흉하다.

● 게다가 '동효' 寅木과 '변효' 巳火, 그리고 '일진' 申이 삼형을 이루니 관재(官災)를 피하기 어렵다.

아들 병점

水風井 ! 水山蹇

孫子 //
父戌 /　　　申
兄申 // 世　月
兄申 /　　　庚
孫亥官午 ⚋　子
ᵒ父辰 // 應　日

● 神算六爻 例文.

● 용신은 6효 子水 孫이다.

● 2효에서 午火 官이 발동해 용신을 충하니 흉조(凶兆)다.

● 그러나 용신이 일진을 대하니 동효가 충하지 못한다. 불충(不冲)이다.

● 오히려 午火가 일진의 충을 받으니 충산이라 힘을 잃는다. 회두극까지 당했다.

● 기살인 초효 辰土 父는 일 · 월에 휴수돼 무력하다.

● 용신은 일 · 월의 생부(生扶)를 받아 매우 왕하다. 따라서 亥日이면 낫겠다.

관재점

地火明夷 ! 地天泰

孫酉 // 應
財亥 //　　　戌
兄丑 //　　　月
ᵒ兄辰 / 世　壬
兄丑官寅 ╳　寅
財子 /　　　日

● 神算六爻 例文.

● 寅木 官이 발동해 극세하니 흉조다.

● 게다가 3효 辰土 世가 월파를 당하고 발동한 일진의 극을 받으니 첩첩산중이다.

● 현재는 공망이라 화를 당하지 않는다. 辰土 世가 출공하는 甲辰日에 관재가 있겠다.

167

제 **5** 장 일진과 월건과 태세

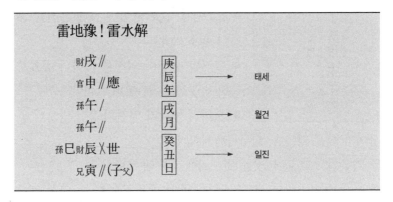

아들 병점

天澤履！兌爲澤

父戌父未 ╳ 世
兄酉 /
孫亥 /
父丑 // 應
° 財卯 /
官巳 /

巳月
丙午日

- 神算六爻 例文.
- 4효 孫이 용신이다.
- 용신이 월파되고 일진에 절(絕)이 되니 흉조다.
- 게다가 6효 父가 일·월의 생을 받아 발동해 진신이 되면서 용신을 극한다.
- 명의(名醫)를 찾을 수 없다. 살리기 어렵다.

4) 일진 · 월건 · 태세 위치

雷地豫！雷水解

財戌 //
官申 // 應
孫午 /
孫午 //
孫巳財辰 ╳ 世
兄寅 // (子父)

庚辰年 ──→ 태세
戌月 ──→ 월건
癸丑日 ──→ 일진

2. 월건

1) 월건

- 월건(月建)이란 점치는 당월(當月), 그 달이다.

2) 월건의 기본 작용력

- 당월을 관장한다.

- 중·장기적 사안은 월건의 생부(生扶)가 절대적이다.
- 장기적 사안은 일진이 괘 중에서 발동해 용신을 생부(生扶)하면 처음은 순조롭다. 그러나 월건이 용신을 파(破)하거나 상해(傷害)하면 진행·계획하는 일은 크게 어긋난다.
- 월건이 길신(吉神)이 되어 괘 중에서 발동하면 바람직하다. 그러나 흉신(凶神)이 되어 괘 중에서 발동하면 해악(害惡)을 감당하기 어렵다.

3) 월건 예문

딸 가출점

火水未濟 ! 火澤睽

比　°父巳 /
句　　兄未 //
朱　孫酉 / 世
青　兄丑 //
玄　官卯 /
白官寅°父巳 Ⅹ 應

酉
月
庚
子
日

- 神算六爻 例文.
- 용신은 4효 酉金 孫이다.
- 용신이 月을 대하고 지세하니 딸에게 별일이 없다.
- 초효 巳火 父가 백호를 대하고 발동해 회두생을 받으면서 강하게 용신을 극하니 딸이 무서워서 귀가하지 못한다.

- 그러나 갑진순중(甲辰旬中)에 변효 寅木 官이 공망을 만나면 巳火 父도 공망에 들어 무력해지니 그때 돌아온다.

친구 가출점

雷天大壯 ! 地風升

官酉 //
父亥 //
孫午財丑 Ⅹ 世
官酉 /
父亥 / (寅兄)°
父子財丑 Ⅹ 應

卯
月
乙
巳
日

- 神算六爻 例文.
- 2효에 복신인 寅木 兄이 용신이다.
- 용신은 비신인 亥水 父의 생을 받는다. 집안 어른 집이나 부모 집에 숨어 있다.
- 일진 巳火가 비신 亥水를 충(冲)하니 寅木 兄이 출현하나 공망이다.
- 출공 후 충이 되는 날인 申日에 찾는다. 정자(靜者)는 충일(冲日)을 기다리기 때문이다.

남편 가출점

!風天小畜

```
兄卯 /
孫巳 /           卯
財未 // 應       月
財辰 / (酉官)。   戊
兄寅 /           寅
父子 / 世         日
```

● 神算六爻 例文.

● 용신은 3효 辰土 財 아래 복신인 酉金 官이다.

● 용신은 비신 辰土와 진유(辰酉) 합(合)을 이루고 있다. 다른 여자의 사랑을 받고 있다는 얘기다.

● 또 용신은 월파를 당하고 일진에 절(絕)이 된 가운데 공망을 만나니 진공 상태이다. 아무리 찾아도 찾지 못한다. 진공은 만사 불성이기 때문이다.

3. 태세

1) 태세

● 태세(太歲)란 점치는 당년(當年), 그 해[年]다.

2) 태세의 기본 작용력

● 태세는 1년을 관장한다.

● 연중(年中)의 제왕이라 세군(歲君)이라 한다. 따라서 제왕은 경거망동해서는 안 된다. 태세가 발동하는 것을 크게 꺼린다. 태세가 괘 중에서 움직이는 것은 집권자가 체통과 주관을 세우지 못하고 아랫사람과 분쟁하는 것과 같다. 그리고 태세로부터 극상(克傷)을 당한 육친은 당년에 일어나는 재앙을 감당하기 어렵다. 태세는 정(靜)함이 마땅하다.

3) 태세 예문

처 병점

火天大有 ! 雷天大壯

父巳 ○兄戌 ╳
　孫申 //　　　　戌
　父午 / 世　　　年
　兄辰 /　　　　未
　官寅 /　　　　月
　財子 / 應　　　甲
　　　　　　　　子
　　　　　　　　日

- 神算六爻 例文.
- 초효 子水 財가 용신이다.
- 6효에서 태세 戌土가 발동해 용신을 극하는데 未月이 또 극하니 매우 흉하다.
- 현재는 일진 子水가 財에 임하니 무사하다. 戌月을 조심하라.

4. 삼전극

1) 삼전극

- 삼전이란 연월일(年月日)을 일컫는다.
- 삼전극(三傳克)이란 연월일이 괘 중의 한 효(爻)를 동시에 극(克)하는 것이다. 그 흉(凶)은 이루 말할 수 없이 크다.

2) 삼전극의 기본 작용력

- 삼전극을 당한 효는 반드시 소멸한다.
- 세효나 용신이나 희신(喜神)의 삼전극은 대흉(大凶)하다. 그러나 기신(忌神)이나 구신(仇神)의 삼전극은 어려움으로부터 해소된다.
- 신수점(身數占)이나 가족 안부를 묻는 점에서 삼전극을 당한 육친의 안위(安危)는 매우 염려스럽게 된다.

3) 삼전극 예문

형제 병점	
水澤節 ! 風澤中孚	
∘財 子官 卯 Ⅹ	卯年
父 巳 /	寅月
兄 未 // 世	乙卯日
∘兄 丑 //	
官 卯 /	
父 巳 / 應	

● 神算六爻 例文.

● 丑土 兄과 未土 兄이 있는데 공망인 丑土를 용신으로 정한다.

● 용신 丑土 兄이 寅月의 극을 받은 가운데 卯年과 卯日이 6효에서 발동해 극하니 삼전극이다.

● 대흉(大凶)하다.

● 현재는 子 · 丑이 공망이라 무방하나 丑土 兄이 출공하는 날에 흉사(凶事)가 있으리라.

5. 세파

1) 파

● 파(破)란 부서지는 것을 의미한다.

● 세파(歲破), 월파(月破), 일파(日破)로 분류된다.

2) 세파

● 세파(歲破)란 당년 태세가 괘 중의 효를 충(冲)하는 것으로 일이나 월에서 생부(生扶)가 없는 것이다.

3) 세파 예문

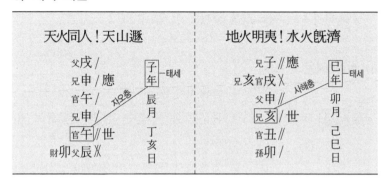

6. 월파

1) 월파

● 월파(月破)란 월이 괘 중의 효를 충(沖)하는 것이다.
● 그러나 일진의 생부(生扶)가 있으면 월파라고 하지 않는다.

2) 월파의 기본 작용력

● 용신이 월파가 되면 문복하는 일이 이미 어긋나 버리거나 소멸하는 과정이다. 나무 뿌리가 뽑히는 것과 같아서 계획하던 일이 어렵고 헛수고만 하게 된다. 그러나 기신과 구신이 월파가 되면 만근(萬斤)의 짐을 벗은 것과 같아서 모든 일이 순조롭게 이뤄진다.
● 월에 휴수되거나 월의 극제(克制)를 받아 쇠약해도 일진의 생부(生扶)를 받으면 급히 판단해야 하는 단시(斷時)는 유망하다. 그러나 시일(時日)을 필요로 하는 사안은 전도(前途)가 불투명하다. 일이나 월에 형충파해(刑冲破害)되면 모두 부질없게 된다.
● 효(爻)의 왕상휴수사를 분별하여 생극(生克)을 밝히고 동정(動

靜)을 참고하여 길흉을 살핀다면, 길흉(吉凶)의 오고 감을 맑은 물속에서 노는 물고기를 살피듯 잘 알 수 있다.

3) 월파 예문

관운

澤水困 ! 兌爲澤

○父未 // 世
兄酉 /
孫亥 /
父丑 // 應
財卯 /
財寅官巳 X

亥月 壬辰日

● 神算六爻 例文.
● 관운(官運)을 묻는 점에서는 官이 용신이다.
● 초효에서 巳火 官이 월파를 당하나 스스로 발동해 寅木 財의 회두생을 받으니 월파가 아니다.
● 현재는 未土 세효가 공망이라 관운이 좋지 않다.
● 그러나 巳年 寅月이 되면 巳火 官이 득세(得勢)하고 회두생을 받아 未土 세효를 생하니 대발(大發)하겠다.

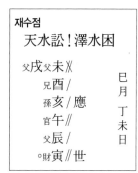

재수점

天水訟 ! 澤水困

父戌父未 ※
兄酉 /
孫亥 / 應
官午 //
父辰 /
○財寅 // 世

巳月 丁未日

● 神算六爻 例文.
● 6효에서 未日이 발동해 진신이 되면서 亥水 孫을 극한다.
● 巳月이 월파로 치니 원신인 亥水 孫은 무력하다.
● 용신인 寅木 財가 공망을 만나니 재수를 말하기 어렵다.

7. 일파

1) 일파

- 일파(日破)란 괘 중의 효가 월에 충극(冲克)을 당하거나 휴수 (休囚)된 효가 다시 일진의 충을 받은 것이다.
- 일파나 암동은 일진이 괘 중의 효를 충하면서 나타나는 현상 이다.

2) 일파의 기본 작용력

- 파(破)는 부서짐을 의미하니 파(破)를 당한 효는 쓰지 못한다.
- 일파를 당한 효는 그믐밤에 별빛을 따라 움직이는 것과 같으니 모든 일이 허망하고 암담하다.

3) 일파 예문

사업운

天水訟 ! 澤水困

父戌父未 ⚏
兄酉 /   酉
孫亥 / 應   月
官午 ⚏   戊
父辰 /   申
°財寅 ⚏ 世   日

- 神算六爻 例文.
- 용신인 寅木 財가 지세하니 이미 재 (財)가 있음을 뜻한다.
- 酉月이 寅木 財를 극하는데 일진 申이 다시 충하니 일파다.
- 6효에서 未土 父가 발동해 진신이 되 면서 財의 원신인 亥水 孫을 극하니 戌 月(9월)이 어렵겠다.

- 9월에 도산(倒産)했다.

제 **❺** 장 일진과 월건과 태세

8. 암동

1) 암동

● 암동(暗動)이란 월의 생부(生扶)가 있는 효를 일진이 충(冲)하
는 것이다.

2) 암동의 기본 작용력

● 암동한 효는 동효와 같이 다른 효를 생극(生克)할 수 있다.

● 용신이나 원신이 암동하면 좋지만 기신이나 구신이 암동하면
그 해(害)는 크다. 고전에서 암동은 화복(禍福)이 오가는 것을
느끼지 못하고 길흉(吉凶)도 미치지 못한다고 하였다. 그러나
필자의 임상 결과로는 꼭 그렇지 않았다.

3) 암동 예문

재수점
山天大畜!風天小畜
兄卯 /
父子 ○孫巳 X   子
財未 // 應   月
○財辰 /   丙
兄寅 /   申
父子 / 世   日

● 神算六爻 例文.

● 재수점(財數占)은 財가 용신이다.

● 재수점 같은 소원점(所願占)에는 용신
이 극세하면 소원이 가장 빨리 이뤄진다.

● 지세하면 일·월의 생을 받는 것이 다
음이고, 용신이 발동해 생세함이 그 다
음이다.

● 여기서는 父가 지세하니 財가 극세해야 길하다.

● 그러나 5효에서 원신인 孫이 발동해 회두극이 되고 2효에서
寅木 兄이 암동해 財를 극하니 재수를 말하기 어렵다.

9. 충산

1) 충산

● 충산(冲散)이란 동효를 일진이 충(冲)하는 것이다.

2) 충산의 기본 작용력

● 충산은 흩어지는 것이다. 용신이 충산이 되면 진행하는 일은
장애를 만나 진척(進陟)이 없고, 기신이 충산이 되면 재앙은 멀
리 물러간다.

● 필자가 경험한 바, 휴수(休囚)되고 무력한 효가 충산이 되면 일
이 흩어져 이뤄지지 않았다. 그러나 왕(旺)한 효는 충산이 되더
라도 뒤에 결과가 반드시 있었다.

● 용신이나 원신의 충산은 진행 · 계획하고 있는 일이 흩어지고
있음이고, 기신이나 구신의 충산은 가뭄에 단비를 만나는 것과
같다.

3) 충산 예문

부모 병점
離爲火 ! 天火同人
孫戌 / 應
○孫未 財申 ⚊
○兄午 /
官亥 / 世
孫丑 ⚏
父卯 /

未月 庚寅日

● 神算六爻 例文.

● 부모점(父母占)이니 초효 卯木 父가
용신이다.

● 5효에서 기신인 申金 財가 발동해 회
두생을 받으면서 용신을 극하니 흉하다.

● 현재는 申金 財가 일진 寅木의 충을
받아 충산이고 변효 未土가 공망이라 우
선은 무방(無妨)하다.

● 그러나 절기(節氣)가 바뀌어 申月이 되고 未土가 출공하면 무
사하지 못하리라.

● 과연 申月 乙未日에 흉사(凶事)가 있었다.

제6장

지세
持 世

1. 육친 지세

1) 육친 지세
● 괘 중에서 세효 위치에 임(臨)한 육친을 일컫는다.

2) 육친 지세의 분류
● 부모 지세, 자손 지세, 관귀 지세, 처재 지세, 형제 지세로 분류
  된다.

3) 부모 지세
● 괘 중에서 세효 위치에 육친 중 부모(父母)가 임한 것이다.
● 부 지세(父 持世)라고 부른다.

① 부모
● 부모는 나를 생하는 자다. 일가족을 감싸고 책임져야 한다. 그
  래서 나 자신을 감싸주고 보호해 주는 것을 부모로 하니 집이
  나 차량을 부(父)로 판단한다.

- 부모는 가족을 부양하기 위해 생각하고 노력하며 일을 많이 해야 한다. 그래서 번민, 노동, 힘이 드는 일을 부(父)로 판단한다.
- 부모는 가족을 위해 미래 지향적인 사고와 연구를 해야 하며 가족에게 생활하는 방식을 행동으로 가르친다. 학교나 공부를 부(父)로 판단하는 연유다.

② 부모 지세의 기본 작용력

- 자손을 구하고 처를 구하는 점에는 이롭지 못하다. 이유는 부(父)는 자손을 손상하므로 자손이 두려워하며, 자손은 재(財)를 생하는 자이기 때문이다. 그러나 문서에 관한 일이나 시험·연구에는 이로운 조건이다. 일·월이나 다른 효에서 부(父)의 원신인 관(官)이 발동해 세효를 생하면 시험이나 논문을 발표하는 데 크게 이롭다.

③ 부모 지세 예문

자식이 있겠는가
天澤履 ! 兌爲澤

```
○父戌父未╳世
  兄酉 /           午
○孫亥 /           月
  父丑 // 應       辛
  財卯 /           未
  官巳 /           日
```

- 神算六爻 例文.
- 父가 지세한 것은 자손을 용납하지 않는다는 뜻이다.
- 未土 일진이 6효에서 父를 대하고 발동해 孫을 극해(克害)한다.
- 4효 亥水 孫은 午月에 절(絶)이 되고 일진의 극을 받아 진공에 빠지니 어찌 자식을 얻을 수 있겠는가.
- 財의 원신인 孫이 소멸되고 무력한 卯木 財가 동묘(動墓)에 입고(入庫)되니 처(妻)가 불안하다.
- 酉月에 별거(別居)에 들어간 괘다.

재수점
火風鼎 ! 澤風大過

```
 ○孫巳財未 ⚋⚊(동)
   財未官酉 ⚊(동)
      父亥 / 世
      官酉 /
      父亥 /
      財丑 // 應
```

申
月
乙
未
日

- 神算六爻 例文.
- 용신은 6효 未土 財다.
- 용신이 일진을 대하고 발동해 5효 酉 金 官을 생하고, 酉金 官은 발동해 財를 화출하면서 생세한다.
- 발동한 未土 財와 酉金 官은 각각 회 두생을 받으니 힘이 더욱 강하다.

- 천금(千金)을 얻는 괘다.
- 현재는 巳火 孫이 공망이므로 출공하는 乙巳日에 좋은 소식이 있겠다.

4) 자손 지세

- 괘 중에서 세효 위치에 육친 중 자손(子孫)이 임한 것이다.
- 손 지세(孫 持世)라고 부른다.

① 자손

- 자손은 내가 생하는 자다. 어린아이와 같다. 어린아이는 편안한 곳을 선호하며 노는 것을 좋아한다. 자손은 부모가 양육해야하며 부모는 어린아이의 재롱을 즐거워한다. 그래서 손(孫)이 지세하면 놀기를 좋아해 직업을 구하기 어렵다. 많은 사람에게 재주와 끼를 발휘해 즐거움을 주는 연예인을 손(孫)으로 판단하고, 기르고 양육하는 가축도 손(孫)으로 판단하는 연유다.

② 자손 지세의 기본 작용력

- 손(孫)이 지세하고 왕상(旺相)하면 안락하다고 하지만 재검토가 필요한 고전의 이론 중 하나다. 고대에는 유유자적(悠悠自適) 놀고 먹고 편히 지내는 것이 선망의 대상이었다. 그러나

현대에는 특별한 부류를 제외한 서민은 남녀노소 막론하고 직업이 있어야 한다. 직업 없이 빈둥거리면 천덕꾸러기로 전락한다.

- 손(孫)이 지세하고 일·월에 쇠절(衰絶)되거나 진공이 되면 이보다 더 흉한 것은 없다. 손(孫)이 지세하고 왕(旺)하더라도 현시대에는 일손을 놓고 놀고 있는 자를 좋아하는 이 없으니 고전이 옳다고 할 수 있겠는가!

③ 자손 지세 예문

자기 병점
!火山旅

○兄巳 /
孫未 //   巳月
財酉 / 應
財申 / (亥官)   己亥日
兄午 //
○孫辰 // 世

- 神算六爻 例文.
- 孫은 질병을 물리치는 신(神)이다.
- 초효에서 世가 孫을 대하고 있으니 무엇을 걱정하랴.
- 약을 먹지 않아도 世가 출공하는 甲辰日이면 자연히 나을 것이다.

시험점
水澤節 ! 水雷屯

○兄子 //
官戌 / 應   寅月
父申 //
官辰 //   丁巳日
孫卯孫寅 X 世
○兄子 /

- 神算六爻 例文.
- 용신은 4효 申金 父다.
- 용신이 월파를 당하고 일진의 극을 받으니 대흉하다.
- 더욱이 지세한 孫이 발동해 용신을 충하면서 父의 원신인 3효 辰土 官을 극하니 설상가상이다.

- 합격과는 거리가 멀다.

구직점
地雷復!坤爲地

孫酉 // 世
財亥 //　　　亥
兄丑 //　　　月
官卯 // 應　　庚
°父巳 //　　　子
財子兄未 ∦　　日

- 神算六爻 例文.
- 용신은 3효 卯木 官이다.
- 官을 충극하는 6효 酉金 孫이 지세하니 관운(官運)을 말하기 어렵다.
- 孫은 官을 거부하는 神이기 때문이다.

5) 관귀 지세

- 괘 중에서 세효 위치에 육친 중 관귀(官鬼)가 임한 것이다.
- 관 지세(官 持世)라고 부른다.

① 관귀

- 관(官)은 부모를 생하는 자로 부모의 윗세대다. 우리가 생존하는 자연을 떠나버린 자다. 눈에 보이거나 형체를 분별할 수 없는 유형이다. 그래서 관(官)을 조상으로 판단하며 실체가 가려진 모든 종교의 신앙 대상을 관(官)으로 분류한다.
- 관(官)은 내가 범접하기 어려운 위치로, 부모에게 생활 방식이나 자연에 적응하는 요령을 전수해 준 자다. 그래서 관(官)을 법과 질서로 본다. 법과 질서를 관장하는 곳은 국가다. 국가나 직장 그리고 질병이나 재앙은 내 임의대로 할 수가 없다. 관(官)은 실체가 가려진 나를 통제하는 자다.

② 관귀 지세의 기본 작용력

- 세효에 관(官)이 임하면 고전에서는 공무원이나 신(神)을 받드는 사람 그리고 어둠 속에서 생활하는 사람 외에는 어려움이 따른다고 했으나 재검토가 필요한 이론이다. '관귀(官鬼)'라는

단어에 선입견을 갖지 마라.

- 필자의 경험으로 보았을 때 '일반인'의 경우 직장인 점이나 직업을 구하는 점에는 유리한 조건이었다. 관(官)이 지세하더라도 일·월의 생부(生扶)가 있어 왕(旺)하면 무방했다. 다소 염려되는 사항이 있다면 관재를 범하거나 반사회적이거나 불만이 있는 어두운 생각을 하고 있는 사람이 많았다.

- 그리고 질병이 있는 자는 생사(生死)와 관련이 없는 고질병을 갖고 있었다. 불과 50~60여 년 전만 해도 고질병이 있으면 생명이 위험했다. 그러나 현시대에는 어떠한가? 치유하기는 어려워도 질병과 동행을 한다.

- 관(官)이 지세하고 일파, 월파, 공망을 만나면 환자는 가족에게 검정 옷을 선물하고 자연으로 귀환을 준비해야 한다. 관재가 있는 자는 국가로부터 무상으로 숙식(宿食)을 받게 된다. 직장인은 직업·직장으로부터 자유로워지고, 여자는 배우자에게 거울을 던지며 미혼자는 오작교가 무너지는 것을 본다.

- 관(官)은 부(父)를 생하고 형(兄)을 절상(絶傷)한다. 따라서 친구나 형제의 안부를 묻는 점에서는 어려움이 있다. 관(官)은 부(父)를 생하는 자이니 부모의 건강이나 시험·계약·문서를 용신으로 하는 점에 유리하다. 여자가 배필을 구하는 점에도 수월하다.

③ 관귀 지세 예문

자기 병점

火風鼎!天山遯

```
 ○父戌 /
 父未兄申 ╳ 應          亥
 官午 /                  月
 兄申 /                  辛
○孫亥官午 ╳ 世(寅財)     未
 父辰 //                 日
```

- 神算六爻 例文.
- 용신은 2효 午火 세효다.
- 官이 지세하니 지병(持病)이 있다.
- 용신이 발동해 亥月의 회두극을 받고 원신인 寅木 財는 복신이라 매우 불안하다.
- 현재는 세효를 회두극하는 亥水가 공망이라 괜찮다.
- 그러나 출공하는 乙亥日이면 위험하리라.

승진점

山火賁!山天大畜

```
 官寅 /
○財子 / 應              寅
 兄戌 //                 月
 兄辰 /                  癸
○兄丑官寅 ╳ 世           亥
○財子 /                  日
```

- 神算六爻 例文.
- 용신은 2효 寅木 官이다. .
- 용신이 지세하고 일·월의 생부(生扶)를 받아 왕(旺)한 가운데 발동하니 반드시 승진하리라.
- 官이 지세함은 관운이 있다는 얘기다.

신수점

水火旣齊!水地比

```
 財子 // 應              未
 兄戌 /                  年
 孫申 //                 寅
財亥官卯 ╳ 世            月
○父巳 //                 乙
 官卯兄未 ╳              未
                        日
```

- 神算六爻 例文.
- 官이 지세하면 보통 사람의 경우에는 근심, 걱정, 질병, 재앙이 몸에 붙어 있다는 뜻이다.
- 未年, 未日이 초효에서 兄을 대하고 발동해 세효를 입고(入庫)시키니 1년이 고통스럽겠다.
- 특히 未月에는 재물로 인한 관재(官災)가 우려된다.

6) 처재 지세

- 괘 중에서 세효 위치에 육친 중 처재(妻財)가 임한 것이다.
- 재 지세(財 持世)라고 부른다.

① 처재

- 처재(妻財)는 재물과 여자를 의미한다. 처재(妻財)는 내가 거느리고 소유할 수 있는 자다. 재물과 여자는 누구나 탐내지만 감당할 능력이 없으면 도리어 재앙이 된다.

② 처재 지세의 기본 작용력

- 재(財)는 부(父)를 상(傷)하게 하고 관(官)을 생한다. 재물에 집착하면 부모를 돌보지 않게 되고 시험이나 공부에 소홀하게 되는 연유다. 재(財)가 관(官)을 생하는 것은 재물에 지나치게 집착하면 재물이 재앙의 뿌리가 되기 때문이다. 학문을 구하고 부모를 위한 점에는 아름답지 못하다. 그러나 남자가 재물이나 여자를 구하는 데는 수월하다. 여자가 남편의 길흉을 묻는 점에도 도움이 된다.

③ 처재 지세 예문

```
재수점

水山蹇 ! 風火家人

父子兄卯 X
   孫巳 / 應      寅
   財未 //        月
  °父亥 /         丙
   財丑 // 世      寅
財辰兄卯 X         日
```

- 神算六爻 例文.
- 2효에서 丑土 財가 지세함은 내가 재물을 가지고 있다는 얘기다.
- 卯木 兄이 초효와 6효에서 교중돼 발동하니 손재(損財)가 클 것이다.
- 지세한 丑土 財는 일·월의 극을 받아 무력하다.
- 卯月에 파산(破散)한 괘다.

<table>
<tr><td>

재수점

坎爲水!澤水困

父未 //
兄酉 /
兄申 ○孫亥 ╳ 應
官午 //
父辰 /
財寅 // 世

亥月
乙丑日

</td><td>

● 神算六爻 例文.
● 초효에서 寅木 財가 지세하고 4효에서 亥水 孫이 발동해 생세하니 재물이 끊이지 않는다.
● 대사업가(大事業家)가 얻은 괘다.

</td></tr>
<tr><td>

신랑 병점

坎爲水!澤水困

父未 //
兄酉 /
兄申 ○孫亥 ╳ 應
官午 //
父辰 /
財寅 // 世

亥月
甲子日

</td><td>

● 神算六爻 例文.
● 亥月이 4효에서 발동해 3효 午火 官을 극하고 子日이 일파시키니 백약(百藥)이 무효다.
● 未日을 주의하라.
● 충자(冲者)는 합일(合日)에 결과가 있다.

</td></tr>
</table>

7) 형제 지세

● 괘 중에서 세효 위치에 육친 중 형제(兄弟)가 임한 것이다.
● 형 지세(兄 持世)라고 부른다.

① 형제

● 형제나 친구는 무리를 지어 놀기를 좋아하니 어울리면 낭비가 발생하고 여자를 보면 서로 다툰다. 형(兄)은 재(財)를 극상(克傷)하는 자다. 형(兄)이 지세하면 처(아내)를 구하고 재물을 구하는 데 어려움이 많다. 형(兄)은 손(孫)을 생하는 자이므로 자손을 위한 점에는 유리하다.

② 형제 지세의 기본 작용력

● 부모나 자손 병점 외에는 이로울 것이 없다.

● 형(兄)이 지세하고 있는 것은 내 위치나 환경을 여자나 재물이 싫어하고 두려워하는 자가 점거하고 있는 것과 같다.

③ 형제 지세 예문

신수점
地火明夷！水火旣濟

兄子 // 應　　　巳
○兄亥 ○官戌 Ⅹ　月
　父申 //　　　辛
○兄亥 / 世　　未
　官丑 //　　　日
　孫卯 /

● 神算六爻 例文.

● 보통 사람은 官이 지세하거나 발동함을 꺼린다.

● 3효 亥水 세효는 월파를 당하고 일진의 극을 받은 가운데 진공을 만나니 무력하다.

● 게다가 5효 戌土 官이 발동해 극세하니 매우 흉하다.

● 戌土 官이 출공하는 甲戌日에 반드시 관재가 있겠다.

승진점
地火明夷！水火旣濟

兄子 // 應　　　酉
兄亥 官戌 Ⅹ　　月
　父申 //　　　庚
　兄亥 / 世　　子
　官丑 //　　　日
　孫卯 /

● 神算六爻 例文.

● 3효 亥水 세효는 일 · 월의 생부(生扶)를 받으니 매우 왕(旺)하다.

● 5효에서 戌土 官이 발동해 왕한 세효를 극하니 반드시 승진하리라.

● 소원점에서 용신이 극세하면 소원하는 일은 빨리 이뤄진다. 만일 세효가 약하고 官이 발동해 극세한다면 어찌 길(吉)하다 하겠는가!

八宮		乾宮	兌宮	離宮	震宮	巽宮	坎宮	艮宮	坤宮
6효 持世		건위천	태위택	이위화	진위뢰	손위풍	감위수	간위산	곤위지
육친	비신	父 戌	父 未	兄 巳	財 戌	兄 卯	兄 子	官 寅	孫 酉
초효 持世		천풍구	택수곤	화산려	뇌지예	풍천소축	수택절	산화비	지뢰복
육친	비신	父 丑	財 寅	孫 辰	財 未	父 子	財 巳	官 卯	財 子
2효 持世		천산둔	택지췌	화풍정	뇌수해	풍화가인	수뢰둔	산천대축	지택림
육친	비신	官 午	官 巳	官 亥	財 辰	財 丑	孫 寅	官 寅	官 卯
3효 持世		천지비	택산함	화수미제	뇌풍항	풍뢰익	수화기제	산택손	지천태
육친	비신	財 卯	兄 申	兄 午	官 酉	財 辰	兄 亥	兄 丑	兄 辰
4효持世		풍지관	수산건	산수몽	지풍승	천뢰무망	택화혁	화택규	뇌천대장
육친	비신	父 未	兄 申	孫 戌	財 丑	孫 午	兄 亥	孫 酉	父 午
5효 持世		산지박	지산겸	풍수환	수풍정	화뢰서합	뇌화풍	천택리	택천쾌
육친	비신	孫 子	孫 亥	兄 巳	財 戌	財 未	父 申	孫 申	孫 酉
4효 持世		화지진	뇌산소과	천수송	택풍대과	산뢰이	지화명이	풍택중부	수천수
육친	비신	兄 酉	官 午	兄 午	父 亥	財 戌	官 丑	兄 未	孫 申
3효 持世		화천대유	뇌택귀매	천화동인	택뢰수	산풍고	지수사	풍산점	수지비
육친	비신	父 辰	父 丑	官 亥	財 辰	官 酉	財 午	孫 申	官 卯

2. 유혼괘와 귀혼괘

1) 유혼괘

● 유혼괘(遊魂卦)는 각 궁(宮)의 일곱 번째 괘(卦)이다. 64괘 속 궁 오행표를 보라. 화지진(火地晋), 뇌산소과(雷山小過), 천수송(天水訟), 택풍대과(澤風大過), 산뢰이(山雷頤), 지화명이(地火明夷), 풍택중부(風澤中孚), 수천수(水天需) 이처럼 8개의 괘다.

2) 유혼괘의 기본 작용력

● 유혼괘는 일정한 곳에 머물지 못하거나 하는 일이 오래 지속되지 못하고 변동이 일어나거나 멈춤을 뜻한다. 그러나 유혼괘와

귀혼괘는 주역을 비롯한 다른 점법에서는 크게 작용하나 효의 변화와 생극제화를 바탕으로 하는 육효점에서는 비중을 두지 않는다.

3) 유혼괘 예문

사업이 안정돼 가는데 앞으로도 그럴까

山澤損 ! 山雷頤

○兄寅 /
父子 //   亥
財戌 // 世   月
財辰 //   乙
○兄卯 ○兄寅 ╳   巳
父子 / 應   日

- 神算六爻 例文.
- 용신인 戌土 財가 지세하고 일진이 생하니 길조(吉兆)처럼 보인다.
- 그러나 2효에서 寅木 兄이 발동해 진신이 되면서 용신을 극하니 흉하다.
- 寅卯가 공망이다.
- 현재는 괜찮으나 내년 정월(正月:1월)에 손재나 변동이 있겠다.
- 변동이 있음은 2효에서 寅木 兄이 발동해 극세했기 때문이다.

4) 귀혼괘

- 귀혼괘(歸魂卦)는 각 궁의 마지막 여덟 번째의 괘이다. 64괘 속궁 오행표를 보라. 화천대유(火天大有), 뇌택귀매(雷澤歸妹), 천화동인(天火同人), 택뢰수(澤雷隨), 산풍고(山風蠱), 지수사(地水師), 풍산점(風山漸), 수지비(水地比) 이처럼 8개의 괘다.

5) 귀혼괘의 기본 작용력

- 귀혼괘는 본래의 자리로 다시 회귀함을 나타낸다. 나아가고 싶으나 나아가지 못하고 움직이고 싶으나 움직이지 못함을 뜻한다. 귀혼괘도 유혼괘처럼 점사(占辭)에 비중을 두지 않는다.

6) 귀혼괘 예문

<table>
<tr><td rowspan="7">시험운

艮爲山!風山漸

官卯 / 應
財子父巳 Ⅹ
兄未 ∥
∘孫申 / 世
父午 ∥
兄辰 ∥</td><td>子
月
庚
辰
日</td></tr>
</table>

● 神算六爻 例文.

● 용신은 5효에 있는 巳火 父다.

● 용신이 발동해 극세하니 길조(吉兆)인 것처럼 보인다.

● 그러나 변효 子水의 회두극을 받으니 흉하다.

● 시험과 인연이 없다.

제 7 장

동효
動 爻

1. 동효와 변효

1) 동효
- 동효(動爻)란 괘 중의 효가 동(動)한 것이다.
- 동(動)을 발동(發動)이라고도 부른다.

2) 동효의 기본 작용력
- 동(動)은 움직임이니 시작에 해당한다.
- 동효는 행동하는 자다. 움직이는 자는 반드시 괘 중의 효를 극하거나 생한다. 생극(生克)의 문제는 점사를 판단하는 데 미치는 영향이 크다.
- 동효가 일진(日辰)과 합(合)이 되면 일을 주관하는 자가 사안을 붙들고 있는 것과 같아 일의 진척을 예측하기 어렵다.
- 월이나 일에서 생부(生扶)가 없으면 그림자만 오고가는 것 같고 공망이 되면 움직임이 부질없다.

3) 변효

● 변효(變爻)란 괘 중의 효가 동(動)해서 화출(化出)된 것이다.

4) 변효의 기본 작용력

● 변(變)은 동자(動者)의 결과이므로 마침(終)에 해당한다.

● 변효는 동효에 의해 화출된 효이기 때문에 동효의 가족에 비유된다. 따라서 동효는 변효를 생극(生克)할 수 없고, 변효는 동효를 생극할 수 있다.

● 변효는 경우에 따라 동효가 동(動)한 사안을 나타내기도 한다.

5) 동효와 변효 예문

동효와 변효	생	극
火風鼎 ! 雷風恒	火風鼎 ! 雷風恒	山火賁 ! 風火家人

동효와 변효:

변효→ 동효→
孫巳 財戌 ✕ 應
官申 //
孫午 /
官酉 / 世
父亥 /
財丑 //

생:

생
孫巳 財戌 ✕ 應
官申 //
孫午 /
官酉 / 世
父亥 /
財丑 //

酉月
丁卯
日

극:

극 兄卯 /
父子 孫巳 ✕ 應
財未 //
父亥 /
財丑 // 世
兄卯 /

酉月
丙申
日

2. 회두생과 회두극

1) 회두생

● 회두생(回頭生)이란 괘 중의 효가 발동해서 화출(化出)된 변효로부터 생(生)을 받는 것이다. 즉 변효가 동효를 생하는 것이다.

2) 회두생의 기본 작용력

● 세효가 회두생이 되면 스스로 의욕이 넘친다는 것을 의미한다. 일의 성사 여부와는 관련이 없다. 그러나 원신이나 용신이 회두생이 되면 진행하거나 소원하는 바가 수월하게 이뤄진다. 기신이나 구신의 회두생은 경계해야 한다. 반드시 무리한 행동으로 손실이 발생하거나 타인에게 피해를 준다.

3) 회두생 예문

사업투자

火地晋 ! 天地否

父戌 / 應
父未 ○兄申 ✕   巳 月
官午 /   乙 亥
財卯 // 世   日
官巳 //
父未 //

● 神算六爻 例文.
● 3효에서 卯木 財가 지세하고 있는 것은 현재 일정 금액을 소유하고 있다는 의미도 된다.
● 이 괘는 5효에서 무력한 申金 兄이 발동해 회두생을 받아 왕(旺)하다.
● 申月에 손재가 예상된다. 투자를 중단해야 한다.

4) 회두생이지만 회두생이 되지 않는 경우

● 회두생을 분별하는 법이 바르지 않아서 길흉을 판단함에 오류를 범하는 사례가 많다. 이 내용을 분명하게 기술한 책이 없없다. 필자가 올바른 이론을 정립하여 밝힌다.
● 변효가 일 · 월에 휴수(休囚)되거나 파절(破絶)이나 진공이 되면, 회두생의 형태를 갖추었더라도 회두생이라고 하지 않는다.

5) 회두생이지만 회두생이 되지 않는 경우의 예문

형제 병점

山地剝!火地晋

官巳 /
父未 //   亥
°父戌 兄酉 X 世   月
財卯 //   丙
官巳 //   寅
父未 // 應   日

- 神算六爻 例文.
- 4효에 있는 酉金이 용신이다.
- 酉金 兄이 발동해서 戌土 원신을 화출해 회두생이 되는 것은 삶에 대한 애착이 강하다는 의미다.
- 그러나 亥月에 무력한 戌土 원신이 寅日에 절(絶)이 된 중 공망이니 진공이다.
- 戌土 원신이 출공하는 甲戌日이 기러기가 슬피 우는 날이다.

6) 회두극

- 회두극(回頭克)이란 괘 중의 효가 발동해서 화출된 변효로부터 극을 당하는 것이다. 즉 변효가 동효를 극하는 것이다.

7) 회두극의 기본 작용력

- 용신이나 원신이 회두극을 당하면 경영하거나 모사하는 것이 크게 어려우나 기신이나 구신이 회두극을 당하면 어려움이 해소된다.

8) 회두극 예문

자손 관재

坎爲水!地水師

父酉 // 應
官戌 兄亥 X   卯
官丑 //   月
財午 // 世   乙
°官辰 /   未
孫寅 //   日

- 神算六爻 例文.
- 초효에 있는 寅木 孫이 용신이다.
- 5효에서 寅木 孫의 원신인 亥水 兄이 卯月에 휴수된 중 未日의 극을 받아 불안한데 발동해서 戌土 官을 화출해 회두극이 되니 크게 흉하다.
- 금일이 孫을 입고(入庫)시키므로 일묘

(日墓)에 해당한다. 금일이 불안하다. 만약 오늘 무사하면 戌日이 흉하다.

재수점	
天山遯!天地否	
父戌 / 應	
兄申 /	未 月
官午 /	戊
兄申財卯✕世	戌
°官巳 //	日
父未 //	

- 神算六爻 例文.
- 용신은 3효 卯木 財다. 財가 지세하니 일단은 여건이 좋다.
- 그러나 용신 卯木 財가 未月에 입고 (入庫)되고 일진의 생도 받지 못한다.
- 게다가 용신이 스스로 발동해 申金 兄을 화출하면서 회두극을 당하니 대흉하다.
- 재수는 고사하고 사고를 주의하라.
- 변효 申金 兄이 역마를 대하고 용신을 회두극하니 申月에 처와 본인이 교통사고를 당했다. 申은 戌日의 역마다.

9) 회두극이지만 회두극이 되지 않는 경우

- 회두극 또한 분별하는 법이 바르지 않아 길흉을 판단하는 데 오류를 범하는 사례가 많다.
- 일 · 월의 생부(生扶)를 얻은 동효는, 동효를 극하는 자를 화출 하더라도 회두극이라고 하지 않는다. 능히 다른 효를 돕거나 제압할 수 있다. 그리고 일이나 월의 극제(克制)가 심한 변효가 어찌 동효를 회두극시키겠는가! 이런 경우 변효는 동효가 움직 이게 된 연유(緣由)를 나타낼 뿐이다. 동효가 일 · 월의 생부(生 扶)를 받아 왕상하면 변효의 극을 능히 감당하므로 회두극이 아니다. 또 변효가 일과 월에서 휴수쇠절(休囚衰絶)이 되면 동 효를 극하지 못한다. 이런 경우도 회두극이라고 하지 않는다.

10) 회두극이지만 회두극이 되지 않는 경우의 예문

신수점
水雷屯 ! 水火既濟

兄子 // 應
官戌 /　　　申
父申 //　　　月
○官辰兄亥 X 世　癸
官丑 //　　　卯
孫卯 /　　　日

- 神算六爻 例文.
- "마음이 안정이 되지 않고 불안하다"고 하여 당월 신수점(身數占)을 친 것이다.
- 신수점은 세효의 왕상함을 요한다.
- 3효에 있는 亥水 세효가 申月에 생부(生扶)를 받아 왕상(旺相)하니 탈이 없겠다.

- 그런데 亥水 세효가 발동해 辰土 官을 화출하니 회두극이 되는 형상이다. 심신이 불안하겠다.

- 일 · 월에 의지처가 없는 자는 힘이 없으니 형상은 없고 그림자만 오고가는 것과 같다. 그림자 · 형상이 없는 자가 어찌 다른 효를 생극(生克)하겠는가?

- 무력한 辰土 官이 화출되어 회두극의 형상을 한 것은 옛사람의 흔적이 오고가는 것이라 하겠다.

올해 신수점
乾爲天 ! 水天需

兄戌 ○財子 X　　午
兄戌 /　　　年
父午 孫申 X 世　卯
兄辰 /　　　月
官寅 /　　　癸
○財子 / 應　　亥
　　　　　　日

- 神算六爻 例文.
- 지세한 申金 孫이 발동해 午火를 화출하고 회두극을 받으니 나와 자손이 불길하다.
- 또 6효에서 子水 財가 戌土 兄을 화출하고 회두극이 되니 처(妻)가 불길(不吉)하다.

- 午月 화왕절(火旺節)에 일가(一家)가 참변을 당했다.

- 申金 孫 세효는 午火의 회두극을 받고, 戌土 兄의 회두극을 받은 子水 財는 午月이면 월파가 되기 때문이다.

3. 육친 발동

1) 육친 발동

● 괘 중의 효가 육친을 대(帶)하고 발동한 것이다.

2) 육친 발동의 분류

● 부모 발동, 관귀 발동, 자손 발동, 처재 발동, 형제 발동으로 분류된다.

3) 부모 발동

● 괘 중에서 발동한 효에 육친 중 부모(父母)가 임한 것이다.

① 부모 발동의 기본 작용력

● 부(父)가 발동하면 손(孫)을 극하므로 손(孫)을 용신으로 하는 점에서는 자손이 아름답지 못하다. 그러나 형(兄)이 함께 발동하면 부(父)의 생을 얻어 다시 손(孫)을 생하므로 도리어 자손에게 덕이 된다.

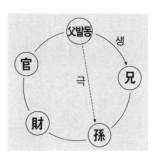

● 부(父)와 관(官)이 함께 발동하면 관(官)은 손(孫)의 기살(忌殺)인 부(父)를 생하고 손(孫)의 원신인 형(兄)을 절상(折傷)하니 자손에게 크게 흉하다. 그러나 부(父)와 재(財)가 함께 발동하면 재(財)는 부(父)를 충분히 감당할 수 있으니 어려움이 해소된다.

● 부(父)가 발동해 세효를 생하거나 부(父)가 세효에 있으면 부모와 관련 있는 일이다. 부(父)를 용신으로 하는 점에서는 유리

제 **❼** 장 동효

(有利)하다.

- 부(父)가 지세하고 관(官)이 발동해 세효를 생하면 시험이나 논문을 작성하는 데 유리하고 물건을 사고파는 계약은 순조롭다. 그러나 자손의 안부를 묻는 점에서는 불안하고 재수를 묻는 점에는 이롭지 않다.

② 부모 발동 예문

재물점

澤地萃 ! 澤水困

父未 //
兄酉 /
孫亥 / 應
官午 //
官巳父辰 X
財寅 // 世

未月 丙辰日

- 神算六爻 例文.
- 초효에서 용신인 寅木 財가 지세하니 재물과 인연이 있다 하겠다.
- 그런데 寅木 財 용신이 일 · 월에 휴수되니 무력하다.
- 2효에서 辰土 父가 일진을 대하고 발동해 원신인 孫을 극하면서 입고(入庫)시키니 財의 근본이 망가졌다.
- 현재는 재수를 말하지 마라.

아들을 얻는 점

天水訟 ! 澤水困

父戌父未 X
兄酉 /
孫亥 / 應
官午 //
父辰 /
○財寅 // 世

午月 丁未日

- 神算六爻 例文.
- 용신인 4효 亥水 孫이 午月에 절(絶)이 되고 일진의 극을 받으니 흉하다.
- 6효 未土 父가 일진을 대하고 발동해 진신이 되면서 용신을 극하니 설상가상(雪上加霜)이다.
- 자식을 얻기 어렵겠다.

시험점	
天山遯 ! 澤山咸	

匕	父戌 父未 ※ 應	午
句	兄酉 /	月
朱	孫亥 /	
青	兄申 / 世	庚
玄	官午 //	戌
白	父辰 //	日

● 神算六爻 例文.
● 용신인 未土 父가 6효에서 발동해 진신이 되면서 생세하니 반드시 합격한다.
● 용신 未土는 庚日의 천을귀인이고 청룡이 지세하니 좋은 성적으로 합격하겠다.

재수점	
澤地萃 ! 澤水困	

父未 //	
兄酉 /	
孫亥 / 應	
官午 //	
官巳 父辰 Ⅹ	
財寅 // 世	

● 神算六爻 例文.
● 寅木 財가 지세하고 있으나 2효에서 辰土 父가 발동해 財의 원신인 4효 亥水 孫을 극한다.
● 어찌 재수를 바랄 수가 있겠는가!

재수점	
火澤睽 ! 火水未濟	

	兄巳 / 應	巳
	孫未 //	月
	財酉 /	
	兄午 // 世	己
	孫辰 /	酉
兄巳 ∘ 父寅 ※		日

● 神算六爻 例文.
● 3효 午火 兄이 지세하니 재수와 거리가 멀다.
● 초효 寅木 父가 발동해 午火 兄을 생하니 매우 나쁜 상황이다.
● 亥·子일이 되면 巳·午火 兄이 충동(冲動)해 財를 극하니 손재를 면하기 어렵다.

형제 병점

雷火豊 ! 水火旣濟

```
兄子 // 應
父申 官戌 ╳        午
財午 父申 ╳        月
    兄亥 / 世      己
    官丑 //        亥
    孫卯 /         日
```

● 神算六爻 例文.

● 3효에서 亥水 일진이 지세하니 亥水 兄이 용신이다.

● 亥水 兄이 午月에 절(絶)이 된 가운데 5효에서 戌土 官이 발동하니 매우 흉하다.

● 그러나 4효 申金 父가 발동하니 탐생망극 원칙에 따라 5효 戌土 官은 兄을 극하지 않고 父를 생한다.

● 문제는 발동한 4효 申金 父가 회두극을 당한 것이다. 스스로 지탱하기가 힘든 상황이다.

● 따라서 이번 달을 넘기고 소서(小暑)가 지나면 병세가 호전되고 입추(立秋) 후 子日이 되면 쾌유한다고 본다.

● 그 이유는 이렇다. 소서가 지나면 4효 申金 父를 회두극하는 변효 午火 財가 무력해진다. 이어 申月이 되면 亥水 兄은 생기를 얻게 되고 子日이면 더욱 힘이 강해지는데 반해 변효 午火 財는 완전히 무기력해지기 때문이다.

자손 병점

火天大有 ! 火水未濟

```
兄巳 / 應
孫未 //           卯
º財酉 /           月
孫辰 兄午 ╳ 世     壬
    孫辰 /        午
官子 父寅 ╳       日
```

● 神算六爻 例文.

● 용신은 2효 辰土 孫이다.

● 초효 寅木 父가 발동해 용신 孫을 극해서 나쁠 것 같다.

● 그러나 午火 兄이 발동하니 탐생망극이라 자손에게는 문제가 없다.

자손 병점
水天需!水山蹇

孫子 //
°父戌 /
兄申 // 世
兄申 /
財寅官午 ✕
孫子父辰 ✕ 應

巳
月

丙
寅
日

- 神算六爻 例文.
- 6효 子水 孫이 용신이다.
- 초효에서 辰土 父가 발동해 용신 孫을 극하니 나쁜 상황이다.
- 게다가 2효 午火 官이 발동해 孫의 원신인 申金 兄을 극하면서 辰土 父를 생하니 첩첩산중이다.
- 또 巳月과 寅日 그리고 孫의 원신인 申金 兄이 인사신(寅巳申) 삼형을 이루니 자손은 살아날 가망이 전혀 없다.

4) 관귀 발동

- 괘 중에서 발동한 효에 육친 중 관귀(官鬼)가 임한 것이다.

① 관귀 발동의 기본 작용력

- 관(官)이 발동해 세효를 생하거나 극세하거나 관(官)이 지세하면 관(官)과 인연이 있다. 관(官)을 용신으로 하는 점에는 유리하다.

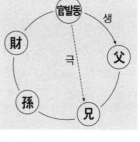

- 관(官)이 세효에 있는 경우 재(財)가 발동해 세효를 생하면 직장을 구하거나 승진에 용이(容易)하다. 그러나 형제나 친구의 안위를 묻는 점에는 불안하다.
- 관(官)은 형(兄)을 극하고 부(父)를 생하므로 관(官)이 발동하면 형(兄)을 용신으로 하는 점에는 형제가 어려움을 겪는다. 그러나 중간에서 부(父)가 발동하면 관(官)의 생을 받아 형(兄)을 생하므로 탐생망극(貪生忘克)이 되어 형제에게 즐거움이 있다.
- 형제의 안부를 묻는 점에 관(官)과 손(孫)이 함께 발동하면 관

(官)의 행동을 손(孫)이 제지하여 형(兄)을 극하지 못하므로 형제의 어려움은 자연히 해소된다.

② 관귀 발동 예문

재수점
澤水困 ! 雷水解

財戌 //
官酉官申 ⚊ 應　　戌
孫午 /　　　　月
孫午 //　　　庚
財辰 / 世　　戌
○兄寅 // (子父)　日

- 神算六爻 例文.
- 재수(財數)를 묻는 점이다. 5효에서 官이 발동한 것은 그럴만한 이유가 있다고 봐야 한다.
- 동자(動者)는 선생후극(先生後克)한다.
- 그러나 여기서는 생을 받을 父가 복신이므로 극할 대상을 찾는다.

- 동효 官은 초효 寅木 兄을 극한다.
- 寅木 兄은 戌月과 戌日에 휴수된 가운데 공망을 만나니 진공과 같다.
- 따라서 형제에게 반드시 문제가 있을 것이다.
- 寅木 兄이 출공하는 甲寅日을 주의하라.
- 寅木 兄을 극하는 官이 역마를 대하니 특히 교통사고가 우려된다.
- 2효에서 財가 지세하나 월파와 일파를 당하니 재수를 도저히 말할 수 없다.

자식 얻는 점
地水師 ! 雷水解

財戌 //
官申 // 應　　申
財丑○孫午 ⚊　月
○孫午 //　　　乙
財辰 / 世　　酉
兄寅 //　　　　日

- 神算六爻 例文.
- 용신인 4효 午火 孫이 일·월에 휴수된 가운데 공망이다.
- 원신인 초효 寅木 兄은 월파되고 酉日의 극을 받으니 무력하다.
- 자식 얻는 것은 숲에서 물고기를 구함과 같다.

승진점

地火明夷! 水火既濟

兄子 // 應
兄亥官戌 X
父申 //
兄亥 / 世
官丑 //
孫卯 /

申月 戊戌日

- 神算六爻 例文.
- 용신은 5효 戌土 官이다.
- 용신이 일진을 대하고 발동해 극세하니 매우 길하다.
- 3효 亥水 세효는 申月의 생을 받아 왕하다.
- 오늘 중으로 좋은 소식이 있겠다.

형제점

澤地萃! 雷水解

財戌 //
官酉官申 XX 應
孫午 /
孫午 //
孫巳財辰 X 世
兄寅 //

- 神算六爻 例文.
- 2효에서 辰土 財가 발동해 5효 官을 생한다.
- 생을 받은 官이 발동해 초효 寅木 兄을 극하니 형제에게 문제가 있다.
- 재동(財動)해 생관(生官)하더라도 官이 발동하지 않으면 형제에게는 아무런 문제가 없다.

형제 병점

山火賁! 山天大畜

官寅 /
財子 // 應
兄戌 //
○兄辰 /
兄丑官寅 X 世(午父)
財子 /

亥月 庚子日

- 神算六爻 例文.
- 3효에서 辰土 兄이 공망이니 용신이다.
- 용신 辰土 兄이 亥月에 무력하고 원신인 午火는 2효 寅木 官 아래 복신이다.
- 게다가 원신 午火는 亥月의 극과 子日의 파(破)를 당해 완전히 무력하다. 일파를 당한 것이다.
- 이런 상황에서 일·월의 힘을 얻은 2효 寅木 官이 발동해 용신을 극하니 대흉하다.
- 용신이 甲辰日에 출공한 뒤 丙午日이 되면 해(害)를 당한다. 복

자(伏者)는 출현하는 날에 응하기 때문이다.

- 복(伏)된 午火 원신이 丙午日에 출현하면 亥月의 극을 받고 子日의 파(破)를 당하니 무력해지는 것이다.

5) 자손 발동

- 괘 중에서 발동한 효에 육친 중 자손(子孫)이 임한 것이다.

① 자손 발동의 기본 작용력

- 손(孫)이 발동하면 재(財)를 생하고 관(官)을 극한다. 재(財)가 세효에 있으면 재수점에는 좋다. 그러나 관(官)이 세효에 있으면 질병이 발생하며 직장인은 직업을 잃는다.

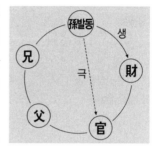

- 손(孫)은 관(官)을 손상하는 자이므로 손(孫)이 동하면 미혼녀는 남편을 얻는 점에 어려움이 많고, 기혼녀는 남편과 이별하게 된다.
- 관(官)이 세효에 있을 때 손(孫)이 발동하면 불안하다. 그러나 부(父)와 함께 동하면 부(父)는 손(孫)을 통제하는 자이므로 관직에 있는 자는 관직이 보장이 되고 환자는 약을 구한다. 그러나 재수점에서는 재(財)의 원신이 손상 당하므로 도리어 허망해진다.
- 관(官)은 질병·귀신·어두움을 상징하는데 손(孫)은 이런 관(官)을 능히 제압한다. 그래서 질병의 치료 수단으로 판단하기도 하지만 바르지 않다. 질병의 치료 수단은 기살을 제거하는 자로 판단해야 한다.
- 손(孫)이 세효에 있으면 병점(病占)이나 산육점에는 좋다. 재(財)가 세효에 있으면 재물을 구하는 점이나 남자의 혼인점에 좋다.

② 자손 발동 예문

자기 병점

坎爲水 ! 澤水困

父未 //
○兄酉 /　　　　戌
○兄申 孫亥 ⨯ 應　月
官午 //　　　　丁
父辰 /　　　　丑
財寅 // 世　　　日

- 神算六爻 例文.
- 용신인 寅木 세효가 일·월에 휴수되니 병이 심하다.
- 그러나 원신인 亥水 孫이 4효에서 발동해 생세하니 절처봉생(絕處逢生)이다.
- 변효 申金 兄이 공망이라 亥水 孫도 공망이다.
- 따라서 입동(立冬)이 지나 亥月에 접어든 뒤 출공하는 甲申日이 되면 귀인(貴人)을 만나 치유되겠다.

여자의 결혼점

地風升 ! 水天需

○財子 //
財亥 兄戌 ⨯　　　申
孫申 / 世　　　月
兄辰 /　　　　壬
官寅 /　　　　戌
○兄丑 ○財子 ⨯ 應　日

- 神算六爻 例文.
- 여자가 묻는 결혼점에서는 官이 용신이다.
- 孫은 官[남편]을 극하는 기신이다.
- 따라서 孫이 지세함은 官을 배척함이요, 지아비를 맞아들일 생각이 없다는 얘기다.
- 申月이 寅木 官을 충파(冲破)하는 가운데 5효에서 戌土 兄이 발동해 官의 원신인 子水 財를 극한다.
- 용신과 원신이 모두 무력하니 어찌 결혼이 이뤄지겠는가.

제 **7** 장 동효

205

<table>
<tr><td>

구관점

火雷噬嗑!火山旅

兄巳 /
孫未 //　　　巳月
財酉 / 應　　辛
孫辰財申 X　未
兄午 //　　　日
官子孫辰 XX 世

</td><td>

● 神算六爻 例文.

● 구관점에서 孫은 기신이다.

● 기신인 孫이 지세하니 직장을 논할 필요가 없다.

● 또 초효 辰土 세효가 발동해 화출한 子水 官이 巳月에 절(絶)이 되고 일진의 극을 받으니 무력하다.

</td></tr>
</table>

<table>
<tr><td>

재수점

坎爲水!澤水困

父未 //
兄酉 /　　　亥月
兄申孫亥 X 應　乙
官午 //　　　卯
父辰 /　　　日
財寅 // 世

</td><td>

● 神算六爻 例文.

● 초효에서 寅木 財가 지세하니 좋다.

● 4효에서 亥水 孫이 발동해 申金 兄을 화출하니 회두생을 받는다.

● 왕(旺)한 亥水 孫이 寅木 財를 생하니 재수가 있다.

</td></tr>
</table>

6) 처재 발동

● 괘 중에서 발동한 효에 육친 중 처재(妻財)가 임한 것이다.

① 처재 발동의 기본 작용력

● 재(財)가 발동해 세효를 생하거나 세효를 극하면 재물이나 여자와 인연이 있으며 재(財)를 용신으로 하는 점에는 좋다. 재(財)가 세효에 있으면 손(孫)이 발동해 세효를 생(生)해야 처(妻)를 구하거나 재물을 모으는 데 도움이 된다.

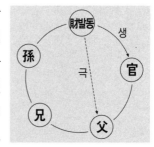

- 재(財)가 발동하면 부(父)가 상(傷)한다. 그러므로 부모의 안부를 묻거나 부(父)를 용신으로 하는 점에는 이롭지 않다. 그러나 관(官)이 함께 동하면 재(財)의 생을 받은 관(官)이 부(父)를 생하니 부모는 어려움으로부터 벗어난다.
- 부모의 안부를 묻는 점에 재(財)와 형(兄)이 함께 발동하면 형(兄)이 재(財)를 통제하여 부(父)를 보호한다. 그러나 재(財)와 손(孫)이 함께 발동하면 부(父)의 기살(忌殺)인 재(財)를 더욱 왕성하게 하고 부(父)의 원신인 관(官)을 제압하니 부모에게 재앙이 크게 일어난다.

② 처재 발동 예문

언제부터 재수 있겠나
風地觀 ! 水地比

官卯 ∘財子 ⚊⚊應
　兄戌 /
　孫申 //
官卯 // 世
　父巳 //
　兄未 //

亥月
己未日

- 神算六爻 例文.
- 용신인 6효 子水 財가 亥月의 도움을 받아 왕한 가운데 발동해 생세하니 길하다.
- 오늘은 3효 卯木 세효가 일묘(日墓)에 드니 묘(墓)를 충(沖)하는 丑日부터 재수가 있겠다.

시험점
火雷噬嗑 ! 雷地豫

孫巳 ∘財戌 ⚊⚊
　官申 //
　孫午 / 應
　兄卯 //
　孫巳 //
父子 財未 ⚊⚊世(子父)

亥月
甲子日

- 神算六爻 例文.
- 亥月은 용신 父가 왕(旺)한 달이라 길하다.
- 그러나 未土 財가 지세하니 내가 시험을 포기하거나 거부함과 같다.
- 財가 초효와 6효에서 교중돼 발동하니 합격을 기대하기 어렵다.

아버지 병점

雷火豊!震爲雷

財戌 // 世		午
○官申 //		月
孫午 /		丁
父亥財辰 ※ 應		丑
兄寅 //		日
父子 /		

- 神算六爻 例文.
- 용신인 초효 子水 父가 午月에 월파되고 丑日의 극을 받으니 흉하다.
- 원신인 5효 申金 官도 午月의 극을 받고 공망이라 진공에 가깝다.
- 辰土 財가 발동해 극부(克父)하면서 입고(入庫)시키니 辰日을 조심하라.

숙모 병점

天山遯!風火家人

○兄卯 /		卯
孫巳 / 應		月
孫午 財未 ※		戊
父亥 /		申
財丑 // 世		日
財辰 ○兄卯 ※		

- 神算六爻 例文.
- 숙모 병점에는 父가 용신이다.
- 3효 亥水 父가 卯月에 휴수되는 가운데 4효 未土 財가 발동해 극하니 매우 나쁘다.
- 그러나 다행스러운 것은 申日이 父를 생하고 卯月이 초효에서 발동해 父의 기살인 財를 극한다. 절처봉생이다. 亥日에 치유된다.

7) 형제 발동

- 괘 중에서 발동한 효에 육친 중 형제(兄弟)가 임한 것이다.

① 형제 발동의 기본 작용력

- 형(兄)은 손(孫)을 생하는 자이므로 자손을 용신으로 하는 점에서 형(兄)이 발동하면 대길(大吉)하다. 그러나 관(官)이 함께 발동하면 손(孫)의 뿌리인 형(兄)을 상(傷)하게 하니 자손한테 흉하다.

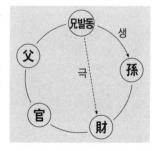

- 형(兄)이 지세하면 재수(財數)를 묻지 말아야 한다. 형(兄)이 지세하고 발동하면 내가 주위 사람의 재물에 손실을 주게 된다. 그리고 다른 효에서 형(兄)이 발동해서 세효를 극하면 타인이 나의 재물에 손실을 준다.

- 부모의 병점(病占)에서는 부(父)의 기신(忌神)인 재(財)를 제거하므로 치유되고, 자손의 안위를 묻는 점에서는 형(兄)이 손(孫)을 생하므로 어려움이 없다.

- 형(兄)은 처(妻)와 재(財)를 겁탈(劫奪)하는 자다. 그러므로 재수(財數)나 처(妻)를 구하는 점에서는 형(兄)이 지세하거나 발동하는 것을 크게 꺼린다. 괘 중에서 형(兄)이 발동하고 재(財)가 지세한 경우에는 내 신상(身上)에서 손재(損財)가 일어난다. 그리고 다른 효에서 재(財)가 극상(剋傷)을 당하면 처(妻)가 불미(不美)하게 된다. 그러나 형(兄)이 손(孫)과 함께 발동하면 동(動)한 형(兄)을 탐생망극(貪生忘克)시키므로 도리어 재수가 유망(有望)해진다.

② 형제 발동 예문

재수점

山水蒙 ! 火水未濟

兄巳 / 應
孫未 //　　　巳
°孫戌財酉 X　月
兄午 // 世　戊
孫辰 /　　　辰
父寅 //　　　日

- 神算六爻 例文.
- 午火 兄이 지세하니 내가 재물을 거부한다는 얘기다.
- 4효 酉金 財가 발동하여 일진과 합(合)이 되니 재물이 있더라도 남의 재물이다.
- 나와는 무관하다.
- 일진은 남[他人:타인]이기 때문이다.

<table>
<tr><td>

부모 병점

兌爲澤 ! 天雷无妄

財未 財戌 ⚊⚋
官申 /
孫午 / 世
財辰 //
∘兄卯 ∘兄寅 ⚋⚊
父子 / 應

卯
月
庚
戌
日

</td><td>

- 神算六爻 例文.
- 부모 병(病)에는 財가 발동함을 꺼린다.
- 6효에서 戌土 財가 일진을 대하고 발동해 극부(克父)하니 병세가 중(重)하다.
- 그런데 2효에서 寅木 兄이 발동해 진신이 되면서 財를 극하니 절처봉생이다.
- 공망인 寅木 兄이 寅日에 출공하면 치

</td></tr>
</table>

유되겠다.

<table>
<tr><td>

재수점

雷天大壯 ! 雷水解

財戌 //
官申 // 應
孫午 /
財辰 孫午 ⚊⚋
財辰 / 世
父子 ∘兄寅 ⚋⚊

卯
月
己
酉
日

</td><td>

- 神算六爻 例文.
- 2효에서 辰土 財가 지세하니 좋은 상황이다.
- 한편으로는 초효에서 寅木 兄이 발동해 극재(克財)하니 좋지 않다고 보기 쉽다.
- 그러나 3효에서 午火 孫이 발동하므

</td></tr>
</table>

로 초효 兄은 극재(克財)하지 않고 孫을 생하고 孫은 다시 辰土 財를 생한다. 이것을 탐생망극이라 한다.

- 따라서 재수가 있다.

<table>
<tr><td>

재수점

兌爲澤!震爲雷

財戌 // 世

官酉官申 ✕   辰月

°孫午 /

財辰 // 應   甲申

兄卯兄寅 ✕   日

父子 /

</td><td>

● 神算六爻 例文.

● 2효에서 寅木 兄이 발동해 진신이 되면서 財를 극하니 흉하다.

● 다행히 5효에서 일진 申金 官이 발동해 寅木 兄을 극하니 괜찮다.

● 그러나 巳·午月이 되면 5효 申金 官이 무력해지니 손재(損財)가 있겠다.

</td></tr>
</table>

● 특히 子日을 주의하라. 子日이 되면 午火 孫이 암동해 약해진 官을 극하기 때문이다. 이때 寅木 兄은 官의 제지를 받지 않고 마음껏 財를 극한다.

<table>
<tr><td>

남편 병점

水火旣濟!天火同人

官子孫戌 ✕ 應   午月

財申 /

財申兄午 ✕   丁未日

官亥 / 世

孫丑 //

°父卯 /

</td><td>

● 神算六爻 例文.

● 3효 亥水 官이 용신이다.

● 용신이 午月에 절(絶)이 되고 2효에서 丑土 孫이 암동해 용신을 극한다.

● 또 6효에서 戌土 孫이 왕동(旺動)해 용신을 극한다.

● 기신이 내·외괘에서 발동해 용신을 극하니 흉이 배(倍)가 된다.

</td></tr>
</table>

● 설상가상으로 4효에서 午火가 月을 대하고 왕동해 기신인 丑土와 戌土를 생하니 더더욱 흉하다.

● 오늘 巳時를 조심하라.

제
❼
장
동
효

211

4. 용신 발동

1) 용신 발동의 기본 작용력

- 용신이 발동함은 일의 진척(進陟)을 말한다.
- 용신이 발동해 세효를 생하거나 극세하면 소원하는 바가 반드시 이뤄진다. 극세하는 경우 세효가 왕상해야 한다. 그렇지 않으면 도리어 재앙이 된다.
- 용신이 발동하지만 일·월의 생부(生扶)가 없어 휴수쇠절(休囚衰絶)되면 용신이 생부되는 시기에 좋은 소식을 듣는다. 그러나 용신이 발동해 다른 효를 생하거나 극하면 나와는 무관(無關)하며 다른 사람이 덕을 보게 된다.

2) 용신 발동 예문

신부감을 얻는 점
坎爲水 ! 水澤節

兄子 //
 °官戌 /
 父申 // 應
 官丑 //
 孫卯 /
 孫寅財巳 X 世

亥
月
甲
子
日

- 神算六爻 例文.
- 용신인 초효 巳火 財가 월파를 당하고 子日의 극을 받으니 매우 흉하다.
- 그러나 자세히 살펴보면 巳火 財가 지세하고 발동해 회두생을 받으니 생기(生氣)가 있다.
- 내년 巳月이 되면 반드시 현처(賢妻)를 얻겠다.

<table>
<tr><td>

재수점

風地觀!水地比

官卯財子╳應
兄戌 /
孫申 // 世
官卯 // 世
父巳 //
○兄未 //

亥月 戊子日

</td><td>

● 神算六爻 例文.
● 財가 발동해 생세하니 재수가 있다.
● 世가 亥月의 생을 받아 왕(旺)한 가운데 6효에서 子水 財가 일진을 대하고 발동해 생세하니 대길하다.
● 용신이 일 · 월의 극해(克害)를 받지 않으니 재수 대통이다.

</td></tr>
</table>

<table>
<tr><td>

재수점

天山遯!天地否

父戌 / 應
兄申 /
官午 /
兄申財卯╳世
○官巳 //
父未 //

寅月 丙申日

</td><td>

● 神算六爻 例文.
● 용신인 卯木 財가 지세하고 寅月에 왕(旺)하니 길한 것 같다.
● 그러나 용신 卯木 財가 발동해 회두극을 당하고 일진의 극을 받으니 매우 흉하다.
● 申月에 큰 손재(損財)가 있겠다.

</td></tr>
</table>

5. 원신 발동

1) 원신 발동의 기본 작용력

● 용신을 생하는 자가 원신이므로 원신이 발동해 용신을 생하면 용신은 활기를 얻는다.
● 병점(病占)에서 원신이 발동해 용신을 생하면 환자는 반드시 치유된다. 그러나 소원점에서는 소원하는 바가 이뤄지기 좋은 조건일 뿐이다. 일의 성사 여부는 용신과 세효와의 관계를 살펴야 한다.

6. 육수 발동

1) 육수의 올바른 적용

● 백호가 비록 흉하지만 길신(吉神)이면 도리어 복(福)이 된다. 청룡이 희사(喜事)를 주관하지만 흉신(凶神)을 대하고 발동하면 해(害)가 크다. 현무가 도적과 음란과 음습(陰濕)을 주관하지만 길신을 대하고 발동해 용신을 생하면 어찌 흉하다 하겠는가?

● 육수는 특별한 점사 외에 지나치게 비중을 두어서는 안 된다. 청룡이 길신이라도 흉신과 동행하면 이로울 것이 없으며, 현무가 음란하고 탐욕의 신이라도 길신에 임하면 일이 성사되는 데 전혀 장애가 되지 않는다.

● 육수는 괘 중에서 일의 성사 여부나 길흉화복에 관여하지 못한다. 다만 처해 있는 조건이나 주위 환경을 살피는 데 중요하게 적용되니 음택(陰宅)이나 양택(陽宅)에 절대 필요하다. 또 길흉화복이 나타나는 형상이나 성격을 예측하는 데 다소 도움이 된다.

2) 육수 발동의 분류

● 청룡 발동, 주작 발동, 구진 발동, 등사 발동, 백호 발동, 현무 발동으로 분류된다.

3) 청룡 발동

● 괘 중에서 발동한 효에 육수 중 청룡이 임한 것이다.

① 청룡 발동의 기본 작용력

● 길신(吉神)이다. 용신에 임하면 대길하다. 음주가무(飮酒歌舞)

의 신(神)이다. 천을귀인이나 역마와 같은 길신을 대하면 더욱 길하다. 그러나 청룡이 발동하더라도 구신이나 기신이면 주색(酒色)으로 인한 망신 또는 재앙을 당한다. 청룡이 발동하면 매사에 길하다 하나 육친의 동정에 비중을 두어야 한다.

② 청룡 발동 예문

정부로부터 금융지원을 받을 수 있겠는가
風地觀！水地比

青　官卯 財子 ╳ 應　　亥
玄　　　兄戌 ／　　　　月
白　○孫申 ∥　　　　丙
匕　　　官卯 ∥ 世　　子
句　　　父巳 ∥　　　　日
朱　　　兄未 ∥

- 神算六爻 例文.
- 정부(政府)를 應으로 본다.
- 子水 財가 6효에서 일진과 청룡을 대하고 발동해 생세(生世)하니 반드시 지원이 있겠다.
- 일진이 6효에서 발동하니 오늘 결정되겠다.

재수점
火地晋！天地否

朱　○父戌 ／ 應　　戌
青　父未 兄申 ╳　　　月
玄　　　官午 ／　　　　戊
白　　　財卯 ∥ 世　　辰
匕　　　官巳 ∥　　　　日
句　　　父未 ∥

- 神算六爻 例文.
- 5효에서 申金 兄이 일·월의 생을 받은 가운데 길신인 청룡을 대하고 발동한다.
- 재수점에서는 兄이 흉신이라 재수를 말하기 어렵다.
- 반드시 손재가 발생하겠다.

4) 주작 발동

- 괘 중에서 발동한 효에 육수 중 주작이 임한 것이다.

① 주작 발동의 기본 작용력

- 흉신(凶神)이다. 구설, 시비, 말썽을 일으키는 신이다. 그렇지

만 소식점이나 언론 또는 방송에 종사하는 사람의 점에는 길신으로 보기도 한다. 주작이 발동하면 꾀하는 일에 구설과 시비가 따른다 하나 용신과 세효를 살피지 않고 판단하는 것은 옳지 않다.

② 주작 발동 예문

처와의 관계가 어떻게 될까
兌爲澤!澤雷隨

玄	財未 // 應	
白	官酉 /	亥
匕	○父亥 /	月
句	財辰 // 世	乙
朱兄卯兄寅 ╳		丑
青	父子 /	日

● 神算六爻 例文.

● 2효에서 寅木 兄이 주작을 대하고 발동해 진신이 되면서 3효 辰土 세효를 극하니 내년 1월과 2월에 부인과 싸움이 심하겠다.

● 2효는 택효(宅爻)이고 또 처(妻)의 자리이기 때문이다.

5) 구진 발동

● 괘 중에서 발동한 효에 육수 중 구진이 임한 것이다.

① 구진 발동의 기본 작용력

● 흉신이다. 구진은 체구가 엄청나게 큰 자로 행동이 더디다. 넓은 길도 구진이 점거하고 걸어가면 다른 동물들은 길이 막혀 앞으로 나아갈 수가 없다. 그래서 지체(遲滯)의 신이라 한다.

● 용신에 구진이 임하면 모든 일이 더디게 되거나 만사불통한다. 그러나 토지·매매점에서는 유리하다. 구진이 발동하면 토지와 관련된 점에서는 큰 영향을 미친다.

● 발동한 구진이 기신을 대하면 되는 일이 없다. 그러나 용신이 유정(有情:생부를 받아 왕한 것)하면 무해(無害)하다.

② 구진 발동 예문

<table>
<tr><td colspan="3">이달 운세는 어떨까</td></tr>
<tr><td colspan="3">火天大有!火風鼎</td></tr>
<tr><td>朱</td><td>兄巳 /</td><td rowspan="2">巳
月</td></tr>
<tr><td>靑</td><td>孫未 // 應</td></tr>
<tr><td>玄</td><td>財酉 /</td><td rowspan="3">戊
申
日</td></tr>
<tr><td>白</td><td>財酉 /</td></tr>
<tr><td>匕</td><td>官亥 / 世</td></tr>
<tr><td>句</td><td>官子孫丑 ※</td><td></td></tr>
</table>

● 神算六爻 例文.

● 초효에서 丑土 孫이 천을귀인이며 구진을 대하고 발동해 극세하니 반드시 논밭(땅)을 얻으리라.

● 丑日을 기다려라. 丑土가 발동했기 때문이다.

6) 등사 발동

● 괘 중에서 발동한 효에 육수 중 등사가 임한 것이다.

① 등사 발동의 기본 작용력

● 흉신이다. 혐오스럽게 생긴 자로 괴이한 일이나 놀랄 일을 주관한다. 발동하면 일이 꼬이거나 귀찮은 일이 생긴다. 등사가 기살(忌殺)을 대하고 발동하면 요마(妖魔)가 침입할 징조다. 정신이 산란(散亂)하고 꿈자리가 사납다. 등사가 발동하면 충(冲)을 만나는 날에 대흉하다.

② 등사 발동 예문

<table>
<tr><td colspan="3">시험점</td></tr>
<tr><td colspan="3">天山遯!澤山咸</td></tr>
<tr><td>匕</td><td>父戌父未 ※ 應</td><td rowspan="2">子
月</td></tr>
<tr><td>句</td><td>兄酉 /</td></tr>
<tr><td>朱</td><td>孫亥 /</td><td rowspan="3">庚
戌
日</td></tr>
<tr><td>靑</td><td>兄申 / 世</td></tr>
<tr><td>玄</td><td>官午 //</td></tr>
<tr><td>白</td><td>父辰 //</td><td></td></tr>
</table>

● 神算六爻 例文.

● 6효에서 未土 父가 발동해 진신이 되면서 3효 세효를 생한다.

● 비록 6효에 등사가 임하고 있으나 우수한 성적으로 합격하리라.

7) 백호 발동

● 괘 중에서 발동한 효에 육수 중 백호가 임한 것이다.

① 백호 발동의 기본 작용력

● 흉신이다. 혈상(血傷), 투쟁, 송사(訟事), 질병의 신이다. 기신(忌神)을 대하고 발동하면 흉액이 있다. 특히 기살(忌殺)을 대하고 교중 발동해 용신을 극해(克害)하면 대흉하다. 관재, 시비가 일어난다. 그러나 백호가 길신에 임하고 발동해 세효나 용신을 생합(生合)하면 도리어 길하다.

② 백호 발동 예문

동생 병점
雷風恒!雷山小過

句	父戌 //	
朱	兄申 //	巳
靑	○官午 / 世	月
玄	兄申 /	己
白	孫亥○官午 ✕	丑
匕	父辰 // 應	日

● 神算六爻 例文.

● 巳月에 용신 申金 兄이 무력하다.

● 2효와 4효에서 午火 官이 교중한 가운데 백호를 대하고 발동해 용신을 극하니 흉하다.

● 더욱이 申金 兄 용신은 일묘(日墓)에 드니 대흉(大凶)하다.

● 살아나기 어렵다. 巳日을 주의하라. 巳火가 2효 변효 亥水를 충극하기 때문이다.

재수점
山地剝!山火賁

朱	官寅 /	
靑	財子 //	申
玄	兄戌 // 應	月
白	官卯財亥 ✕	戊
匕	兄丑 //	子
句	○兄未官卯 ✕ 世	日

● 神算六爻 例文.

● 3효에서 亥水 財가 일·월의 생부(生扶)를 받은 가운데 발동해 생세하니 반드시 득재(得財)하겠다.

● 백호는 비록 흉신이나 재수점의 길신인 財를 대하고 있으니 어찌 흉하다 하겠는가!

8) 현무 발동

● 괘 중에서 발동한 효에 육수 중 현무가 임한 것이다.

① 현무 발동의 기본 작용력

● 흉신이다. 현무가 기살을 대하고 동하여 용신이나 세효를 극하면 도적을 만나거나 사기를 당한다. 현무가 발동하면 매사(每事)가 막히고 우환·걱정이 있다고 하지만 그렇지 않다.
● 현무는 음란(淫亂)의 신(神)이다. 발동해 극세(克世)하면 매사가 안개 속에 가려진 듯하고 도적을 만나거나 흉사(凶事)를 당한다. 그러나 유정(有情)하여 세효를 생합(生合)하거나 용신을 생합하면 오히려 기쁨이 있다.

② 현무 발동 예문

오늘 출행하면 괜찮겠는가 天火同人 ! 澤火革	
玄官戌**官未** ⚏	午 月 乙 未 日
白　　父酉 /	
比　　兄亥 / 世	
句　　兄亥 /	
朱　　官丑 ⚏	
靑　　孫卯 / 應	

● 神算六爻 例文.
● 4효 亥水 世가 용신이다.
● 亥水 세효가 午月에 절(絕)이 되었다.
● 게다가 未日 일진이 6효에서 官과 현무를 대하고 발동해 극세하니 출행(出行)하면 흉하리라.
● 6효 官이 진신이 되니, 흉이 더 할 것이다.

---

7. 효 발동

1) 효 발동 분류

● 초효부터 6효까지 각 효마다 갖는 특성이 있다. 그 특성에 따

라 발동한 효의 의미를 파악하면 점사를 판단하는 데 도움이
된다.
- 초효 발동, 2효 발동, 3효 발동, 4효 발동, 5효 발동, 6효 발동
으로 분류된다.

2) 초효 발동

- 초효(初爻)는 거처하는 곳의 터, 생활하는 바탕이다.
- 초효가 발동하면 부동산에 변동이 있거나 생활하는 공간에 변
화가 있다.

3) 2효 발동

- 2효는 가택의 위치, 처(妻:아내)의 생활공간이다.
- 2효가 발동하여 세효를 생하거나 극하면 거처를 바꾸거나 이
사를 한다. 기혼자(旣婚者)는 2효가 발동해 세효를 충극하면
부부간에 거울을 놓고 다툰다.

4) 3효 발동

- 3효는 현관문, 내문(內門)이다.
- 3효가 발동해 세효를 생하면 해당 육친으로 인한 즐거움이 있
다. 그러나 세효를 극하면 해당 육친으로 인한 괴로움이 있다.

5) 4효 발동

- 4효는 외문(外門), 대문이다.
- 4효가 발동해 세효를 생하면 밖으로부터 즐거운 소식이 있다.
그러나 세효를 극하면 괴로움을 당한다.
- 4효에서 관(官)이 왕동(旺動)해 쇠절(衰絶)된 세효를 충극하면
관재를 경계해야 한다.

6) 5효 발동

- 5효는 국가에서는 제왕의 위치이고 직장에서는 사장·회장이며 집에서는 가장의 위치다.
- 5효가 발동해 세효를 생하면 먼 곳으로부터 기쁜 소식이 있다. 그러나 세효를 극하면 먼 곳으로부터 괴로운 소식을 듣는다.
- 5효가 발동해 세효를 극하면 직장인은 직장 상사로부터 질책을 받는다.

7) 6효 발동

- 6효는 조상의 위치이니 조상 관련 일이다.
- 또 6효는 가장 높은 곳이다. 신(神)이 거처하는 공간으로 종교 대상의 위치다.
- 6효에서 오행 토(土)가 부(父)를 대하고 발동해 세효와 관련되면 족보·문집(文集)을 발행하거나 이장(移葬)·사초(莎草) 등이 있게 된다.

8. 육효안정과 육효난동

1) 육효안정

- 육효안정(六爻安靜)이란 괘 중에 발동한 효 즉 동효가 없는 경우이다.
- 득괘하는 방법에 따라 동효가 나타나지 않기도 한다.

2) 동효가 없을 때 일의 성사 여부 판단법

- 괘 중에 동효가 없는 경우는 용신과 일진을 살펴야 한다. 일진이 용신을 극하면 모든 일에 근신해야 한다.

- 세효와 응효에 기신이 임하면 장애가 있다. 그러나 세효에 용신이 있고 응효에 원신이 있으면 계획하고 모사(謀事)하는 일이 순조롭다.

3) 육효안정 예문

어머니 병점
!山雷頤
兄寅 /
父子 //
財戌 // 世
財辰 //
兄寅 //
父子 / 應

午月
甲戌
日

- 神算六爻 例文.
- 5효 子水 父가 용신이다.
- 午月이 충하고 戌日이 극하니 어찌 어머니를 구할 수 있으랴.
- 오늘도 흉하나 辰日을 피하지 못할 것 같다.
- 辰日이 용신 子水를 입고(入庫)시키기

때문이다.

아버지 병점
!山雷頤
兄寅 /
父子 //
°財戌 // 世
財辰 //
兄寅 //
父子 / 應

申月
甲子
日

- 神算六爻 例文.
- 4효에서 戌土 財가 지세함은 내가 父를 용납하지 않는다는 뜻이다.
- 父가 申月의 생을 받고 일진을 대해 매우 왕(旺)하니 쾌유하리라.
- 정(靜)한 자는 충일(沖日)에 결과가 나타난다. 午日에 완치될 것이다.

4) 육효난동

- 육효난동(六爻亂動)이란 괘 중에 동효가 여러 개 나타난 경우이다. 여러 개(個)란 '2개 이상'이다.
- 괘 중에 동효가 많을 경우는 용신의 생극제화(生克制化)를 잘 파악하면 된다. 발동한 효가 용신을 생부(生扶)하면 계획하는

일이 순조롭다. 그러나 발동한 효가 용신이나 원신을 충극하면 목적하는 일이 어긋난다.

5) 육효난동 예문

<table>
<tr><td>재수점</td></tr>
<tr><td colspan="2">水澤節!火水未濟</td></tr>
<tr><td>官子 兄巳 ╳ 應</td><td rowspan="3">午
月
戊
寅
日</td></tr>
<tr><td>孫戌 孫未 ╳</td></tr>
<tr><td>◦財申◦財酉 ╳</td></tr>
<tr><td>兄午 ∥ 世</td></tr>
<tr><td>孫辰 ╱</td></tr>
<tr><td>兄巳 父寅 ╳</td></tr>
</table>

- 神算六爻 例文.
- 2효와 3효만 빼고 4개의 효가 난동(亂動)했다.
- 용신은 4효 酉金 財다.
- 용신이 발동해 퇴신이 되면서 공망이다.
- 또 용신 酉金이 午月의 극을 받고 寅日에 절지(絶地)가 되니 진공이다.
- 더구나 兄이 지세하니 재수(財數)를 말할 여지가 없다.

9. 독정과 독발

1) 독정

- 독정(獨靜)이란 괘 중에서 5개[位]의 효가 동(動)하고 1개[位]의 효만 정(靜)한 것이다.
- 동(動)한 자끼리 서로 상생하여 용신을 생부하면 어려움이 쉽게 해소되고, 동(動)한 자끼리 서로 상극하면 어려움이 가중된다.

2) 독정 예문

본인 병점
雷天大壯 ! 山地剝

父戌 財寅 ╳
   孫子 ∥世
°官午 父戌 ╳
父辰 財卯 ╳
財寅 官巳 ╳ 應
孫子 °父未 ╳

巳月 戊子日

● 神算六爻 例文.
● 5효 세효만 독정하고 나머지 효는 난동했다.
● 동자(動者)의 움직임에는 원칙이 있다.
● 먼저 생자(生者)를 구하고 생자가 없으면 극자(克者)를 선택한다.
● 이 괘는 3효와 6효에서 왕동(旺動)한 寅卯 財가 생처(生處)를 선택하니 2효에 있는 巳火 官을 생한다.
● 巳火 官은 다시 발동해 4효에 있는 戌土 父와 초효에 있는 未土 父를 생하고 未土 父와 戌土 父가 함께 발동해 세효를 극하니 대흉하다.
● 戌土가 발동해 화출된 午火가 공망됨은 午火가 잠시 움직임을 멈춘 것과 같다. 출공하는 甲午日이 유감스럽다.

3) 독발

● 독발(獨發)이란 괘 중에서 5개의 효가 정(靜)하고, 1개의 효가 동한 것이다. 동한 효의 동향에 따라 점사가 결정된다.

4) 독발 예문

본인 시험점
風澤中孚 ! 風水渙

父卯 /
°兄巳 / 世
孫未 ∥
兄午 ∥
°孫辰 / 應
°兄巳 父寅 ╳

卯月 壬寅日

● 神算六爻 例文.
● 시험점에서 목적을 정하고 문복하는 경우와 막연하게 묻는 경우의 판단법은 판이(判異: 아주 다르다)하다.
● 목적이 정해진 경우는 응(應)이 내가 입사하고 싶어하는 회사가 된다.
● 이 괘를 보면 초효에서 일·월에 왕상

(旺相)한 父가 발동해 세효를 생하니 반드시 합격할 것 같다.

● 그러나 應이 卯月에 공망을 만나니 진공이다. 이 회사와는 인연이 없다.

● 방효에서 父가 왕동(旺動)해 세효를 생하는 것은 다른 여건을 나타낸다. 후에 다른 회사에 우수한 성적으로 입사했다.

10. 진정과 진발

1) 진정

● 진정(盡靜)이란 괘 중의 모든 효가 정(靜)하고, 동(動)한 효가 하나도 없는 것이다.

● 괘 중에 발동한 자가 없을 경우에는 용신을 살펴야 한다. 용신이 일·월의 생부를 얻어 왕상하면 매사 어려움이 없고, 일월에 쇠절되거나 파(破)나 공망을 만나면 경영하거나 진행하는 일은 허망해진다.

2) 진정 예문

본인 시험점
!風地觀

```
○財卯 /
官巳 /            午
父未 // 世        月
○財卯 //          乙
官巳 //           巳
父未 // 應         日
```

● 神算六爻 例文.

● 괘가 안정하나 午月과 巳日이 지세한 용신 未土 父를 생부(生扶)하니 우수한 성적으로 합격하겠다.

처 병점

!天地否

父戌 / 應
兄申 /　　　　酉月
官午 /
∘財卯 // 世　　丁未日
官巳 //
父未 //

- 神算六爻 例文.
- 3효에 있는 卯木 財가 용신이다.
- 酉月에 월파를 당하고 未日에 입묘(入墓)되니 크게 흉하다.
- 엎친데 덮친격으로 공망을 만나니 진 공이다.
- 출공하는 乙卯日이 크게 흉하겠다.

3) 진발

- 진발(盡發)이란 괘 중의 모든 효가 동(動)한 것이다.
- 6개의 효가 난동한 것이다. 동효와 동효가 서로 탐생망극하여 세효나 용신을 생부하면 환경은 어수선하나 큰 어려움이 없고, 동효끼리 서로 충극하면 태풍에 해일이 겹치는 것과 같다.

4) 진발 예문

당년 신수점

山澤損!澤山咸

財寅 父未 ※ 應
孫子 兄酉 Ⅹ　　亥月
父戌 孫亥 Ⅹ
父丑 兄申 Ⅹ 世　丙申日
財卯 官午 ※
∘官巳 ∘父辰 ※

- 神算六爻 例文.
- 2효에서 午火 官이 발동해 초효와 6효에 있는 辰土 父와 未土 父를 생한다.
- 未土 父와 辰土 父는 다시 3효에 있는 申金 兄과 5효에 있는 酉金 兄을 생한다.
- 申金 兄과 酉金 兄은 4효에 있는 亥水 孫을 생하며, 亥水 孫은 힘을 모아 2효에 있는 午火 官을 극한다.
- 午火가 비록 발동하나 괘 중에 午火의 생처(生處)가 없으니 막연하다.
- 子月에 배우자와 이별했다.

11. 충중봉합과 합처봉충

1) 합

● 합(合)이란 괘가 육합이 되거나, 동효와 변효가 합이 되거나,
동효나 용신이 일진과 합이 되는 경우이다.

2) 충

● 충(沖)이란 괘가 육충이 되거나, 동효와 변효가 충이 되거나,
동효나 용신이 일진과 충이 되는 경우이다.

3) 충중봉합

● 충중봉합(沖中逢合)이란 육충괘 중 효가 동하여 일진이나 변효
와 합이 되는 것이다.

4) 합처봉충

● 합처봉충(合處逢沖)이란 육합괘 중 효가 동하여 일진이나 변효
와 충이 되는 것이다.

5) 충중봉합과 합처봉충의 기본 작용력

● 고전에서 합처봉충을 처음에는 일이 순조롭게 되나 후에 반드
시 흩어진다 하였고, 충중봉합을 처음에는 어려우나 후에 성사
된다고 하였다. 그러나 이 부분은 재검토 되어야 한다.

● 택수곤괘에서 4효가 발동하면 감위수괘로 변한다. 육합괘가
육충괘로 변하니 모든 것이 흐트러지고 불성(不成)해야 맞다.
그러나 재수점에서는 최상의 괘가 된다.

● 주역을 바탕으로 행하던 점술에 사용한 것으로 육효점에는 크
게 적용되지 않는다.

제 7 장 동효

227

6) 충중봉합 예문

<table>
<tr><td>신랑이 용자를 얻으려 하는데
!坤爲地

孫酉 // 世
財亥 //
兄丑 //
°官卯 // 應
父巳 //
兄未 //

亥月 甲辰日</td><td>● 神算六爻 例文.
● 3효 卯木 官이 용신이다.
● 용신이 공망인 데다 육충괘라 흉한 것 같다.
● 그러나 자세히 살펴보면 卯木이 亥月의 생을 받고 일진이 酉金 孫과 합(合)하니 충중봉합이다.</td></tr>
</table>

● 卯木 官이 출공한 뒤 巳日이 되면 5효 亥水 財를 충동(冲動)해 卯木 官을 생하니 좋은 결과가 있겠다.

7) 합처봉충 예문

<table>
<tr><td>돈을 빌림
!火山旅

兄巳 /
孫未 //
財酉 / 應
財申 /
兄午 //
孫辰 // 世

卯月 乙卯日</td><td>● 神算六爻 例文.
● 육합괘는 계획하는 일이 성사된다고 본다.
● 그렇지만 卯月이 용신인 酉金 財를 월파로 치고 卯日이 일파시키니 합처(合處)에 봉충(逢冲)이다.
● 상대가 나에게 돈을 빌려주고 싶은 생</td></tr>
</table>

각이 없다.

● 神算六爻 例文.
● 世가 발동해 應과 생합(生合)하고 육합괘라 남자 측에서 혼인하고 싶어한다.
● 여자 측인 應 酉金 財는 寅月에 절(絶)이 되고 일진의 충을 받으니 이 결혼은 이뤄지지 않겠다.

12. 탐생망극

1) 탐생망극

◉ 발동한 효는 반드시 생을 먼저 선택하고 생할 곳이 없으면 극
을 선택한다. 탐생망극(貪生忘克)이란 한 효가 동하여 한 효를
극하는데 다른 한 효가 동하여 극을 하는 효와 극을 받는 효를
소통시키는 것을 말한다.

2) 탐생망극 예문

관운

火澤睽!火風鼎

```
        兄巳 /
        孫未 // 應
        財酉 /
    孫丑財酉 Ⅹ
        官亥 / 世
    兄巳孫丑 ※
```

◉ 神算六爻 例文.

◉ 2효에서 亥水 官이 지세해 좋은 상황
이다.

◉ 그런데 초효에서 丑土 孫이 발동해 官
을 극하니 나쁘다.

◉ 그러나 3효 酉金 財가 발동하니 발동
한 孫은 官을 극하지 않고 財를 생하고,

생을 받은 財는 다시 官을 생하니 앞날이 밝다.

재수점

天水訟!地水師

```
    官戌父酉 ※ 應
    父申兄亥 ※          酉
    財午官丑 ※          月
        財午 // 世
        官辰 /          丙
       ○孫寅 //         午
                        日
```

◉ 神算六爻 例文.

◉ 3효 午火 財가 일진을 대하고 지세하
니 현재 재수가 있는 괘상이다.

◉ 그러나 5효에서 亥水 兄이 발동해 지
세한 財를 극하니 亥月에 손재를 면하지
못하겠다.

◉ 4효 丑土 官은 5효 亥水 兄을 극하지

않고 6효 酉金 父를 생하고, 酉金 父는 亥水 兄을 생한다.

제8장

신과 명
身　　命

1. 신

1) 신
● 신(身)이란 내 몸이다.

2) 신의 기본 작용력
● 자신의 수명이나 건강을 판단할 때 반드시 살펴야 한다.
● 신(身)이 왕상(旺相)하면 열악한 조건에서도 견디기 용이하나,
  파(破)나 진공이 되면 자연으로부터 부름을 받는다.

2. 명

1) 명
● 명(命)이란 신(身)과 대칭된 위치에 있으면서 내 인생을 지켜주
  고 안내하는 자다.

2) 명의 기본 작용력

● 명(命)이 파(破)를 당하거나 진공이 되면 길을 안내하는 자가 그 위치를 버리고 떠나버린 것과 같다.

3. 신과 명의 적용

● 신(身)이나 명(命) 그리고 세효는 파(破)나 진공을 만나지 말아야 한다. 이 중에서 1위(位)만 진공이나 파를 당해도 수명을 묻는 점에서는 수명을 장담하지 못한다.

> ●「신산육효정해」(2013, 안암문화사),
> pp.376~445.「제8장 신산성명학 신수요결 작괘법」부분에
> 身 · 命 위주로 적용된 실제 사례가 풀이 되어 있다.

>「신산성명학 신수요결 작괘법」의 이론과 예문은
> 육효, 성명학 관련 논문에 참고 문헌으로 인용되고 있다.

제9장

간효와 방효
間爻　　傍爻

1. 간효

1) 간효

● 간효(間爻)란 세효와 응효 중간에 위치한 2개[位]의 효다.

2) 간효의 기본 작용력

● 초효부터 6효까지가 나의 환경이라면, 간효는 내가 움직이고 활동하는 터전이다.
● 간효 중에서 하나의 효가 발동해 세효를 생하면 매사 순조롭다. 그러나 반대로 세효나 응효를 극하면 계획 · 진행하는 일마다 장애가 발생한다.

3) 간효 예문

재수점
水雷屯!水澤節

兄子 // </br>
官戌 /　　寅 </br>
父申 // 應　月 </br>
官丑 //　　癸 </br>
孫寅孫卯 Ⅹ　卯 </br>
。財巳 / 世　日

● 神算六爻 例文.
● 世와 應 중간에서 2효 卯木 孫이 발동해 생세하니 재수(財數)가 있다.
● 현재는 世가 공망이라 때가 아니다.
● 출공하는 甲辰日에 재수가 있겠다.

재수점
火地晋!天地否

。父戌 / 應 </br>
父未兄申 Ⅹ　戌 </br>
官午 /　　月 </br>
財卯 // 世　戊 </br>
官巳 //　　辰 </br>
父未 //　　日

● 神算六爻 例文.
● 3효에서 卯木 財가 지세한 가운데 世와 應 중간에서 5효 申金 兄이 발동해 극세하니 손재(損財)를 면하지 못한다.

자기 병점
水火旣濟!水天需

財子 // </br>
兄戌 /　　卯 </br>
。孫申 // 世　月 </br>
兄辰 /　　戊 </br>
兄丑官寅 Ⅹ　寅 </br>
財子 / 應　日

● 神算六爻 例文.
● 4효에서 申金 세효가 卯月에 절지(絶地)가 되고 寅日이 2효에서 발동해 세효를 충하니 불길하다.
● 출공일인 甲申日을 넘기지 못하리라.

2. 방효

1) 방효

● 방효(倣爻)란 세효와 응효 사이를 벗어난 효이다. 대체적으로
나의 생활권 밖에서 발생하는 일을 판단한다.

2) 방효의 기본 작용력

● 방효가 발동해 세효를 생하면 내가 목적하는 일 외에 다른 일
이 발생한다. 용신을 극하면 진행하는 일과 전혀 무관한 인사
의 방해가 있게 된다.

3) 방효 예문

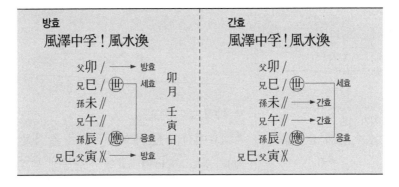

제 10 장

괘신
卦 身

1. 괘신

1) 괘신
- 괘신(卦身)이란 괘의 틀이다.

2) 괘신의 기본 작용력
- 괘신은 일진이나 월건이 생부(生扶)하는 것이 좋고, 일진이나 월건이 극해(克害)하는 것은 아름답지 못하다.
- 괘신이 공망을 만나면 일마다 어긋나며, 일·월에 파절(破絕)이 되거나 형상(刑傷)을 입으면 괘는 흩어진다. 점사가 아무리 좋다 하나 어찌 결과가 있겠는가? 분수를 지키며 계획·진행·경영하는 것을 중단해야 한다.
- 괘신이 일·월의 생부를 받아 왕하고 기살(忌殺)의 극해(克害)가 없으면 어려운 일은 변하여 순조롭게 된다. 괘신이 원신의 도움을 얻고 길신(吉神)을 만나면 연일 즐거움이 있다. 괘신에 역마가 임하고 발동하면 밖에서 모사하는 일은 수월하다.

3) 괘신 예문

신부감을 찾음

坎爲水!風水渙

官子父卯 ✗
　兄巳 / 世　　午
　孫未 // (酉財)。　月
　兄午 //　　乙
　孫辰 / 應　　亥
　父寅 //　　日

- 神算六爻 例文.
- 괘신은 3월 즉 진월괘(辰月卦)다.
- 괘신이 2효 辰土 孫에 해당하니 몸은 편안하다고 보겠다.
- 하지만 5효에서 兄이 지세하고 酉金 財는 4효에 복신이면서 공망이니 처첩(妻妾)을 구하는 데는 좋지 않다.
- 재물을 얻는 것도 마찬가지다.

여행하는 일이 있겠는가

雷水解!雷風恒

　財戌 // 應　　酉
　官申 //　　月
　孫午 /　　丙
孫午官酉 ✗ 世　申
　父亥 / (寅兄)　日
　財丑 //

- 神算六爻 例文.
- 괘신은 1월괘다. 2효 아래 복신인 寅木 兄이 해당한다.
- 寅이 역마를 대하니 여행수가 있다.
- 寅 괘신이 兄이라 낭비가 많겠다.

승진점

!雷風恒

　財戌 // 應　　酉
　官申 //　　月
　孫午 /　　丙
　官酉 / 世　　申
　父亥 / (寅兄)　日
　財丑 //

- 神算六爻 例文.
- 괘신은 1월괘다.
- 용신은 官이다.
- 3효 酉金 官이 지세한 가운데 일 · 월이 도우니 길(吉)한 괘상이다.
- 그렇지만 酉月이 괘신을 극하고 다시 申日이 괘신을 충하니 승진에 어려움이 있겠다.

농산물 유통
雷風恒 ! 地風升

官酉 //
父亥 //　　　　卯
孫午財丑 ✕ 世　月
官酉 /　　　　乙
父亥 /　　　　巳
財丑 // 應　　　日

● 神算六爻 例文.

● 육친이 교중된 것은 사(事)와 체(體)의 관련은 물론 동업(同業) 관계에서 많이 나온다.

● 丑土 財가 世와 應으로 교중된 가운데 4효에서 발동해 회두생을 받은 데다 巳日이 생하니 길하다.

● 그러나 현재는 卯月이라 財가 극을 당하므로 별 소득이 없다. 巳 · 午 · 未月이면 크게 길하겠다.

묘

墓

1. 묘

1) 묘

- 묘(墓)란 가두거나 묶는다는 의미이니 행동을 제약하거나 움직임을 통제한다. 고(庫) 또는 장(藏)이라고 한다.
- 묘는 삼묘(三墓)로 분류된다.

2) 입묘의 기본 작용력

- 입묘(入墓)란 괘 중의 효가 묘에 들어가는 것이다. 입고(入庫)라고도 한다.
- 묘는 괘 중의 효를 붙들거나 기능을 상실하게 한다. 용신이 입묘되고 충개(沖開)되지 않으면 용신이 묶여 있는 모양이므로 진행하고 계획하는 일은 어렵게 된다.
- 왕(旺)한 효는 입묘를 두려워하지 않는다. 그러나 약한 효가 입묘되면 무력해진다.

3) 삼묘

● 삼묘(三墓)란 일묘(日墓), 동묘(動墓), 화묘(化墓)이다.

2. 일묘

1) 일묘

● 일묘(日墓)란 일진(日辰)이 괘 중 효의 묘가 되는 것이다.

2) 일묘 예문

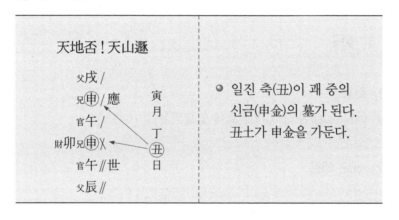

天地否 ! 天山遯	
父戌 / 兄(申) / 應 官午 / 財卯兄(申) ✕ 官午 // 世 父辰 //	寅 月 丁 (丑) 日	● 일진 축(丑)이 괘 중의 신금(申金)의 墓가 된다. 丑土가 申金을 가둔다.

3. 동묘

1) 동묘

● 동묘(動墓)란 동효가 괘 중 효의 묘가 되는 것이다.

2) 동묘 예문

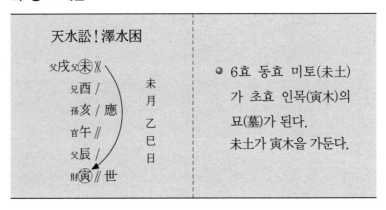

天水訟 ! 澤水困

父戌 父未 ✕✕
兄酉 /
孫亥 / 應
官午 //
父辰 /
財寅 // 世

未月 乙巳日

● 6효 동효 미토(未土)
가 초효 인목(寅木)의
묘(墓)가 된다.
未土가 寅木을 가둔다.

4. 화묘

1) 화묘

● 화묘(化墓)란 동효가 변효에 입묘되는 것이다.

2) 화묘 예문

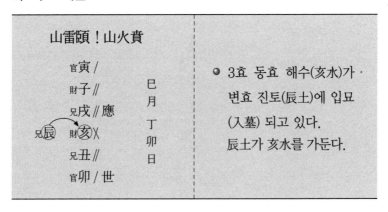

山雷頤 ! 山火賁

官寅 /
財子 //
兄戌 // 應
兄辰 財亥 ✕
兄丑 //
官卯 / 世

巳月 丁卯日

● 3효 동효 해수(亥水)가
변효 진토(辰土)에 입묘
(入墓) 되고 있다.
辰土가 亥水를 가둔다.

제12장

반음과 복음
反 吟　　伏 吟

1. 반음

1) 반음
● 반음(反吟)이란 동효와 변효가 충(冲)하는 것이다.

2) 반음의 분류
● 괘 반음과 효 반음으로 분류된다.

① 괘 반음
● 괘 반음(卦 反吟)이란 본괘와 변괘가 반음이 되는 것이다.

② 효 반음
● 효 반음(爻 反吟)이란 효가 발동해 반음이 되는 것이다.
● 효 반음은 소성괘의 납갑 특성상 손괘와 곤괘에서 나타난다.
● 내괘에서는 2효와 3효가 함께 발동하고, 외괘에서는 5효와 6
효가 함께 발동하면 반음이 된다.

3) 반음의 기본 작용력

- 반음은 서로 상충(相冲)하는 관계다.
- 용신이나 원신이 반음되면 암흑 같은 바다에서 풍랑을 만나는 것과 같다.

4) 반음 예문

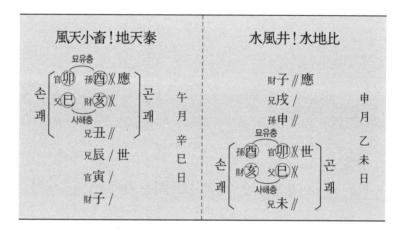

2. 복음

1) 복음

- 복음(伏吟)이란 동효와 변효의 비신이 같은 것이다.
- 복음은 납갑의 특성상 건괘와 진괘에서만 나타난다.
- 건(乾)의 비신과 진(震)의 비신이 동일하다.
- 건괘(乾卦)나 진괘(震卦)에서 2효와 3효가 같이 동하거나 5효와 6효가 같이 동하면 건괘는 진괘가 되고 진괘는 건괘가 된다.

2) 복음의 기본 작용력

● 진전이 없고 머뭇거린다고 하지만 속설에 불과하다. 일[事]의
  성사 여부는 오직 용신의 생극제화와 세효의 관계에 있다.

3) 복음 예문

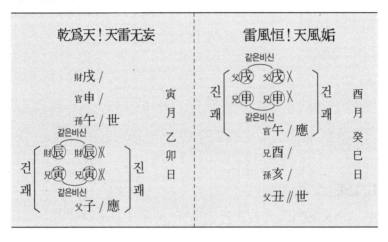

제13장

교중
交 重

1. 교중

1) 교중

● 교중(交重)이란 동일한 육친이 내·외괘에 있는 것이다.

2) 교중의 기본 작용력

● 교중된 효는 보통 효에 비해 역량이 배(倍)가 된다.

● 교중된 효가 발동해 괘 중의 효를 생하면 생 받은 효는 덕(德) 이 있다. 그러나 극을 하면 극 받은 효는 해악(害惡)이 크다.

● 세·응이 교중되면 좌우의 눈치를 살피거나, 내 주장을 펴지 못하거나, 다른 사람과 동조하는 모양이다.

● 중복의 의미가 있으므로 모든 일을 진행하는 데 머뭇거린다. 괘신이나 세효가 교중되면 계획하는 일의 진행 절차가 서로 엉 키어 있는 형상이다. 동업을 구상하거나 지난 일을 반복한다.

3) 교중 예문

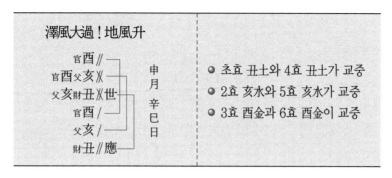

澤風大過 ! 地風升

官酉 //
官酉 父亥 ∦
父亥 財丑 ∦ 世
官酉 /
父亥 /
財丑 // 應

申月
辛巳日

- 초효 丑土와 4효 丑土가 교중
- 2효 亥水와 5효 亥水가 교중
- 3효 酉金과 6효 酉金이 교중

처 병점

水火旣濟 ! 風火家人

父子 兄卯 ✕
孫巳 / 應
財未 //
父亥 /
財丑 // 世
兄卯 /

亥月
己卯日

- 神算六爻 例文.
- 2효 財가 용신인데 기신인 兄은 교중 돼 있는 데다 일 · 월의 생을 받으니 무척 왕하다.
- 교중되면 힘이 두 배 이상으로 커진다.
- 원신인 巳火 孫은 월파를 당하나 일진의 생을 받으니 무력하지 않다. 그러나 발동하지 않으니 전혀 도움이 되지 않는다.
- 이런 상황에서 6효 兄이 발동해 용신을 극하니 백약인들 무슨 소용이 있으랴.

제14장

공망
空 亡

1. 공망

1) 공망
● 공망(空亡)이란 앞에서 설명한 순중(旬中) 공망을 뜻한다.

2) 공망의 기본 작용력
● 공망은 자리를 비워둔다, 잠시 휴식한다는 의미를 담고 있다. 따라서 공망은 생극(生克)이나 합충(合冲)하는 일을 잠시 멈추게 한다.
● 흉신이 공망이면 좋고, 용신이 공망이면 아름답지 못하다.
● 공망인 효가 일진의 충(冲)을 받으면 공망에서 벗어난다. 공망인 효가 동하면 움직임을 나타내니 공망이 아니다.

3) 공망 분류
● 공망에는 순공(旬空)과 진공(眞空)이 있다.

2. 순공

1) 순공

● 순공(旬空)이란 일이나 월의 생부(生扶)를 받아 왕상(旺相)한 효가 공망을 만난 것이다.

2) 순공의 기본 작용력

● 순공인 효는 출공하면 효의 기능이 되살아나고 반드시 제 위치를 지킨다.

● 용신이 순공이면 출공 후에 기쁜 일이 있고, 기신이 순공이면 출공 후에 어려움을 당한다.

3) 순공 예문

재수점

火風鼎！雷風恒

```
○孫巳財戌 ⚊⚊ 應      卯
  官申 ⚊⚊           月
  孫午 ⚊             戊
  官酉 ⚊ 世          戌
  父亥 ⚊             日
  財丑 ⚊⚊
```

● 神算六爻 例文.

● 戌日 財가 발동해 생세하니 오늘 재수가 있지 않겠는가?

● 그렇지 않다.

● 戌土 財가 발동해 巳火 孫을 화출했는데 巳火가 공망에 드니 순공이다.

● 출공하는 乙巳日에 재수가 있겠다.

재수점

風天小畜 ! 巽爲風

兄卯 / 世

孫巳 /   丑

財未 //   月

○官酉 / 應   辛

父亥 /   巳

父子財丑 ※   日

- 神算六爻 例文.
- 용신은 초효 財다.
- 일진의 생을 받은 용신 財가 발동해 3효 應을 생한다. 따라서 나와 관련이 없다. 타인이 재수 있을 것이다.
- 그러나 지금은 酉金 應이 공망이니 타인도 별 볼 일이 없다. 그 사람은 酉金이 출공하는 甲申日에 재수가 있겠다.

3. 진공

1) 진공

- 고전에는 춘절(春節)에 토(土), 하절(夏節)에 금(金), 추절(秋節)에 목(木), 동절(冬節)에 화(火)가 각각 공망이면 진공이라 했으나 재검토가 필요한 부분이다.
- 춘절에 토(土)가 공망이면 진공이라 하지만 당일 일진(日辰)이 생부(生扶)하면 진공이 되지 않는다.
- 필자가 밝히는 진공(眞空)이란 일 · 월에 휴수(休囚)되거나 극제(克制) 당한 효가 공망인 것을 의미한다.

2) 진공의 기본 작용력

- 진공은 그 위치를 떠나버린 것이다. 출공하더라도 무심(無心)할 뿐이다.
- 진공은 이미 소멸하였거나 소멸하여 가는 과정이다. 진공은 출공해도 그 기능이 상실되어 사용하지 못한다. 다만 응기(應期)를 결정할 때 출공일을 적용할 뿐이다.

3) 진공 예문

<table>
<tr><td>문서가 언제 오겠나</td></tr>
<tr><td>澤天夬 ! 澤火革</td></tr>
</table>

官未 //
○父酉 /
兄亥 / 世
兄亥 /
孫寅官丑 ※
孫卯 / 應

午月 辛巳日

- 神算六爻 例文.
- 5효 酉金 父가 용신이다.
- 용신이 午月의 극을 받고 일진의 극을 받은 가운데 공망이니 진공이다.
- 문서를 얻지 못하리라.
- 오는 도중에 분실했다.

<table>
<tr><td>남자 혼인점</td></tr>
<tr><td>火風鼎 ! 雷風恒</td></tr>
</table>

○孫巳財戌 ※ 應
官申 //
孫午 / 世
官酉 / 世
父亥 /
財丑 //

亥月 庚子日

- 神算六爻 例文.
- 官이 지세하고 財가 응(應)이라 좋다.
- 게다가 6효에서 應 財가 발동해 생세하니 금상첨화다.
- 그러나 자세히 살펴보면 6효 應 財가 발동해 공망인 巳火를 화출했다. 또 巳火는 월파를 당하고 일진의 극을 받으니 매우 흉하다.
- 戌土 財가 무력해져 생세할 힘이 없어졌다.
- 뜻은 있으나 여자 측의 사정으로 파혼된 괘이다.

<table>
<tr><td>관재점</td></tr>
<tr><td>火風鼎 ! 火地晋</td></tr>
</table>

官巳 /
父未 //
○兄酉 / 世
○兄酉財卯 ※
孫亥官巳 ※
父未 // 應

卯月 壬午日

- 神算六爻 例文.
- 4효에 있는 酉金 兄이 지세했는데 卯月에 월파를 당하고 午日의 극을 받은 가운데 공망이 되니 진공이다. 매우 불길하다.
- 3효에서 卯木 財가 발동해 2효에 있는 巳火 官을 생하고 2효는 酉金 세효를

극한다.

- 巳月에 관재가 있겠다.

1) 출공

- 출공(出空)이란 공망에서 벗어나는 것을 뜻한다.

2) 출공일 예문

- 공망은 십간과 짝짓지 못한 두 자리의 십이지라는 것을 이미 설명했다. 일진이 庚申日[甲寅旬:甲寅부터 癸亥까지]인 경우 공망은 子와 丑이다.

십 간	庚	辛	壬	癸	×	×
십이지	申	酉	戌	亥	子	丑

- 십간과 짝짓지 못한 두 자리의 십이지가 다음 순중(旬中)의 첫 십간(甲·乙)과 만나면 출공하게 된다.
- 항상 십간 계(癸)에서 끝나고 갑(甲)에서 시작한다. 갑인순(甲寅旬:甲寅부터 癸亥까지)이 흘러가고 갑자순(甲子旬:甲子부터 癸酉까지)이 오면 공망인 子는 甲과 만나고 공망인 丑은 乙과 만난다. 따라서 甲子日·乙丑日이 출공일(出空日)이 된다.

甲寅 旬中				甲子 旬中									甲戌 旬中			
庚	辛	壬	癸	甲	乙	丙	丁	戊	己	庚	辛	壬	癸	甲	乙	丙	丁
申	酉	戌	亥	子	丑	寅	卯	辰	巳	午	未	酉	申	戌	亥	子	丑

일진이 갑인순중에 속하면 子·丑이 공망   일진이 갑자순중에 속하면 戌·亥가 공망
　　　　甲子·乙丑日에 출공　　　　　　　　　　　　甲戌·乙亥日에 출공

5. 세응의 상생상극과 공망

1) 세응의 생극과 공망의 기본 작용력

- 세효와 응효가 서로 상생(相生)하면 타인과 경영하는 일이 순조롭다.

- 세·응이 비화(比和)하면 만사가 순조롭고 계획하는 일이 쉽게 이뤄진다. 동업자나 동료들과 사고(思考)하는 바가 비슷하니 계획하고 모사하는 일에 의견을 모을 수 있다.

- 응이 발동해 세를 극하면 타인이 나를 불신한다. 세가 발동해 응을 극하면 내가 타인을 불신한다.

- 응이 공망이면 타인의 마음을 믿기 어렵고, 세가 공망이면 내가 뜻이 없는 것과 같다.

2) 예문

평생 재수점
水澤節 ! 澤水困

父未 //
兄酉 /
兄申孫亥 X 應
官午 //
父辰 /
官巳財寅 X 世

申月
甲寅日

- 神算六爻 例文.

- 초효에서 寅木 財가 지세한 가운데 일진을 대하고 발동하니 길하다.

- 여기에다 4효 亥水 孫이 월의 생을 받아 왕한 가운데 발동해 생세하니 참으로 아름답다.

- 재원(財源)이 끊이지 않는 괘상으로 천금(千金)을 평생 희롱하겠다.

제 14 장 공망

<table>
<tr><td>

신랑 병점
天雷无妄！天火同人

孫戌 / 應
財申 /　　　巳
兄午 /　　　月
孫辰官亥 ╳ 世　甲
孫丑 //　　　辰
○父卯 /　　　日

</td><td>

- 神算六爻 例文.
- 용신은 3효 亥水 官이다.
- 용신 亥水 官이 월파를 당한 데다 발동해 일묘(日墓)와 화묘(化墓)에 빠지니 매우 불길하다.
- 더욱이 6효 戌土 孫이 암동해 官을 극하니 전혀 구출될 여지가 없다.

</td></tr>
</table>

● 오늘 戌時를 넘기기 어렵다.

<table>
<tr><td>

동업점
地澤臨！地風升

○官酉 //
父亥 //　　　辰
財丑 // 世　　月
財丑 ○官酉 ╳　癸
父亥 /　　　未
孫巳 財丑 ╳ 應　日

</td><td>

- 神算六爻 例文.
- 세효와 응효가 丑土 財로 비화되니 나와 상대방의 뜻이 같다 하겠다.
- 동업(同業)에 유망하다.
- 응효가 발동하니 상대방이 동업에 더 적극적인 자세를 보인다.

</td></tr>
</table>

<table>
<tr><td>

동업점
地火明夷！離爲火

財酉兄巳 ╳ 世
孫未 //　　　申
孫丑財酉 ╳　　月
官亥 / 應　　辛
孫丑 //　　　亥
○父卯 /　　　日

</td><td>

- 神算六爻 例文.
- 6효 巳火 세효가 발동해 3효 亥水 응효를 충하니 동업에 좋지 않다.
- 4효와 6효 세효가 동시에 발동하여 삼합 재국(財局)을 이뤄 응효를 생하니 상대방만 유리한 괘다.
- 또 6효에서 兄이 지세해 발동하는 것

</td></tr>
</table>

은 재물의 손실을 나타낸다.

● 巳火 세효가 兄인데 발동해 酉金 財를 화출한 것은 내가 재물을 탐하고 있다는 뜻이다.

● 응효가 세효를 극하는 것은 상대방이 나를 가볍게 보거나 불신하는 것이다.

동업점
風火家人 ! 艮爲山

```
    官寅 / 世
 父巳財子 ╳        寅
    兄戌 //          月
  ○孫申 / 應        辛
    父午 //          巳
 官卯兄辰 ╳          日
```

● 神算六爻 例文.

● 3효 申金 응효가 월파를 당하고 일진의 극을 받은 중 진공을 만나니 동업할 뜻이 전혀 없다.

● 5효에서 세효의 원신인 子水 財가 일·월에 휴수된 가운데 발동해 절지(絶地)에 빠지니 무력하다.

● 응효의 원신인 辰土 兄은 초효에서 발동해 회두극을 당하니 역시 무력하다.

● 동업이 될 수 없다.

지방순회 판매의 재수점
坎爲水 ! 澤水困

```
    父未 //
    兄酉 /            申
 兄申孫亥 ╳ 應        月
    官午 //          甲
    父辰 /            辰
  ○財寅 // 世         日
```

● 神算六爻 例文.

● 초효에서 寅木 財가 지세한 가운데 원신인 4효 亥水 孫이 발동해 생세하니 반드시 재물을 얻겠다.

● 그러나 현재는 초효 寅木 財가 월파를 당하고 공망이므로 별 소득이 없다.

● 亥·子月에 재수가 크게 있겠다.

6. 용신 공망

1) 용신 공망의 기본 작용력

- 모든 일의 성사 여부는 용신의 왕쇠(旺衰)와 동향(動向)에 있다.
- 용신이 진공이면 계획하거나 진행하는 사안이 어긋났음을 뜻한다. 순공이면 출공하는 시기에 일의 성사 여부가 결정된다.

2) 예문

시험점

天水訟 ! 天澤履

```
兄戌 /
孫申 / 世        戊
父午 /           月
兄丑 //          戊
○官卯 / 應        申
○官寅 父巳 X      日
```

- 神算六爻 例文.
- 용신은 초효 巳火 父다.
- 용신이 발동해 극세하니 길하다.
- 하지만 용신 巳火 父가 발동해 화출된 寅木 官은 월에 휴수된 데다 일진의 충을 받고 공망을 만나니 진공이다.
- 용신 巳火는 일·월에 휴수돼 힘이 없다.
- 용신이 발동해 그대로 진공에 빠진 꼴이니 전혀 즐겁지 못하다.

부모 병점

山水蒙 ! 地水師

```
○孫寅 父酉 X 應
兄亥 //          未
官丑 //          月
財午 // 世        庚
官辰 /           戌
○孫寅 //          日
```

- 神算六爻 例文.
- 용신인 6효 酉金 父가 발동해 寅木 孫을 화출하면서 절지(絶地)와 공망에 빠지니 흉하다.
- 그러나 기살인 3효 午火 財는 일·월에 휴수돼 힘이 없고 원신인 2효 辰土 官은 암동해 용신을 생하니 다행스럽다.
- 용신이 일·월의 생부(生扶)를 받아 왕(旺)하니 충분히 병을 이

겨낼 수 있다.

- 6효 변효 寅木이 출공한 뒤 申日에 寅木이 제거되니 쾌유하리라.

재수점

水火旣濟 ! 風火家人

○父子兄卯 ✗
孫巳 / 應   戌
財未 //   月
父亥 /   丁
○財丑 // 世   巳
兄卯 /   日

- 神算六爻 例文.
- 재수점에서는 兄이 발동함을 가장 꺼린다.
- 6효 卯木 兄이 발동해 子水 父를 화출했는데 子水가 공망이라 현재는 별 일이 없다.
- 그러나 입동(立冬) 이후 亥月에 접어들고 子水가 출공하면 상당한 손재가 있겠다.

승진점

澤風大過 ! 雷風恒

財戌 // 應   辰
○官酉 ○官申 ✗   月
孫午 /   癸
○官酉 / 世   未
父亥 /   日
財丑 //

- 神算六爻 例文.
- 용신은 3효 酉金 官이다.
- 5효에서 申金 官이 발동해 酉金 용신을 화출한다.
- 용신은 일・월의 생부(生扶)를 받아 왕성하다.
- 申月에 꼭 승진하겠다.

제 14 장 공망

255

승진점
雷風恒!澤風大過

財未 //
官申官酉 ✕   寅
○父亥 / 世   月
官酉 /   己
○父亥 /   巳
財丑 // 應   日

- 神算六爻 例文.
- 용신은 5효 官이다.
- 용신이 발동해 생세하니 좋다.
- 그러나 용신이 퇴신이 되니 무력하다.
- 더구나 世는 月에 휴수되고 일진의 충을 받으니 일파다.
- 官도 世도 무력하니 이번에는 안 된다. 다음을 기약하라.

처 병점
山澤損!山雷頤

兄寅 /
父子 //   未
○財戌 // 世   月
財辰 //   丁
兄卯兄寅 ✕   卯
父子 / 應   日

- 神算六爻 例文.
- 기살인 寅木 兄이 2효와 6효에서 교중된 가운데 발동해 용신 4효 戌土 財를 극하니 흉하다.
- 현재는 戌土 財가 공망이라 괜찮다.
- 그러나 출공하는 甲戌日에 흉사(凶事)를 당하겠다.

제15장

삼합국
三 合 局

1. 삼합

1) 삼합

- 삼합(三合)이란 신자진(申子辰), 인오술(寅午戌), 사유축(巳酉丑), 해묘미(亥卯未)다. 앞에서 간단히 설명했다.
- 삼합은 세력을 형성한 것으로 국(局)을 이루면 괘 중의 효에 미치는 영향이 크다.

2) 삼합의 구성

- 삼합은 각 계절의 중심에 있는 자·오·묘·유(子午卯酉)를 기준으로 이루어진다.
- 신자진(申子辰) 수국(水局)의 경우.

  생(生):수(水)의 장생지인 신(申).

  왕(旺):수(水)의 계절인 동절(冬節:亥子丑月)의 중심에 있는 자(子).

  묘(墓):수(水)를 가두는 고(庫)인 진(辰)으로 이루어진다.

2. 삼합국

1) 삼합국의 성립 조건
- 삼합국(三合局)이 되려면 괘 중에 세 글자가 모두 있어야 한다.
- 그리고 괘 중에서 삼합자(三合字) 중 발동한 글자가 반드시 있어야 한다.
- 발동한 자가 없으면 세력을 만들지 못하니 성립되지 않는다.

2) 삼합국이 성립되는 경우
- 괘 중에서 삼합자 중 두 글자가 동한 경우에는 무조건 2자만 동하면 된다.
- 괘 중에서 삼합자 중 한 글자가 동한 경우에는 삼합의 중심자 (中心字 : 가운데 글자)인 子·午·卯·酉 중 1자가 반드시 동해야 한다.

3) 삼합국의 기본 작용력
- 용신이나 원신이 삼합국을 이루면 소원하는 일은 순조롭다.
- 기신이나 구신이 삼합국을 이루면 계획하고 모사(謀事)하는 일은 어려움을 만난다.

4) 삼합국에서 응기일 정하는 원칙
- 두 글자가 동(動)한 경우는 정(靜)한 자로 응기일을 정할 때 참고한다.
- 한 글자가 동한 경우는 동한 자를 참고하여 응기일을 정한다.

5) 삼합국의 예문

① 삼합국에서 중심자가 발동한 경우

천시점
地天泰 ! 雷天大壯

```
兄戌 //
°孫申 //          午
兄丑 父午 X世      月
  兄辰 /          辛
  官寅 /          巳
  財子 / 應        日
```

- 神算六爻 例文.
- 4효에서 父가 지세한 가운데 왕동(旺動)하여 인오술(寅午戌) 부국(父局)을 이루니 큰비가 예상된다.
- 삼합자 중 午火 父가 동하니 午로 응기를 정한다.
- 午日에 큰비가 내리겠다.

② 삼합국에서 두 글자가 발동한 경우

재수점
澤火革 ! 風火家人

```
財未 兄卯 X
    孫巳 / 應       卯
父亥 財未 X       月
    父亥 /          壬
°財丑 // 世        戌
    兄卯 /          日
```

- 神算六爻 例文.
- 4효 未土 財와 6효 卯木 兄이 3효에 있는 亥水 父와 삼합 형국(兄局)을 이루어, 세효에 있는 丑土 財를 겁탈하니 큰 손재가 염려된다.
- 삼합자 중 3효에 있는 亥水 父 한 글자가 동하지 않으니, 응기일을 亥日로 정해야 한다.
- 그러나 해묘미(亥卯未) 형국(兄局)이 탐(貪)하는 丑土가 공망이니 丑土 財가 출공하는 丑日에 손재가 있다.

제16장

신산육효에서 신살 적용하는 법
神 算 六 爻　　　 神 殺

1. 신살

1) 신살
● 신살(神殺)이란 길신(吉神)과 악살(惡殺)을 일컫는다.

2) 신살의 적용
● 신살은 종류가 많다. 어떻게 적용하는지 몰라서 고전이나 출간 서적의 내용을 그대로 읽어주고 있는 것이 현실이라 해도 과언 이 아니다. 신살 또한 현시대에 맞게 적용해야 한다.
● 육효점(六爻占)에서 신살을 가볍게 보는데, 이치에 맞게 적재 적소에 활용하면 적중률을 높일 수 있다.

2. 삼형살

1) 삼형
● 삼형(三刑)이란 인사신(寅巳申) 형(刑)과 축술미(丑戌未) 형(刑)

이다.

2) 삼형살의 성립 조건

- 괘 중에서 세 글자가 모두 있어야 한다.
- 세 글자(寅巳申, 丑戌未) 중 한 글자만 없어도 삼형이 성립되지 않는다.

3) 삼형살의 기본 작용력

- 관재, 구설, 불의의 사고, 건강 이상, 부부(夫婦) 파란(波瀾) 등을 암시한다.
- 삼형살이 발동해도 용신을 극상(克傷)하지 않으면 해(害)는 없다. 기신이 삼형살을 대하고 발동해 용신이나 세효를 극하면 그 해(害)는 적지 않다. 용신이나 원신이 삼형이면 무방하다. 즉 기살(忌殺)이 아니면 굳이 적용할 필요 없다.

4) 삼형살 예문

```
아버지 병점
天風姤 ! 巽爲風

兄卯 / 世
孫巳 /              未
∘孫午∘財未 ✕      月
官酉 / 應          丙
父亥 /             戌
財丑 //            日
```

- 神算六爻 例文.
- 2효 亥水 父가 용신이다.
- 초효 丑土와 4효 未土 그리고 일진 戌土가 삼형을 이룬다.
- 4효에서 未土 財가 발동해 亥水 父를 극하니 흉하다.
- 다행히 현재는 午未가 공망이라 괜찮지만 출공하는 乙未日에 흉사(凶事)가 있으리라.

3. 육해살

1) 육해살
- 육해(六害)는 子未, 丑午, 寅巳, 卯辰, 申亥, 酉戌이다.

2) 육해살 적용
- 필자가 경험한 바, 육효에서는 적중률이 없어 적용하지 않는다.

4. 역마살

1) 역마살의 기본 작용력
- 역마살(驛馬殺)은 이동과 변화를 암시한다. 달리는 말과 같아 항상 바쁘고 생활에 변화가 많다. 여행·승용물(乘用物) 관련의 길흉을 판단한다.
- 타효에서 역마가 발동해 세효를 충극하면 타인의 승용물에 나의 가족이 해(害)를 당한다.
- 세효에서 역마가 발동해 다른 효를 극상(克傷)하면 내가 타고 있는 승용물로 타인에게 피해를 준다.
- 세효에 역마가 있는데 세효가 파(破)를 당하거나 진공이 되면 자신의 차로 자신이 재난을 당한다.

2) 역마살 찾는 기준
- 점치는 날의 일진(支)을 기준으로 찾는다.

<표-29> 역마살

일진(支)	寅午戌	申子辰	巳酉丑	亥卯未
역마살	申	寅	亥	巳

3) 역마살 예문

처의 신수점
火天大有 ! 乾爲天
父戌 / 世
父未兄申 ╳　　　未
官午 /　　　　　月
◦父辰 / 應　　　甲
財寅 /　　　　　午
孫子 /　　　　　日

- 神算六爻 例文.
- 인오술일(寅午戌日)의 역마는 申이다.
- 申金 역마가 5효에서 발동해 2효에 있는 寅木 財를 극하니 처(妻)가 길에서 해(害)를 당하겠다.

5. 도화살

1) 도화살의 기본 작용력

- 도화살(桃花殺)은 미색(美色), 음탐(淫貪)을 관장한다. 문란(紊亂)한 남녀 관계, 색정을 암시한다. 도화는 미색을 밝힌다는 의미를 담고 있는데 스스로 미모를 갖추었다고도 판단한다.

2) 도화살 찾는 기준

- 속궁 오행이나 일진(支)을 기준으로 찾으나 보편적으로 자·오·묘·유(子午卯酉)를 말한다.

<표-30> 도화살

일진(支)	寅午戌	申子辰	巳酉丑	亥卯未
도화살	卯	酉	午	子

3) 도화살 예문

<table>
<tr><td>여자의 결혼점

山地剝 ! 山火賁

官寅 /
財子 //
∘兄戌 // 應
官卯∘財亥 Ⅹ
兄丑 //
兄未 官卯 Ⅹ 世</td><td>亥
月
丙
寅
日</td></tr>
</table>

- 神算六爻 例文.
- 이 결혼은 안 된다.
- 官과 財가 많이 나타나니 끝내 문제가 있을 것이다.
- 이 여자는 바람둥이 남자와 사귀고 있다.
- 3효에서 亥水 財가 발동해 卯木 官을

화출했는데 卯가 도화를 대하고 있기 때문이다.

6. 급각살

1) 급각살의 기본 작용력

- 급각살(急脚殺)은 수족(手足:손, 발, 팔, 다리)의 절상을 주관한다.
- 팔·다리의 사고 또는 질병을 암시한다. 급각살이 발동해 세효나 육친을 충극하면 당사자나 해당 육친의 수족에 문제가 발생한다.

2) 급각살 찾는 기준

- 계절을 중심으로 찾는다.
- 봄에는 亥子, 여름에는 卯未, 가을에는 寅戌, 겨울에는 辰丑이다.

〈표-31〉 급각살

월건(支)	寅卯辰(봄)	巳午未(여름)	申酉戌(가을)	亥子丑(겨울)
급각살	亥·子	卯·未	寅·戌	丑·辰

3) 급각살 예문

아버지의 신수점
天火同人 ! 天雷无妄
財戌 /
官申 /　　　子
孫午 / 世　　月
父亥○財辰 ⚋　　乙
兄寅 //　　　未
父子 / 應　　日

- 神算六爻 例文.
- 초효 子水 父가 용신이다.
- 3효 辰土 財가 급각살을 대하고 발동해 용신을 극하니 수족(手足)의 절상(折傷)을 주의하라.

---

7. 상문살과 조객살

1) 상문 · 조객살의 기본 작용력

- 상문(喪門) · 조객(弔客)은 상가집이나 상복을 입은 사람과 접촉에서 어려움이 발생하는 것이다.
- 집안의 상사(喪事), 손재, 질병, 불안을 암시한다. 상문이나 조객이 세효에 있거나 발동해 세효를 충극하면 문상 후 또는 상주를 만난 뒤에 일이 엉키거나 막힌다.

2) 상문 · 조객살 찾는 기준

- 점치는 날의 태세(支)를 기준으로 찾는다. 태세 기준 앞으로 두 번째(2位)가 상문, 태세 기준 뒤로 두 번째가 조객이다.

〈표-32〉 상문 · 조객살

태세(支)	子	丑	寅	卯	辰	巳	午	未	申	酉	戌	亥
상 문	寅	卯	辰	巳	午	未	申	酉	戌	亥	子	丑
조 객	戌	亥	子	丑	寅	卯	辰	巳	午	未	申	酉

3) 상문 · 조객살 예문

財寅 /
°官巳孫子 ╳世
父戌 //
財卯 //
°官巳 // 應
父未 //

卯年
申月
乙未日

- 神算六爻 例文.
- 5효 子水 孫이 용신이다.
- 용신이 발동해 스스로 절지(絶地)에 빠지니 아름답지 못하다.
- 巳가 상문(喪門)이니 상가(喪家)에서 병(病)을 얻었다.

8. 천을귀인

1) 천을귀인의 기본 작용력

- 천을귀인(天乙貴人)은 어려움으로부터 도움을 주는 자로 행운을 주관한다.
- 용신이나 원신이 천을귀인이면 계획하고 모사하는 일이 다소 수월하다. 그러나 지나치게 비중을 두어서는 안 된다.

2) 천을귀인 찾는 기준

- 점치는 날의 일진(干)을 기준으로 찾는다.

〈표-33〉 천을귀인

일진(干)	甲·戊·庚	乙·己	丙·丁	辛	壬·癸
천을귀인	丑·未	子·申	亥·酉	午·寅	巳·卯

9. 양인

1) 양인의 기본 작용력

● 양인(陽刃)은 칼날처럼 예리한 것을 나타낸다. 흉기에 의한 절상이나 피해를 주관한다.

● 양인이 괘 중에서 왕동(旺動)하여 세효를 극하는데 세효의 원신이 없으면 원한을 품은 이의 해침이 있으니 미리 경계하여야 한다. 세효가 양인을 대하고 왕동하여 다른 효를 극하면 내가 타인에게 위해(危害)를 가한다.

2) 양인 찾는 기준

● 점치는 날의 일진(干)을 기준으로 찾는다.

〈표-34〉 양인

일진(干)	甲	丙	戊	庚	壬
양인살	卯	午	午	酉	子

10. 수옥살

1) 수옥살의 기본 작용력

● 수옥살(囚獄殺)은 일명 재살(災殺)로 관재나 구설, 송사를 주관한다.

● 수옥살이 발동해 원신이 무력하거나 원신이 없는 효를 극상(克傷)하면 해당 육친에게 관재나 구설이 일어난다.

2) 수옥살 찾는 기준

● 점치는 당일의 일진(支)을 기준으로 찾는다.

〈표-35〉 수옥살

일진(支)	寅午戌	申子辰	巳酉丑	亥卯未
수옥살	子	午	卯	酉

11. 기타

● 일상생활에 깊숙이 들어와 있는 내용이지만 사용하지 않는다.
상술(商術)과 연관시키는 것은 바람직하지 않다.

〈표-36〉 삼재살(三災殺)

출생 태세	寅午戌띠 인오술	申子辰띠 신자진	巳酉丑띠 사유축	亥卯未띠 해묘미
당년 태세	申酉戌년 신유술	寅卯辰년 인묘진	亥子丑년 해자축	巳午未년 사오미

〈표-37〉 대장군방(大將軍方)

당년 태세	寅卯辰년 인묘진	申酉戌년 신유술	巳午未년 사오미	亥子丑년 해자축
해당 방위	북쪽(坎方)	남쪽(離方)	동쪽(震方)	서쪽(兌方)

〈표-38〉 손 없는 날

방위	손 있는 날(매월 음력)						손 없는 날(매월 음력)
동	1일	2일	11일	12일	21일	22일	9일, 10일, 19일, 20일, 29일, 30일
서	3일	4일	13일	14일	23일	24일	
남	5일	6일	15일	16일	25일	26일	
북	7일	8일	17일	18일	27일	28일	

〈표-39〉이사 방위

당년 나이	천록 흉O	안손 凶X	식신 흉O	징파 凶X	오귀 平△	합식 흉O	진귀 平△	관인 흉O	퇴식 凶X
남 · 1 10 19 28 37 46 55 64 73 82	동	동남	중앙	서북	서	동북	남	북	서남
여 · 2 11 20 29 38 47 56 65 74 83	동	동남	중앙	서북	서	동북	남	북	서남
남 · 2 11 20 29 38 47 56 65 74 83	서남	동	동남	중앙	서북	서	동북	남	북
여 · 3 12 21 30 39 48 57 66 75 84	서남	동	동남	중앙	서북	서	동북	남	북
남 · 3 12 21 30 39 48 57 66 75 84	북	서남	동	동남	중앙	서북	서	동북	남
여 · 4 13 22 31 40 49 58 67 76 85	북	서남	동	동남	중앙	서북	서	동북	남
남 · 4 13 22 31 40 49 58 67 76 85	남	북	서남	동	동남	중앙	서북	서	동북
여 · 5 14 23 32 41 50 59 68 77 86	남	북	서남	동	동남	중앙	서북	서	동북
남 · 5 14 23 32 41 50 59 68 77 86	동북	남	북	서남	동	동남	중앙	서북	서
여 · 6 15 24 33 42 51 60 69 78 87	동북	남	북	서남	동	동남	중앙	서북	서
남 · 6 15 24 33 42 51 60 69 78 87	서	동북	남	북	서남	동	동남	중앙	서북
여 · 7 16 25 34 43 52 61 70 79 88	서	동북	남	북	서남	동	동남	중앙	서북
남 · 7 16 25 34 43 52 61 70 79 88	서북	서	동북	남	북	서남	동	동남	중앙
여 · 8 17 26 35 44 53 62 71 80 89	서북	서	동북	남	북	서남	동	동남	중앙
남 · 8 17 26 35 44 53 62 71 80 89	중앙	서북	서	동북	남	북	서남	동	동남
여 · 9 18 27 36 45 54 63 72 81 90	중앙	서북	서	동북	남	북	서남	동	동남
남 · 9 18 27 36 45 54 63 72 81 90	동남	중앙	서북	서	동북	남	북	서남	동
여 1 10 19 28 37 46 55 64 73 82 91	동남	중앙	서북	서	동북	남	북	서남	동

천록(天祿) 안손(眼損) 식신(食神) 징파(徵破)
오귀(五鬼) 합식(合食) 진귀(進鬼) 관인(官印) 퇴식(退食)

〈표-40〉 생기 · 복덕

당년 나이 (일진)		생기 吉○	천의 吉○	절체 平△	유혼 平△	화해 凶×	복덕 吉○	절명 凶×	귀혼 平△
남	· 2 10 18 26 34 42 50 58 66 74 82 90	戌亥	午	丑寅	辰巳	子	未申	卯	酉
여	3 10 18 26 34 42 50 58 66 74 82 90 98								
남	· 3 11 19 27 35 43 51 59 67 75 83 91	酉	卯	未申	子	辰巳	丑寅	午	戌亥
여	2 9 17 25 33 41 49 57 65 73 81 89 97								
남	· 4 12 20 28 36 44 52 60 68 76 84 92	辰巳	丑寅	午	戌亥	酉	卯	未申	子
여	1 8 16 24 32 40 48 56 64 72 80 88 96								
남	· 5 13 21 29 37 45 53 61 69 77 85 93	未申	子	酉	卯	午	戌亥	辰巳	丑寅
여	· · 15 23 31 39 47 55 63 71 79 87 95								
남	· 6 14 22 30 38 46 54 62 70 78 86 94	午	戌亥	辰巳	丑寅	未申	子	酉	卯
여	· 7 14 22 30 38 46 54 62 70 78 86 94								
남	· 7 15 23 31 39 47 55 63 71 79 87 95	子	未申	卯	酉	戌亥	午	丑寅	辰巳
여	· 6 13 21 29 37 45 53 61 69 77 85 93								
남	1 8 16 24 32 40 48 56 64 72 80 88 96	卯	酉	子	未申	丑寅	辰巳	戌亥	午
여	· 5 12 20 28 36 44 52 60 68 76 84 92								
남	· 9 17 25 33 41 49 57 65 73 81 89 97	丑寅	辰巳	戌亥	午	卯	酉	子	未申
여	· 4 11 19 27 35 43 51 59 67 75 83 91								

생기(生氣) 천의(天醫) 절체(絶體) 유혼(遊魂)
화해(禍害) 복덕(福德) 절명(絶命) 귀혼(歸魂)

> ◑ 신살 관련 내용은 『신산육효비전요결』(2009, 안암문화사),
> pp.315~326에 일부 설명되어 있으니 참고하라.

제17장

육합괘와 육충괘
六 合 卦　六 冲 卦

1. 육합괘

1) 육합괘

- 육합괘(六合卦)란 보편적으로 초효와 4효, 2효와 5효, 3효와 6효가 서로 합이 되는 괘를 말한다.
- 천지비, 지천태, 택수곤, 수택절, 화산려, 산화비, 뇌지예, 지뢰복 이처럼 8개의 괘다.

2) 육합괘의 기본 작용력

- 육합괘와 육충괘는 주역에 근간을 둔 다른 점술에서 사용하던 것으로 육효점에서는 비중을 두지 않는다.
- 고전에서는 소원하는 일이 육합괘는 순성(順成)하고 육충괘는 불성(不成)한다고 했다. 그러나 이 부분은 신뢰하기 어렵다.
- ①천지비 괘는 재(財)가 지세하나 재(財)의 원신이 없어 재물이나 처를 구하는 데 이롭지 못하다. ②지천태 괘는 형(兄)이 지세하고 부(父)가 괘 중에 없다. 재물이나 처를 구하는 데 어려움이 많고 책 저술이나 시험에 불안하다. ③택수곤 괘는 사대

난괘(四大難卦:택수곤, 수뢰둔, 감위수, 수산건)에 해당하나 재물이나 처를 구하는 데 이롭다. ④수택절 괘도 재(財)가 지세하니 재수나 처를 맞아들이는 데 수월하다. ⑤화산려 괘는 관(官)과 부(父)가 없다. ⑥산화비 괘는 부(父)와 손(孫)이 보이지 않는다. ⑦뇌지예 괘는 부(父)가 복신이다. ⑧지뢰복 괘도 부(父)가 괘 중에 나타나지 않는다.

3) 육합괘가 이루어지는 여러 가지 유형

● 육합괘에는 여러 가지 유형이 있다. 일·월과 효가 합(合)이 되는 경우, 효와 효가 합이 되는 경우, 육합괘, 동효가 변효를 화출해서 합이 되는 경우, 육충괘가 변해서 육합괘가 되는 경우, 육합괘가 변해서 육합괘가 되는 경우다.

① 일·월과 효가 합이 되는 경우

아버지 병점	
坎爲水 ! 水風井	
父子 //	
財戌 / 世	午 月
°官申 //	
孫午°官酉 X	丁 丑 日
父亥 / 應	
財丑 //	

● 神算六爻 例文.

● 6효 子水 父가 용신이다.

● 용신이 월파를 만난 가운데 일진 丑과 합(合)을 이루었다.

● 쇠(衰)한 효가 극합(克合)이 되니 대흉(大凶)하다.

● 원신인 酉金 官은 발동해 회두극을 받으니 午日에 흉사가 있으리라.

● 합자(合者)는 충일(沖日)에 응하기 때문이다.

② 효와 효가 합이 되는 경우

시험점
天水訟 ! 天澤履

```
      兄戌 /
      孫申 / 世      戊
      父午 /         月
     ○兄丑 //        乙
      官卯 / 應      卯
    官寅父巳 Ⅹ       日
```

- 神算六爻 例文.
- 초효 巳火 父가 용신이다.
- 용신 父가 발동해 회두생을 받고 5효 세효와 극합(克合)이 되니 우수한 성적으로 합격하리라.

③ 육합괘

재수점
! 地天泰

```
      孫酉 // 應
      財亥 //        未
     ○兄丑 //        月
      兄辰 / 世      丙
      官寅 /         辰
     ○財子 /         日
```

- 神算六爻 例文.
- 초효와 4효, 2효와 5효, 3효와 6효가 합인 괘다.
- 육합괘의 대표적인 괘가 지천태(地天泰)다.
- 육합괘이지만 3효에서 辰土 兄이 지세하고 일·월이 모두 兄을 대하니 재수를 말하기 어렵다.

④ 동효가 변효를 화출해서 합이 되는 경우

객지에 계신 아버지가 언제 돌아오실까
乾爲天 ! 天風姤

```
      父戌 /
      兄申 /         巳
      官午 / 應      月
      兄酉 /         丙
      孫亥 /         辰
   ○孫子○父丑 Ⅹ 世    日
```

- 神算六爻 例文.
- 초효 丑土 父가 용신이다.
- 용신이 발동해 子水 孫을 화출한 뒤 子丑 합(合)을 이루고 공망이다.
- 출공 후 午日에 도착하겠다.
- 합자(合者)는 충일(冲日)에 응하기 때문이다.

⑤ 육충괘가 변해서 육합괘가 되는 경우

자식 병점
天地否!乾爲天

父戌 / 世
兄申 /
官午 /　　　　午月
財卯。父辰 X 應　　乙
。官巳 財寅 X　　　未
父未 孫子 X　　　日

- 神算六爻 例文.
- 초효 子水 孫이 용신이다.
- 용신이 월파를 당하는 가운데 회두극을 받으니 매우 흉하다.
- 일진이 극하니 오늘 흉사(凶事)가 있으리라.
- 육충이 육합으로 바뀌니 길하다고 할 수 있을 것 같다.

- 그러나 필자의 경험으로 볼 때 육합괘와 육충괘라는 형식에 얽매이기보다는 오행의 생극제화 이치에 초점을 두고 판단하는 것이 옳다.

⑥ 육합괘가 변해서 육합괘가 되는 경우

소송점
火山旅!山火賁

官寅 /
財子 //　　　　亥月
。孫酉兄戌 X 應　　丁
財亥 //　　　　丑
兄丑 //　　　　日
兄辰 官卯 X 世

- 神算六爻 例文.
- 육합괘이지만 世와 應이 함께 발동한 것은 서로 생각이 다르다는 뜻이다.
- 그러면서 발동한 뒤 다시 육합괘가 되니 서로 분쟁을 끝내고 싶어한다.
- 현재는 酉金이 공망이라 상대의 의사가 불투명하다.

- 출공하는 酉日에 합의하겠다.

2. 육충괘

1) 육충괘

○ 육충괘(六沖卦)란 초효와 4효, 2효와 5효, 3효와 6효가 서로
  상충(相沖)되는 괘이다.
○ 육충괘는 각 궁의 수위괘(건위천, 태위택, 이위화, 진위뢰, 손
  위풍, 감위수, 간위산, 곤위지)와 천뢰무망, 뇌천대장 이처럼
  10개의 괘다.

2) 육충괘의 기본 작용력

○ 육충괘는 모두 육친이 갖추어져 있다. 용신이 발동해 세효와
  인연이 있으면 소원하는 하는 일을 쉽게 이룰 수 있는 조건이
  다. 육충괘나 육합괘는 육효점이 완성되기 전, 주역을 바탕으
  로 하는 소극적인 점술에 사용되던 것으로 적극적인 육효점에
  적용하는 것은 옳지 않다.

3) 육충괘가 이뤄지는 여러 가지 유형

○ 육충괘에는 여러 가지 유형이 있다. 일 · 월이 효를 충(沖)하는
  경우, 동효가 효를 충하는 경우, 동효가 변효를 화출해서 충하
  는 경우, 육합괘가 변해서 육충괘가 되는 경우, 육충괘, 육충괘
  가 변해서 육충괘가 되는 경우다.

① 일·월이 효를 충하는 경우

<table>
<tr><td>자식을 얻겠는가
天火同人!澤火革

°官戌 官未 ✕✕
  父酉 /
°兄亥 / 世
°兄亥 /
  官丑 //
  孫卯 / 應

巳月 癸酉日</td></tr>
</table>

- 神算六爻 例文.
- 초효 卯木 孫이 용신이다.
- 용신은 巳月에 휴수된 가운데 일진의 충을 받으니 일파라 무력하다.
- 孫의 원신인 亥水 兄은 6효 未土 官이 발동해 진신이 되면서 극하는 데다 공망이니 무력하다.

- 용신과 원신이 둘 다 무력하니 어찌 자식을 얻을 수 있으랴.

② 동효가 효를 충하는 경우

<table>
<tr><td>처 병점
火地晋!澤地萃

 官巳 °父未 ✕✕
°父未 兄酉 ✕ 應
  孫亥 /
  財卯 //
  官巳 // 世
°父未 //

寅月 丁亥日</td></tr>
</table>

- 神算六爻 例文.
- 3효 卯木 財가 용신이다.
- 5효에서 酉金 兄이 발동해 회두생이 되면서 용신을 충극(沖克)하니 불안하다.
- 그러나 寅月에 힘이 없는 未土가 공망을 만나니 진공이라 酉金도 힘을 쓰지 못한다.

- 丑日에 쾌유하리라.
- 丑土가 未土 구신(仇神)을 충거(沖去)하고 酉金 기신(忌神)을 입묘(入墓)시키기 때문이다.

③ 동효가 변효를 화출해서 충이 되는 경우

교통사고로 입원 중인 자식의 생사 여부	
地天泰 ! 風天小畜	
○官酉兄卯 X	
父亥孫巳 X	酉 月
財未 // 應	癸 未 日
財辰 /	
兄寅 /	
父子 / 世	

- 神算六爻 例文.
- 5효 巳火 孫이 용신이다.
- 용신이 발동해 회두극을 당하고 6효에서 원신인 卯木 兄도 발동해 회두극을 당하니 대흉(大凶)하다.
- 초효에서 父가 지세하는 것은 자식에 대한 희망을 이미 버렸다는 뜻이다.

- 현재는 6효의 변효 酉金이 공망이니 무방하나 출공하는 酉日에 흉사(凶事)가 있으리라.
- 과연 酉日에 사망했다.

④ 육합괘가 변해서 육충괘가 되는 경우

남편 승진점	
乾爲天 ! 地天泰	
兄戌孫酉 X 應	
孫申財亥 X	丑 月
父午兄丑 X	壬 子 日
兄辰 / 世	
○官寅 /	
財子 /	

- 神算六爻 例文.
- 육합괘가 육충괘로 변하면 선합후산(先合後散)한다고 하지만 꼭 그러한 것이 아니다.
- 2효 寅木 官이 용신이다.
- 4효에서 丑土 兄이 발동해 6효 酉金 孫을 생하고, 酉金 孫은 다시 발동해 5효 亥水 財를 생한다.

- 또 亥水 財가 발동해 용신을 생하니 대길(大吉)하다.
- 현재는 寅木 官이 공망이니 출공 후 寅月이 되어 득기(得氣)하면 꼭 승진하겠다.

⑤ 육충괘

자식의 오래 된 병점

!雷天大壯

兄戌 //
孫申 //　寅
父午 / 世　月
°兄辰 /　甲
官寅 /　午
財子 / 應　日

을 받으니 대흉하다.

● 神算六爻 例文.
● 초효와 4효, 2효와 5효, 3효와 6효가
충인 괘다.
● 5효의 申金 孫이 용신이다.
● 오래된 병[久病]에 육합괘는 죽지 않
지만 육충괘는 바로 죽는다.
● 용신 申金이 월파를 당하고 일진의 극

⑥ 육충괘가 변해서 육충괘가 되는 경우

남편 병점

坎爲水!巽爲風

父子兄卯 X 世
孫巳 /　午
°財未 //　月
°孫午官酉 X 應　辛
父亥 /　卯
財丑 //　日

무방하나 출공하는 甲午日에 흉사(凶事)가 있으리라.

● 神算六爻 例文.
● 육충괘가 변해 다시 육충괘가 되니 흉
하다.
● 3효 酉金 官이 용신이다.
● 용신이 발동해 회두극을 당하고 6효
에서 兄이 발동해 충하니 매우 불안하다.
● 현재는 3효 변효인 午火가 공망이라

제18장

응기장
應 期 章

1. 응기

1) 응기

● 응기(應期)란 일의 성사 여부가 결정되는 시기다.

2. 응기일을 판단하는 원칙

1) 동(動)과 정(靜)

● 움직이지 않는 자는 자극이 있어야 움직인다. 움직이는 자는
묶어야 안정이 된다. 용신이 정(靜)하면 충일(沖日)에 일의 성
사 여부가 결정된다. 용신이 동(動)하면 합일(合日)에 일의 결
과를 예측할 수 있다.

2) 합(合)과 휴수(休囚)

● 합(合)은 묶여 있는 자다. 묶여 있으면 풀어줘야 한다. 용신이
합이 되면 충일(沖日)에 진행하는 일의 성사여부가 나타난다.

- 휴수(休囚)는 기력이 상실되어 잠시 머뭇거리고 있는 것이다. 용신이 휴수되면 마땅히 기력이 회복되는 생·왕(生旺)한 일이나 월에 결과가 나타난다.

3) 공망(空亡)과 복신(伏神)

- 공망은 순공과 진공으로 분류된다. 용신이 순공이면 출공일에 제자리로 돌아오니 진행하는 일의 결과를 알 수 있다. 진공은 소멸 또는 소멸하는 과정이다. 용신이 진공이면 출공하더라도 허망하다.
- 복신(伏神)은 본괘에 나타나지 않고 숨어있는 자다. 출현하는 날에 그 모습을 볼 수 있다. 필자는 사람·물건을 찾는 점 외는 적용하지 않는다.

4) 일파(日破)와 월파(月破)

- 파(破)는 부서짐을 말한다. 용신이 일파나 월파를 만나면 진행하는 일이 이미 어긋남을 알려주는 것이다.
- 고전에 파는 출파하는 시기에, 진공은 출공일에 결과가 있다고 했으나 필자가 검증한 결과 전혀 적중하지 않았다. 출파 후에 성사되고 진공이 출공 후 생왕한 시기에 일이 성사된다면 세상에 되지 않는 일이 어디 있겠는가? 모든 점사는 상식을 바탕으로 판단하는 것이 진리(眞理)다.

> ▶ 응기장 관련 내용은 『신산육효비전요결』 (2009, 안암문화사), pp.281~291에 일부 설명되어 있으니 참고하라.

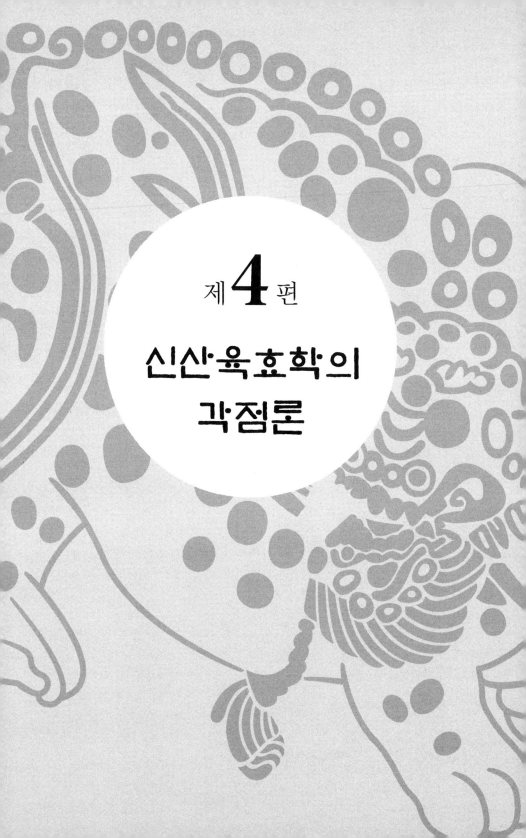

제 **4** 편

신산·육효학의
각점론

천시점
天 時 占

❷ 과학이 발전한 현대에도 기상의 변화는 사람이 생활하는 데 큰 영향을 준다. 열악한 환경의 고대인에게는 절대적 영향을 주었다. 일기를 예측하기 위해 동·식물의 동향을 관찰했으며 부족한 부분은 점술에 의존했다. 당시의 천시점은 최고의 지혜·학문이었다.

❷ 천시점에서는 언제쯤 맑을 것인지, 언제쯤 비가 내리는지 등 날씨를 예측할 수 있다. 날씨는 과학적인 기상 분석으로도 맞추기 어렵다고 하나 천시점으로 정확히 알 수 있다. 특히 기상청에서 발표하지 않는 몇 달 뒤의 특정한 날, 특정 지역의 날씨를 예상하는 데 유용하다.

부(父)	관(官)	재(財)	손(孫)	형(兄)
비[雨]	구름, 우레, 안개	청명(晴明)	태양	바람[風]

❷ 자연이 만물에 베푸는 최선의 배려는 물과 공기다. 부모가 자식에 대한 사랑에 비유하여 비[雨]를 부(父)로 한다.

❷ 동질성을 갖는 유형은 항상 군락을 이루거나 무리를 지어 다닌다. 군락을 이루거나 무리가 지나간 곳은 반드시 흔적이 남는다. 형(兄)을 바람[風]으로 판단한다.

❷ 어린아이의 해맑은 웃음 속에서 미래의 밝은 희망을 보게 된다. 손(孫)이 태양이 된다.

- 재물과 여자를 보는 것은 생활에 즐거움이다. 재(財)로 청명(晴明)을 판단한다.
- 관(官)은 두렵고 어두우며 통제하기 어려운 자다. 그래서 우레다. 어두운 자는 구름이나 안개다.

- 정(靜)은 움직임이 없는 것이다. 효가 정(靜)한 것은 그 효에 일정한 뜻과 의미가 부여된 것일 뿐 다른 효를 생하거나 극하지 않는다.
- 동(動)은 움직이는 것이다. 효가 발동하면 다른 효를 생하거나 상(傷)하게 한다.
- 괘 중에서 부(父)가 발동하면 비가 내리고 있거나 내리게 되고, 발동한 부(父)가 세효를 생하거나 극하면 내 옷자락이 빗물에 젖는다.
- 형(兄)이 발동하면 바람이 불고 있거나 바람이 일어나게 된다.
- 손(孫)이 왕상(旺相)하면 맑은 날이 지속된다.
- 재(財)는 내가 통제하는 자로 활동하기에 편한 날이 된다. 내가 통제하는 자라도 지나치게 태왕(太旺)하면 도리어 나를 괴롭힌다.
- 재(財)가 발동하면 관(官)을 생하거나 부(父)를 극한다.
- 관(官)은 나의 행동을 간섭하는 자다. 우레는 나를 두렵게 하고 행동을 제약한다. 안개나 구름은 주위를 침울하게 한다.

!澤水困	
父未 //	
°兄酉 /	巳月
孫亥 / 應	丁
官午 //	丑
父辰 /	日
財寅 // 世	

- 神算六爻 例文.
- 巳月에 未土 父가 왕(旺)하고 일진 丑이 충하니 암동이다.
- 동(動)은 움직임이다. 따라서 현재 비가 오고 있다.
- 寅木 財가 왕한 寅日에 비가 멈추고 맑으리라.

- 아니면 甲申日에 맑겠다. 甲申日(甲申 旬中)에는 未土 父가 공망이 되기 때문이다.

● 천시점에서 6효는 천문(天門)이다. 부(父)가 6효에서 발동하면 하늘이 열리는 모양이므로 바로 비가 온다.

天澤履 ! 兌爲澤	
父戌父未 ⚋ 世	
兄酉 /	午月
孫亥 /	乙未日
父丑 ⚋ 應	
財卯 /	
○官巳 /	

● 神算六爻 例文.

● 午月에 6효에 있는 未土 父가 왕(旺)하다.

● 일진을 대하고 발동해 진신이 되니 바로 비가 내린다.

● 일진이 父를 대하고 발동하면 당일에 비가 온다고 판단한다.

● 세효는 만물(萬物)의 주(主)이고 응효는 만물의 체(體)다.

● 세효는 우리가 생활하는 위치이고 응효는 우리가 살아가는 배경이다. 따라서 세효나 응효가 일·월이나 동효의 극을 받으면 천변(天變:태풍, 지진, 해일, 낙뢰, 재해, 수재, 화재, 해충으로 인한 인명 피해나 농작물의 재앙 등) 발생이 우려된다.

水火旣濟 ! 風火家人	
父子兄卯 Ⅹ	卯年
孫巳 / 應	未月
財未 ⚋	戊寅日
父亥 /	
財丑 ⚋ 世	
兄卯 /	

● 神算六爻 例文.

● 태세 卯木이 초효와 6효에서 교중하면서 발동해 극세하니 매우 흉하다.

● 未月이 세효를 월파로 치는데 일진도 극하니 대흉하다.

● 바람의 피해로 국민이 큰 피해를 입었다.

○ 일진이나 월건은 괘 중에 있는 효를 생부(生扶)하거나 통제한다.

○ 괘 중에서 부(父)가 발동하고 일진의 생부를 받으면 큰비가 내린다.

○ 부(父)가 발동하더라도 일진의 극을 받으면 당일에는 비가 오지 않는다. 일진은 당일을 주관하기 때문이다.

天澤履 ! 兌爲澤	
父戌父未 ※世	卯 月 甲 寅 日
兄酉 /	
孫亥 /	
○父丑 ※ 應	
財卯 /	
官巳 /	

○ 神算六爻 例文.

○ 6효에 있는 未土 父가 발동해 진신이 되니 비가 내릴 상황이다.

○ 그러나 卯月과 寅日이 극하니 卯月에는 비가 내리지 않는다.

○ 월건은 월(月)을 주관하기 때문이다.

○ 손(孫)이 양효(陽爻)이면 태양이고, 손(孫)이 음효(陰爻)이면 달이다.

○ 손(孫)이 일진이나 월건의 생부(生扶)를 받으면 맑다.

○ 공망이거나 복신이면 흐리다. 공망은 잠시 자리를 비운 것이고 복신은 본시 괘 중에 자리가 없는 것을 뜻한다.

○ 손(孫)이 일진이나 월건에 절(絕)이 되어도 흐리다.

山地剝 ! 坤爲地	
官寅孫酉 ※世	未 月 辛 丑 日
財亥 ※	
兄丑 ※	
官卯 ※ 應	
○父巳 ※	
兄未 ※	

○ 神算六爻 例文.

○ 6효에 있는 酉金 孫이 일·월의 생을 받아 왕(旺)한 데다 발동하니 날이 맑을 것 같다.

○ 그러나 孫이 발동해 寅木 官을 화출하여 절(絕)이 되고 丑日에 입고(入庫)니 태양이 숨어버리는 형국이다. 날씨가 흐린다.

○ 초효 未土 兄이 월건의 생과 일진의 충을 받으니 암동한다.

○ 兄이 발동하니 바람이 강하게 분다.

○ 따라서 하루 종일 흐리고 바람이 거세게 분다.

- 형(兄)은 바람이다.
- 형(兄)이 발동해 손(孫)으로 변하면 순풍(順風)이다. 손(孫)은 조용하고 편안한 자이기 때문이다.
- 형(兄)이 발동해 관(官)을 화출하면 역풍(逆風)이다. 관(官)은 두렵고 어두운 자이기 때문이다.

風雷益 ! 水雷屯	
孫卯兄子 ∦	
○官戌 / 應	酉月
父申 ∥	
官辰 ∥	丁卯日
孫寅 ∥ 世	
兄子 /	

- 神算六爻 例文.
- 6효에 있는 子水 兄이 발동해 일진 卯木 孫을 화출하니 순풍(順風)이다.

地風升 ! 山風蠱	
官酉兄寅 ⚊ 應	
父子 ∥	亥月
○財戌 ∥	
官酉 / 世	辛未日
○父亥 /	
財丑 ∥	

- 神算六爻 例文.
- 6효에 있는 寅木 兄이 亥月의 생을 받아 왕한 데다 발동하니 바람이 거세다.
- 寅木 兄이 발동해 酉金 官을 화출하니 관귀(官鬼:귀신)가 바람을 타고 앉은 형국이다.
- 어찌 순풍(順風)일 수 있으랴!

◑ 동효는 시작, 변효는 결과를 예측하는 데 도움을 준다.
◑ 부(父)가 발동해 형(兄)을 화출하면 비가 내린 뒤에 바람이 분다.
◑ 형(兄)이 발동해 부(父)를 화출하면 바람이 분 뒤에 비가 내린다. ▶

水風井!巽爲風	
父子兄卯 Ⅹ世	
孫巳 /	亥月
財未 //	乙
°官酉 / 應	亥
父亥 /	日
財丑 //	

● 神算六爻 例文.
● 6효에 있는 卯木 兄이 일·월의 생을 받아 왕(旺)한 데다 발동하니 바람이 강하게 분다.
● 兄이 발동해 子水 父를 화출하고 亥日이 父가 되니 바람이 분 뒤에 비가 내렸다.

◑ 부(父)가 발동해 손(孫)을 화출하면 비가 내린 뒤에 무지개를 본다.
◑ 형(兄)이 발동해 손(孫)을 화출하면 바람이 불어도 해와 달은 본다. 흐리지만 비는 내리지 않는다. ▶

乾爲天!天風姤	
°父戌 /	
兄申 /	申月
官午 / 應	丁
兄酉 /	卯
°孫亥 /	日
孫子父丑 Ⅹ世	

● 神算六爻 例文.
● 亥水 孫과 子水 孫이 申月의 생을 받아 왕(旺)하다.
● 초효 丑土 父가 발동해 子水 孫을 화출하니 태양에 물을 뿌린 형국이다.
● 무지개가 선다.

火澤睽!山澤損	
官寅 / 應	
財子 //	亥月
孫酉兄戌 Ⅹ	丙
兄丑 // 世	戌
官卯 /	日
父巳 /	

● 神算六爻 例文.
● 4효 일진 戌土 兄이 발동하니 바람이 거세다.
● 兄이 발동해 酉金 孫으로 변하니 맑다.

- 관(官)이 진(震)에서 발동해 진신하면 천동(天動)이 있다.
- 진(震)은 우레를 관장하고 관(官)도 우레이기 때문이다.
- 괘 중에 부(父)가 없으면 비는 내리지 않는다.

```
    澤雷隨!震爲雷

    財戌 // 世      申
    官酉官申 ※      年
      孫午 /       辰
    財辰 // 應      月
    ○兄寅 //        丁
      父子 /        未
                   日
```

- 神算六爻 例文.
- 5효 申金 태세 官이 발동해 진신이 되어 매우 왕(旺)하다.
- 왕한 官이 백성의 위치인 2효 寅木 兄을 충극하니 寅木 兄은 힘이 없다.
- 게다가 寅木 兄의 원신인 초효 子水 父가 일·월의 극을 받으니 寅木 兄은 더욱 무력하다.
- 낙뢰로 인한 피해가 크다.

- 재(財)가 왕(旺)하고 삼합(三合) 재국(財局)이면 비는 내리지 않는다.
- 부(父)가 약하면 삼합 부국(父局)이더라도 비는 내리지 않는다.
- 부(父)가 왕하고 삼합 부국(父局)이 되면 큰비가 내린다.

```
    地山謙!火山旅

    財酉兄巳 ※      辰
      孫未 //       月
    孫丑財酉 ※ 應    乙
      財申 /        巳
      兄午 //       日
      孫辰 // 世
```

- 神算六爻 例文.
- 辰月이 孫이다.
- 4효 酉金 財와 6효 巳火 兄이 발동해 사유축(巳酉丑) 재국(財局)을 이룬다.
- 가뭄으로 국민의 고생이 많다.

火地晋 ! 離爲火

兄巳 / 世
孫未 //　　卯
財酉 /　　月
父卯官亥 X 應　　癸
°孫丑 //　　亥
孫未父卯 X　　日

● 神算六爻 例文.

● 초효 卯木 父가 月을 대한 가운데 발동하고 3효 亥水 官도 발동해 해묘미(亥卯未) 부국(父局)을 이룬다.

● 삼합 父局(부국)은 백성의 위치인 2효 丑土 孫을 극하니 未月에 수재(水災)로 인한 피해가 크겠다.

❂ 부(父)가 발동해 형(兄)을 화출하면 비가 내린 뒤에 바람이 있다.

❂ 동(動)은 움직임으로 비중이 있고, 변(變)은 움직임의 결과이므로 동효와 비교하면 가볍다.

澤水困 ! 坎爲水

兄子 // 世
官戌 /　　申
兄亥父申 X　　月
°財午 // 應　　丁
官辰 /　　亥
孫寅 //　　日

● 神算六爻 例文.

● 4효 申月이 父를 대하고 괘 중에서 발동하니 申月에 많은 비가 내린다.

● 父가 발동해 兄을 화출하니 비가 바람을 대동(帶同)한다.

● 비가 내리는데 바람도 함께 분다.

水火旣濟 ! 澤火革

官未 //
父酉 /　　未
父申兄亥 X 世　　月
兄亥 /　　己
官丑 //　　亥
孫卯 / 應　　日

● 神算六爻 例文.

● 일진 亥水 兄이 괘 중 4효에서 발동하니 오늘 바람이 분다.

● 兄이 발동해 申金 父를 화출하니 바람에 비가 섞여 내린다.

◐ 일진이나 월건은 괘(卦)를 관리하고 관장한다.

◐ 일진이나 월건이 괘 중에서 형(兄)을 대하고 발동하면 광풍(狂風)이
분다.

天山遯 ! 風山漸	
◦官卯 / 應	未月 丁未日
父巳 /	
父午兄未 ※	
孫申 / 世	
父午 ∥	
兄辰 ∥	

● 神算六爻 例文.

● 일진과 월건이 兄이다.

● 일·월이 괘 중에서 발동하니 바람이
거세다.

● 그렇지만 발동한 兄이 백성의 위치인
2효를 충극하지 않으니 재해(災害)는 없
다.

◐ 일진이나 월건이 부(父)이고 괘 중에서 발동하면 장마다. 괘 중에 재
(財)가 없으면 통제하는 기능이 없으므로 장마는 계속된다.

天澤履 ! 兌爲澤	
父戌父未 ※ 世	未月 戊戌日
兄酉 /	
孫亥 ∥	
父丑 ∥ 應	
財卯 /	
◦官巳 /	

● 神算六爻 例文.

● 未月 父가 6효에서 발동해 戌土 父를
화출해 진신이 되니 비가 많이 내릴 형
국이다.

● 4효 亥水 孫은 일·월과 동효의 극을
받아 무력하니 未月에 장마가 있다.

● 입추(立秋)가 지나 申月이 되어 4효에
있는 孫이 생을 받으면 장마는 그친다.

- 손(孫)이 발동해 관(官)을 화출하면 해나 달에 관귀(官鬼)가 붙은 형태다.
- 손(孫)이 형해(刑害)를 받으면 해나 달의 모습이 바르지 못하고 어그러진 형상이므로 일식 또는 월식이 있다고 판단한다.
- 손(孫)이 양효이면 일식(日蝕)이고, 음효이면 월식(月蝕)이다.

山雷頤 ! 地雷復	
官寅孫酉 ╳	
°財亥 ∥	未月
兄丑 ∥ 應	甲子日
兄辰 ∥	
官寅 ∥	
財子 / 世	

- 神算六爻 例文.
- 6효 酉金 孫이 음효(陰爻)이니 달이다.
- 孫이 발동해 官을 화출하니 달에 관귀(官鬼)가 붙은 모습이다.
- 달에 탈이 붙은 형상이므로 월식이 있다는 얘기다.

風地觀 ! 風山漸	
官卯 / 應	
°父巳 /	申月
兄未 ∥	癸卯日
官卯孫申 ╳ 世	
父午 ∥	
°兄辰 ∥	

- 神算六爻 例文.
- 3효 申金 孫이 양효(陽爻)이니 태양이다.
- 孫이 발동해 卯木 官을 화출하니 태양에 관귀(官鬼)가 붙은 형상이다.
- 申日에 일식이 있겠다.

> ● 재(財)와 관(官)이 함께 발동하면 안개가 많다.
> ● 재(財)는 맑음이고 관(官)은 구름이나 안개인데 서로 엉킨 모습이라 안개로 판단한다.

<table>
<tr><td>

風雷益 ! 火雷噬嗑

°孫巳 /
°孫巳財未 ※ 世
財未官酉 ╳
°財辰 //
兄寅 // 應
父子 /

午月 壬寅日

</td><td>

● 神算六爻 例文.
● 財가 발동하면 官을 생하고, 官이 발동하면 父를 생한다.
● 財와 官이 함께 발동하면 맑음과 구름이 뒤섞인다.
● 5효 未土 財와 4효 酉金 官이 발동하니 도로에 안개가 낀다.

</td></tr>
</table>

● 안개가 끼는 때는 미시(未時)부터 유시(酉時)까지다.

> ● 손(巽)은 바람이다. 손(巽)에서 일·월의 생부(生扶)를 받아 왕상(旺相)한 형(兄)이 발동하면 태풍이다.
> ● 감(坎)은 수(水)다. 감(坎)에서 일·월 부(父)가 발동하면 폭우가 있다.

<table>
<tr><td>

水風井 ! 巽爲風

°父子兄卯 ╳ 世
孫巳 /
財未 //
官酉 / 應
父亥 /
°財丑 //

未月 乙卯日

</td><td>

● 神算六爻 例文.
● 손(巽)은 바람을 주관한다.
● 여기에 일진 卯木 兄이 6효에서 발동하니 오늘 큰 바람이 분다.

</td></tr>
</table>

> - 진(震)은 우레[雷]다.
> - 진(震)에서 관(官)이 발동하면 뇌성(雷聲)이 있다.
> - 괘 중에 손(孫)이 없으면 관(官)을 통제하는 자가 없는 것과 같다. 낙뢰로 인한 피해가 발생한다.

澤雷隨!震爲雷	
財戌 // 世	申
官酉官申 ※	年
孫午 /	未 月
財辰 // 應	戊
○兄寅 //	申
父子 /	日

- 神算六爻 例文.
- 진(震)은 우레를 주관한다.
- 5효 申金 官이 태세를 대하고 발동해 진신이 되니 매우 왕(旺)하다.
- 태세가 발동함은 1년이 발동한다는 뜻이다.

- 발동한 官이 2효 寅木 兄 즉 백성의 자리를 충극(沖克)하니 우레로 인한 피해나 사고가 많다.

- 특히 2효 寅木 兄이 공망이고 태세의 충극을 받으니 진공이라 설상가상(雪上加霜)이다.

제2장

연시점
年 時 占

> 연시점(年時占)에서는 1년 중 발생할 수 있는 길흉화복을 예측할 수 있다. 국가 운(國運), 정치, 경제, 사회의 여러 가지 변화와 수재(水災), 한해(旱害:가뭄으로 인한 피해), 질병, 재난 등을 예측할 수 있다.

6효	하늘[天]	하늘
5효	군왕(君王)	통치자, 대통령
4효	구경상사(九卿上司)	장관, 지사, 시장
3효	부현관료(府縣官僚)	지방 단체장
2효	백성(民)	국민
초효	만물(萬物)	생존의 바탕

> 응효는 내가 우러러 보는 곳이니 하늘이 되고, 세효는 내가 생활하고 서 있는 위치이니 땅이 된다.

> 응효가 세효를 극하는 모습은 하늘이 땅을 다스리고 있는 모습이라 무방하다.

> 세효가 응효를 극하면 땅이 하늘의 뜻을 거부하고 받아들이지 않는 것과 같으니 연중 어수선한 일이 많다.

山地剝!山火賁

官寅 /
財子 //
兄戌 // 應
官卯財亥 X
兄丑 //
兄未官卯 X 世

寅月
乙亥日

○ 神算六爻 例文.

○ 초효에 卯木 官이 지세하고 발동해 4효에 있는 응효 戌土 兄을 극한다.

○ 세효가 응효를 극하니 하극상(下剋上)이다.

○ 일의 앞뒤가 없고 연중(年中) 번잡하다.

> ❍ 세효가 공망이면 내가 서 있는 위치가 무너진 것과 같고, 응효가 공망이면 하늘이 땅을 보살피지 않는 것과 같으니 도처에서 재난이 발생한다.

天火同人 ! 天山遯	
父戌 /	子年
兄申 / 應	辰月
○官午 /	丁亥日
兄申 /	
○官午 ∥ 世	
財卯父辰 ✕	

- 神算六爻 例文.
- 세효가 공망이니 우리가 서 있는 자리가 함몰됨과 같다.
- 子年이 세효를 충하니 세파(歲破)다.
- 게다가 일진이 극세하니 연중 대형 사고가 많다.

巽爲風 ! 地澤臨	
○官卯孫酉 ✕	申年
父巳財亥 ✕ 應	寅月
兄丑 ∥	戊申日
孫酉兄丑 ✕	
○官卯 / 世	
兄丑父巳 ✕	

- 神算六爻 例文.
- 4개[位]의 효가 난동(亂動)하니 즐겁지 않다.
- 6효에서 酉金 孫이 발동해 세효를 극한다.
- 특히 초효와 3효가 함께 발동해 사유축(巳酉丑) 손국(孫局)을 이루어 세효를 강하게 극한다. 더욱이 2효 세효가 공망이다.
- 어찌 즐거운 일이 있겠는가.
- 초효 巳火가 발동의 기점이다.
- 4월에 많은 살상지사(殺傷之事)가 있었다.

- 초효(初爻)는 바탕으로 만물(萬物)을 판단한다.
- 사절(死絕)을 만나면 불길하고, 생왕(生旺)하면 대길하다.
- 초효가 재(財)나 손(孫)이면 길하고, 형(兄)이나 관(官)이면 자연재해 나 전염병이 염려된다.

天山遯 ! 火山旅	
兄巳 /	午
財申孫未 ※	年
財酉 / 應	寅
財申 /	月
兄午 ∥	乙
孫辰 ∥ 世	巳 日

- 神算六爻 例文.
- 子孫은 귀살(鬼殺), 질병, 재앙을 쫓는 신(神)이다.
- 초효 孫을 午年이 생하고 일진도 생하 니 일년이 화기(和氣)하다.
- 농수축산물이 풍년이니 길한 해라 하 겠다.

水山蹇 ! 山火賁	
○財子 官寅 ✕	亥
兄戌 ○財子 ※	年
兄戌 ∥ 應	寅
財亥 /	月
○兄丑 ∥	辛
兄辰 官卯 ✕ 世	酉 日

- 神算六爻 例文.
- 官은 재앙의 신(神)이다.
- 6효 寅木 官이 亥年의 생을 받고 寅月 의 도움을 얻어 왕한데, 초효 卯木 官과 같이 발동해 2효 백성의 위치를 극하니 좋지 않다.
- 인명 피해가 많았다.

제 ❷ 장 연시점

297

- 2효는 우리가 서 있는 위치로 서민의 자리다. 따라서 2효에 손(孫)이나 재(財)가 있으면 서민은 바르고 편안하다.
- 2효에 관(官)이 있으면 도적이 많거나 반정부적(反政府的)인 인사가 많고 전염병이 발생한다.
- 형(兄)이 있으면 신용 불량자나 도산(倒産)하는 자가 많다.

地火明夷 ! 水火既濟	
兄子 // 應	午年
兄亥官戌 Ⅹ	巳月
父申 //	丁未日
兄亥 / 世	
官丑 //	
◦孫卯 /	

- 神算六爻 例文.
- 5효 戌土 官이 발동해 세효를 극하는데 2효 丑土 官이 암동해 또 세효를 극한다.
- 재앙이 물결을 타고 번지는 것과 같다.

地澤臨 ! 地雷復	
孫酉 //	寅月
財亥 //	辛酉日
◦兄丑 // 應	
兄辰 //	
官卯官寅 Ⅹ	
◦財子 / 世	

- 神算六爻 例文.
- 백성의 자리인 2효 寅木 官이 발동해 진신이 되니 불길하다.
- 초효에 있는 子水 세효가 공망을 만나니 더욱 흉하다.

- 3효는 군수나 구청장처럼 한 지역을 책임지는 자다.
- 3효가 세효를 생합(生合)하면 주민을 위해 헌신하고 세효를 극해(克害)하면 주민을 핍박한다.
- 3효에 손(孫)이 임하고 왕(旺)하면 청렴정직하고 휴수쇠절(休囚衰絶)이 되면 업무에는 뜻이 없고 예의도 없다.
- 관(官)이 임하면 어두운 생각을 하고 있는 자로 잔인하고 덕(德)이 없다.
- 형(兄)이 임하면 재물을 탐하는 자로 세금 또는 공금을 횡령한다.

雷地豫 ! 雷水解

```
財戌 //
官申 // 應        寅
孫午 /           月
孫午 //          庚
○孫巳 ○財辰 ╳ 世   子
兄寅 //           日
```

- 神算六爻 例文.
- 3효에서 午火 孫이 암동해 세효를 생한다.
- 기관장이 주민을 위해 진심으로 봉사하고 있음을 나타내는 괘다.

雷山小過 ! 雷地豫

```
財戌 //
官申 //          寅
孫午 / 應         月
官申 ○兄卯 ╳      戊
孫巳 //          申
財未 // 世        日
```

- 神算六爻 例文.
- 3효에서 兄이 발동해 세효를 극하니 기관장이 주민의 재물을 착취하는 모습이다.
- 다행스러운 것은 3효 兄이 발동해 申金을 화출하여 회두극이 된다.
- 申月이면 파직(罷職)되리라.

```
      地水師 ! 雷水解

    財戌 //
    官申 // 應        申 月
  財丑○孫午 Ⅹ         乙
     ○孫午 /          酉 日
    財辰 / 世
    兄寅 //
```

● 神算六爻 例文.

● 4효에서 午火 孫이 발동해 세효를 생하니 본성이 청렴한 관리다.

● 그렇지만 午火는 발동해 진공이 되고 午火의 원신인 초효 寅木 兄은 월파와 일극(日克)을 당하므로 午火 孫이 무력하다.

● 공무(公務)에는 뜻이 없고 주색(酒色)을 탐하는 사람이다.

● 午火는 도화살이다.

```
      地澤臨 ! 雷水解

   ○財戌 //
    官申 // 應        寅 月
  財丑孫午 Ⅹ          己
    孫午 //           巳 日
    財辰 / 世
  孫巳兄寅 ⅩⅩ
```

● 神算六爻 例文.

● 寅月이 초효에서 발동해 4효 午火 孫을 생하고 午火 孫은 발동해 2효 세효를 생하니 우민(憂民)하고 청렴한 상사(上司)라 하겠다.

● 午火가 도화를 대하고 있음은 풍류(風流)를 알고 즐기는 사람임을 나타낸다.

山天大畜 ! 火天大有

```
官巳 / 應
父未 //          寅
°父戌兄酉 Ⅹ       月
父辰 / 世         癸
財寅 /           酉
孫子 /           日
```

● 神算六爻 例文.

● 4효 酉金 兄이 寅月에 절(絶)이 되지
만 일진을 대하고 발동해 회두생을 받으
니 왕하다.

● 발동한 酉金 兄이 2효의 寅木 財를 극
한다.

● 재물을 탐한다는 얘기다.

● 불량한 관리다.

● 5효는 대통령이나 국왕으로 일국(一國)을 다스리는 자의 위치다.
● 5효에 재(財)나 손(孫)이 임하여 세효를 생부하면 지도자나 군왕의
　사랑이 백성에 미친다.
● 5효에서 부(父)가 발동해 세효를 충극하면 토목이나 건설공사가 많
　아 국민을 불편하게 한다.
● 5효에서 관(官)이 왕동(旺動)하여 세효를 극해(克害)하면 국민의 생
　활이 고통스럽고 도탄(塗炭)에 빠진다.
● 5효가 파·공(破空)이 되면 지도자는 그 위치를 지키지 못한다.

! 風雷益

```
兄卯 / 應
孫巳 /          寅
財未 //         月
財辰 // 世       乙
兄寅 //         亥
父子 /          日
```

● 神算六爻 例文.

● 5효 孫이 寅月의 생을 받고 왕한 중
亥日의 충을 받으니 암동한다.

● 암동한 孫이 세효를 생하니 애민(愛
民)하는 집권자다.

<table>
<tr><td>地火明夷!水火旣濟</td></tr>
</table>

兄子 // 應
兄亥官戌 Ⅹ
°父申 //
兄亥 / 世
官丑 //
孫卯 /

寅月 甲戌日

● 神算六爻 例文.

● 5효에서 戌土 官이 발동해 3효 亥水 세효를 극하니 괘상(卦象)이 불량하다.

● 오는 4월에 亥水가 월파를 당하면 민가(民家)에 큰 화(禍)가 있으리라.

● 과연 4월에 남쪽에서 많은 사람이 참살 당했다.

> ❯ 6효는 하늘[天]이니 공망이면 하늘이 제 위치를 지키지 못하는 것과 같다. 연중(年中) 괴이(怪異)한 일이 많다.
> ❯ 응효도 하늘이니 공망이면 하늘이 자연에 대해 무심한 것과 같다.
> ❯ 세효는 땅[地]이다. 공망이나 파(破)를 만나면 만물이 의지하고 생활하는 위치가 불안하므로 인물(人物)에게 재앙이 많다.

<table>
<tr><td>天火同人!乾爲天</td></tr>
</table>

°父戌 / 世
兄申 /
官午 /
父辰 / 應
父丑財寅 Ⅹ
孫子 /

寅月 戊辰日

● 神算六爻 例文.

● 寅月이 2효에서 발동해 6효 세효를 극하는데 辰日이 다시 충하니 6효 세효는 일파다.

● 설상가상으로 6효 세효가 공망이다.

● 연중 재앙이 많겠다.

<table>
<tr><td>내년 연시점</td><td rowspan="2">● 神算六爻 例文.</td></tr>
</table>

내년 연시점

風澤中孚 ! 巽爲風

```
 ○兄卯 / 世
  孫巳 /          丑
  財未 //         月
財丑官酉 Ⅹ 應      乙
  父亥 /          巳
孫巳財丑 ※         日
```

● 神算六爻 例文.

● 내괘에서 초효와 3효가 발동해 사유축(巳酉丑) 금국(金局)을 이루어 6효 세효를 극한다.

● 내년 4월부터 12월까지 큰 사고가 많이 발생하겠다.

❖ 태세는 당년(當年)의 주인이며 1년을 관장한다.

❖ 태세가 손(孫)이나 재(財)가 되면 이롭다.

❖ 태세가 형(兄)이면 어려움이 많고, 부(父)이면 법도나 질서의 개정을 논하게 된다.

❖ 태세가 관(官)이면 연중 질병이 많다.

❖ 태세가 토관(土官)이면 전염병이 만연하고, 금관(金官)이면 총기나 낙뢰로 인한 사고가 있다.

❖ 화관(火官)이면 화재가 염려되고, 수관(水官)은 수재(水災)이다.

❖ 주관자는 정(靜)함이 마땅하다. 태세가 괘 중에서 발동하는 것은 바람직하지 않다.

❖ 태세가 괘 중에서 부(父)를 대하고 발동해 2효를 극하면 홍수나 장마로 인한 폐해가 크게 발생하여 인명 손상이 있다.

❖ 태세가 형(兄)을 대하고 발동해 세효를 파극(破克)하면 내가 거처하는 주변까지 태풍의 피해가 있다.

風澤中孚 ! 巽爲風

```
  兄卯 / 世        申
  孫巳 /          年
  財未 //         辰
財丑官酉 Ⅹ 應      月
 ○父亥 /          己
孫巳財丑 ※         巳
                 日
```

● 神算六爻 例文.

● 申年 태세가 官인데 초효와 3효가 발동하여 사유축(巳酉丑) 관국(官局)을 이루어 세효를 극하니 흉한 징조다.

● 또 백성의 위치인 2효 亥水 父가 辰月의 극을 받는 중 일파인데 공망이니 진공이다.

● 4월이 불안하다.

● 과연 4월에 남쪽에서 큰 살상이 있었다.

<table>
<tr><td colspan="3">雷風恒 ! 雷天大壯</td></tr>
<tr><td>兄戌 //</td><td></td><td rowspan="6">丑
年

寅
月

辛
巳
日</td></tr>
<tr><td>○孫申 //</td><td></td></tr>
<tr><td>父午 / 世</td><td></td></tr>
<tr><td>兄辰 /</td><td></td></tr>
<tr><td>官寅 /</td><td></td></tr>
<tr><td>兄丑財子 ⅹ 應</td><td></td></tr>
</table>

- 神算六爻 例文.
- 丑年이 초효 子水 財를 극한다.
- 子水 財는 月에 휴수되고 日에 절지 (絕地)가 되니 무력하다.
- 財의 원신인 5효 申金 孫은 군왕의 자리에 있으나 월파와 일극(日克)을 당하고 진공에 빠져 전혀 힘을 발휘하지 못한다.
- 申金 孫은 일 · 월과 삼형(三刑)을 이룬다.
- 財와 원신인 孫이 무력한 상황에서 父가 지세하니 국가 재정은 바닥나고 국민의 고충은 컸다.
- 父는 노고(勞苦)의 신(神)이기 때문이다.

<table>
<tr><td colspan="3">澤火革 ! 風火家人</td></tr>
<tr><td>財未兄卯 ⅹ</td><td></td><td rowspan="6">寅
月

癸
亥
日</td></tr>
<tr><td>孫巳 / 應</td><td></td></tr>
<tr><td>父亥財未 ⅹⅹ</td><td></td></tr>
<tr><td>父亥 /</td><td></td></tr>
<tr><td>○財丑 // 世</td><td></td></tr>
<tr><td>兄卯 /</td><td></td></tr>
</table>

- 神算六爻 例文.
- 초효와 6효에서 兄이 교중되어 있는 가운데 4효와 6효가 발동해 해묘미(亥卯未) 형국(兄局)을 이루어 2효 丑土 세효를 극하니 매우 흉하다.
- 4효에서 未土 財가 발동해 亥水를 화출하여 목국(木局)을 이루니 未月에 태풍으로 인명 피해가 많겠다.

◉ 태세가 토관(土官)을 대하고 괘 중에서 발동해 극세하면 내 주변에 전염병이 만연(蔓延)하고 병으로 죽거나 신음하는 사람이 많다.
◉ 다른 효를 극하면 타 지방에서 재앙이 발생한다.

地火明夷!水火旣濟		
玄	兄子 // 應	戌年
白	兄亥官戌 X	
匕	父申 //	寅月
句	兄亥 / 世	
朱	官丑 //	乙未
青	孫卯 /	日

◉ 神算六爻 例文.
◉ 戌年 태세가 백호를 대하고 괘 중에서 발동한 가운데 극세하여 未月에 전염병이 만연했다.
◉ 未日이 孫을 입고(入庫)시키고 다시 세효를 극하기 때문이다.

◉ 나를 극해(克害)하는 자는 적이 된다.
◉ 태세가 무력한데 관(官)이 괘 중에서 왕동(旺動)해 세효를 극하면 내가 생활하는 지역에 도적이 많다.

山水蒙!風水渙		
	父卯 /	子年
官子兄巳 X 世		
	孫未 //	寅月
	兄午 //	
	孫辰 / 應	丙子
	父寅 //	日

◉ 神算六爻 例文.
◉ 5효에서 세효 巳火 兄이 발동해 子年 태세와 子日을 화출하여 회두극을 당하니 불량한 도적이 많았다.

- 간(艮)은 산(山)이다.
- 간(艮)에서 관(官)이 태세나 월의 생부를 얻어 발동해 2효를 극하면 산이나 건물이 붕괴하는 사고로 인명 피해가 발생한다.

<table>
<tr><td>

水澤節 ! 山澤損

財子官寅 ╳ 應　　卯
°兄戌財子 ╳　　　年
　°兄戌 //　　　寅
　兄丑 // 世　　月
　官卯 /　　　　丁
　父巳 /　　　　卯
　　　　　　　　日

</td><td>

- 神算六爻 例文.
- 卯年과 卯日이 2효에서 官을 대하고 있는 중, 寅月이 6효에서 발동해 세효를 극하니 산이 무너져 인명 피해가 있었다.

</td></tr>
</table>

- 천재지변(天災地變)이 일어나는 방향은 동효의 극을 받은 비신(飛神)으로 판단한다.

비신	子	丑寅	卯	辰巳	午	未申	酉	戌亥	土
방향	북	동북	동	동남	남	서남	서	서북	중앙

<table>
<tr><td>

震爲雷 ! 水雷屯

　兄子 //　　　　申
父申°官戌 ╳ 應　月
財午 父申 ╳　　　癸
　官辰 //　　　　酉
　孫寅 // 世　　日
　兄子 /

</td><td>

- 神算六爻 例文.
- 申月이 4효에서 발동해 세효를 극하니 불길하다.
- 변효 午火 財가 申金 父를 회두극하나 午火를 생부(生扶)하는 자가 없으니 안타깝다.
- 子日이 되면 변효 午火를 충거(冲去)

</td></tr>
</table>

하니 대흉하다.
- 인(寅)은 동쪽 또는 동북쪽이다.
- 영동지방에 큰 수재가 있었다.

● 현대에는 좀 더 구체적이고 정교한 점술을 요구한다.

● 연시점에서 재(財)와 손(孫)이 왕(旺)하면 농수산물이 연중 풍성하다.

● 열악하던 시절에는 농수산물(農水産物)의 풍작(豊作)을 누구나 염원했다. 그러나 지금은 풍작으로 인한 폐해(廢害)를 입은 사람도 많다. 당년 일기에 따라 농작물을 권장하여 농가의 소득 증대에 도움을 준다면 참으로 뛰어난 역술인이라 하겠다.

● 연월일(年月日)이 괘 중에서 관(官)을 대하고 극세하면 연중 놀랄 일[驚事]과 좋지 않은 일[陰事]이 있다.

● 태세는 1년의 주인이므로 1년이 불안하다. 월건은 당월을 통제하는 자이므로 몇 달, 일진은 당일의 점을 주관하는 자이므로 수십 일 동안 그렇다.

● 형(兄)과 관(官)이 공망이면 길(吉)하다.

● 형(兄)은 파재(破財)의 신(神)이고, 관(官)은 질병(疾病)과 화란(禍亂)의 신(神)이며 백성을 핍박하는 자이기 때문이다.

● 한 번의 득괘로 모든 것을 판단하는 것은 무리다. 한 분야씩 나누어 알고자 하는 점의 목적에 따라 신(神)의 가르침을 받아야 한다. 만물(萬物)을 초효로 보고 2효를 백성으로 보는데, 어찌 한 번의 점(占)으로 두 가지를 모두 판단할 수 있겠는가!

제3장

시험점
試 驗 占

1. 신산육효학의 시험점 요약 정리

1) 시험점 용신

◉ 부(父)는 낳고 양육하며 생각하고 가르치는 자다. 자연에 존재하는 모든 중생(衆生)의 교육은 부모로부터 시작이 된다.

◉ 그래서 시험점에서는 부(父)를 용신으로 한다.

2) 대신점

◉ 시험점은 본인이 직접 문복(問卜)하는 경우 외에는 반드시 대신점(代身占)으로 해야 함이 옳다.

◉ 자손의 시험점을 묻는 경우 손(孫)이 용신이 되는데 손(孫)은 안락(安樂)을 추구하며 노는 자다. 어떻게 판단할 것인가?

◉ 처(妻)의 시험점을 묻는다면 재(財)가 용신이다. 재(財)는 문서를 겁탈하는 자다. 무엇으로 어떻게 시험운을 판단할 것인가? 처는 평생 시험운이 없다고 판단해야 하는가?

◉ 시험을 보는 자를 세효의 위치에 두고 용신을 부(父)로 해서 판단하면 간결하고 정교한 판단을 할 수 있다.

3) 시험에 합격하는 경우

- 시험에 합격하는 것은 소원하는 바이니 소원점에 해당한다.
- 소원점은 첫째 용신이 극세하는 것이 으뜸이고, 둘째 용신이 발동해 세효를 생하면 크게 이롭다. 셋째 용신이 지세한 경우 원신이 발동해 세효를 생하는 것이다.
- 용신이 발동해 극세하는 경우 세효의 왕상(旺相)함이 요구된다. 세효가 일·월에 쇠절(衰絶)되면 시험이 도리어 재앙이 된다.

4) 시험점 칠 때 주의사항

- 문복은 항상 간결해야 한다. 교묘하고 복잡하게 문복하면 자연도 교묘하고 복잡하게 가르쳐 준다.
- 일례로 "어느 대학교에 가겠습니까?"라고 문복한다면 과연 어떻게 알려 주겠는가? 우리나라에 대학교가 200여 곳이 넘는데 참으로 막연하지 않은가!
- 특정 학교를 정해서 "시험에 합격하겠습니까?"라고 문복할 경우, 응효에서 부(父)가 발동해 세효를 생하거나 극하면 반드시 시험에 합격한다. 관(官)이 발동해 세효를 생해도 합격한다.

- 응효를 제외한 간효나 방효에서 부(父)가 발동해 세효와 인연을 맺는다면 어떻게 판단하겠는가?
- 세효는 나·자신이고, 응효는 내가 원하는 배경이다.
- 간효는 나의 위치와 나의 배경 사이에 놓여 있는 자다.
- 간효에서 부(父)가 발동해 세효를 생하면 반드시 기쁜 소식을 듣는다.

- 방효는 내가 원하는 배경 외의 환경이다.
- 방효에서 부(父)가 발동해 세효와 인연을 맺으면 현재 치르고 싶은 시험이 아니고 다른 시험과 인연이 있음을 말한다.

<table>
<tr><td>

天澤履!天水訟

孫戌 /
。財申 /　世
兄午 /
兄午 //
孫辰 /
兄巳父寅 ※　應

戌月　己卯日

</td><td>

● 神算六爻 例文.
● 초효에서 응효 父가 발동해 세효를 생하므로 반드시 합격한다.

</td></tr>
</table>

<table>
<tr><td>

火水未濟!火澤睽

父巳 /
兄未 //
。孫酉 /　世
兄丑 //
官卯 /
官寅父巳 ✕　應

戌月　己卯日

</td><td>

● 神算六爻 例文.
● 초효에서 응효 父가 발동해 세효를 극하므로 우수한 성적으로 합격한다.

</td></tr>
</table>

<table>
<tr><td>

火水未濟!火澤睽

父巳 /
兄未 //
孫酉 /　世
兄丑 //
。官卯 /
。官寅父巳 ✕　應

卯月　乙巳日

</td><td>

● 神算六爻 例文.
● 세효가 卯月에 월파를 당하고 다시 巳日에 극을 받아 흉한데, 초효에서 父가 발동해 해(害)를 가하니 대흉하다.
● 세효가 동효의 극을 감당하지 못하면 도리어 재앙이 된다.

</td></tr>
</table>

<table>
<tr><td>

離爲火!雷火豊

財巳官戌 ※
。父申 //　世
財午 /
兄亥 /
官丑 //　應
孫卯 /

戌月　己卯日

</td><td>

● 神算六爻 例文.
● 5효에서 申金 父가 지세했는데 6효에서 戌土 官이 발동해 세효를 생하니 반드시 시험에 합격한다.

</td></tr>
</table>

제4장

구관점 · 구명점 · 구직점
求 官 占　　 求 名 占　　 求 職 占

◉ 구관점에서는 관운(官運 : 대통령, 국회의원, 시장, 도지사), 구명점에서는 명예(名譽), 구직점에서는 취업, 승진 관련하여 예측할 수 있다.

◉ 시험으로 직장을 얻는 점에서는 재동(財動)을 꺼린다. 재(財)가 발동하면 부(父:시험)를 극하여 시험에 불리하기 때문이다.

◉ 경력 · 경륜으로 발탁되는 직장은 재(財)의 발동을 기뻐하나 관(官)이 지세하는 경우에만 해당한다.

◉ 재(財)는 관(官)을 생하는 자이기 때문이다.

입사 시험점

水地比 ! 風地觀

孫子財卯 X
官巳 /　　　　卯
°父未 // 世　　月
財卯 //　　　　戊
官巳 //　　　　子
°父未 // 應　　日

● 神算六爻 例文.

● 4효에 未土가 父를 대하고 지세한 것은 시험과 인연이 있음을 뜻한다.

● 6효에서 기신인 卯木 財가 발동해 세효를 극하므로 이번 시험은 어렵다.

● 다음 기회를 기다려라.

승진점

火風鼎!雷風恒

○孫巳財戌 ╳ 應
官申 //
孫午 /
官酉 / 世
父亥 /
財丑 //

未 月 辛 丑 日

● 神算六爻 例文.

● 3효 酉金 官이 지세하니 일단 관운(官運)은 있다고 본다.

● 일 · 월의 생을 받아 매우 왕(旺)한 6효 戌土 財가 발동해 세효를 생하므로 반드시 승진한다.

● 그러나 현재 6효의 변효 巳火가 공망이라 戌土 財도 공망이니 세효를 생할 수 없다.

● 출공일인 乙巳日에 승진하리라.

❯ 별정직이거나 발탁으로 얻는 자리는 관(官)이 발동해 극세하면 바로 발탁된다.

❯ 내가 소원하는 점에는 극세가 가장 빠르다. 그러나 세효가 일월(日月)에 휴수(休囚)되면 도리어 재앙이 된다.

地火明夷!水火旣濟

兄子 // 應
兄亥官戌 ╳
父申 //
兄亥 / 世
官丑 //
孫卯 /

申 月 戊 戌 日

● 神算六爻 例文.

● 일진 戌土 官이 5효에서 발동해 극세하니 당일에 발탁됐다.

地火明夷!水火旣濟

兄孫 // 應
兄亥官戌 ╳
○父申 //
兄亥 / 世
官丑 //
孫卯 /

未 月 辛 巳 日

● 神算六爻 例文.

● 5효 戌土 官이 발동해 세효를 극하니 관운(官運)이 있는 것 같다.

● 그러나 未月이 3효 세효를 극하고 일진에 일파되어 매우 흉하다.

● 발탁되기를 기다리다 상심해 쓰러지고 말았다.

<table>
<tr><td>

승진점

火風鼎 ! 山風蠱

兄寅 / 應
○父子 //
官酉財戌 ✕
官酉 / 世
父亥 /
○財丑 //

戌月 辛酉日

</td><td>

● 神算六爻 例文.
● 3효에서 酉金 官이 지세하니 승진과 인연이 있다.
● 4효에서 戌月 財가 발동해 용신을 생하고 일진이 지세하니 반드시 승진한다.
● 현재는 원신인 초효 丑土 財가 공망이니 출공하는 丑月에 승진하겠다.

</td></tr>
</table>

<table>
<tr><td>

승진점

雷水解 ! 雷風恒

財戌 // 應
官申 //
孫午 /
孫午官酉 ✕ 世
父亥 /
財丑 //

卯月 丙午日

</td><td>

● 神算六爻 例文.
● 승진점에는 官이 용신이다.
● 3효에서 용신 酉金 官이 지세하니 관운이 있는 형상이다.
● 그러나 용신이 월파되고 일진에 회두극을 당하니 매우 흉하다.
● 승진은 꿈도 꾸지 마라. 승진은커녕

</td></tr>
</table>

午月에 파직될까 두렵다.

火風鼎 ! 雷風恒

```
匕  孫巳財戌 ⚋⚋ 應
句     官申 ⚋⚋      戌
朱    ○孫午 /        月
靑     官酉 /  世    辛
玄     父亥 /        卯
白     財丑 ⚋⚋      日
```

● 神算六爻 例文.

● 3효 酉金 청룡 官이 지세하니 관운 (官運)이 좋다고 본다.

● 6효 戌土 財가 발동해 세효를 생하 는데 세효는 月의 생을 받고 日의 충을 받아 암동이니 상당히 높은 자리에 있 는 사람이다.

雷水解 ! 雷風恒

```
      財戌 ⚋⚋ 應
      官申 ⚋⚋      巳
     ○孫午 /        月
○孫午官酉 ✕  世    辛
      父亥 /        卯
      財丑 ⚋⚋      日
```

● 神算六爻 例文.

● 3효 酉金 官이 지세하므로 일단은 관운(官運)이 있는 형국이다.

● 그러나 巳月이 세효를 극하는데 세 효 酉金 官이 발동해 卯日에 충이 되니 충산이다.

● 따라서 관운이 있을 수 없다.

- 직장을 묻는 점에 관(官)이 지세하면 내 위치에 이미 용신이 점거하고 있는 형상이다.
- 원신인 재(財)가 발동해 생부(生扶)하면 반드시 기쁜 소식을 듣는다.
- 부(父)가 지세하고 관(官)이 발동하면 용신이 발동해 나를 생부하는 모습이다. 반드시 승진하거나 영전(榮轉)한다.

澤水困 ! 兌爲澤	
父未 // 世	
兄酉 /	巳月
孫亥 /	甲寅日
○父丑 // 應	
財卯 /	
財寅 官巳 X	

- 神算六爻 例文.
- 초효 巳火 官이 月을 대하고 발동해 세효를 생하니 반드시 승진하리라.
- 언제 승진하는가?
- 丁巳日이다.
- 초효 巳火가 발동했기 때문이다.

火風鼎 ! 山風蠱	
兄寅 / 應	
父子 //	未月
○官酉 財戌 X	辛巳日
○官酉 / 世	
父亥 /	
財丑 //	

- 神算六爻 例文.
- 3효 酉金 官이 지세하니 일단은 관운이 좋다고 본다.
- 未月이 세효를 생하고 4효에서 戌土 財가 발동해 생세하니 꼭 승진한다.
- 현재는 酉金 官이 공망이라 9월에 승진하리라.
- 戌土 財가 발동해 생세하기 때문이다.

제 ❹ 장 구관점 · 구명점 · 구직점

```
     승진점
  火雷噬嗑!天雷无妄

   財戌 /
  º財未官申 ✗         戌
   º孫午 / 世         月
   財辰 //            甲
   兄寅 //            申
   父子 / 應          日
```

● 神算六爻 例文.

● 일·월의 생을 받아 왕(旺)한 5효 申 金 官이 발동해 세효를 생하는 것이 아니라 응효를 생한다.

● 내가 아니라 다른 사람이 승진한다.

● 한편 4효 午火 孫 세효는 戌月에 입고(入庫)되고 진공인데 세효의 원신인 2효 寅木도 일파를 당했다. 홧김에 사직하고 말았다.

● 孫은 官을 극하는 자이며 官을 거부하는 神이다.

❖ 손(孫)은 안락과 편안함을 추구하는 자로 관(官)을 손상한다.
❖ 일·월이 손(孫)인데 괘 중에서 발동하면 이미 일에는 뜻이 없는 자다.
❖ 재직자(在職者)는 반드시 파직을 당한다.
❖ 그러나 손(孫)과 재(財)가 함께 발동하면 재(財)가 손(孫)을 탐생망극 시키고 관(官)을 생하므로 도리어 승진한다.

```
   火澤睽!火風鼎

    兄巳 /
    孫未 // 應        午
    財酉 /            月
  孫丑財酉 ✗          己
   º官亥 / 世          巳
   兄巳孫丑 ✗          日
```

● 神算六爻 例文.

● 2효 亥水 官이 지세하나 午月에 절(絶)이 되고 巳日에 일파를 당하니 현재는 매우 불길하다.

● 그래도 초효 丑土 孫이 발동해 3효 酉金 財를 생하고, 3효 酉金 財는 발동해 세효를 생하니 절처(絶處)에서 생을 만났다.

● 酉月이 되면 승진하리라.

<table>
<tr><td colspan="2">火天大有!火風鼎</td></tr>
<tr><td>兄巳 /
孫未 // 應
財酉 /
財酉 /
°官亥 / 世
官子孫丑 //</td><td>午
月
己
巳
日</td></tr>
</table>

● 神算六爻 例文.

● 괘상은 앞의 예문과 비슷하나, 내용은 전혀 다르다.

● 2효에 亥水 官이 지세하니 관운이 있는 듯하다.

● 그러나 세효가 午月에 휴수되고 巳日에 일파를 당한 가운데 초효 丑土 孫이 발동해 극하니 승진을 기대하기 어렵다.

---

❷ 태세는 1년을 관장하므로 중앙의 상급 기관이고, 월건은 몇 달을 관장하므로 상급 기관이다.

❷ 세효를 태세가 생부(生扶)하면 중앙의 상급 기관으로 발탁이 되고, 괘 중에서 월건이 발동해 세효를 생부하면 상급 기관으로 발탁이 된다.

❷ 세효가 공망이면 내가 내 위치를 지키지 못한 것과 같다. 자기 위치를 지키지 못한 자를 누가 발탁하겠는가? 기다리지 마라.

<table>
<tr><td colspan="2">風地觀!水地比</td></tr>
<tr><td>官卯財子 // 應
兄戌 /
°孫申 //
官卯 // 世
父巳 //
兄未 //</td><td>子
年
寅
月
甲
戌
日</td></tr>
</table>

● 神算六爻 例文.

● 子年이 6효에서 발동해 세효를 생하니 반드시 상급 기관에서 발탁한다.

● 현재는 괘신(7월괘)이 무력하다. 괘신이 생부(生扶)를 받는 7월에 발탁되리라.

水雷屯 ! 水地比	
財子 // 應	申年
兄戌 /	申月
孫申 //	己酉日
∘官卯 // 世	
父巳 /	
財子兄未 ✕	

- 神算六爻 例文.
- 3효에 卯木 官이 지세하니 관운이 있는 듯하다.
- 연월일(年月日)이 孫을 대하고 세효를 극하니 삼전극(三傳克)이다.
- 세효는 진공을 만난 중 초효 未土 兄이 발동해 세효를 입고시키니 매우 흉하다.
- 과거의 부정이 드러나 구속된 괘다.

> ◆ 세효가 공망이면 불안하나 일・월의 생부(生扶)가 있으면 순공이다. 출공 후 어려움이 해소된다.
> ◆ 그러나 진공이면 출공일에 어려움을 당한다.
> ◆ 세효가 일월의 생부가 없어 무력한데 파(破)를 당하면 대란(大亂)을 만나고, 원신이 쇠절(衰絕)되면 수명에도 영향이 있다.

地火明夷 ! 水火旣濟	
兄子 // 應	巳年
∘兄亥 ∘官戌 ✕	卯月
父申 //	己巳日
∘兄亥 / 世	
官丑 //	
孫卯 /	

- 神算六爻 例文.
- 한 사람이 찾아와 "상급 기관의 발탁을 기다리고 있는 친구가 이 괘를 얻었다."며 "5효 戌土 官이 발동해 세효를 극하니 꼭 발탁되지 않겠는가?"라고 물었다.
- 그러나 아니다.
- 巳年이 세효를 충하니 세파(世破)다.

또한 일진이 일파시키는데 세효가 공망이므로 진공이다.
- 그리고 5효 戌土 官이 발동해 세효를 극하므로 흉괘(凶卦)다.
- 발탁은 고사하고 4월에 교통사고를 조심하라.
- 3효 亥水 세효는 巳日의 역마이기 때문이다.

- 일진(日辰)은 내가 근무하는 기관의 수장(首長)에 비유된다.
- 일진이 세효를 충극(沖克)하는 것은 기관장이 나를 추궁하고 비난하는 것과 같다. 괘 중에서 일진이 발동해 세효를 극하면 반드시 처벌이나 구설이 있다.
- 이때 세효가 형(兄)이면 형은 재물을 탐하는 자이므로 뇌물로 인한 것이다.
- 재(財)이면 재물 관리를 소홀히 한 것이다.
- 손(孫)이면 손(孫)은 안락과 편안함을 추구하는 자이므로 태만(怠慢) 또는 음주 때문이다.
- 부(父)이면 부(父)는 생각이 많고 조심성이 많은 자이므로 일을 반복하거나 번잡하게 만든 탓이다.
- 관(官)은 형(兄)을 핍박하는 자이므로 동료와의 불화 때문이다.

火澤睽！火水未濟	
兄巳 / 應	
孫未 ∥	申月
財酉 /	壬子日
兄午 ∥ 世	
孫辰 /	
兄巳°父寅 ✕	

- 神算六爻 例文.
- 일파와 암동을 잘 구분해야 한다.
- 약한 효가 일진의 충을 만나면 일파다. 왕한 효가 일진의 충을 만나면 암동이다.
- 암동은 동효와 같이 판단한다.
- 세효에 있는 午火 兄이 申月에 무력한 중 일진의 충을 받으니 일파가 된다.

- 兄은 뇌물을 탐하는 신(神)이다. 뇌물로 인한 구설을 면하기 어렵겠다.

山雷頤！山地剝	
財寅 /	
孫子 ∥ 世	子月
父戌 ∥	乙未日
財卯 ∥	
°官巳 ∥ 應	
孫子父未 ✕	

- 神算六爻 例文.
- 일진 未土가 초효에서 발동해 세효를 극하니 남의 비난을 받는 괘상이다.
- 세효에 있는 孫이 도화(桃花)를 대하니 여자로 인한 문제다.
- 子月이 세효를 도우니 별 일이 없겠다.

- 상급 기관의 도움이 있었다.

- 일진이나 월건은 한 집단의 수장(首長) 위치다.
- 일·월 관(官)이 괘 중에서 지세하면 기관의 수장으로 결재권(決裁權)이 있는 사람이다.

```
離爲火 ! 天火同人

孫戌 / 應
孫未財申 Ⅹ        亥
兄午 /           月
官亥 / 世         辛
孫丑 //           亥
○父卯 /           日
```

- 神算六爻 例文.
- 亥水 일·월 官이 지세하니 기관장(機關長)인 것을 알 수 있다.

- 지방관리직(시장, 도지사, 군수)은 재(財)가 왕(旺)하고 괘(卦)가 안정(安靜)됨을 요(要)한다.
- 만일 관(官)이 발동해 세효나 응효를 극하면 시끄러운 일이 있다.

```
天山遯 ! 天火同人

孫戌 / 應          巳
○財申 /           年
兄午 /            寅
官亥 / 世          月
孫丑 //            己
孫辰父卯 Ⅹ         卯
                 日
```

- 神算六爻 例文.
- 5효 申金 財가 巳年의 극을 받고 월파를 당한 가운데 공망이 되니 진공이다.
- 財의 원신인 2효 丑土 孫과 6효 戌土 孫이 일·월과 초효 卯木의 극을 받으니 무력하다.
- 재정(財政)이 고갈될 것인 바, 부임(赴任)하여 어찌 편안하랴.

地澤臨 ! 地雷復

```
孫酉 //         卯
財亥 //         年
°兄丑 // 應      卯
兄辰 //         月
官卯官寅 X       乙
°財子 / 世       卯
                日
```

● 神算六爻 例文.

● 연월일 卯木이 4효에 있는 응효 丑土 兄을 극하니 삼전극이다.

● 게다가 寅木 官이 2효에서 발동해 진신이 되면서 응효를 극하니 꼭 시끄러운 일이 있으리라.

● 과연 그해 소값 파동으로 전국적으로 축산 농가의 소요(騷擾)가 있었다.

○ 부(父)가 왕(旺)하면 시험 성적이 좋고, 관(官)이 왕하면 관운(官運)이 유망하다.

○ 시험 합격 여부는 부(父)로 보고, 공명의 성취 여부는 관(官)으로 판단한다.

!澤風大過

```
財未 //         亥
°官酉 /         月
父亥 / 世        辛
°官酉 /         巳
父亥 /          日
財丑 // 應
```

● 神算六爻 例文.

● 亥月이 4효에서 父를 대하고 지세한 가운데 암동하니 우수한 성적으로 합격하리라.

● 그러나 애석하게도 관운이 없다.

● 3효 酉金 官이 亥月에 휴수되고 巳日의 극을 받은 중 공망이 되니 진공이기 때문이다.

평생점
雷火豊 ! 雷天大壯

```
兄戌 //         寅
孫申 //         月
父午 / 世        壬
兄辰 /          子
兄丑°官寅 X       日
財子 / 應
```

● 神算六爻 例文.

● 寅月이 2효에서 官을 대하고 발동해 세효를 생한다.

● 4효 午火 세효는 암동하니 평생 문장(文章)과 공명(功名)이 뛰어나겠다.

> ● 공명점(功名占)에서 재(財)와 손(孫)은 악살(惡殺)이다.
> ● 재(財)는 부(父)를 극하고, 손(孫)은 관(官)을 극하기 때문이다.

```
    !雷風恒

財戌 // 應
官申 //
孫午 /
官酉 / 世
父亥 /
財丑 //
```

● 神算六爻 例文.
● 3효에 酉金 官이 지세한 것은 관운이 있음을 말한다.
● 현재 관직자는 財가 발동함을 기뻐한다.
● 財가 발동하면 官을 생하기 때문이다.
● 그러나 孫이 발동하면 불안하다.

● 孫은 官을 상하게 하기 때문에 직장에 문제가 생긴다.

```
    !巽爲風

兄卯 / 世
孫巳 /
財未 //
官酉 / 應
父亥 /
財丑 //
```

● 神算六爻 例文.
● 시험 합격 여부는 父를 위주로 판단한다.
● 父가 지세하거나 父가 발동해 생세하거나 父가 발동해 극세하면 유망하다.
● 세효와 父가 관련이 없으면 안 된다.
● 또 父는 財의 발동을 꺼린다.

● 財가 발동하면 父를 극하기 때문이다.
● 孫이 발동하는 것도 바람직하지 않다.
● 父의 원신인 官이 극상(克傷)되기 때문이다.

●구명점(求名占)에서 일·월이 형(兄)이거나 형(兄)이 발동해 세효를 극하면 나의 표를 빼앗아 가는 것과 같다. 명성(名聲)을 얻음에 불리하다.

국회의원 출마
雷火豊!地火明夷

句	父酉 //	
朱	兄亥 //	子
青	財午官丑 ※世	月
玄	兄亥 /	己
白	官丑 //	亥
匕	孫卯 / 應	日

● 神算六爻 例文.

● 육효를 아는 사람이 찾아와 "내년에 국회의원에 출마하려 하는 이의 당선 여부를 점쳐 이 괘를 얻었다."며 "청룡 官이 지세하고 발동해 스스로 왕(旺)하니 틀림없이 당선되지 않겠는가?"라고 물었다.

● 아니다.

● 4효 丑土 官이 지세하고 발동했으나 官의 원신인 변효 午火 財가 子月에 월파되고 亥日의 극을 받았다.

● 子月과 亥日이 응효를 생하니 남이 당선된다.

●괘 중에 부(父)가 없으면 문장[시험]을 논(論)할 수 없다.
●관(官)이 없으면 관운(官運)을 논할 수 없다.

시험점
火地晋!雷地豫

孫巳財戌 ※	
官申 //	子
°孫午 / 應	月
兄卯 //	丁
孫巳 //	亥
°財未 // 世	日

● 神算六爻 例文.

● 일·월이 父를 대하였으나 본괘에 父가 없고 6효 戌土 財가 발동한 가운데 초효 未土 財가 지세하니 문장(시험)과는 인연이 없다.

<table>
<tr><td colspan="2">승진점</td></tr>
<tr><td colspan="2">艮爲山 ! 火山旅</td></tr>
<tr><td>兄巳 /</td><td rowspan="6">亥月
甲子日</td></tr>
<tr><td>孫未 //</td></tr>
<tr><td>∘孫戌 財酉 Ⅹ 應</td></tr>
<tr><td>財申 /</td></tr>
<tr><td>兄午 //</td></tr>
<tr><td>孫辰 // 世</td></tr>
</table>

◉ 神算六爻 例文.

◉ 일·월이 官이지만 본괘에 官이 없고 초효 辰土 孫이 지세하니 내가 官을 수용할 뜻이 없음이다.

▶ 관운(官運)을 묻는 점에 관(官)이 지세하더라도 월건이나 일진이 괘중에서 발동해 극세하면 도리어 재앙이 따른다.

<table>
<tr><td colspan="2">山地剝 ! 艮爲山</td></tr>
<tr><td>官寅 / 世</td><td rowspan="6">申月
癸未日</td></tr>
<tr><td>財子 //</td></tr>
<tr><td>兄戌 //</td></tr>
<tr><td>官卯 ∘孫申 Ⅹ 應</td></tr>
<tr><td>父午 //</td></tr>
<tr><td>兄辰 //</td></tr>
</table>

◉ 神算六爻 例文.

◉ 申月이 3효에서 발동해 세효를 극하는데 세효가 일묘(日墓)에 드니 흉한 징조다.

◉ 이달 중에 파직되고 바로 구속된다.

<table>
<tr><td colspan="2">火風鼎 ! 天火同人</td></tr>
<tr><td>孫戌 / 應</td><td rowspan="6">丑月
庚申日</td></tr>
<tr><td>孫未 財申 Ⅹ</td></tr>
<tr><td>兄午 /</td></tr>
<tr><td>官亥 / 世</td></tr>
<tr><td>官亥 ∘孫丑 ⅩⅩ</td></tr>
<tr><td>∘孫丑 父卯 Ⅹ</td></tr>
</table>

◉ 神算六爻 例文.

◉ 丑月이 2효에서 발동해 세효를 극하니 불길하다.

◉ 다행하게도 5효 申金 財가 日을 대하고 발동해 세효를 생하니 오히려 승진한다.

◉ 丑月이 발동하나 세효 亥水 官을 극하지 않고 申金 財를 생하여 탐생망극(貪生忘克)이 되기 때문이다.

◉ 태세는 유정(有情)함을 가장 좋아한다.
◉ 태세 관(官)이 세효를 생하면 군신(君臣)이 신뢰하는 형상이라 반드시 높이 오른다.

澤水困 ! 兌爲澤	
玄　父未 ∥ 世	巳年
白　兄酉 /	
匕　孫亥 /	巳月
句　父丑 ∥ 應	甲辰日
朱　∘財卯 /	
靑　∘財寅官巳 Ⅹ	

● 神算六爻 例文.
● 巳年이 초효에서 청룡 官을 대하고 발동해 세효를 생하니 참으로 길조다.
● 현재는 초효의 변효 寅木 財가 공망이므로 출공하는 甲寅日에 좋은 소식이 있으리라.
● 과연 그랬다.

◉ 일진이 세효를 극하면 주관자가 세효를 핍박하는 것과 같아서 불안하다. 더욱이 공망을 만나면 매우 흉하다.

승진점	
坎爲水 ! 水火旣濟	
兄子 ∥ 應	
∘官戌 /	午月
父申 ∥	
財午兄亥 Ⅹ 世	乙丑日
官辰 官丑 ∥	
孫寅 孫卯 Ⅹ	

● 神算六爻 例文.
● 3효 亥水 세효는 午月에 절지(絶地)가 되고 丑日이 2효에서 발동하여 극세하는데 세효가 공망이니 진공이다.
● 어떻게 승진을 바랄 것인가? 재앙을 예방해야 한다.
● 2효 丑土 官이 발동해 진신이고, 3효 亥水 세효가 午火 財를 화출하니 未月에 횡령으로 구속됐다.

<table>
<tr><td>

승진점

雷火風 ! 水火既濟

兄子 // 應
父申 °官戌 ✗
財午 父申 ※
°兄亥 / 世
官丑 //
孫卯 /

申月 辛未日

</td><td>

- 神算六爻 例文.
- 未日이 3효 亥水 세효를 극하고 세효가 공망을 만나니 흉조다.
- 그렇지 않다.
- 5효 戌土 官이 발동해 4효 申金 父를 생하고, 4효 父는 다시 발동해 세효를 생하니 절처봉생(絶處逢生)이다.

</td></tr>
</table>

- 출공 후 巳日에 승진했다.
- 정자(靜者)는 충일(沖日)에 성사되기 때문이다.

> 부(父)는 왕(旺)하지만 관(官)이 공망이면 우수한 성적으로 합격하나 등용(登用)되지 못한다.
> 관(官)이 생부(生扶)를 받아 왕하면 비록 부(父)가 약하더라도(학문은 부족하더라도) 꼭 뜻을 이룬다.

<table>
<tr><td>

乾爲天 ! 天風姤

父戌 /
兄申 /
°官午 / 應
兄酉 /
孫亥 /
孫子 父丑 ※ 世

子月 己丑日

</td><td>

- 神算六爻 例文.
- 父가 초효에서 지세한 가운데 일진을 대하고 발동하니 좋은 성적으로 시험에 합격한다.
- 반면에 4효 午火 官은 월파를 당하고 공망에 빠지니 관운을 기대하기 어렵다.

</td></tr>
<tr><td>

雷天大壯 ! 雷風恒

財戌 // 應
°官申 //
孫午 /
°官酉 / 世
父亥 /
父子 財丑 ※

丑月 庚辰日

</td><td>

- 神算六爻 例文.
- 丑月이 초효에서 발동해 2효 亥水 父를 극하니 학문은 약하다.
- 그러나 3효 酉金 官은 지세한 가운데 일월의 생을 받아 왕상하다.
- 특채된 후 대발(大發)했다.

</td></tr>
</table>

◐ 부(父)와 관(官)이 발동해 화절(化絶)되면 합격을 기대하기 어렵다.
◐ 일·월 관(官)이 응효에서 발동해 세효를 생하면 직장을 구하는 데 어려움이 없다.

山澤損!風澤中孚	
官卯 /	
財子○父巳 X	亥月
兄未 // 世	乙未日
兄丑 //	
官卯 /	
○父巳 / 應	

● 神算六爻 例文.
● 巳火 父가 5효에서 발동해 세효를 생하니 길조다.
● 그러나 巳火 父가 월파를 당한 가운데 발동해 화절(化絶)되니 시험에서 좋은 점수를 얻기 어렵다.

地風升!天風姤	
兄酉父戌 X	
孫亥兄申 X	午月
父丑官午 X 應	甲午日
兄酉 /	
孫亥 /	
父丑 // 世	

● 神算六爻 例文.
● 일·월이 4효에서 官을 대하고 발동해 세효를 생하니 父와 官이 모두 왕(旺)하다.
● 반드시 관직을 얻을 수 있으리라.

제5장

재수점 · 구재점
財 數 占　　求 財 占

> ○ 재수점 · 구재점에서는 재운(財運)과 관련된 일체의 사안에 대하여 예측할 수 있다. 사업을 해서 돈을 벌 수 있을지, 빌려준 돈을 받을 수 있을지, 금융기관에서 융자가 가능한지 등을 알 수 있다.

> ○ 내가 통제할 수 있는 것은 내가 소유하고 관리할 수 있다. 그래서 내가 이기는 것을 재(財)로 한다. 재물이나 처(妻)는 내가 감당할 능력이 없으면 흩어지거나 떠나 버린다.
> ○ 재물을 구하는 것도 소원하는 바다.
> ○ 재(財)를 감당할 수 있으면 재(財)가 발동해 세효를 극하는 것이 가장 빠르다.
> ○ 그러나 세효가 일월(日月)에 휴수(休囚)되어 재(財)를 감당하지 못하면 재(財)는 도리어 재앙이 된다.
> ○ 다음으로 재(財)가 발동해 세효를 생하면 재물을 쉽게 구할 수 있다.
> ○ 그 다음은 재(財)가 지세한 경우로 다른 효에서 손(孫)이 발동해 세효를 생하면 재물을 구하는 데 수월하다.

● 재수점에서 재(財)는 본(本)이고, 손(孫)은 재(財)를 생하는 자이므로 이(利)가 된다.
● 따라서 재(財)나 손(孫)이 파(破)나 공망이 되면 재물을 구하는 데 불리하다.

```
       ! 水火旣濟
   兄子 // 應
   官戌 /
   父申 //
   兄亥 / 世(午財)
   官丑 //
   孫卯 /
```

● 神算六爻 例文.
● 兄이 지세하고 財가 복신이라 재물과는 인연이 없다.
● 세효가 약할 경우는 財가 발동해 세효를 생합(生合)하면 길하다.
● 세효가 왕(旺)할 때는 財가 발동해 극세하면 큰 재물을 얻을 수 있다.

● 財가 지세하면 財와 인연이 있으니 財가 왕해지는 시기에 재물을 얻을 수 있다.

● '재물과 인연'이라는 것은 財가 지세하거나 財가 발동해 생세 또는 극세하는 것을 말한다.

```
    坎爲水 ! 澤水困
   父未 //
   兄酉 /          亥
   兄申孫亥 X 應    月
   官午 //          壬
   父辰 /           子
   °財寅 // 世       日
```

● 神算六爻 例文.
● 財가 지세하니 재수와 인연이 있다.
● 4효에서 亥水 孫이 발동해 생세하니 곧 재수가 있겠다.
● 현재는 寅木 財가 공망이므로 출공하는 甲寅日부터 재수가 있다.

```
天水訟 ! 澤水困
父戌父未 ✗✗
  兄酉 /          未
  孫亥 / 應        月
  官午 ✗✗         乙
  父辰 /          巳
 ॰財寅 ✗✗ 世        日
```

● 神算六爻 例文.

● 앞의 괘와 비슷하나 내용이 매우 다르다.

● 초효 寅木 財가 지세하니 재수가 있는 괘상이다.

● 그러나 6효에서 未土가 月을 대하고 발동해 진신이 되면서 원신인 亥水 孫을 극한다.

● 또 孫은 일파를 당하니 전혀 힘이 없다.

● 지세한 寅木 財가 일·월에 휴수되어 약한데 未月 동묘(動墓)에 입고(入庫)되니 재수는 고사하고 재물로 인한 구설(口舌)만 있겠다.

---

❷ 형(兄)은 재물을 겁탈하는 자다.

❷ 괘 중에서 형동(兄動)하면 재(財)를 극한다.

❷ 괘 중에 재(財)가 없고 손(孫)만 있으면 도리어 재원(財源)이 왕성해지니 재수(財數)는 유망하나 현재 재수가 있는 것은 아니다.

```
天澤履 ! 火澤睽
    父巳 /
 孫申兄未 ✗✗
    孫酉 / 世
    兄丑 ✗✗
    官卯 /
    父巳 / 應
```

● 神算六爻 例文.

● 財가 괘 중에 있는데 兄이 발동하면 극재(克財)하니 흉하다.

● 財가 없으면 극재(克財)할 곳이 없으니 자연히 孫을 생한다.

● 孫은 財의 원천이고 財의 생산처라 생을 받아 왕해지면 길하다.

○ 괘 중에서 형(兄)이 왕(旺)하면 발동하지 않더라도 재수를 말하기 어렵다. 왕한 자는 항시 충동(冲動)의 기회가 있기 때문이다.
○ 그러나 관(官)이 발동하면 괜찮다. 관(官)은 형(兄)을 통제하기 때문이다.

```
      !天地否
 父戌 /  應
 兄申 /        未
°官午 /        月
 財卯 // 世     甲
 官巳 //        申
°父未 //        日
```

● 神算六爻 例文.
● "5효 申金 兄이 일·월의 생을 받아 왕하나 3효에서 卯木 財가 지세하니 재수가 있지 않을까요?"라고 어떤 이가 물었다.
● 申日이 현재는 5효에서 발동하지 않으나 며칠 뒤 庚寅日이 되면 충동해 財를 극한다.
● 더욱이 兄을 누르는 午火 官이 공망이니 어찌 재수를 말하랴.

○ 손(孫)은 재(財)를 생하는 재원(財源)이다.
○ 재(財)는 있으나 손(孫)이 없으면 재물을 얻기 어렵다.
○ 재(財)와 손(孫)이 모두 없으면 산에서 바다고기를 찾는 것과 같다.

```
      !天地否
 父戌 /  應
 兄申 /           未
 官午 /           月
 財卯 // 世        丁
 官巳 //           巳
 父未 // (子孫)。    日
```

● 神算六爻 例文.
● 財가 지세한 것은 현재 내가 어느 정도의 재물을 소유하고 있음을 말한다.
● 재수점에 원신 孫이 없으면 財를 생하는 근원이 없는 것과 같으므로 앞으로의 재수를 말하기 어렵다.
● 만일 5효 申金 兄이 발동해 극세하면 큰 손해를 본다.
● 초효 未土 아래 子水 孫이 복신인데 未月이 극하고 巳日에 절(絶)되니 財의 원신은 완전히 고갈된 것과 같다.

> ● 부(父)와 형(兄)이 함께 발동하면 절대로 재수(財數)를 논(論)하지 말아야 한다.
> ● 부(父)는 재(財)의 원신인 손(孫)을 극하고, 형(兄)은 재(財)를 극하는 파재(破財)의 신(神)이기 때문이다.

水火旣濟 ! 風火家人	
父子兄卯 X	
孫巳 / 應	卯月
財未 //	
○父亥 /	甲子日
財丑 // 世	
兄卯 /	

● 神算六爻 例文.

● 財가 지세하면 반드시 괘 중에 官이 있어 兄을 제압해 주어야 길(吉)하다.

● 만일 兄이 발동하면 官이 발동해 兄을 극해야 손재(損財)를 피할 수 있다.

● 卯月 兄이 초효와 6효에서 교중 발동했는데 이를 억누를 자가 전혀 없다.

● 도산(倒産)한 사람이 얻은 괘다.

> ● 월건(月建)이 재(財)이고 괘 중에 재(財)가 없으면 일진(日辰)이 재(財)가 되는 날에 득재(得財)한다고 하지만 큰 재물은 아니다.

巽爲風 ! 天風姤	
○父戌 /	
兄申 /	卯月
父未官午 X 應	
兄酉 /	丙寅日
○孫亥 / (寅財)	
父丑 // 世	

● 神算六爻 例文.

● 寅木 財가 2효 亥水 孫 아래 복신이나 일·월이 財가 되니 왕(旺)하다.

● 복자(伏者)는 왕한 날에 성사된다.

● 초효 丑土 父가 지세하고 있는데 일·월이 극세하니 무력한 듯하다.

● 그러나 4효에서 午火 官이 일·월의 생을 받아 왕한 가운데 발동해 세효를 생하니 전혀 문제가 없다.

● 寅木 일진이 극세하니 오늘 재수가 있겠다.

<table>
<tr><td colspan="2">!水火旣濟</td></tr>
<tr><td>兄子 // 應</td><td rowspan="6">午月
辛巳日</td></tr>
<tr><td>官戌 /</td></tr>
<tr><td>∘父申 //</td></tr>
<tr><td>兄亥 / 世(午財)</td></tr>
<tr><td>官丑 //</td></tr>
<tr><td>孫卯 /</td></tr>
</table>

- 神算六爻 例文.
- 午火 財는 3효 亥水 兄 아래 복신이다.
- 午月과 巳日도 財다.
- 3효 亥水 세효가 午月에 절지(絕地)가 되고 일파를 당하니 무력하다.
- 세효의 원신 申金 父도 일·월의 극을 받아 전혀 힘이 없다.
- 신상(身上)에 재앙이 있을까 두렵다.

- 고전에는 괘 중에 재(財)가 많이 나타나면 재물이 흩어져 있는 모양이니 재(財)가 묘(墓)에 입묘(入墓)되어야 길하다고 했다. 그러나 이 부분은 재검토 되어야 한다.
- 괘 중에 재(財)가 많다고 해도 2위(位) 뿐이다. 용신이 2개인 경우는 특성이 있는 효를 선택한다.

<table>
<tr><td colspan="2">地水師 ! 地天泰</td></tr>
<tr><td>孫酉 // 應</td><td rowspan="6">亥月
庚子日</td></tr>
<tr><td>財亥 //</td></tr>
<tr><td>兄丑 //</td></tr>
<tr><td>父午∘兄辰 X 世</td></tr>
<tr><td>官寅 /</td></tr>
<tr><td>官寅 財子 X</td></tr>
</table>

- 神算六爻 例文.
- 辰土 兄이 지세한 가운데 발동하니 재물과는 인연이 없는 것 같다.
- 그렇지 않다.
- 亥月·子日 財가 괘 중에 나와 왕하긴 하나, 財가 4개나 되어 흩어져 있음과 같다.
- 財를 끌어 모으는 辰土 재고(財庫)가 지세하고 발동해 財를 끌어 모으니 큰 재물을 얻을 괘다.

> ◑ 본인의 재수점에서는 세효가 구재(求財)의 주인이다.
> ◑ 재(財)는 반드시 세효와 인연이 있어야 한다.
> ◑ 재(財)가 지세하거나 생세 또는 극세하지 않으면 세효와 재(財)는 전
> 혀 관계가 없다. 따라서 재수를 말할 수 없다.

!澤水困
父未 //
兄酉 /
孫亥 / 應
官午 //
父辰 /
財寅 // 世

● 神算六爻 例文.
● 財가 지세하므로 재물과 인연이 있다
고 하겠다.

風天小畜 ! 山天大畜
官寅 /
父巳財子 ※ 應
兄戌 //
兄辰 /
官寅 / 世
財子 /

● 神算六爻 例文.
● 財가 발동해 생세하니 財와 인연이 있
다.

澤天夬 ! 澤風大過
財未 //
官酉 /
父亥 / 世
官酉 /
父亥 /
父子財丑 ※ 應

● 神算六爻 例文.
● 財가 발동해 극세하므로 재수 대길하
다.

● 관(官)이 지세했는데 손(孫)이 발동하면 세효를 극하니 흉하다.

● 여기서 다시 재(財)가 발동하면 손(孫)은 세효를 극하지 않고 재(財)를 생하고, 재(財)는 세효를 생한다. 탐생망극으로 재수가 끊이지 않는다.

風地觀 ! 水地比	
官卯 ◦財子 ※ 應	
兄戌 /	戌月
孫申 ∥	甲
官卯 ∥ 世	寅
父巳 ∥	日
兄未 ∥	

● 神算六爻 例文.

● 申金 孫이 4효에서 암동해 6효 子水 財를 생한다.

● 다시 6효 財가 발동해 세효를 생하니 사업이 날로 번창할 괘다.

坎爲水 ! 澤水困	
父未 ∥	
兄酉 /	亥月
兄申 ◦孫亥 ╳ 應	乙
官午 ∥	丑
父辰 /	日
財寅 ∥ 世	

● 神算六爻 例文.

● 寅木 財가 초효에서 지세하니 재수가 있다 하겠다.

● 4효에서 亥水 孫이 月을 대하고 발동해 세효를 생하니 재원(財源)이 무한(無限)하다.

⊙ 형(兄)이 지세하고 발동해 관(官)을 화출하면 구설(口舌)이 분분(紛紛)하고 재물을 구하지 못하며 건강도 잃는다. 회두극(回頭克)을 당했기 때문이다.

水雷屯 ! 水火旣濟	
兄子 // 應	
官戌 /	寅月
父申 //	
°官辰兄亥 Ⅹ 世	辛丑日
官丑 //	
孫卯 /	

● 神算六爻 例文.
● 세효와 응효가 둘 다 兄이니 재수와는 거리가 멀다.
● 3효 亥水 兄이 寅月에 휴수되고 丑日에 일파를 당하니 괘상이 나쁘다.
● 더욱이 亥水 세효가 발동해 회두극이 되니 매우 나쁘다.

⊙ 辰月에 사업 실패를 비관해 운전 중에 강으로 투신자살했다.
⊙ 亥는 丑日의 역마이기 때문이다.

⊙ 태세는 1년을 주관한다. 태세가 형(兄)을 대하고 괘 중에 지세하면 태세가 주관하는 1년간 재수를 말하기 어렵다.
⊙ 월건(月建) 형(兄)이 괘 중에서 지세하고 발동하면 몇 달간 손재가 일어난다.

水風井 ! 巽爲風	
父子兄卯 Ⅹ 世	卯年
孫巳 /	
°財未 //	辰月
官酉 / 應	
父亥 /	辛卯日
財丑 //	

● 神算六爻 例文.
● 卯年이 6효에서 兄을 대한 가운데 지세하니 卯年 1년간 재물을 전혀 얻지 못할 괘다.

◐ 재(財)가 발동해 세효를 생합(生合)하면 재물을 쉽게 얻는다.
◐ 재(財)가 일진(日辰)이나 다른 효를 생합하면 다른 사람이 득재(得財)한다.

```
雷澤歸妹 ! 雷風恒

○財戌 // 應
  官申 //        午
  孫午 /          月
財丑官酉 Ⅹ世      乙
○父亥 /          丑
孫巳財丑 ⅩⅩ       日
```

● 神算六爻 例文.

● 한 사람이 찾아와 "지금까지 주식투자로 큰 손해를 봤는데, ○○주식을 사면 손해를 만회할 수 있을까요?"라고 물어 나온 괘다.

● 午月이 초효 丑土 財를 생하고, 丑土 財는 발동해 세효를 생하니 참으로 길조다.

● 무엇을 망설일 것인가!

```
동업
水天需 ! 巽爲風

父子兄卯 Ⅹ世
   孫巳 /         亥
   財未 //        月
   官酉 / 應       乙
  ○父亥 /         丑
父子財丑 ⅩⅩ        日
```

● 神算六爻 例文.

● 6효 卯木 兄이 지세한 가운데 발동하니 동업(同業)은 안 된다.

● 초효에서 丑土 財가 발동하지만 응효를 생하니 나와는 전혀 무관(無關)한 재수다.

> ◑ 세효와 응효가 모두 재(財)이면 유리(有利)하나 반드시 손(孫)이 발동해야 한다.
> ◑ 손(孫)은 정(靜)한데 형(兄)이 발동하면 반드시 손재(損財)한다.
> ◑ 형(兄)은 정(靜)해야 길하고 동(動)하면 불길하다.

동업	
!地風升	
官酉 //	
父亥 //	午
財丑 // 世	月
官酉 /	乙
父亥 /	未
財丑 // 應	日

● 神算六爻 例文.

● 4효 세효와 초효 응효가 비화(比和)된 것은 나와 상대방의 뜻이 비슷하다는 얘기다.

● 午月이 세효와 응효를 생하고 未日이 암동시키니 財가 매우 왕하다.

● 재수 대길한 괘다.

雷澤歸妹 ! 震爲雷	
財戌 // 世	
°官申 //	寅
孫午 /	月
財辰 // 應	己
兄卯兄寅 ✕	卯
父子 /	日

● 神算六爻 例文.

● 세효와 응효가 함께 財이니 좋은 듯하다.

● 그러나 육충괘이고 寅月이 2효에서 兄을 대하고 발동해 진신이 되면서 세·응을 극하니 큰 손재를 면하기 어렵다.

● 卯日도 兄을 돕는다.

● 兄이 발동하면 官이 발동해 兄을 극하거나 孫이 발동해 탐생망극(貪生忘克)시켜야 길하다.

○ 빌려 준 돈은 세효와 응효가 모두 형(兄)이거나 재(財)가 쇠절(衰絶)
되면 받지 못한다.
○ 세효가 공망이면 내가 수금(收金)을 하지 못하고, 응효가 공망이면
상대가 돈을 갚을 능력이 없거나 갚을 생각이 없다.

▶

수금

天水訟 ! 澤水困

父戌父未 ※
　兄酉 / 　　　未
　孫亥 / 應　月
　官午 ∥　　　庚
　父辰 / 　　　戌
　º財寅 ∥ 世　日

● 神算六爻 例文.
● 초효 寅木 財가 지세하니 재수가 있는
괘상이다.
● 그러나 6효에서 未土 父가 발동해 진
신이 되면서 財의 원신인 4효 亥水 孫을
극하고 寅木 財를 입고(入庫)시킨다.
● 寅木 財가 공망이니 돈을 받기 어렵겠

다.

수금

! 水火旣濟

　兄子 ∥ 應
　官戌 / 　　　亥
　父申 ∥　　　月
　兄亥 / 世(午財)º　甲
　官丑 ∥　　　申
　孫卯 / 　　　日

● 神算六爻 例文.
● 午火 財가 3효 亥水 세효 아래 복신인
데 亥月의 극을 받는 데다 진공이다.
● 따라서 돈을 받는 데 어려움이 많다.
● 6효에 있는 응효가 兄을 대하고 있으
니 상대방이 돈을 줄 뜻이 전혀 없다.

地火明夷 ! 水火旣濟		
靑	兄子 // 應	
玄	兄亥官戌 ✕	午月
白	°父申 //	丁
比	兄亥 / 世	丑
句	官丑 //	日
朱	孫卯 /	

● 神算六爻 例文.

● 3효 亥水 세효가 午月에 절지(絕地)가 되고 일진의 극을 받아 무력하다.

● 5효에서 戌土 官이 일·월의 생부(生扶)를 받아 왕한 가운데 현무를 대하고 발동해 극세하니 도적을 주의하라.

● 戌日에 골목길에 세워둔 차를 잃어버린 괘다.

● 亥水 兄이 丑日의 역마이기 때문이다.

주택 매매		
坎爲水 ! 澤水困		
父未 //		
°兄酉 /		午月
°兄申孫亥 ✕ 應		甲
官午 //		戌
父辰 /		日
財寅 // 世		

● 神算六爻 例文.

● 4효 亥水 응효가 발동해 세효를 생하고 財가 지세하니 매매에 길조다.

● 2효에서 辰土 父가 암동하니 가택 문제가 분명하다.

● 亥水 응효가 발동해 申金을 화출하면서 공망이 되니 현재는 성사가 안 된다.

● 申金이 출공한 뒤 丁亥日에 성사 되리라.

● 亥日에 성사되는 것은 동자(動者)는 행동하는 자이기 때문이다.

```
   山地剝!艮爲山

      ○官寅 /  世
       財子 //       子
       兄戌 //       月
   ○官卯孫申 ⚊ 應    乙
       父午 //       巳
       兄辰 //       日
```

● 神算六爻 例文.

● 어떤 사람이 집을 사고 싶다며 성사 여부를 물어 나온 괘다.

● 3효 申金 응효가 6효 寅木 세효를 충극하는 모양이라 매매는 어렵겠다.

● 寅木 세효는 子月에 왕(旺)하나 공망을 만나니 내 마음을 감추는 것과 같다.

● 申金 응효는 子月에 휴수되고 일진의 극을 받은 가운데 발동해 卯木을 화출하면서 공망이 되었다.

● 따라서 상대방의 뜻을 알 수 없다 하겠다.

● 이 매매는 이뤄지지 않는다.

● 출공 후에 응효가 극세하므로 흥정을 하다가 시비(是非)만 오고 갔다.

❑ 괘 중에 재(財)가 왕상(旺相)하면 물건이 많고 재(財)가 휴수쇠절(休囚衰絶)되면 물건이 적다.

❑ 공망은 물건이 부족하거나 물건이 이미 떠난 뒤이고 복(伏)은 본래 물건이 없다.

❑ 농수축산물은 기르고 양육(養育)하는 것이니 손(孫)으로 판단한다. 손(孫)으로 보는 이유는 손(孫)이 재(財)의 원신이기 때문이다.

```
   風雷益!山火賁

       官寅 /
   父巳○財子 ⚊       寅
       兄戌 // 應     月
   兄辰 財亥 ⚊       丙
      ○兄丑 //       辰
       官卯 /  世     日
```

● 神算六爻 例文.

● 청과물 도매업을 하는 사람이 "여름 과일을 입도선매(立稻先賣)하면 어떻겠느냐?"고 물어 나온 괘다.

● 財가 발동해 세효를 생하니 재수가 있는 듯하다.

● 그러나 5효에서 발동한 子水 財는 절(絶)을 만나고, 3효에서 발동한 亥水 財는 화묘(化墓)와 일묘(日墓)에 드니 무력하다.

● 財가 둘이나 발동하지만 모두 힘을 잃어 세효를 생하지 못하니 절대 투자해서는 안 된다.

<table>
<tr><td>

!山火賁

官寅 /
財子 //
兄戌 // 應
財亥 /
兄丑 //
官卯 / 世

申月　辛巳日

</td><td>

● 神算六爻 例文.

● 申月에 3효 亥水 財가 암동해 세효를 생하니 길조다.

● 10월에 많은 돈을 벌겠다.

</td></tr>
</table>

제6장

가택점
家 宅 占

◐ 가택점에서는 거처하는 공간[집]의 길흉을 예측할 수 있다.

◐ 최초의 주거 공간은 부모(父母)의 품이다. 부모는 외부(外部)로부터 발생하는 위험 요소를 막아주고 추위와 더위를 조절해 자손이 성장하는 데 최선의 배려를 한다. 그래서 거처 공간을 부모의 품에 비유하여 부(父)를 가택(家宅)으로 한다.

◐ 집을 구할 때까지는 부(父)를 위주로 봐야 하나, 그 집에 거처하며 발생하는 길흉(吉凶)은 세효의 왕상휴수(旺相休囚)로 판단하되, 세효에 임한 육친도 참작해야 한다. 택효(宅爻)인 2효와의 관계도 살펴야 한다.

가택점에서 효 위치에 따른 의미		
6효	원처(遠處)	현관문
5효	인구효(人口爻)	먼 곳
4효	외문(外門)	도로, 밖
3효	내문(內門), 문정(門庭)	대문
2효	택효(宅爻)	가택, 주방
초효	건물의 바탕(宅基)	집터

제
❻
장

가
택
점

● 2효는 택효(宅爻), 5효는 가택에 거처하는 인구효(人口爻)다.
> ● 일진이나 월건이 부(父)를 대하고 응효에서 발동해 택효인 2효를 상
>   생(相生)하면 조상(祖上)으로부터 물려받은 집이다.

!山雷頤

```
兄寅 /
父子 //        子
財戌 // 世      月
°財辰 //        甲
兄寅 //         午
父子 / 應       日
```

● 神算六爻 例文.

● 子月에 택효(宅爻) 寅木 兄이 왕하다.

● 초효에서 子水 응효가 암동해 택효를 생하니 부모로부터 상속받을 괘다.

● 택효에 兄이 붙어 있으니 비싼 집은 아니다.

天澤履 ! 地澤臨

```
兄戌 孫酉 ✕
孫申 財亥 ✕ 應    寅
父午°兄丑 ✕       月
  °兄丑 //        癸
  官卯 / 世       亥
  父巳 /          日
```

● 神算六爻 例文.

● 5효에서 亥水 응효가 발동해 택효를 생하니 부모에게서 상속받은 집을 가지고 있다.

● 왕한 亥水 財가 응효에서 동하여 世[택효]를 생하니 비싼 집이다.

● 택효(宅爻)에 손(孫)이 있으면 그 집은 편안한 집이고 재(財)가 있으면 재수(財數)가 있는 집이다.

● 형(兄)이 있으면 재물이 모이지 않고 처(妻)가 불안하다. 관(官)이 있으면 관재(官災) 또는 질병(疾病)이 염려되는 집이다.

```
        ! 天水訟

    孫戌 /
    財申 /          巳
    兄午 / 世        月
    兄午 //          己
    孫辰 /           酉
   ○父寅 // 應        日
```

● 神算六爻 例文.

● 택효에 孫이 있고 5효 인구효(人口爻)를 생하는 관계에 있으니 길(吉)한 괘다.

● 오래 살아도 별 탈 없이 편안하겠다.

● 그러나 兄이 지세하니 재물을 모으기는 어렵다.

```
    天澤履 ! 天雷无妄

    財戌 /
    官申 /          寅
    孫午 / 世        月
    財辰 //          癸
  兄卯兄寅 ╳         亥
   ○父子 / 應        日
```

● 神算六爻 例文.

● 寅木 兄이 月을 대하고 택효에서 발동하니 손재(損財)가 크다.

● 그 집에 살다가 재산을 탕진한 사람이 얻은 괘다.

```
    水地比 ! 坎爲水

   ○兄子 // 世
    官戌 /          巳
    父申 //          月
    財午 // 應        丙
  財巳官辰 ╳         辰
    孫寅 //          日
```

● 神算六爻 例文.

● 일진 辰土 官이 택효에서 왕(旺)한 가운데 발동해 극세하니 참으로 불미스럽다.

● 온 식구가 질병으로 고생한 사람의 괘다.

제 **6** 장 가택점

345

> ▶ 택효(宅爻)인 2효가 발동해 인구효(人口爻)인 5효를 극하면 가택이 그 집에 거처하는 사람을 극하는 것과 같아 흉하다.
> ▶ 반대로 인구효인 5효가 택효인 2효를 극하면 그 집에 살고 있는 사람이 집을 누르고 감당하는 모습이니 무방(無妨)하다.

水澤節!水雷屯	
兄子 //	
°官戌 / 應	亥月
父申 //	甲子日
官辰 //	
孫卯孫寅 ※ 世	
兄子 /	

- 神算六爻 例文.
- 택효에서 孫이 발동하니 편안한 괘상인 듯하다.
- 그러나 자세히 보면 택효에서 孫이 왕(旺)한 가운데 발동해 5효 인구효를 극하니 흉조(凶兆)다.
- 5효에 있는 戌土 官은 일 · 월에 휴수되고 공망인 데다 원신은 복신이라 무력하다.
- 그 집에 살다 큰 아들(長子)이 사망했다.

- 교중(交重)은 같은 육친이 내·외괘에 있는 것으로 다른 효에 비해 힘이 배가(倍加)된다.
- 교중된 효가 발동해 택효를 생하면 집을 손질하거나 고칠 일이 있다.
- 이때 발동한 효가 부(父)를 생하면 부모가 거처하는 곳이거나 서재 아니면 천정이나 지붕이다.
- 재(財)를 생하면 주방이고, 형(兄)을 생하면 담장이나 문호(門戶)다.
- 손(孫)을 생하면 거실이고, 관(官)을 생하면 신(神)이나 조상을 모시는 곳이다.

	!水天需	
玄	財子 //	
白	兄戌 /	亥月
ヒ	孫申 // 世	
句	○兄辰 /	甲午日
朱	官寅 /	
靑	財子 / 應	

- 神算六爻 例文.
- 子水 財가 초효와 6효에서 교중된 상태에서 암동한다.
- 암동한 財가 청룡을 대하고 택효를 생하니 주방 손질하는 일이 있겠다.

	!雷水解	
ヒ	財戌 //	
句	官申 // 應	寅月
朱	孫午 /	
靑	孫午 //	庚子日
玄	○財辰 / 世	
白	兄寅 //	

- 神算六爻 例文.
- 午火 孫이 3효와 4효에서 청룡을 대하고 교중되어 있다.
- 午火 孫이 암동해 택효를 생하니 거실을 수리하려고 한다.

> 일진(日辰)이 괘 중에서 지세하고 발동해 택효(宅爻)를 극하면 집은 편안하지 못하고 파재(破財)한다. 또 택효가 파(破)를 만나거나 공망이면 재앙이 일어난다.

艮爲山 ! 山火賁	
官寅 /	
財子 //	亥月
兄戌 // 應	
財亥 /	己卯
兄丑 //	
兄辰官卯 X 世	日

- 神算六爻 例文.
- 초효에서 卯木 일진 官이 지세하고 발동해 택효를 극한다.
- 卯木 官은 月의 생을 받아 왕(旺)하다.
- 스스로 가정을 파괴한 사람의 괘다.

天風姤 ! 巽爲風	
兄卯 / 世	
°孫巳 /	巳月
孫午財未 ※	
官酉 / 應	乙未
父亥 /	
財丑 //	日

- 神算六爻 例文.
- 4효에서 일진 未土 財가 발동해 택효를 극하는 가운데 초효에서 丑土 財가 암동해 또 택효를 극하니 흉조다.
- 택효 亥水는 월파를 당하고 일진의 극을 받으니 대흉하다.
- 가장이 사업에 실패해 집은 채권자에게 넘어가고 화병(火病)으로 사망한 괘다.

◎ 응효는 타인(他人)을 의미하기도 한다.

◎ 응효가 택효(宅爻)에 있으면 응비입택(應飛入宅)이라 하는데 다른 성(姓)을 가진 사람과 동거하고 있음을 뜻한다.

◎ 동(動)은 움직임이다. 택효가 발동해 세효를 생하면 가까운 시일 내에 이사(移徙)한다.

澤風大過 ! 水風井	
父子 //	
財戌 / 世	未
父亥 官申 ※	月
官酉 /	甲
父亥 / 應	申
財丑 //	日

● 神算六爻 例文.

● 應(응)이 택효에 있고 택효 亥水 父는 발동한 일진 申金의 생을 받으니 왕하다.

● 남편의 뜻에 따라 시이모를 모시고 있는 여자의 괘다.

風山漸 ! 巽爲風	
兄卯 / 世	
孫巳 /	亥
財未 //	月
官酉 / 應	癸
孫午 ∘ 父亥 Ⅹ	酉
財丑 //	日

● 神算六爻 例文.

● 택효에서 亥水 父가 발동해 세효를 생하고 있다.

● 집문서를 가질 괘다.

- 문정(門庭)은 3효다.
- 3효가 연월일(年月日)로부터 삼전극(三傳克)을 당하면 문정이 파괴됨에 비유되니 패가(敗家)한 집이다.
- 택효(宅爻)가 일진 동효의 극을 받은 가운데 진공을 만나도 황폐(荒廢)한 집이다. 진공은 소멸을 나타낸다. 살던 사람이 도망갔거나, 일가(一家)가 몰살(沒殺)된 경우다.

澤雷隨 ! 澤火革	
官未 //	丑年
父酉 /	
°兄亥 / 世	未月
官辰 °兄亥 Ⅹ	
官丑 //	戊辰日
孫卯 / 應	

- 神算六爻 例文.
- 3효 문정(門庭)에서 亥水 兄이 丑年과 未月 그리고 辰日의 극을 받으니 삼전극이다.
- 게다가 亥水 兄은 동하여 일진 辰土를 화출하여 화묘(化墓)가 되면서 회두극을 받으니 크게 흉하다.

- 사업 실패 후에 처(妻)가 가출하자 비관해 일가족이 음독(飮毒)한 괘다.

震爲雷 ! 水雷屯	
兄子 //	酉年
父申 官戌 Ⅹ 應	
財午 父申 Ⅻ	未月
官辰 //	
°孫寅 // 世	戊申日
兄子 /	

- 神算六爻 例文.
- 寅木 世(세)가 택효에 임했다.
- 택효 寅木을 酉年이 극하고 未月이 입고(入庫)시키는데 4효에서 일진 申金이 발동해 극하니 매우 흉하다.
- 더구나 寅木 세효가 공망이니 진공이다.

- 가장(家長)이 사업에 실패한 뒤 일가족이 차 안에서 재난을 당했다.
- 寅은 申日의 역마다.

- 괘 중에 형(兄)이 있는데 관(官)이 없으면 형(兄)을 견제하는 자가 없으므로 손재(損財)가 발생하고 처(妻)가 편안하지 않다.
- 관(官)이 발동하는 것도 바람직하지 못하다. 특히 괘 중에 손(孫)이 없는데 관(官)이 발동해 극세하면 재앙이 발생하는데 대책이 없는 것과 같다.

水火旣濟 ! 風火家人	
∘父子兄卯 ✕	
孫巳 / 應	卯月
財未 //	庚
父亥 /	申
∘財丑 // 世	日
兄卯 /	

- 神算六爻 例文.
- 卯木 兄이 초효와 6효에서 교중된 상태에서 발동해 극세한다.
- 왕(旺)한 兄을 누를 官이 없으니 兄의 횡포가 심하다.
- 파산 후에 처(妻)가 가출한 괘다.

水澤節 ! 風澤中孚	
財子官卯 ✕	
父巳 /	亥月
∘兄未 // 世	辛
兄丑 // (申孫)	卯
官卯 /	日
父巳 / 應	

- 神算六爻 例文.
- 官이 발동하면 孫이 함께 동해야 길하다.
- 여기서는 孫이 복신인 데다 휴수돼 무력하니 흉하다.
- 6효에서 亥月의 생을 받은 卯木 官이 일진을 대하고 발동해 극세하니 구출될 여지는 전혀 없다.
- 당일 사망한 괘다.

> ● 문복자(門卜者:점을 보러 온 사람)의 납음오행(納音五行)이 관(官)을
> 극하면 내가 기살(忌殺)을 제압하고 있는 모습이므로 관(官)이 발동
> 해도 어려움이 없다.

水澤節 ! 風澤中孚	
財**子**官**卯** Ⅹ	
父**巳** /	亥月 辛巳日
兄**未** ∥ 世	
兄**丑** ∥	
官**卯** /	
父**巳** / 應	

● 神算六爻 例文.

● 문복자는 계유생(癸酉生)이다.

● 6효 卯木 官이 亥月의 생을 받아 왕한 가운데 발동해 극세하니 불미스럽다.

● 그러나 巳日이 생세하니 절처봉생(絶處逢生)이다.

● 더욱 다행스러운 것은 문복자의 납음 오행이 검봉금(劍鋒金)이라 금극목(金克木)해서, 기살을 제압해 준 것이다.

水澤節 ! 風澤中孚	
財**子**官**卯** Ⅹ	
父**巳** /	亥月 辛卯日
°兄**未** ∥ 世	
兄**丑** ∥	
官**卯** /	
父**巳** / 應	

● 神算六爻 例文.

● 문복자는 병자생(丙子生)이다.

● 6효에서 卯木 官이 왕(旺)한 가운데 발동해 극세하고 일진도 세효를 극하니 매우 흉하다.

● 더욱이 문복자의 납음오행이 간하수(澗下水)로 卯木 官을 도와주니 구제될 여지는 전혀 없다.

● 괘 중에 손(孫)이 없는데 관(官)이 일·월의 생부(生扶)를 받아 왕동 (旺動)해 가족 중 납음명인(納音命人)을 극하면 그 사람은 재앙을 당한다.

山地剝!山火賁

比		官寅 /		
句		財子 //		子
朱		兄戌 // 應		月
靑	官卯財亥 X			庚
玄		兄丑 //		寅
白	○兄未官卯 X 世			日

● 神算六爻 例文.

● 초효 卯木 官이 해묘미(亥卯未) 관국 (官局)을 이루고 발동해 4효 戌土 兄을 극한다.

● 형제가 흉하다고 했더니 형제가 없다고 했다.

● 그러면 가족 중의 토명인(土命人)에 게 문제가 있겠다고 했다. 아버지가 신미생(辛未生)이었다.

● 辛未生은 납음오행이 노방토(路傍土)다.

● 부친이 사망한다 했더니 아버지의 병점(病占)을 보러 왔다고 했다.

● 관직자(官職者)는 관(官)을 용신으로 한다.
● 관(官)이 지세한 가운데 재(財)가 발동해 세효를 생하면 관운(官運) 은 길하다.

火風鼎!雷風恒

孫巳 財戌 X 應			
官申 //			酉
孫午 //			月
官酉 / 世			丁
○父亥 /			卯
財丑 //			日

● 神算六爻 例文.

● 3효에 酉金 官이 지세한 것은 관운(官 運)이 있는 것을 나타낸다.

● 6효에서 戌土 財가 발동해 巳火 孫의 회두생을 받으면서 官을 생하니 길조다.

● 승진은 물론 앞으로의 관운도 좋겠다.

- 관직자는 일진 관(官)이 천을귀인(天乙貴人)을 대하고 세효에서 발동하면 영전(榮轉)한다.
- 파극(破克)을 당하면 오히려 좌천(左遷)된다.

雷澤歸妹 ! 雷風恒	
財戌 // 應	
官申 //	戌月
孫午 /	丁
財丑官酉 X 世	酉
父亥 /	日
∘孫巳財丑 X	

- 神算六爻 例文.
- 丙과 丁의 천을귀인은 亥와 酉다.
- 3효 일진 酉金 官이 천을귀인이고 지세한 가운데 사유축(巳酉丑) 관국(官局)을 이뤄 발동한다.
- 남보다 승진이 빠른 괘다.

雷水解 ! 雷風恒	
財戌 // 應	
官申 //	巳月
孫午 /	丁
孫午官酉 X 世	酉
父亥 /	日
財丑 //	

- 神算六爻 例文.
- 앞의 예문과 괘상은 비슷하나 내용이 매우 다르다.
- 일진 酉金 官이 천을귀인을 대하고 지세한 가운데 발동하니 관운이 있는 듯하다.
- 그러나 酉金 官이 巳月의 극을 받고 동하여 午火를 화출하여 회두극을 당하니 흉하다.
- 午月에 퇴직한 괘다.

- 여자가 시가(媤家)에 거처하는 경우 재(財)가 월파되고 형(兄)이 발동해 재(財)를 극하면 시가(媤家)가 망(亡)한다.
- 재(財)는 관(官)의 원신으로 남편의 출생처(出生處)이기 때문에 '시가'로 판단한다.

雷山小過 ! 艮爲山	
兄戌官寅 X 世	午
財子 //	月
父午兄戌 XX	戊
孫申 / 應	戌
父午 //	日
○兄辰 //	

- 神算六爻 例文.
- 5효 子水 財가 午月에 월파를 당한 가운데 4효 戌土 兄이 발동해 극하니 '시가'가 망한다.
- 과연 결혼 후 5년을 넘기지 못하고 '시가'가 망했다.

- 괘 중에 관(官)이 없는데 일·월의 생부(生扶)를 받아 왕상(旺相)한 형(兄)이 교중 발동하여 재(財)를 상하게 하면 처(妻)에게 문제가 생기고, 세효를 충극(沖克)하면 손재(損財)가 크게 일어난다.

水火旣濟 ! 風火家人	
○父子兄卯 X	亥
孫巳 / 應	月
財未 //	甲
父亥 /	寅
○財丑 // 世	日
兄卯 /	

- 神算六爻 例文.
- 亥月에 卯木 兄이 왕한데 초효와 6효에서 교중하여 발동해 극재(克財)하니 흉하다.
- 현재는 6효 변효 子水와 2효 丑土 財가 공망이라 괜찮지만 출공하는 子月이면 해(害)를 당하리라.
- 과연 子月 卯日에 처(妻)가 사망했다.

```
     !天山遯

父戌 /
兄申 / 應        寅
官午 /           月
兄申 /           甲
官午 // 世        午
°父辰 //          日
```

● 神算六爻 例文.
● 午火 일진이 택효에서 지세하고 교중한다.
● 남의 집을 빌려 살고 있다.
● 일진(日辰)을 타인으로도 판단한다.

```
   天火同人 ! 澤火革

官戌官未 ⚏
    父酉 /          午
    兄亥 / 世        月
    兄亥 /           丁
   °官丑 //          巳
    孫卯 / 應         日
```

● 神算六爻 例文.
● 2효 丑土 官과 6효 未土 官이 일·월의 생을 받아 왕하다.
● 내괘 官은 남편이고, 외괘 官은 정부(情夫)다.
● 6효에서 未土 官이 발동해 해묘미(亥卯未) 손국(孫局)을 이뤄 2효 丑土 官을

극하니 남편을 버리려 한다.
● 현재는 안 된다. 亥月이 되어야 한다.
● 亥月이 되면 孫은 더욱 왕해지고, 丑土 官은 휴수되기 때문이다.
● 과연 亥月에 이혼했다.

● 세·응의 재(財)가 상충(相冲)하면 부부는 생이별(生離別)을 한다.
● 64괘 중 세효와 응효에서 재(財)가 상충하는 괘는 진위뢰(震爲雷)괘 하나뿐이다.

```
雷火豊 ! 震爲雷

財戌 // 世
官申 //        午
孫午 /          月
父亥財辰 ※ 應   丙
兄寅 //          辰
○父子 /          日
```

● 神算六爻 例文.
● 육충괘는 결별의 의미가 있다.
● 世와 應이 서로 상충하니 상대와 평생 뜻을 같이할 수 없다는 얘기다.

● 세효가 사절(死絕)을 만나고 괘 중에서 일진이 기살(忌殺)이 되어 발동해 세효를 극하면 가족 중 한 사람이 사망하는 불상사(不祥事)가 있다.

```
澤火革 ! 風火家人

財未兄卯 ╳
○孫巳 / 應     亥
父亥財未 ※     月
父亥 /          癸
財丑 // 世      卯
兄卯 /          日
```

● 神算六爻 例文.
● 2효 丑土 세효가 일·월에 휴수돼 약하다.
● 일진 卯木이 초효와 6효에서 교중 발동해 해묘미(亥卯未) 형국(兄局)을 이뤄 극세하니 흉하다.
● 오늘이 불안하나 오늘을 넘기면 잠시 숨을 돌릴 수 있다.
● 갑진 순중(甲辰旬中)으로 들어가면 기살인 卯木 兄이 공망이 되기 때문이다.
● 그러나 출공일인 寅·卯日을 넘기기는 어렵다.

> - 삼형(三刑)이면 불안하나 괘 중에서 양인(陽刃)의 해악이 없으면 형화(刑禍)는 크지 않다.
> - 그러나 양인이 기살이 되어 발동해 세효를 극하면 그 화(禍)는 매우 크다.

雷水解!雷澤歸妹	
父戌 // 應	
∘兄申 //	寅
官午 /	月
父丑 // 世	丙
財卯 /	子
財寅官巳 X	日

- 神算六爻 例文.
- 삼형(三刑)은 세 글자가 모두 있어야 성립한다.
- 5효 申金 兄이 초효 巳火 官의 극을 받는다.
- 申金 兄은 초효 巳火와 변효 寅木과 인사신(寅巳申) 삼형을 이루니 더욱 흉하다.
- 4효에서 丙日의 양인(陽刃)인 午火 官이 암동해 극하니 형을 구하기 어렵겠다.
- 丑日에 사망했다.
- 丑은 申金 兄의 묘고(墓庫)다.

> - 刃(인)은 칼의 상징이다.
> - 관(官)이 양인을 가지고 지세한 가운데 발동해 다른 효를 극하면 내가 남을 살해(殺害)할 마음을 갖는다.
> - 반대로 다른 효의 관(官)이 양인을 가지고 발동해 극세하면 남이 나를 살해할 나쁜 마음을 갖는다.

```
山地剝!山火賁

官寅 /
財子 //          卯
○兄戌 // 應      月
官卯○財亥 X      甲
兄丑 //          子
兄未 官卯 X 世    日
```

● 神算六爻 例文.

● 官이 지세하면 관직자는 길하다.

● 그러나 보통 사람에게는 관재나 질병이 있음을 뜻한다.

● 그렇지 않으면 내가 나쁜 생각을 품고 있다는 얘기다.

● 초효에서 卯木 月이 지세한 가운데 발동해 해묘미(亥卯未) 관국(官局)을 이뤄 兄을 극한다.

● 卯木 官이 甲日의 양인이니 내가 크게 미워하는 사람이 있다.


```
風澤中孚!巽爲風

○兄卯 / 世
孫巳 /          未
財未 //          月
財丑官酉 X 應    庚
父亥 /          戌
孫巳財丑 ※        日
```

● 神算六爻 例文.

● 현재 재판 중인 사람이 "상대방의 요구에 응해야 하는지?"를 물어 나온 괘다.

● 6효 卯木 세효가 未月에 입고되고 戌日에 휴수돼 무력하니 몸과 마음이 고달프다.

● 더욱 꺼림칙한 것은 3효 官이 발동해 사유축(巳酉丑) 관국(官局)을 이뤄 극세하는데 응효 酉金이 庚日의 양인을 대하고 있음이다.

● 상대방의 요구에 전혀 응하지 않자 상대방이 살의(殺意)를 가지고 있다.

● 丁巳日을 주의하라.

● 현재는 세효가 공망이라 상대방이 나를 찾지 못하나 출공하면 나의 행적이 잡힌다.

● 삼합(三合) 관국(官局) 중 발동하지 않은 巳가 성사일(成事日)이 되기 때문이다.

```
        澤水困 ! 澤地萃

句      父未 //       午
朱      兄酉 / 應     年
青     ○孫亥 /        午
玄      財卯 //       月
白   父辰官巳 X 世     己
匕      父未 //       巳
                     日
```

● 神算六爻 例文.

● 연월일이 官인데, 2효에서 일진 官
인 巳火가 백호를 대하고 발동하니 대
흉한 일이 있겠다.

● 5효 酉金 兄이 극을 받으니 형제에
게 불상사가 있으리라.

● 집안에서 납음오행이 금명인(金命
人)인 사람도 불길하다.

● 이때 4효 亥水 孫이 왕(旺)한 가운데 동하여 官을 누르면 괜
찮다.

```
      地火明夷 ! 水火旣濟

     兄子 // 應      戊
   兄亥官戌 X        年
     ○父申 //       未
     兄亥 / 世       月
     官丑 //        甲
     孫卯 /         戌
                   日
```

● 神算六爻 例文.

● 戌年과 戌日이 5효에서 발동해 극세
하고 未月도 세효를 극하니 삼전극이다.

● 1년 내내 나와 형제가 모두 상해(傷害)
를 입고 자식도 좋지 않았다.

● 자손은 수명인(水命人)이었다.

- 해 · 자(亥子)는 오행이 수(水)이고, 부(父)를 천시점에서는 비로 판단한다.
- 초효가 자수(子水) 부(父)이고 일 · 월에 부(父)를 생하는 관(官)이 있으면 일 · 월이 수원(水源)이 되므로 그 집에 우물이 있다.

```
            !山雷頤
玄      兄寅 /
白      父子 //      申
匕    ○財戌 // 世    月
句      財辰 //      甲
朱      兄寅 //      子
青      父子 / 應    日
```

- 神算六爻 例文.
- 초효 子水가 申月의 생을 받고 일진을 대하니 수원(水源)이 풍부하다.
- 여기에 청룡이 임하니 좋은 우물이다.

```
  火雷噬嗑!震爲雷
孫巳○財戌 ╳ 世
      官申 //       午
      孫午 /        月
      財辰 // 應     戊
      兄寅 //        辰
      父子 /         日
```

- 神算六爻 例文.
- 초효 子水가 월파를 당하고 일묘(日墓)에 드니 수원이 약하다.
- 6효에서 戌土 財가 발동해 子水를 극하니 그 우물은 방치되고 무너져 못 쓴다.

- 초효는 모든 효의 바탕이다.
- 초효에 관(官)이 있고 부(父)가 발동하면 자손이 사망한다.
- 초효에 부(父)가 있고 형(兄)이 발동하면 처(妻)에게 불미(不美)스런 일이 생긴다.

```
  天澤履！兌爲澤
 父戌父未 ※ 世
   兄酉 /         巳
   孫亥 /         月
   父丑 ∥ 應      乙
   財卯 /         未
  ○官巳 /         日
```

- 神算六爻 例文.
- 초효 巳火 官이 月을 대하고 왕하니 불길한 징조다.
- 6효에서 일진 未土 父가 발동해 4효 亥水 孫을 극하니 오늘 자손에게 재앙이 있겠다.

```
   火地晋！澤地萃
  官巳○父未 ※
 ○父未 兄酉 ※ 應    酉
     孫亥 /         月
     財卯 ∥         甲
     官巳 ∥ 世      申
    ○父未 ∥         日
```

- 神算六爻 例文.
- 未土 父가 초효와 6효에서 교중된 가운데 발동해 5효 酉金 兄을 생하고, 酉金 兄은 3효 卯木 財를 충극한다.
- 3효 財는 일·월의 극까지 받으니 견디지 못한다.
- 처가 가출한 괘다.

- 형(兄)은 재(財)를 제압하는 자다.
- 괘 중에 형(兄)이 없는데, 초효에 손(孫)이 있고 재(財)가 발동해 극부(克父)하면 부모가 크게 상(傷)한다.
- 부(父)가 양(陽)이면 아버지[父]이고 음(陰)이면 어머니[母]다.

地風升 ! 地水師

```
 ∘父酉 //  應
  兄亥 //          卯
  官丑 //          月
∘父酉財午 X 世      壬
  官辰 /           午
  孫寅 //          日
```

- 神算六爻 例文.
- 3효 午火 財가 卯月의 생을 받아 왕한 가운데 일진을 대하고 발동해 극부(克父)하니 부모에게 우환이 있다.
- 6효 酉金 父는 월파를 당한 데다 日의 극을 받으니 더욱 흉하다.
- 丑日을 주의하라.

- 丑은 酉金 父의 묘고(墓庫)이기 때문이다.
- 현재는 공망이라 괜찮지만 출공하는 酉日이 두렵다.

- 초효에서 목·관(木官)이 발동해 택효(宅爻)를 극하면 그 집에 나무뿌리가 침범한 것이다. 아니면 고가구(古家具)나 화분(花盆)이 들어와 분란(分亂)이 일어난다.

艮爲山 ! 山火賁

```
  官寅 /
  財子 //          亥
  兄戌 // 應        月
  財亥 /           癸
  兄丑 //          卯
∘兄辰官卯 X 世      日
```

- 神算六爻 例文.
- 일진 卯木 官이 초효에서 발동해 택효를 극한다.
- 그 집에 목근(木根)이 침입했다.
- 집안의 토명인(土命人)이 불길하다.

- 관(官)은 분쟁(分爭)을 조장하기도 한다.
- 2효에서 관(官)이 일 · 월의 생부를 받아 왕(旺)한데 발동해 세효를 극하면 관재 또는 소송(訴訟)이 발생한다.

```
        水地比 ! 坎爲水
玄      兄子 // 世
白      官戌 /              巳
比      父申 // 應           月
句      財午 // 應           乙
朱 ∘財巳 ∘官辰 ХХ           未
青      孫寅 //              日
```

- 神算六爻 例文.
- 2효에서 辰土 官이 주작을 대하고 발동해 세효를 극하면서 입고시키니 관재가 있다.
- 또 6효 子水 세효는 巳月에 절(絶)이 되고 일진의 극을 받으니 더욱 난감하다.

- 지금은 2효 辰土가 공망이라 괜찮지만 출공일인 甲辰日에 구금(拘禁)되리라.

- 바람[風]과 물[水]은 오행으로 수(水)에 해당한다.
- 5효는 도로, 집 밖이다.
- 5효에 수(水)가 있고, 그 수(水)가 택효(宅爻)나 세효를 생합(生合)하면 집주변에 흘러가는 물이 있거나 도로가 있다.

```
        !山雷頤
兄寅 /
父子 //                  申
財戌 // 世                月
∘財辰 //                 甲
官寅 //                  午
父子 / 應                日
```

- 神算六爻 例文.
- 초효와 5효에서 子水가 교중된 상태에서 암동해 택효를 생한다.
- 수원(水源)이 깊은 개울이 집 주변에 흐르고 있다.
- 申月이 子水를 생하고 子水가 암동하니 수원이 깊다.

◉ 백호(白虎)는 금속으로 단단함을 나타낸다.

◉ 초효에 자수(子水)와 백호가 있으면 물 위에 단단한 구조물(構造物)
이 있는 형상이다. 집 주변에 다리가 있다고 판단한다.

◉ 만약 일·월에 충파(沖破)되면 파괴된 다리다.

! 山天大畜		
匕	官**寅** /	戊
句	∘財**子** // 應	月
朱	兄**戌** //	辛
青	兄**辰** /	酉
玄	官**寅** / 世	日
白	∘財**子** /	

◉ 神算六爻 例文.

◉ 초효에 子水가 있고 백호와 財를 대
하니 집 주위에 다리가 있다.

◉ 財와 孫은 맑음[晴]·태양의 신(神)
이다.

◉ 물 위에 건조하고 메마른 기운이 뜨
니 다리로 본다.

巽爲風 ! 風天小畜		
	兄**卯** /	戊
	孫**巳** /	月
	財**未** // 應	庚
	財**辰** /	午
	兄**寅** /	日
	財**丑**父**子** Ｘ 世	

◉ 神算六爻 例文.

◉ 초효 子水가 月의 극을 받고 일파를
당한 가운데 회두극이다.

◉ 집 주위에 부서진 다리가 있다.

- 오행(五行)중 수(水)는 흐르고 유동하는 것이다.
- 해수(亥水)가 4효나 5효에 있으면 기류(氣流)의 흐름이 있는 곳이다.
- 해수(亥水)에 역마(驛馬)가 있으면 거처하는 곳 위로 차량(車輛)이 오고가는 것과 같다. 아니면 집 주변에 육교(陸橋)나 고가도로(高架道路)가 있다.

	! 澤水困	
靑	父未 //	亥
玄	兄酉 /	月
白	孫亥 / 應	
比	官午 //	丁
句	°父辰 /	酉
朱	財寅 // 世	日

- 神算六爻 例文.
- 亥月이 4효에서 백호를 대하니 다리가 하늘에 높이 떠 있는 듯하다.
- 丁酉日에 亥가 역마이니 차량 통행이 있다고 본다.

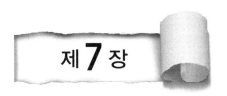

제 7 장

신명점
身命占

❯ 신명점(身命占)에서는 사람의 일상생활 중 주변에서 일어나는 문제나 신상(身上)의 길흉을 예측할 수 있다.

❯ 신명점은 평생운(平生運)을 판단하는 점과 당년(當年) 신수(身數)를 판단하는 점 그리고 단시(斷時)로 분류할 수 있다.

❯ 평생점은 태세와 월건에 비중을 두어야 하고, 1년 신수를 묻는 점은 월건과 일진에 비중을 두어야 한다. 단시(斷時)는 급박한 판단을 요(要)하기 때문에 일진이 점사(占辭)를 좌우한다.

❯ 신상의 안위(安危)를 묻는 점에서는 세효와 응효가 공망되는 것을 꺼린다.

❯ 세효는 자신이 서 있는 위치이고 응효는 세효와 동반하는 배경이다.

❯ 공망은 제 위치를 지키지 못함이니 만사(萬事)가 이뤄지지 않는다.

❯ 휴수(休囚)된 세효가 입묘(入墓)되면 몸과 마음이 자유롭지 못하다. 평생 술에 취한 듯 꿈을 꾸는 듯 소일(消日:하는 일 없이 세월을 보냄)한다. 일을 계획하더라도 결과가 없다.

山水蒙 ! 火水未濟

```
兄巳 / 應
 ○孫未 //          戊
孫戌財酉 X 命        月
 ○兄午 // 世         乙
  孫辰 /           酉
  父寅 // 身         日
```

● 神算六爻 例文.

● 3효에서 兄이 지세하니 재물과는 인연이 약하다.

● 약한 午火 세효가 공망이고 초효 寅木 身爻가 일진의 극을 받으니 평생 재운(財運)이 없다.

● 그렇지만 酉金 財가 戌月의 생을 받고 일진을 대하니 처(妻)에게는 재물이 있다.

- 고전에 육충괘는 하는 일이 시작은 있으나 끝이 없고, 육합괘는 만사가 순조롭게 이뤄진다고 했는데 이 부분은 재검토 되어야 한다.
- 충중봉합은 처음에는 어려우나 뒤에 뜻을 이루고, 합처봉충은 시작은 좋으나 끝에 가서 실패한다고 했는데 배제(排擠) 되어야 할 이론이다.

결혼점	
天火同人 ! 天雷无妄	
財戌 /	
官申 /	子月
°孫午 / 世	甲申
父亥財辰 ※	日
兄寅 //	
父子 / 應	

- 神算六爻 例文.
- 남자 쪽에서 물어 얻은 괘다.
- 4효 午火 세효가 월파를 당하고 진공이 되니 내가 이 결혼에 자신이 없다.
- 초효 子水 응효는 月을 대하고 일진의 생을 받아 왕하니 여자 쪽은 반듯한 집안이다.

- 세효와 응효 중간에서 辰土 財가 발동해 응효를 입고시키니 여자 쪽 중매인이 이 결혼을 막는다.

- 육충괘에서 세효와 응효가 상충하는 것은 서로 생각하는 뜻이 다르다는 얘기다.

결혼점	
! 天地否	
父戌 / 應	
兄申 /	辰月
官午 /	丁酉
財卯 // 世	日
°官巳 //	
父未 //	

- 神算六爻 例文.
- 육합괘라 결혼점에 좋다.
- 그러나 3효 卯木 세효가 月에 휴수된 가운데 일진의 충을 받고, 응효는 월파를 만나니 합처(合處)에 봉충(逢冲)이다.
- 이 결혼은 이뤄지지 않는다.

```
┌─────────────────────┐
│ 결혼점              │
│ 天地否!天雷无妄    │
│                     │
│ 財戌 /              │
│ ○官申 /        未    │
│ 孫午 / 世      月    │
│ 財辰 //        丁    │
│ 兄寅 //        丑    │
│ 財未父子 Ⅹ 應  日    │
└─────────────────────┘
```

● 神算六爻 例文.

● 육충괘가 육합괘로 변해 충중봉합인 괘다.

● 이 결혼은 이뤄지지 않는다.

● 초효 子水 응효가 일·월의 극을 받은 가운데 회두극을 당해 완전히 무기력하기 때문이다.

● 육합괘라고 일이 꼭 성사되고, 육충괘라고 반드시 이뤄지지 않는 것은 아니다.

● 대체로 육합이면 순조롭게 이뤄지고 육충이면 불성(不成)한다고 볼 뿐이다.

> ❍ 세효가 연월일의 생부(生扶)가 없는 가운데 스스로 발동하면 자수성가(自手成家)한다.
> ❍ 힘이 없는 효가 일·월이나 동효의 생부(生扶)를 얻으면 남의 도움으로 성가(成家)한다.

```
┌─────────────────────┐
│ 坎爲水!水澤節      │
│                     │
│ 兄子 //             │
│ 官戌 /         子    │
│ 父申 // 應      月    │
│ 官丑 /         丙    │
│ 孫卯 /         申    │
│ 孫寅○財巳 Ⅹ 世  日    │
└─────────────────────┘
```

● 神算六爻 例文.

● 子月이 초효 巳火 세효를 극하고, 申日이 세효의 원신인 卯木 孫을 극하니 巳火 세효는 무력하다.

● 그러나 巳火 세효가 스스로 발동해 회두생이 되니 평생 수만금(數萬金)을 모았다.

● 하지만 평생 송사와 분쟁이 그치지 않았다.

● 4효 申金 응효와 巳火 세효 그리고 변효 寅木이 인사신(寅巳申) 삼형(三刑)을 이루었기 때문이다.

```
天澤履 ! 地澤臨

兄戌 孫酉 ⚊⚊
孫申 財亥 ⚊⚊ 應        酉
父午○兄丑 ⚊⚊          月
  ○兄丑 ⚊⚊            癸
  官卯 ⚊ 世            亥
  父巳 ⚊              日
```

● 神算六爻 例文.

● 2효 卯木 세효가 월파이나, 亥日이 괘
중에서 발동해 세효를 생하니 월파라 하
지 않는다.

● 6효에서 酉月이 발동해 5효 亥水 財
를 생하고, 5효 財는 다시 발동해 세효를
생하니 처가(妻家)로부터 기업을 이어받
아 대사업가가 된 괘다.

❯ 손(孫)이 지세하고 일(日)이나 월(月)의 생부(生扶)를 받아 왕상(旺相)
하면 반드시 장수하며 일생이 편안하다. 그러나 명예(名譽)나 공명
(功名)은 이루기 어렵다.

❯ 손(孫)은 공명이나 명예를 상징하는 관(官)을 극해(克害)하는 자이기
때문이다.

```
      ! 火山旅

  兄巳 ⚊
  孫未 ⚊⚊        午
  財酉 ⚊ 應        月
  財申 ⚊          乙
  兄午 ⚊⚊         巳
  孫辰 ⚊⚊ 世       日
```

● 神算六爻 例文.

● 孫은 질액(疾厄), 관재(官災)를 내쫓는
神이다.

● 孫이 지세하면 재앙이 나를 두려워한
다는 뜻이다.

● 孫은 공명이나 명예를 상징하는 官을
극하므로 명예나 공명은 없다.

● 평생 질병 없이 안락하게 지낸 괘다.

❸ 부모는 항상 노력하고 연구해야 한다.
❸ 평생점에서 부(父)가 지세하면 평생 피곤하고 어려움이 많다. 부(父)는 손(孫)을 해치는 자다. 그러므로 부(父)가 발동하면 자손이 상(傷)한다.

天澤履！兌爲澤	
○父戌父未 ⚋世	未月 辛未日
兄酉 ／	
○孫亥 ／	
父丑 ⚋應	
財卯 ／	
官巳 ／	

● 神算六爻 例文.
● 父가 지세하면 재운(財運)이 좋다고 할 수 없다.
● 財의 원신인 孫을 극하기 때문이다.
● 父는 연구하고 노력하는 신(神)이라 명예를 얻고 학문을 하는 데는 유망하다.

● 6효에서 未土 父가 일·월을 대하고 발동해 진신이 되면서 孫을 극한다.
● 여기에다 4효 亥水 孫은 일·월의 극을 받는 중 공망이 되니 진공이다. 대흉하다.
● 자손[아들]이 巳年에 불효했다.
● 태궁(兌宮)에서 간궁(艮宮)으로 변하니 음변양(陰變陽)이고, 亥水 孫이 양(陽)이므로 아들이다.

雷天大壯 ! 雷風恒	
財戌 // 應	
◦官申 //	午
孫午 /	月
◦官酉 / 世	辛
父亥 /	巳
父子財丑 ✕	日

● 神算六爻 例文.

● 고전에는 관직자를 빼고는 官이 지세하거나 官이 발동하면 흉하다고 했으나 옳지 않다.

● 官이 지세함은 재앙과 질병이 내 주위에 머물고 있다는 얘기다.

● 午月이 3효 酉金 官을 극하는 가운데 일진이 다시 극하니 나에게 어려움이 많다.

● 더구나 酉金 官은 진공을 만나고 초효에서 丑土 금고(金庫)가 발동하니 관재를 면하기 어렵다.

● 지금은 酉金 세효가 공망이라 괜찮지만 출공하면 불쾌한 일을 당하리라.

● 과연 乙酉日에 구속됐다.

- 손(孫)은 재(財)를 생하는 자라 복덕(福德)이라고도 한다. 재(財)는 처(妻)다.
- 손(孫)과 재(財)가 모두 사·묘·절·공(死墓絕空)을 만나면 처자(妻子)와 인연은 박하다.

風天小畜 ! 地天泰	
官卯。孫酉 ⅩⅩ 應	
父巳 財亥 ⅩⅩ	午月 辛巳日
兄丑 //	
兄辰 / 世	
官寅 /	
財子 /	

- 神算六爻 例文.
- 6효 酉金 孫이 일·월의 극을 받는 가운데 발동해 반음(反吟)이 되니 불길하다.
- 5효 亥水 財는 일파를 당한 중 발동해 절지(絕地)에 빠지니 흉조다.
- 申·酉·戌·亥日을 주의하라.

- 酉日에 가족이 나들이 갔다가 처와 자식이 해(害)를 입은 괘다.
- 자식은 그 자리에서 숨지고, 처는 병원에서 치료를 받다가 戌日에 사망했다.
- 戌日에 사망함은 戌日이 3효 辰土 兄을 충동(冲動)시켜 財를 입고 시키기 때문이다.

❍ 관(官)이 천을귀인과 녹마(祿馬)를 대하고 세효에 임했는데 일·월의 생부(生扶)가 있으면 출장입상(出將入相:나가서는 장수(將帥), 들어 와서는 재상(宰相)이라는 뜻, 난시(亂時)에는 싸움터에 나가서 장 군이 되고 평시(平時)에는 재상이 되어 정치를 함)하며 부귀(富貴) 한다.

山風蠱 ! 火風鼎	
°兄巳 /	
孫未 // 應	亥
孫戌財酉 X	月
財酉 /	丁
官亥 / 世	酉
孫丑 //	日

● 神算六爻 例文.
● 2효에서 월건 亥水 官이 지세하고 일 진 酉金 財가 발동해 세효를 생하니 관 운(官運)이 좋다.
● 亥水 官에 일진의 역마와 천을귀인이 임하니 대길하다.
● 일찍 고시에 합격해 현재 상당히 높은 자리에 있는 사람의 괘다.

❍ 손(孫)은 즐거움을 주는 희열(喜悅)의 신(神)이고, 주작(朱雀)은 말 [言]을 잘하는 언어의 신(神)이다.
❍ 손(孫)이나 주작이 세효에 임하고 응효와 생합(生合)하면 남의 환영 을 받는 형국이므로 연예인이다.

澤天夬 ! 水天需	
匕 °財子 //	
句 兄戌 /	子
朱 財亥孫申 X 世	月
靑 兄辰 /	辛
玄 官寅 /	酉
白 °財子 / 應	日

● 神算六爻 例文.
● 4효에서 申金 孫이 지세하고 발동해 응효를 생합하니 내가 상대방과 한 무 리를 이룬 것과 같다.
● 주작이 지세하니 연예인이다.

- 기르고 양육하는 것은 손(孫)에 속한다.
- 금(金)은 목(木)을 절상(折傷)하는 자이고, 부(父)는 손(孫)을 극하는 자다.
- 금부(金父)가 백호를 대하고 지세하면 정육점(精肉店) 일을 하는 사람이다.


```
      澤火革 ! 雷火豊
玄      官戌 //
白  父酉◦父申 ※世     未
比      財午 /         月
句      兄亥 /         甲
朱      官丑 // 應     戌
青      孫卯 /         日
```

- 神算六爻 例文.
- 5효에서 申金 父가 백호를 대하고 지세한 가운데 발동해 초효 卯木 孫을 극한다.
- 卯木 孫은 甲日의 양인이니 이 사람은 정육을 취급하는 사람이다.
- 양인은 살상(殺傷)의 神이기도 하다.

- 형(兄)은 재물을 욕심내는 자이며, 관(官)은 어두운 생각을 하는 자다.
- 형(兄)이 발동해 관(官)을 화출하면 재물을 탐하는 자가 어두운 생각을 하고 있다. 남을 기만(欺瞞)해 재물을 취하고 싶어하는 자다. 아니면 도적(盜賊)이다.


```
      地風升 ! 巽爲風
玄  官酉兄卯 ✕世
白  父亥孫巳 ✕         亥
比      財未 //         月
句      官酉 / 應       乙
朱      父亥 /          卯
青     ◦財丑 //         日
```

- 神算六爻 例文.
- 일진이 발동하는 것은 오늘 실천한다는 뜻이다.
- 兄은 탈재(奪財)의 神이고 극처(克妻)하는 神이다.
- 官은 도적이거나 도적의 마음을 나타낸다.

- 6효에서 卯木 兄이 발동하여 회두극을 당하는 모양이다.
- 하지만 이런 경우는 회두극으로 보기 어렵다.
- 卯木이 일진을 대하고 月의 생을 받아 매우 왕(旺)한 반면, 酉

金은 月에 휴수되고 일파를 만나 힘이 없기 때문이다.

● 卯木 兄이 발동해 酉金 官을 화출한 것은 卯木 兄이 酉金이 갖는 특성이 있거나 卯木 兄이 동(動)한 연유를 나타낸다.

● 따라서 탈재의 神인 兄에 현무가 임한 가운데 어두운 생각을 가지고 행동하니 바로 도적이다.

> ◑ 평생 재운(財運)을 판단할 때 세효가 일·월의 생부를 받아 왕하고 재(財)가 발동해 극세하면 재(財)가 발동한 당년(當年)에 큰 재물을 얻을 수 있다.
>
> ◑ 세효가 휴수되었는데 재(財)가 발동해 세효를 절상(折傷)하면 재가 발동한 당년에 재난이 일어난다.

乾爲天 ! 風天小畜	
兄卯 /	
孫巳 /	申月
孫午財未 ✕ 應	乙亥日
財辰 /	
兄寅 /	
父子 / 世	

● 神算六爻 例文.

● 초효 子水 父가 지세했는데 괘 중에 원신인 官이 없어 아쉽다.

● 그러나 申月이 생하고 亥日이 도우니 왕하다.

● 4효에서 未土 財가 발동해 세효를 극하니 천금(千金)을 모으리라.

乾爲天 ! 風天小畜		
靑	兄卯 /	
玄	孫巳 /	巳月
白	孫午財未 ✕ 應	丙辰日
匕	財辰 /	
句	兄寅 /	
朱	°父子 / 世	

● 神算六爻 例文.

● 초효 子水 父가 지세했는데 巳月에 절(絶)이 되고 辰日의 극을 받으니 매우 약하다.

● 4효 未土 財가 일·월의 생을 받아 왕한 가운데 발동해 세효를 극하니 재앙이 두렵다.

● 未月에 금전 관계로 여자에게 살해 당한 괘다.

● 未土가 백호와 午火 양인을 대하고 발동했기 때문이다.

○ 중년운(中年運)은 재(財)와 손(孫)에 비중을 둔다. 재(財)는 처와 재물이고 손(孫)은 재(財)를 생하는 자이며 대를 이을 후손이기 때문이다. 그래서 손(孫)과 재(財)의 동향(動向)을 잘 살펴야 한다.

○ 재(財)가 지세하면 손(孫)이 발동해 세효를 생하는 것을 요(要)하고, 관(官)이 지세하면 재(財)의 발동을 기다린다. ▼

!地風升	
官酉 //	
○父亥 //	亥月
財丑 // 世(午孫)	甲子日
官酉 /	
○父亥 /	
財丑 // 應	

○ 神算六爻 例文.

○ 4효에서 財가 지세하니 재운(財運)이 있다 하겠다.

○ 그러나 財의 원신인 孫이 복신인데 일·월의 극을 받으니 재원(財源)이 고갈되었다.

○ 큰 재물은 없겠다.

坎爲水 ! 澤水困	
父未 //	
兄酉 /	亥月
兄申 ○孫亥 X 應	乙丑日
官午 //	
父辰 /	
財寅 // 世	

○ 神算六爻 例文.

○ 초효에서 寅木 財가 지세하고 亥月의 생을 받는다.

○ 4효 亥水 孫이 발동해 세효를 생하니 재원(財源)이 끊이지 않는다.

○ 중년 이후 무역업으로 대사업가가 된 괘다.

○ 亥는 丑日의 역마다.

● 자손을 얻는 점에서는 손(孫)이 묘 · 절 · 공망(墓絕空亡)을 만나면 불안하나, 일 · 월 동효가 손(孫)을 생부(生扶)하면 길하다.
● 삼신(三神:아기의 점지와 해산을 맡는 신령)의 동정을 묻는 점은 태효(胎爻)의 동향으로 판단하고, 자손의 성장과 성공 여부는 손(孫)으로 판단한다.

아들을 얻는 점
山火賁!風火家人

```
      兄卯 /
父子○孫巳 Ⅹ 應      酉
      財未 //       月
      父亥 /        丙
      財丑 // 世     申
      兄卯 /         日
```

● 神算六爻 例文.
● 5효에서 巳火 孫이 일 · 월에 휴수된 가운데 발동해 회두극을 당했다.
● 원신인 卯木 兄은 월파를 만나고 日의 극을 받으니 자손은 무력하다.
● 어찌 아들을 얻을 수 있겠는가.
● 자손을 구하기 어렵다.

자식운
水火旣濟!風火家人

```
朱 父子兄卯 Ⅹ
青     孫巳 / 應     巳
玄     財未 //       月
白     父亥 /        戊
比     財丑 // 世     寅
句     兄卯 /         日
```

● 神算六爻 例文.
● 5효 巳火 孫이 일 · 월의 생을 받아 왕(旺)한데 6효에서 卯木 兄이 발동해 孫을 생하니 참으로 길하다.
● 여기에다 청룡이 孫에 임하니 금상첨화(錦上添花)다.
● 8남매를 두었는데 인물이 모두 좋고 재주도 뛰어났다.

● 孫이 도화(卯木)의 생을 받았기 때문이다.

◑ 평생을 묻는 점에서 세효는 내 일생의 바탕이고 응효는 평생의 반려다.

◑ 세효와 응효가 생합(生合)하면 부부는 화합하고, 충극(冲克)하면 불화한다.

```
결혼점
雷風恒 ! 雷天大壯

    兄戌 //
  ○孫申 //        午
    父午 / 世      月
    兄辰 /         辛
    官寅 /         巳
兄丑財子 X 應       日
```

● 神算六爻 例文.

● 초효 子水 응효가 월파를 당하고 日에 절(絕)이 된다.

● 원신인 5효 申金 孫이 일·월의 극을 받은 가운데 진공이 되니 응효는 무력하다.

● 이 결혼은 이뤄지지 않는다.

● 부득이한 사정으로 혼사가 성사됐으나 결혼한 해[年]에 처가 자살한 괘다.

```
처 운
雷風恒 ! 地天泰

靑      孫酉 // 應
玄      財亥 //        午
白  父午○兄丑 ※        月
比      兄辰 / 世       丁
句      官寅 /          巳
朱 ○兄丑財子 ※          日
```

● 神算六爻 例文.

● 3효에서 辰土 兄이 지세했다.

● 4효에서 丑土 兄이 백호를 대하고 발동해 財를 극한다.

● 초효에서 子水 財가 발동했으나 회두극이 되니 처(妻)는 견디지 못한다.

● 평생 6명의 처를 얻었으나 말년에는 1명의 처(妻)도 없었다.

- 재(財)가 발동하면 부(父)를 상(傷)하게 한다.
- 부(父)는 관(官)을 그리워한다. 관(官)은 부(父)를 낳은 자이기 때문이다.
- 남편의 건강을 묻는 점에서 손(孫)이 발동해 관(官)을 극하면 남편은 위태롭다. 관(官)은 재(財)가 발동해 생해 주는 것을 기뻐한다.

	雷風恒 ! 地風升	
	官酉 //	
	○父亥 //	巳
	孫午 財丑 ХХ 世	月 丙
	官酉 /	寅
	○父亥 /	日
	財丑 // 應	

- 神算六爻 例文.
- 亥水 父가 월파를 당하고 진공이다.
- 4효에서 丑土 財가 발동해 父를 극하니 구제될 여지가 없다.
- 父가 출공하는 乙亥日이 불길하다.

결혼점

	天地否 ! 風山漸	
朱	○官卯 / 應	
靑	父巳 /	未
玄	父午 兄未 ХХ	月
白	○官卯 孫申 Х 世	戊 申
匕	父午 //	日
句	兄辰 //	

- 神算六爻 例文.
- 여자가 물어 본 괘다.
- 여자쪽 결혼점에서는 孫이 발동하는 것을 가장 꺼린다.
- 3효에서 申金 孫이 백호를 대하고 발동해 극관(克官)하니 이 결혼은 절대 안 된다.

- 결혼 전에 신랑이 될 사람이 사망한다.

◑ 본괘는 환경을 나타내며, 변괘는 변화된 환경을 나타내기도 한다.

◑ 괘 중에 부(父)가 있고, 세효가 발동해 부(父)를 화출했는데, 화출된 부(父)가 세효를 생합(生合)하면 친부모 외에 다른 부모를 모시게 된다.

澤雷隨！澤山咸	
父未 // 應	巳月甲辰日
兄酉 /	
孫亥 /	
父辰兄申 X 世	
官午 //	
孫子父辰 X	

○ 神算六爻 例文.

○ 외괘 6효에 父가 있고 내괘 초효에 父가 있다.

○ 3효에서 申金 兄이 지세하고 발동해 辰土 父를 화출하여 世를 회두생한다.

○ 두 사람을 어머니로 모셨다.

○ 택산함괘는 속궁이 태궁(兌宮)이다.

兌宮은 음궁(陰宮)이다. 초효와 6효의 父가 모두 음효(陰爻)라 '어머니' 로 본다.

◑ 괘 중에 손(孫)이 내괘와 외괘에 둘 있고 세효가 발동해 손(孫)을 화출하여 회두생을 받으면 외부에서 자손을 영입하는 형상이다. 그러므로 외방(外房)에 자손을 둔다.

雷山小過！雷水解	
財戌 //	巳月戊午日
官申 // 應	
孫午 /	
官申孫午 X	
孫午財辰 X 世	
兄寅 //	

○ 神算六爻 例文.

○ 3효와 4효에 孫이 교중돼 있다.

○ 2효에서 辰土 財가 지세하고 발동해 孫을 화출하면서 회두생이 되니 외방 자손이 있겠다.

○ 본처와 내연녀 사이에 7남매를 둔 괘다.

○ 火의 후천수는 2와 7인데 午火가 왕(旺)하므로 '7' 로 본다.

● 부(父)와 세효가 음효(陰爻)이면 부모와 내가 그늘 아래 가려진 형상
이다. 그늘 속에서 출생하니 서출(庶出)이다.

地風升 ! 地水師	
父酉 // 應	寅 月 癸 酉 日
◦兄亥 //	
官丑 //	
父酉財午 ╳ 世	
官辰 /	
孫寅 //	

● 神算六爻 例文.
● 6효에 있는 酉金 父가 음효이고 3효
午火 세효도 음효다.
● 午火 세효가 발동해 酉金 父를 화출하
니 분명히 서출이다.

● 재(財)가 도화(桃花)를 대하고 발동해 세효를 충극(冲克)하고 방효
(傍爻)의 관(官)과 생합(生合)하면 처(妻)는 밖에서 사랑을 나눈다.

風澤中孚 ! 巽爲風		
白	兄卯 / 世	寅 月 癸 酉 日
比	孫巳 /	
句	財未 //	
朱	財丑官酉 ╳ 應	
靑	◦父亥 /	
玄	孫巳財丑 ╳	

● 神算六爻 例文.
● 내괘 財는 본처(本妻)이고 외괘 財는
애인(愛人)이다.
● 초효 丑土 財와 3효 酉金 응효가 서로
발동해 상합(相合)하니 본처가 부정한
짓을 하고 있다.
● 특히 초효 丑土 財에 현무가 임하고
酉金 응효는 일진을 대하고 있다.

<table>
<tr><td colspan="2">火澤睽 ！地風升</td><td></td></tr>
</table>

```
      火澤睽 ！地風升

朱  孫巳官酉 ╳
靑      父亥 ∥           午
玄  官酉財丑 ╳ 世        月
白  財丑官酉 ╳           戊
匕      父亥 ∣           子
句  孫巳財丑 ╳ 應        日
```

● 神算六爻 例文.

● 4효 현무 財가 지세한 가운데 발동해 내·외괘(3효, 6효, 4효 변효)의 官과 상합(相合)하니 음란지명(淫亂之命)이다.

❍ 음(陰)은 그늘을 상징한다. 세효와 응효가 음효(陰爻)이고 본괘와 변괘도 음궁(陰宮)인데, 응효가 발동해 세효와 생합(生合)하면 동성애(同性愛)를 즐긴다고 판단한다. 그늘에 숨어서 하는 행위로 보기 때문이다.

```
      風水渙 ！水地比

官卯財子 ╳ 應
      兄戌 ∣              亥
    ○孫申 ∥              月
      官卯 ∥ 世           己
兄辰父巳 ╳              卯
      兄未 ∥              日
```

● 神算六爻 例文.

● 세효와 응효가 모두 亥月의 생을 받아 왕하다.

● 6효 子水 응효가 발동해 卯木 官을 화출하면서 세효를 생하고 자묘형(子卯刑)을 이룬다.

● 세·응이 모두 음(陰)일 뿐 아니라 본괘도 음궁(陰宮), 변괘도 음궁이니 분명 동성애에 빠진 여자다.

- 관(官)이 일·월의 생부(生扶)를 받아 왕상(旺相)하고 발동해 세효와 생합(生合)하면 남편은 현달(顯達:높은 지위에 오르고 이름을 떨침) 한다.
- 재(財)가 일·월의 생부를 받아 왕상하고 세효와 생합하면 현처(賢妻:덕망이 높고 지혜로운 아내)를 얻는다.

兌爲澤 ! 澤風大過	
比　　財未 ∥	
句　　°官酉 /	申月
朱　　父亥 / 世	
青　財丑°官酉 ✕	辛巳日
玄　　父亥 /	
白　孫巳 財丑 ∥ 應	

- 神算六爻 例文.
- 4효에서 亥水 父가 지세했다.
- 酉金 官이 청룡을 대하고 발동해 생세하니 신랑이 현달한다.
- 현직 장관 부인의 괘다.

火風鼎 ! 雷風恒	
青　孫巳 財戌 ✕ 應	
玄　　°官申 ∥	午月
白　　孫午 /	
比　　°官酉 / 世	丙子日
句　　父亥 /	
朱　　財丑 ∥	

- 神算六爻 例文.
- 6효에서 戌土 財가 청룡을 대하고 발동해 생세하니 처덕(妻德)이 매우 크다.
- 반면에 세효는 午月의 극을 받고 공망을 만나니 진공이다.
- 본인은 평생 실패만 거듭했으나 처(妻)가 식당을 운영해 많은 돈을 모았다.

● 부(父)는 자손의 기살(忌殺)이다.

● 일진이나 월건이 부(父)이고 괘 중에서 지세해 발동하면 손(孫)이 손
상(損傷)된다. 즉 자손에게 재앙이 일어난다. 자손을 키우기도 어렵
다.

자손점
天澤履！兌爲澤

父戌父未 ※ 世
　兄酉 /　　　　午
　孫亥 /　　　　月
　父丑 // 應　　癸
　財卯 /　　　　卯
　°官巳 /　　　　日

● 神算六爻 例文.

● 6효 未土 父가 午月의 생을 받아 왕한
가운데 지세하고 발동해 4효 亥水 孫을
극하니 흉조다.

● 또 亥水 孫은 午月에 절(絶)이 되니 약
하다.

● 오늘은 卯日이라 未土 父를 억제하니
괜찮지만 내일은 불안하다.

● 辰日이 수고(水庫)이기 때문이다.

제8장

결혼점
結婚占

> ● 배우자(配偶者)는 일생의 반려요, 평생을 살아가는 동반자다. 좋은 인연을 만나 평생을 배필(配匹:부부로서의 짝)로 동반하는 것은 누구나 원하는 바다.
> ● 사람마다 성장 배경이나 살아온 환경이 다르기 때문에 사주명리학이나 관상학적으로 아무리 좋은 궁합이라도 중도(中途)에 거울을 깨는 인연이 많다. 그러나 신(神)의 의지로 판단하는 육효점은 좀 더 정확하고 섬세하다 하겠다.

> ● 고전에는 남자 집에서 점할 때는 세효가 양(陽)이고 응효가 음(陰)이면 좋고, 반대로 여자 집에서 점할 때는 세효가 陰이고 응효가 陽이면 좋다고 했으나 절대적이지 않다. 비중을 두어서는 안 된다.

風地觀 ! 水地比		
匕	官卯財子※ 應	申
句	兄戌 /	月
朱	孫申//	庚
靑	官卯// 世	子
玄	○父巳//	日
白	兄未//	

● 神算六爻 例文.

● 6효에서 응효가 발동해 생세하니 여자 집에서 결혼하자고 서두른다.

● 3효 卯木 官이 지세한 가운데 일진의 생을 받고 청룡을 대하니 신랑감은 준수하고 총명하다.

● 응효도 申月과 子日의 생부(生扶)를 받아 왕(旺)한 가운데 발동해 세효를 생하니 좋은 인연이다.

● 또 고전에서 남자 집에서 점할 때는 세효가 음(陰)이고 응효가 양(陽)이면 음양(陰陽)이 서로 바뀐 것이니 결혼하더라도 결국은 좋지 않다고 했으나 재검토 되어야 하는 부분이다.

● 현시대에는 여자가 남자보다 뛰어난 능력을 가진 자도 많고 여자가 가계(家計)를 책임지는 경우가 많기 때문이다.

남자 결혼점
火風鼎 ! 天風姤
父戌 /
父未兄申 ⚊⚋
官午 / 應
兄酉 /
孫亥 / (寅財) 。
父丑 ⚋ 世

未月 乙巳 日

● 神算六爻 例文.

● 세효가 陰이고 응효가 陽이니 결혼점에는 바람직하지 않다.

● 초효 丑土 세효가 월파를 당했으나 일진의 생을 받으니 혼사는 진행된다.

● 한편 寅木 財가 2효에 복신인 가운데 공망이라 신부감이 여자로 보이지 않는다.

● 戌月에 응효 午火가 입고되고 辰日에 戌이 암동하니 여자는 스스로 물러났다.

● 재(財)는 관(官)을 생하는 자로 관(官)의 바탕이다. 관(官)을 남편 또는 질병이나 재앙으로 판단하기도 한다. 그래서 여자에게는 선택에 따라 남편이 되기도 하고 재앙(災殃)이 되기도 한다.

● 여자가 묻는 결혼점에 손(孫)이 지세하는 것은 바람직하지 못하다. 남편이 남자로 보이지 않는다는 뜻이다. 만약 괘 중에서 손(孫)이 발동하면 이보다 더 흉한 일은 없다. 반드시 혼사를 중단해야 한다.

● 재(財)가 발동하면 부(父)를 손상하기 때문에 시부모(媤父母)와 불화한다. 관(官)은 형(兄)을 손상시킨다. 관(官)이 발동하면 시형제(媤兄弟)와 불화한다.

● 부(父)는 손(孫)을 괴롭힌다. 부(父)가 발동하면 자손을 해치게 된다. 자손이나 조카와 불화하거나 자손을 양육하기 어렵다. 형(兄)은 재(財)를 해치는 자다. 형(兄)이 발동하면 재물 문제로 불화한다.

<table>
<tr><td>

澤火革 ! 澤地萃

○父未 //
兄酉 / 應
孫亥 /
孫亥 財卯 ✕✕
官巳 // 世
財卯 ○父未 ✕✕

亥月 辛卯日
</td><td>

- 神算六爻 例文.
- 財가 발동하면 극부(克父)한다.
- 이 괘는 3효 卯木 財가 亥月에 왕(旺)한 가운데 초효와 함께 발동해, 해묘미(亥卯未) 재국(財局)을 이루어 6효 未土 父를 극해(克害)한다.
- 시부모의 사랑을 받지 못하고 살아가
</td></tr>
</table>

는 여자의 괘다.

> ▷ 고전에서 육합괘는 일음일양(一陰一陽)이 만나 조화를 이루기 때문에 성혼(成婚)하고, 육충괘는 순음(純陰)이 아니면 순양(純陽)이라 음양(陰陽)의 배합이 안되므로 성혼하더라도 결국은 파경(破鏡)을 맞는다고 했으나 재검토 되어야 한다. ▼

<table>
<tr><td>

雷山小過 ! 雷地豫

財戌 //
○官申 //
孫午 / 應
○官申 兄卯 ✕✕
孫巳 /
財未 // 世

寅月 壬午日
</td><td>

- 神算六爻 例文.
- 여자 집에서 본 혼인점이다.
- 세효는 陰이고 응효는 陽이며 육합괘라 성혼된다.
- 그러나 5효 申金 官이 월파를 당하고 일진의 극을 받은 중 공망이 되니 진공이다.
</td></tr>
</table>

- 官이 무력하다. 신랑을 지키기 어렵다.
- 육합괘는 길하고 육충괘는 불길하다는 것은 보통 그렇다는 얘기일 뿐 절대적인 사항이 아님을 명심하라.

◐ 남자 집에서 점할 때 세효가 응효를 생하면 남자 집에서 먼저 청혼하고 싶어한다.

◐ 응효가 세효를 생하면 여자 집에서 먼저 청혼하고 싶어한다. ▸

```
    ！火山旅

兄巳 /
孫未 //        午
◦財酉 / 應     月
◦財申 /        己
兄午 //         卯
孫辰 // 世      日
```

● 神算六爻 例文.

● 세효가 응효를 생하니 남자 집에서 청혼할 의사가 있다.

● 하지만 세효가 움직이지 않으니 청혼을 하지 않은 상태다.

● 오는 戌日이 되면 초효 辰土 세효가 암동하니 청혼할 것이다.

◐ 세효와 응효가 비화(比和)되고 일·월이 세효와 응효를 생하거나, 간효(間爻)가 발동해 세효와 응효를 생하면 중매로 성혼한다.

◐ 그러나 내·외괘가 비화되면 반복의 의미가 있다. 초혼은 바람직하지 않고 재혼은 무방하다. ▸

```
    ！風地觀

財卯 /
官巳 //        午
父未 // 世      月
財卯 //         乙
官巳 //         亥
父未 // 應      日
```

● 神算六爻 例文.

● 세효와 응효가 초효와 4효의 未土 父로 비화된 가운데 午月의 생을 받고 있다.

● 2효와 5효에서 비화된 巳火 官이 암동해 세효와 응효를 각각 생하니 중매인이 혼사를 서둘러 시키려 하고 있다.

● 그러나 이 결혼은 안 된다.

● 財와 官이 모두 교중되어 있다. 이것은 처와 신랑이 각각 둘이란 뜻이다.

● 재혼에는 좋은 괘이지만 초혼에는 흉한 괘다.

> ● 자손이 꺼리는 자는 부(父)다. 부(父)가 지세하면 자손을 생산함에
> 어려움이 많고, 부(父)가 발동하면 자손을 양육하기 어렵다.

```
     !乾爲天

 父戌 / 世
ㅇ兄申 /        午
 官午 /         月
 父辰 / 應      甲
 財寅 /         戌
 孫子 /         日
```

● 神算六爻 例文.
● 父는 자손을 극상(克傷)하는 神이다.
● 父가 지세함은 내가 자손을 배척하고 있는 것과 같다.
● 만일 父가 발동한다면 현재 키우고 있는 자손도 나쁘게 된다.

```
  風雷益 !山地剝

 財寅 /           午
官巳孫子 ∥ 世     月
 父戌 ∥          癸
 財卯 ∥          未
 官巳 ∥ 應        日
孫子父未 ∥
```

● 神算六爻 例文.
● 5효 子水 孫이 월파를 당하고 일진의 극을 받은 가운데 발동해 절지(絶地)에 빠졌다.
● 초효에서 未土 父가 일·월의 생부(生扶)를 받아 왕상(旺相)한데 발동하여 孫을 극하니 자손을 얻기 어렵다.
● 시험관 아기도 얻을 수 없다.

- 남자가 점할 때, 혼사가 결정된 경우에는 재(財)를 처(妻)로 판단하지만 혼사가 결정되기 전에는 응효를 배우자의 위치로 판단한다.
- 세효가 발동해 응효와 합(合)하거나 응효가 발동해 세효와 합(合)하면 성혼(成婚)한다.
- 응효가 발동해 다른 효나 일진과 합(合)하면 다른 사람과 결혼한다.

火雷噬嗑 ! 火山旅	
兄巳 /	
孫未 //	酉月
○財酉 / 應	庚辰日
孫辰 ○財申 Ｘ	
兄午 //	
官子 孫辰 ※ 世	

- 神算六爻 例文.
- 초효에서 일진 세효가 발동해 酉金 財(應)와 합(合)하니 남자 쪽에서 상대 여자를 원하고 있다.
- 酉金 財가 공망이라 현재는 여자 쪽에서 결정하지 않은 상태다.
- 酉金이 출공한 후 卯日에 반드시 좋은 소식이 있겠다.
- 卯日은 왕(旺)한 酉金을 충동(沖動)하기 때문이다.

火澤睽 ! 火風鼎	
兄巳 /	
孫未 // 應	亥月
財酉 /	乙丑日
孫丑 財酉 Ｘ	
○官亥 / 世	
兄巳 孫丑 ※	

- 神算六爻 例文.
- 3효에서 酉金 財가 발동해 세효를 생하니 좋은 듯하다.
- 그렇지 않다.
- 초효에서 일진이 발동해 酉金 財를 생합(生合)하니 그 여자는 나의 처가 아니라 남의 처다.

● 재(財)나 관(官)이 형충극해(刑冲克害)를 당하거나 일·월에 파(破)나 절(絕)이 되면 부부는 불화하고 해로(偕老)하기 어렵다. ▼

남자 결혼점

澤山咸!澤地萃

父未 //
兄酉 / 應   　丑
孫亥 /   　　月
兄申財卯 ⚊⚋   戊
°官巳 // 世   戌
父未 //   　　日

● 神算六爻 例文.

● 丑月에 卯木 財가 약한 가운데 발동해 회두극을 받으니 매우 불길하다.

● 이 결혼은 안 된다.

● 부득이한 사정으로 혼사가 이뤄졌는데 다음 해 申月에 처(妻)가 교통사고를 당했다.

● 申이 戌日의 역마이기 때문이다.

● 부(父)가 왕(旺)한 가운데 발동하더라도 손(孫)이 공망이거나 은복(隱伏)되어 있으면 자식을 얻을 수는 있지만 자손이 출현(出現)하는 시기나 출공하는 시기에 문제가 발생한다. ▼

자식을 얻음

天澤履!兌爲澤

°父戌父未 ⚋⚊ 世   　巳
兄酉 /   　　　月
°孫亥 /   　　　丁
父丑 // 應   　　卯
財卯 /   　　　日
官巳 /

● 神算六爻 例文.

● 6효에서 未土 父가 지세하고 발동해 진신이 되니 자손을 얻기가 참으로 힘들겠다.

● 게다가 4효 亥水 孫이 공망이다.

● 申年에 결혼하고 酉年에 아들을 낳았으나 亥年에 잃었다.

● 亥年은 孫 亥水가 출공하는 해[年]였다.

● 그 뒤 잉태 소식이 없는 사람의 괘다.

```
출산
乾爲天 ! 兌爲澤

父戌父未 ⅩⅩ 世
 °兄酉 /          戌
 孫亥 /           月
父辰父丑 ⅩⅩ 應    丁
 財卯 /           丑
 官巳 /           日
```

● 神算六爻 例文.

● 丑日 일진이 발동하니 오늘의 문제다.

● 3효와 6효에서 父가 발동해 진신이 되면서 4효 亥水 孫을 극하니 흉중흉(凶中凶)이다.

● 巳時에 출산했으나 자식이 바로 죽었다.

❯ "부부가 평생 해로(偕老)하겠는가?"를 물을 경우에 남편이 처(妻)를 점할 때는 재(財)가 용신이고, 처가 남편을 점할 때는 관(官)이 용신이다.

❯ 재(財)가 진공이면 처의 위치가 소멸됨을 뜻한다. 관(官)이 파(破)를 만나면 남편의 위치가 무너짐을 나타낸다. 평생을 동행하지 못한다.

```
여자 결혼점
風地觀 ! 風山漸

 °官卯 / 應
 父巳 / (子財)      酉
 兄未 //           月
°官卯孫申 Ⅹ 世     庚
 父午 //           戌
 兄辰 //           日
```

● 神算六爻 例文.

● 孫이 지세하는 것은 官을 용납하지 않는다는 뜻이다.

● 3효에서 申金 孫이 지세하고 발동해 6효 卯木 官을 극한다.

● 6효 卯木 官은 월파를 당하고 일진에 휴수된 가운데 공망을 만나니 진공이다.

● 官의 원신인 子水 財는 5효 巳火 父 아래 복신이라 무력하다.

● 남편에게 문제가 생기겠다.

● 결국 卯年에 죽었다.

● 卯年은 卯木 官이 출공하는 해[年]다.

남자 결혼점	
火雷噬嗑 ! 火地晉	
官巳 /	
父未 ∥	酉月
兄酉 / 世	丁
∘財卯 ∥	未
官巳 ∥	日
孫子父未 ∦ 應	

● 神算六爻 例文.

● 兄이 지세하면 처 · 재(妻財)를 용납하지 않는다.

● 3효에서 卯木 財가 월파를 당하고 일진 동효에 입고(入庫)되니 이 결혼은 안 된다.

❏ 괘 중의 효가 진공을 만나면 이미 소멸하였거나 소멸하여 가는 과정이다.

❏ 여자가 묻는 점에 관(官) 아래 재(財)가 진공이면서 복신이면 이 남자에게는 생존해 있는 처가 없다는 뜻이다. 죽은 자와 결혼하려면 결혼 전에 죽어야 한다. 택일 후에 사망한다.

❏ 반대로 관(官)이 진공이고 재(財) 아래 복신이면 결혼 전에 여자가 죽는다.

水雷屯 ! 風雷益	
父子兄卯 ∦ 應	
孫巳 /	午
財未 ∥	月
財辰 ∥ 世(酉官)∘	戊
兄寅 ∥	寅
父子 /	日

● 神算六爻 例文.

● 酉金 官이 3효 辰土 財 아래 복신이다.

● 官이 午月의 극을 받고 일진에 절(絶)이 된 가운데 공망이니 진공이다.

● 酉月에 결혼할 예정인데 결혼하기 전에 여자가 죽은 괘다.

```
          !水山蹇

     孫子 //
     父戌 /           未
     兄申 // 世        月
     兄申 /           己
     官午 / (卯財)。    酉
     父辰 // 應        日
```

- 神算六爻 例文.
- 卯木 財가 2효 午火 官 아래 복신이다.
- 財가 未月에 입고되고 일파를 당한 가운데 공망을 만나니 진공이다.
- 결혼 전에 남자가 사망한 괘다.

---

❷ 복신(伏神)은 생활환경에 감춰지거나 숨겨진 부분이다.

❷ 관(官)이 재(財) 아래 복신이면 남자에게 숨겨진 여자가 있다. 이때 일진 동효가 세효를 충극(沖克)하면 뒷날 반드시 분쟁이 있다. ▶

```
     風澤中孚 !風雷益

     兄卯 / 應
     孫巳 /           亥
     財未 //          月
     財辰 // 世(酉官)    甲
     兄卯 兄寅 X       寅
     ○父子 /          日
```

- 神算六爻 例文.
- 酉金 官이 3효 辰土 財 아래 복신인데 辰과 酉가 합(合)을 이룬다.
- 남자가 여자 치마폭에 숨어 있는 것과 같다.
- 이때 2효에서 寅木 兄이 발동해 3효 辰土 세효를 극하니 결혼 후 반드시 송사(訟事)가 있으리라.
- 과연 戌年에 결혼했는데 寅年에 파경에 이른 괘다.

- 남자가 결혼을 묻는 점에서 괘 중에 재(財)가 둘 있고 초효가 손(孫)이면 처(妻) 외에 다른 여자를 본다.
- 여자가 결혼을 묻는 점에서 괘 중에 관(官)이 둘 있고 초효가 재(財)이면 남편 외에 다른 남자를 본다.

澤風大過!雷風恒	
財戌 ∥ 應	
官酉官申 ⚋	未月
孫午 /	
官酉 / 世	丙申日
父亥 /	
財丑 ∥	

- 神算六爻 例文.
- 3효 내괘의 官은 남편이다.
- 5효 외괘의 官은 정부(情夫)다.
- 정부(情夫)가 발동해 진신이 되니 뒤에 꼭 이 사람을 따르게 된다.

水山蹇!風地觀	
孫子財卯 ⚋	
官巳 /	申月
父未 ∥ 世	
兄申財卯 ⚋	甲子日
官巳 ∥	
父未 ∥ 應	

- 神算六爻 例文.
- 3효 내괘의 財는 본처(本妻)다.
- 6효 외괘의 財는 외처(外妻:첩, 後妻)이다.
- 내괘 卯木 본처는 申月의 극을 받고, 외괘 후처는 일진의 생을 얻으니 후처종사(後妻從事)하리라.

- 申年에 본처와 헤어지고 子年에 새장가를 간 괘다.

● 부(父)는 어른을 뜻하니 주혼자(主婚者)가 된다.
● 괘 중에 2개의 부(父)가 발동하면 주혼자가 서로 개성을 나타내는 것과 같으니 혼사는 이뤄지기 어렵다.

澤雷隨 ! 天地否	
父未父戌 ✕ 應	
○兄申 /	午
官午 /	月
財卯 // 世	庚
官巳 //	辰
孫子父未 ✕	日

● 神算六爻 例文.
● 육합괘라 혼사가 이뤄지는 것이 당연한 듯하다.
● 초효에서 未土 父가 동하여 財의 원신인 子水 孫을 화출한 것은 子水 孫의 출현을 기다려 극하고 싶어하는 것과 같다.
● 혼사는 이뤄지지 않는다.

● 일진(日辰)은 당일 점(占)을 주관하는 자다.
● 괘 중에서 일진 부(父)가 발동해 세효를 생하면 결혼일이 결정된다.

離爲火 ! 澤火革	
○財巳官未 ✕	
官未父酉 ✕	未
兄亥 / 世	月
兄亥 /	丁
官丑 //	酉
孫卯 / 應	日

● 神算六爻 例文.
● 5효에서 酉日이 父를 대하고 발동해 세효를 생하므로 결혼일이 결정된다.
● 남자 쪽에서 급히 택일(擇日)한 괘다.

- 결혼점에서 육합괘는 무조건 혼사가 이뤄지고, 육충괘는 무조건 불성(不成)한다고 판단해서는 안 된다.
- 세·응 관계와 관(官)과 재(財)의 왕상휴수(旺相休囚)를 잘 살펴야 한다.

!火山旅	
兄巳 /	
孫未 //	巳月
財酉 / 應	戊辰日
財申 / (亥官)。	
兄午 //	
孫辰 // 世	

- 神算六爻 例文.
- 육합괘가 안정돼 있으니 무조건 결혼이 이뤄진다고 볼 수 있으나 그렇지 않다.
- 亥水 官이 3효에 복신인데 월파를 당하고 일묘(日墓)에 공망이니 진공이다.
- 남자가 무력하기 짝이 없는데 어찌 이 결혼이 좋다고 할 수 있겠는가?

제9장

산육점
産 育 占

◎ 산육점(産育占)에서는 임신 시기, 태아 성별, 산모의 건강, 출산, 태아의 길흉 등을 예측할 수 있다.

◎ 자연에서 음양(陰陽)이 접촉하여 결합·생성되는 결정체가 태(胎)다.
◎ 태(胎)가 세상에 나타나야 비로소 자손이 된다.

火風鼎!雷風恒	
孫巳財戌 ⚋ 應	子月 甲戌日
○官申 ⚋	
孫午 ⚊	
○官酉 ⚊ 世	
父亥 ⚊	
財丑 ⚋	

◎ 神算六爻 例文.

◎ 3효 酉金 官이 태효(胎爻)인데 이 경우를 귀태(鬼胎)라고 한다.

◎ 고전에 귀태가 흉하다고 했으나 6효에서 戌日이 발동해 태효를 생하니 무방하다.

◎ 그러나 4효 午火 孫이 월파를 당하고 6효 일진 동효에 입고되니 매우 흉하다.

◎ 정자(靜者)는 충일(沖日)에 응하니 卯日에 출산한 뒤 甲申日에 절명(絶命)했다.

◎ 甲申日은 午火 孫이 공망이고 무력해 진공이 된다.

◎ 공망은 잠시 자리를 비움이고 진공은 소멸을 의미한다.

399

水澤節 ! 坎爲水
兄子 // 世
官戌 /
父申 //
財午 // 應
官辰 /
財巳孫寅 ✕

● 神算六爻 例文.

● 감위수(坎爲水)괘는 감궁(坎宮)이니 양(陽)이다.

● 초효가 발동해 수택절(水澤節)괘로 변하는데 節괘도 감궁으로 陽이다.

● 괘가 양(陽)에서 양(陽)으로 변하니 아들이다.

澤水困 ! 坎爲水
兄子 // 世
官戌 /
兄亥父申 ✕
財午 // 應
官辰 /
孫寅 //

● 神算六爻 例文.

● 감위수(坎爲水)괘가 택수곤(澤水困)괘로 변했는데 困괘는 태궁(兌宮)으로 陰이다.

● 괘가 양궁(陽宮)에서 음궁(陰宮)으로 변하니 딸이다.

- 쌍둥이는 쌍태(雙胎)와 쌍자손(雙子孫)으로 본다.
- 괘 중에 쌍태와 쌍자손이 일·월의 생부(生扶)를 얻으면 쌍둥이를 낳는다.

```
        !天水訟

   孫戌 /
   財申 /          午
   兄午 / 世        月
   兄午 //          壬
   孫辰 /           子
  °父寅 // 應        日
```

- 神算六爻 例文.
- 태효(胎爻)는 子水다.
- 쌍태와 쌍자손이 함께 있는 괘는 없다.
- 한편 일간을 기준으로 12운성을 포국하면 쌍태가 나온다. 여기서 壬水 일간을 기준으로 하면 午火가 태효가 된다.

- 孫과 胎가 둘이고 태가 암동하니 쌍둥이가 분명하다.
- 辰과 戌土 쌍자손이 午月의 생을 받아 왕하므로 未日에 출산했다.
- 동(動)은 움직임을 나타낸다. 孫이 발동할 때 출산한다.

- 신랑이 처(妻)를 점할 경우에 재(財)는 산모, 태(胎)는 태아, 손(孫)은 자식이다.
- 이 셋은 일·월의 생부(生扶)를 받으면 길하나, 형충극해(刑冲克害)를 받거나 진공이나 파(破)를 만나면 불길하다.

```
    山風蠱 ! 地風升

 °兄寅官酉 ※
   父亥 //         午
   財丑 // 世       月
   官酉 /           乙
   父亥 /           巳
   財丑 // 應        日
```

- 神算六爻 例文.
- 酉金 官이 태효가 되니 귀태(鬼胎)다.
- 6효 태효가 일·월의 극을 받아 흉한 가운데 발동해 寅木을 화출하여 스스로 절(絶)이 되니 흉 중 흉(凶中凶)이다.
- 산모인 4효 丑土 財는 일·월의 생을 받아 왕하니 건강하지만 태아가 염려된다.

- 변효 寅木 兄이 출공하는 甲寅日에 유산(流産)되고 말았다.

> ● 부(父)는 손(孫)을 손상하는 자다.
>
> ● 초효는 다른 효에 비해서 비중이 크다.
>
> ● 초효에 관(官)이 있는데 부(父)가 발동해 손(孫)을 극해(克害)하면 자식을 얻기 어렵다.

比	父未 //	
句	兄酉 / 應	未月
朱	孫亥 /	辛酉
青	財卯 //	日
玄	官巳 // 世	
白 ○孫子父未 ✕		

澤雷隨 ! 澤地萃

● 神算六爻 例文.

● 초효에서 未月이 백호를 대하고 발동해 3효 卯木 태(胎)를 입고시키니 흉하다.

● 더욱이 태효(胎爻)는 未月에 휴수되고 일파가 되니 설상가상이다.

● 戌日에 낙태(落胎)한 괘다. 충자(沖者)는 합일(合日)에 응한다.

財未 //	
官申官酉 ✕	午月
父亥 / 世	乙卯
孫午官酉 ✕	日
父亥 /	
○財丑 // 應	

雷水解 ! 澤風大過

● 神算六爻 例文.

● 3효, 5효 酉金 官이 태효다.

● 태효가 午月의 극을 받고 일파를 만난 가운데 발동해 퇴신이 됐다.

● 갑자순중(甲子旬中) 辛未日에 유산했다.

● 초효 丑土 금고(金庫)가 공망이다. 출공 후 암동일(暗動日)에 응한 것이다.

● 일 · 월은 힘이 있는 자이며 괘의 왕쇠(旺衰)를 결정한다.

● 일 · 월이 괘 중에서 발동해 태효(胎爻)를 충극하거나, 태효가 진공이면 낙태(落胎)한다.

天水訟！地水師	
官戌父酉 ⚋ 應	
父申兄亥 ⚋	亥月
財午官丑 ⚋	壬子日
財午 ∥ 世	
官辰 ∕	
○孫寅 ∥	

● 神算六爻 例文.

● 태효는 3효 午火다.

● 午火 태효는 月의 극을 받고 일파를 당해 무력하다.

● 5효에서 亥月이 발동해 회두생을 받아 태효를 극하는데 일진도 태효를 극하니 흉 중 흉이다. 乙亥日에 유산했다.

● 손(孫)이 발동하는 것은 자손의 움직임을 나타낸다.

● 월건이 태효(胎爻)를 충하는 것은 그 달에 태효를 자극한다는 의미다. 당월에 출산한다.

● 일진이 태효를 충하면 그 날 태효의 움직임을 나타낸다. 당일에 출산한다.

水地比！澤地萃	
父未 ∥	
兄酉 ∕ 應	亥月
兄申孫亥 ✕	辛酉日
財卯 ∥	
官巳 ∥ 世	
父未 ∥	

● 神算六爻 例文.

● 4효에서 亥水 孫이 발동하니 자식이 나오려고 한다.

● 3효 태효 卯木이 암동하는 것은 태(胎)가 움직인다는 뜻이다.

● 戌時에 출산했다.

● 충자(冲者)는 합일(合日)에 성사된다.

- 형(兄)은 처(妻)를 해롭게 하는 자다.
- 출산점에 괘 중에서 형(兄)이 발동하고 재(財)가 진공이 되거나 파(破)를 만나면 처는 위태롭다.
- 부(父)가 발동하고 손(孫)이 진공이나 파(破)를 만나면 자손은 위태롭다.

火天大有 ! 乾爲天	
○父戌 / 世	
父未兄申 X	申月
官午 /	己巳
父辰 / 應	日
財寅 /	
孫子 /	

- 神算六爻 例文.
- 5효에서 申金 兄이 月을 대하고 발동해 2효 寅木 財를 극하니 처가 불안하다.
- 겨울철에 자식을 낳은 뒤 출산 후유증으로 고생이 많았다.
- 그러나 죽지는 않았다.
- 바로 목왕절(木旺節)인 정월(正月)이

다가왔기 때문이다.

! 火天大有	
官巳 / 應	
父未 //	午月
○兄酉 /	甲戌
父辰 / 世	日
財寅 /	
孫子 /	

- 神算六爻 例文.
- 초효 子水 孫이 월파를 당한 데다 3효에서 辰土 父가 암동해 극하니 매우 흉하다.
- 출산 직후 자식이 바로 숨을 거둔 괘다.

◉ 재(財)가 도화(桃花)와 현무를 대하고 응효나 다른 효와 삼합국(三合局)을 이루면 혼외임신(婚外姙娠)이거나 야합(野合:불륜)으로 인한 임신이다.

```
    山雷頤 ! 艮爲山
靑      官寅 / 世
玄      財子 //        申
白     ○兄戌 //        月
匕   兄辰孫申 X 應      丁
句      父午 //        卯
朱   財子兄辰 XX        日
```

◉ 神算六爻 例文.

◉ 5효 財가 도화와 현무를 대하고 있는데 3효 申金 孫이 발동해 신자진(申子辰) 재국(財局)을 이루니 정상적인 임신이 아니다.

◉ 5효 財가 현무를 대하고 있는데 일진 卯와 자묘형(子卯刑)이 된다.

◉ 남편이 아닌 남자에 의해 이뤄진 임신이다.

◉ 진공은 소멸이다.
◉ 여자가 점할 때 괘 중에 있는 관(官)이 진공인 가운데 묘절(墓絕)되면 신랑이 이미 죽었거나 아이가 아버지를 볼 수 없는 환경이다.

```
       ! 山雷頤
    兄寅 /
    父子 // (巳孫)      午
    財戌 // 世          月
    財辰 // (酉官)○     戊
    兄寅 //             寅
    父子 / 應           日
```

◉ 神算六爻 例文.

◉ 여자가 출산 여부를 묻는 점이다.

◉ 酉金 官이 3효 辰土 財 아래 복신인데 午月의 극을 받고 일진에 절(絕)이 된 가운데 진공이니 무력하다.

◉ 죽은 것과 같다.

◉ 巳火 孫은 5효 子水 父 아래 복신이니 친정 부모가 유산하라고 권유한다.

◉ 하지만 巳火 孫이 일·월의 생부(生扶)를 받아 왕하니 결국 아이는 유복자로 출산된 괘다.

● 여자가 점할 때 괘 중에서 관(官)이 복신이나 일·월의 생부(生扶)를 받아 왕(旺)하면 남편은 죽은 것이 아니라 멀리 떨어져 있는 것이다.

```
     !火山旅
  兄巳 /
  孫未 //        申
  財酉 / 應       月
  財申 / (亥官)   乙
  兄午 //         巳
  孫辰 // 世       日
```

● 神算六爻 例文.
● 출산일을 택일하러 온 여자가 얻은 괘다.
● 亥水 官이 3효 申金 아래 복신인데 암동하니 왕하다.
● 亥는 巳日의 역마라 남편이 멀리 나가 있어 출산을 보지 못한다.

● 형(兄)이 발동해서 삼합(三合) 형국(兄局)이 되었는데 괘 중에 관(官)이 없고 재(財)가 파(破)나 공망이 되면 처(妻)는 위태롭다.

```
  澤風大過 ! 巽爲風
  財未兄卯 X 世
  孫巳 /          寅
  父亥財未 ※       月
  官酉 / 應       辛
  父亥 /          酉
 ○財丑 //         日
```

● 神算六爻 例文.
● 신랑이 처의 산후(産後)에 대해 물어 얻은 괘다.
● 용신은 초효 丑土 財다.
● 용신이 寅月의 극을 받은 가운데 4효와 6효에서 해묘미(亥卯未) 형국(兄局)을 이뤄 극해 오니 흉중흉(凶中凶)이다.

● 丑土 財가 출공하면 위험하다.
● 처가 未日에 죽었다.
● 未日은 財가 일파된 날이다.

○ 임신 여부는 태효(胎爻)로 판단하는 것이 옳다.

○ 괘 중에 태효가 일·월의 생부(生扶)를 받아 왕상(旺相)하면 임신이 된 것이다.

○ 태효가 없거나 파절(破絶)이나 공망이면 임신이 아니다. ▶

```
      ! 乾爲天
  父戌 / 世
  兄申 /          亥
  官午 /          月
 ○父辰 / 應        庚
  財寅 /          子
  孫子 /          日
```

○ 神算六爻 例文.

○ 신랑이 처의 임신 여부를 물어 나온 괘다.

○ 초효 子水 孫이 일·월의 생부를 받아 왕하니 반드시 자식을 얻을 수 있는 괘다.

○ 본괘에 태효 卯木이 없으니 현재는 임신이 아니다.

○ 卯月이면 임신하리라.

○ 태효(胎爻)가 현무와 도화(桃花)를 대하고 타궁외괘(他宮外卦)에 있으면 남편[正夫:정부]의 아이가 아니다. ▶

```
  風山漸 ! 風地觀
 玄     財卯 /
 白     官巳 /          未
 蛇     父未 // 世       月
 句 ○兄申財卯 ※          甲
 朱     官巳 //          戌
 靑     父未 // 應(子孫)   日
```

○ 神算六爻 例文.

○ 태효는 卯木이다.

○ 태효가 3효와 6효에서 교중하니 쌍태(雙胎)다.

○ 풍지관(風地觀)괘는 건궁(乾宮)이고 풍산점(風山漸)괘는 간궁(艮宮)이니, 괘가 양(陽)에서 양(陽)으로 변했다. 따라서 아들[男]이다.

○ 외괘 6효에 있는 태효에 도화와 현무가 임하니 정상적인 관계에 의한 임신이 아니다.

○ 또 子水 孫이 초효 未土 父 아래 복신인데 일·월이 극하고 비신(飛神)이 극하니 불안하기 짝이 없다.

○ 결국 유산됐다.

제 10 장

병점과 병증
病　占　　病　症

> ● '병점과 병증'에서는 질병의 원인과 치유 여부, 약을 구하는 방향이
> 나 치료수단을 예측할 수 있다.

> ● 나를 극하는 자가 병(病)이다. 그래서 기살(忌殺)이 병이며, 기살을
> 제거하는 자가 약(藥)이다.
> ● 괘 중에 기살을 제거하는 자가 없으면 주위 환경에 약이 없다. 복용
> 해도 효험(效驗)이 없다.

```
    형 병점
  水澤節 ! 風澤中孚

財子官卯 Ⅹ
    父巳 /        子
  ○兄未 // 世     月
    兄丑 //        丁
    官卯 /        亥
    父巳 / 應      日
```

● 神算六爻 例文.

● 卯木 官이 병(病)인데 2효와 6효에서 교중 발동해 兄을 극하니 매우 불길하다.

● 4효 未土 兄은 일·월에 휴수돼 약한 가운데 공망이니 진공이다.

● 원신인 巳火 父는 일파를 당해 무력하다.

● 卯木 官이 발동해 兄을 극하니 내년 2월을 조심하라.

- 기살(忌殺)을 제거하는 하는 자가 약(藥)이다.
- 부모 병점에는 재(財)가 기살이고, 재(財)를 제거하는 형(兄)이 약이다.
- 처(妻)가 신랑 병점을 묻는 경우는 관(官)을 극하는 손(孫)이 병(病)이며 손(孫)을 제압하는 부(父)가 약이다.

어머니 병점
山水蒙 ! 地水師

```
○孫寅父酉 ⚋  應
    兄亥 ⚋        午
    官丑 ⚋        月
    財午 ⚋  世     癸
    官辰 ⚊        丑
  ○孫寅 ⚋        日
```

- 神算六爻 例文.
- 부모 병점에는 兄이 '약'이고, 財가 '병'이다.
- 6효에서 酉金 父가 발동해 寅木 孫을 화출하면서 절(絶)이 되었다.
- 酉金 父가 月의 극을 받고 丑日에 입고되어 매우 흉하다.

- 현재는 寅木이 공망이라 酉金 父도 따라 공망이니 무방하다.
- 그러나 寅木이 출공하는 甲寅日을 조심하라.
- 酉金 父가 寅에 절(絶)이 되기 때문이다.

신랑 병점
風火家人 ! 澤火革

```
○孫卯官未 ⚋
      父酉 ⚊        卯
   官未兄亥 ⚋ 世     月
      兄亥 ⚊        丁
      官丑 ⚋        未
    ○孫卯 ⚊  應      日
```

- 神算六爻 例文.
- 신랑 병점에는 孫이 '병'이고, 父가 '약'이다.
- 용신은 2효 丑土 官이다.
- 4효 亥水와 6효 未土가 발동해 해묘미(亥卯未) 손국(孫局)을 이뤄 용신을 극한다.

- 용신 丑土는 卯月의 극을 받고 未日에 일파를 당하니 매우 불길하다.
- 현재는 卯木 孫이 공망이라 무사(無事)하나 출공하는 乙卯日에 걱정된다.

- 나의 병점에서는 관(官)이 '병'이다.
- 관(官)이 지세하면 질병이 이미 내 몸에 침범했다는 의미다. 가벼운 병이라도 잘 낫지 않는다.
- 손(孫)이 지세하면 내가 치유능력을 갖고 있는 것과 같다. 병세(病勢)가 아무리 사나워도 쉽게 치유된다.

자기 병점
!山火賁

```
 ○官寅 /
 財子 //      亥
 兄戌 // 應    月
 財亥 /        乙
 兄丑 //       巳
 ○官卯 / 世    日
```

- 神算六爻 例文.
- 나의 병점에서는 官이 '병'이고, 孫이 '약'이다.
- 亥月이 세효를 생하니 괜찮으나 官이 지세하므로 본래 치료하기 어려운 고질병을 앓고 있는 괘다.

자기 병점
!火山旅

```
 兄巳 /
 孫未 //        午
 財酉 / 應      月
 財申 / (亥官)  甲
 兄午 //        辰
 孫辰 // 世      日
```

- 神算六爻 例文.
- 초효에서 辰土 孫이 지세하니 귀살(鬼殺)이 침범하기 어렵다.
- 환자의 병이 아무리 중증(重症)이라도 세효를 생부(生扶)하는 곳에서 약을 구하면 바로 낫는다.

- 고전에서 나의 병점에 관(官)이 지세하면 가벼운 병이라도 종당에는 죽음에 이른다고 했으나 현시대에는 맞지 않는 이론이다.
- 세효가 왕상(旺相)하면 치료하기 어려운 병이라도 죽음에 이르지 않는다. 손(孫)이 지세하더라도 세효가 일·월에 휴수쇠절(休囚衰絕)되고 일묘(日墓)·동묘(動墓)·화묘(化墓)에 입묘(入墓)하게 되면 흉하다.

雷天大壯 ! 雷風恒	
財戌 // 應	
○官申 //	卯
孫午 /	月 丁
○官酉 / 世	丑
父亥 /	日
父子財丑 ✕	

- 神算六爻 例文.
- 3효에서 酉金 官이 지세했는데 월파를 당했다.
- 丑日이 초효에서 발동해 酉金 官을 입묘(入墓)시키니 매우 흉하다.
- 현재는 酉金 官이 공망이라 무사하나 출공하는 乙酉日이 불길하다.

- 복신(伏神)은 괘 중에 나타나지 않고 감춰진 것이다. 현재의 환경에서 그 흔적이 숨어버린 것이다.
- 용신이 복신이면서 진공이면 반드시 죽는다. 진공은 소멸을 의미하기 때문이다.

신랑 병점	
水雷屯 ! 風雷益	
父子兄卯 ✕ 應	
孫巳 /	亥
財未 //	月 己
財辰 // 世(酉官)○	卯
兄寅 //	日
父子 /	

- 神算六爻 例文.
- 용신은 3효 辰土 財 아래 복신인 酉金 官이다.
- 용신이 亥月에 휴수되고 일파를 만난 데다 공망을 만나니 진공이라 매우 흉하다.
- 용신이 출현하는 酉日이 걱정이다.

복자(伏者)는 출현일에 응하기 때문이다.

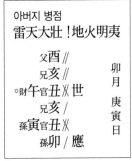

아들 병점

離爲火！天火同人

孫戌 / 應
孫未財申 Ⅹ   卯月
兄午 /
官亥 / 世   庚申日
°孫丑 //
父卯 /

● 神算六爻 例文.

● 자손 병점에는 父가 기살(忌殺)인데
초효 卯木 父가 月을 대해 왕(旺)하니 좋
지 않다.

● 다행히 申日이 5효에서 발동해 卯木
父를 극하니 길하다.

● 일진이 발동한 오늘, 명의(名醫)를 서
쪽에서 만난다.

● 용신이 출공하는 丑日에 완쾌되리라.

아버지 병점

雷天大壯！地火明夷

父酉 //
兄亥 //   卯月
°財午官丑 Ⅹ 世
兄亥 /   庚寅日
孫寅官丑 Ⅹ
孫卯 / 應

● 神算六爻 例文.

● 丑土 官이 2효와 4효에서 교중 발동
해 6효의 酉金 父를 입고시키니 아버지
가 심각한 상황이다.

● 오늘은 丑土 官이 月과 日의 극을 받으
니 당분간은 위기를 넘길 것이나 청명(淸
明)이 지나면 불길하리라.

● 辰月이 되면 丑土 官이 왕해지기 때문이다.

● 충산(沖散)은 흩어진다는 의미다.
● 기살이 발동해 용신을 극하고 일진의 충을 받으면 충산이다. 흉하지만 충산이 되니 죽지는 않는다.

```
어머니 병점
  天風姤 ! 澤風大過

◦財戌財未 ⚊⚋
   官酉 /          卯
◦父亥 / 世        月
   官酉 /          乙
◦父亥 /           丑
   財丑 // 應       日
```

● 神算六爻 例文.
● 부모 병에는 財가 기살이다.
● 6효에서 未土 財가 발동해 진신이 되면서 용신인 父를 극해 흉하나, 丑日이 未土 財를 충해 충산시키니 무방한 듯하다.
● 원신인 酉金 官은 월파를 당하고 丑日에 입고되니 무력하다.

● 게다가 6효 未土 財가 축술미(丑戌未) 삼형(三刑)을 이뤄 父를 극하니 매우 흉하다.
● 辰日에 사망했다.
● 6효의 변효 戌土 財가 공망인데 辰日이면 충을 받아 공망에서 벗어나기 때문이다.

● 병점에서 보편적으로 관(官)을 기살(忌殺)로 판단하나, 관(官)이 항상 기살인 것은 아니다.
● '기살' 이란 용신을 극하는 기신(忌神)을 의미한다.

```
동생 병점
  坎爲水 ! 風澤中孚

財子官卯 ⚊⚋
   父巳 /          巳
◦兄未 // 世        月
   兄丑 //          乙
   官卯 /           酉
官寅父巳 ⚊⚋ 應      日
```

● 神算六爻 例文.
● 형제 병점에는 官이 기살이다.
● 官이 내·외괘에서 교중한 상태에서 발동해 兄을 극하니 흉한 듯하다.
● 다행한 것은 초효 巳火 父가 발동한 것이다.

● 발동한 官은 兄을 극하지 않고 父를 생하고, 父는 다시 兄을 생하니 길조로 바뀐다.

● 현재는 未土 兄이 巳月의 생을 받아 왕하나 공망이라 출공하는 乙未日에 완치되리라.

> ● 용신이 왕(旺)하면 기살(忌殺)을 제거하는 자가 '약'이 되고, 용신이 쇠(衰)하면 용신을 생부하는 원신이 '약'이 된다.

```
        처 병점
     坎爲水 ! 澤水困

     父未 //
     兄酉 /          申
   兄申孫亥 ✕ 應      月
     官午 //          丁
   ○父辰 /           酉
   財寅 // 世          日
```

● 神算六爻 例文.

● 초효 寅木 財가 용신이다.

● 용신이 월파를 당하고 일진의 극을 받아 무력하니 흉하다.

● 이럴 때는 3효 午火 官이 기살인 申 · 酉金 兄을 극제(克制)해야 하나, 午火가 일 · 월에 휴수돼 약하니 왕(旺)한 兄을 감당할 수 없다.

● 그런데 4효에서 亥水 孫이 일 · 월의 생을 받으면서 발동해 寅木 財를 생하니 절처봉생이다.

● 亥日에 귀인(貴人)을 만나 치유되리라.

병증(病症)

◎ 괘 중에 용신을 극해(克害)하는 기살(忌殺)이 없으면 병의 원인을 알수 없고, 기살을 제거하는 자가 없으면 약이 없다.
◎ 기살이 세효 아래 복신이면 옛병이 재발한 것이다.

남편 병점
火山旅 ! 雷山小過

官巳父戌 ╳
兄申 //
○官午 / 世(亥孫)
兄申 /
○官午 //
父辰 // 應

申月 丙戌日

◎ 神算六爻 例文.
◎ 신랑 병점에는 孫이 기살이다.
◎ 괘 중에 孫 기살이 없고 4효 午火 官 세효 아래 복신이니 옛병이 재발한 것이다.
◎ 본래 신장병이 있었는데 갑자기 병세가 악화돼 당일 사망한 괘다.

◎ 기살이 재(財) 아래 복신이면 재물로 인한 병이다. 아니면 여자로 인한 병이다.

형제 병점
山地剝 ! 山雷頤

兄寅 /
父子 //
財戌 // 世
○財辰 // (酉官)
兄寅 //
財未父子 ╳ 應

未月 乙未日

◎ 神算六爻 例文.
◎ 寅木 兄이 용신인데 未月과 未日에 입고(入庫)되니 매우 흉하다.
◎ 원신인 초효 子水 父가 일·월의 회두극을 받아 전혀 생기(生氣)가 없으니 소생(甦生)하기 어렵다.
◎ 酉金 官이 기살인데 3효 辰土 財 아래 복신이다.
◎ 처가 가출한 뒤 상심(傷心)해서 병을 얻어 사망한 괘다.

● 기살이 손(孫) 아래 복신이면 술이나 음식으로 인한 병이거나 자손으로 인한 번민이다. 아니면 약물 중독으로 인한 병이다. ▶

<table>
<tr><td>아버지 병점

!山水蒙

○父寅 /
官子 //
孫戌 // 世(酉財)
兄午 //
孫辰 /
○父寅 // 應</td><td>亥
月
丙
午
日</td></tr>
</table>

● 神算六爻 例文.
● 아버지의 병에는 財가 기살인데 酉金財가 4효 戌土 孫 아래 복신이다.
● 孫은 향락(享樂)의 神이고 의약(醫藥)의 神이다.
● 약을 잘못 먹어 부작용으로 고생하는데 酉日에 酉金 기살이 출현하고 寅日에 절(絶)이 되니 치유되리라.

● 기살이 부(父) 아래 복신이면 상심(傷心)·과로(過勞)에서 오는 병이거나 계약·시험으로 인한 병이다. 아니면 동토(動土)로 인한 병이다. ▶

<table>
<tr><td>형 병점

風山漸 ! 風火家人

兄卯 /
孫巳 / 應
財未 //
○父亥 / (酉官)
財丑 // 世
財辰 兄卯 ✕</td><td>亥
月
辛
未
日</td></tr>
</table>

● 神算六爻 例文.
● 형제 병에는 酉金 官이 기살이다.
● 기살이 3효 亥水 父 아래 복신이니 과로로 얻은 병이다.
● 酉日에 기살이 출현하고 갑술순중(甲戌旬中)에 들면 기살이 진공이 되니 자연 치유되리라.

- 형(兄)은 바람이다.
- 기살이 형(兄) 아래 복신이면 바람이 영향을 끼치니 감기로 판단한다. 아니면 형제는 무리를 지어 다니는 자이니 구설시비(口舌是非)로 인해 발생한 병이다.

남편 병점

水澤節!風澤中孚

財子官卯 ✕
父巳 /　　　　戌
兄未 // 世　　月
兄丑 // (申孫)。　乙
官卯 /　　　　亥
父巳 / 應　　　日

- 神算六爻 例文.
- 兄은 파재(破財)의 神이고 구설(口舌)의 神이다.
- 남편의 기살은 孫인데 3효 丑土 兄 아래 복신이니 감기다.
- 입동(立冬) 이후 亥月에 申金 孫이 휴수되는데 절(絶)이 되는 첫 寅日에 치유되리라.

- 기살이 일 · 월의 생부(生扶)를 받아 왕상(旺相)한데 진신이면 병세는 더욱 악화되나, 기살이 일 · 월에 휴수(休囚)되면 진신이 되더라도 진신이라고 하지 않는다.
- 기살이 일 · 월에 휴수된 중 퇴신이면 병마(病魔)가 물러간다. 일 · 월의 생부를 받은 기살이 발동해 퇴신이 되더라도 퇴신이라고 하지 않는다.

딸 병점

天澤履!兌爲澤

父戌父未 ✕ 世
兄酉 /　　　　巳
孫亥 /　　　　月
父丑 // 應　　乙
財卯 /　　　　未
○官巳 /　　　　日

- 神算六爻 例文.
- 4효 亥水 孫이 용신이고 父가 기살이다.
- 용신이 월파를 당한 가운데 기살인 未日이 발동해 진신이 되면서 극하니 불안하다.
- 辰日에 亥水 孫이 입고되니 매우 불길하다.

- 청룡 기살(忌殺)에 도화(桃花)가 있으면 주색(酒色)이 과해서 무력해진 병이다.
- 주작은 시끄러운 자다. 기살이 주작에 있으면 난어(亂語:이해하기 어려운 말)하고 열이 나며 열꽃이 피는 병이다.

남편 병점	
雷水解 ! 雷風恒	

匕	財戌 // 應	卯月
句	官申 //	
朱	孫午 /	辛
青	孫午官酉 X 世	丑
玄	父亥 /	日
白	財丑 //	

- 神算六爻 例文.
- 3효 酉金 官이 용신이고 午火 孫이 기살이다.
- 酉金 官이 월파를 당하고 일묘(日墓)에 드는 데다 발동해 회두극을 당하니 흉하다.
- 그러나 丑土 금묘(金墓)는 土이므로 酉金이 생을 받아 흉(凶)한 중에도 길(吉)함이 있다.
- 변효 午火 기살이 도화이면서 청룡을 대하니 주색으로 인한 병이다.

- 구진은 행동이 느리고 머뭇거리는 자다. 기살에 구진이 있으면 가슴이 답답하고 비·위(脾胃)가 상(傷)하는 병이다.
- 등사는 요사스럽고 불안을 조장하는 자다. 기살에 등사가 있으면 앉은 자리가 불안하고 심신(心身)도 불안한 병이다.

처 병점	
乾爲天 ! 澤天夬	

句	兄戌兄未 XX	酉月
朱	孫酉 / 世	
青	財亥 /	己
玄	兄辰 /	未
白	官寅 / 應	日
匕	°財子 /	

- 神算六爻 例文.
- 초효 子水 財가 용신이다.
- 용신이 2개일 때는 '특성이 있는 효'로 정한다.
- 이 괘에서는 초효 子水와 4효 亥水 중 子水가 공망이므로 용신으로 삼는다.
- 용신 子水 財가 酉月의 생을 받지만 일진이 구진을 대하고 발

동해.극하니 불길하다.

- 친척에게 돈을 빌려주고 받지 못해 화병(火病)을 얻었다.

○ 백호는 혈상(血傷)의 신이다. 기살이 백호를 대하면 팔·다리에 절상(折傷)을 입거나 몸에 상처가 생긴다.
○ 현무는 욕심이 많고 음탐(淫貪)한 자다. 현무 기살은 물욕(物慾)이나 색욕(色慾)이 과해서 생긴 병이다.

동생 병점
澤雷隨 ! 震爲雷

```
玄        財戌 //世
白      官酉官申 ✕       未月
比        孫午 /
句       ○財辰 //應      甲午日
朱        兄寅 //
青        父子 /
```

- 神算六爻 例文.
- 2효 寅木 兄이 용신이고 5효 申金 官이 기살이다.
- 申金 기살이 백호를 대하고 발동해 兄을 극하니 흉하다.
- 교통사고로 발과 다리에 절상(折傷)을 당한 괘다.

- 申은 午日의 역마다.

○ 내괘는 집안이고 외괘는 집밖이다.
○ 기살이 내괘에 있으면 집에서 얻은 병이고, 외괘에 있으면 외처(外處)에서 얻은 병이다.

자기 병점
地火明夷 ! 水火旣濟

```
兄子 //應        申年
兄亥官戌 ✕       巳月
  父申 /         丁
兄亥 /世         未日
官丑 //
○孫卯 /
```

- 神算六爻 例文.
- 3효 亥水 세효가 월파를 당한 가운데 5효에서 戌土 官 기살이 발동해 극하니 외처(外處)에서 얻은 병이다.
- 戌이 상문(喪門)이다. 문상(問喪) 후에 충격으로 병을 얻었다.

> ◐ 금(金)은 폐, 대장이다. 金이 기살이면 폐나 대장이 나를 괴롭히는 형상이다. 폐나 대장에 탈이 있다.
>
> ◐ 목(木)은 간, 담이다. 木이 기살이면 간이나 담이 나를 괴롭히는 모습이다.

처 병점
火地晋!天地否

父戌 / 應
父未兄申 Ⅹ　　申月
官午 /
°財卯 // 世　　己酉日
官巳 //
父未 // (子孫)

● 神算六爻 例文.

● 財가 용신이고 兄이 기살이다.

● 5효에서 기살 申金 兄이 月을 대하고 발동해 3효 卯木 財를 극한다.

● 또 일·월이 卯木 財를 극하고, 원신인 子水 孫은 초효에 복신이다. 처(妻)가 위험하다.

● 폐에 농양이 생겨 입원 중인데 전혀 구원의 여지가 없으니 안타까운 괘다.

형 병점
水澤節!風澤中孚

財子官卯 Ⅹ
父巳 /　　寅月
°兄未 // 世
兄丑 //　　辛卯日
官卯 /
父巳 / 應

● 神算六爻 例文.

● 4효 未土 兄이 용신이고 官이 기살이다.

● 寅月이 未土 兄을 극하는 가운데 6효에서 기살인 卯木 官이 일진을 대하고 발동해 용신인 兄을 극하니 불길하다.

● 未土 兄이 공망인데 乙未日에 출공하면 마음을 놓지 못하리라.

● 수(水)는 신장이나 방광이다. 水가 기살이 되어 용신을 괴롭히면 신장에 문제가 있는 질환이다.

● 화(火)는 심장이다. 火가 기살이 되어 발동하면 심장에 문제가 있는 자다.

남편 병점
天風姤 ! 天山遯

```
父戌 /
兄申 / 應        丑
官午 /           月
兄申 /           辛
孫亥官午 ⚋ 世    酉
父辰 //           日
```

● 神算六爻 例文.

● 기살이 본괘에는 없고 변효에 나타난 것은 외처(外處)에서 얻은 병을 뜻한다.

● 午火 官이 지세했는데 도화(桃花)를 대하고 발동해 亥水 孫의 회두극을 받으니 성(性)질환이 분명하다.

● 寅月이 되면 亥水 기살이 휴수되고 午火 官은 생기(生氣)를 얻으니 약을 복용하면 치유된다.

● 寅月 갑자순중(甲子旬中)에 들면 기살이 공망을 만나고 己巳日이면 파(破)를 만나니 완치되리라.

● 토(土)는 비(脾), 위(胃)다. 土가 기살이 되어 용신을 극해(克害)하면 脾나 胃가 괴롭히는 형상이다. 비·위의 병이거나 부종(浮腫) 또는 전염병이다.

자식 병점
天地否 ! 澤地萃

```
○父戌父未 ⚋
 兄酉 / 應       亥
○孫亥 /          月
 財卯 //          甲
 官巳 // 世        子
 父未 //           日
```

● 神算六爻 例文.

● 6효에서 未土 父가 발동해 진신이 되니 조상과 관련된 문제로 인한 병이다.

● 자식의 병에는 父가 기살이다.

● 未土 父가 초효와 6효에서 교중 발동해 4효 亥水 孫을 극하니 병이 심하다.

● 구토하고 음식을 소화하지 못한다.

● 서북(西北:戌亥) 방향에서 기도하고, 정동(正東:卯) 방향에서 약을 구해 먹어라.

● 亥 방향에서 기도하는 것은 未土 기살의 원신인 2효 巳火 官을 억누르기 위함이고, 卯 방향에서 약을 구함은 기살을 제압함이다.

◐ 기살(忌殺)이 있는 소성괘에 따라 병(病)이 있는 곳을 판단하기도 한다.

◐ 기살이 건(乾)에 있으면 머리의 병이고, 태(兌)에 있으면 입[口]의 병이다.

◐ 진(震)에 있으면 발[足]의 병이고, 손(巽)에 있으면 중풍이나 허벅지의 병이다.

◐ 이(離)에 있으면 눈[眼]의 병이고, 감(坎)에 있으면 신장이나 귀[耳]의 병이다.

◐ 간(艮)에 있으면 손[手]에 병이 있고, 곤(坤)에 있으면 배[腹]에 병이 있다.

처 병점

水雷屯 ! 水地比

財子 // 應
兄戌 /
孫申 //
官卯 // 世
父巳 //
財子兄未 ✗

午月 壬戌日

● 神算六爻 例文.

● 용신 子水 財의 기살은 未土 兄이다.

● 未土 兄이 곤(坤)에서 발동해 子水 財를 극하니 배[腹]의 병이다.

● 子水 財가 월파를 당하고 일진의 극을 받으니 병세가 매우 심해 난감하다.

● 현재는 용신인 6효 子水 財가 공망이라 괜찮지만 출공하는 甲子日에 대흉하다.

● 수(水)는 흐르고 유동(流動)하는 자다. 용신인 자수(子水)가 초효에서 발동해 토(土)를 화출하고 회두극을 당하면 대·소변(大小便)이 제대로 나오지 않는다. 본괘의 속궁이 음궁(陰宮)이면 소변 이상이고, 양궁(陽宮)이면 대변 이상이다. ▼

<table>
<tr><td rowspan="8">자식 병점

火風鼎 ! 火天大有

°官巳 / 應
父未 //
兄酉 /
°父辰 / 世
財寅 /
父丑孫子 Χ

巳月 辛丑日</td></tr>
</table>

● 神算六爻 例文.

● 초효 子水 孫이 용신이다.

● 子水가 巳月에 절(絶)이 되고 일진의 회두극을 받아 흉한데, 5효에서 未土 父가 암동하여 孫을 극하니 더욱 좋지 않다.

● 화천대유(火天大有)괘는 건궁이므로 陽宮이나, 화풍정(火風鼎)괘는 이궁이므로 陰宮이다.

● 신장병으로 소변이 불통(不通)이다.

● 건(乾)은 머리다. 건(乾)에서 기살이 용신이나 세효를 극하면 머리에서 병이 발생하여 괴롭히니 두통이나 어지럼증이다. ▼

<table>
<tr><td rowspan="6">자기 병점

火地晋 ! 天地否

父戌 / 應
父未兄申 Χ
官午 /
財卯 // 世
°官巳 //
父未 //

亥月 丙申日</td></tr>
</table>

● 神算六爻 例文.

● 卯木 財가 지세하니 3효가 용신이다.

● 5효에서 申金 兄이 발동해 극세하니 申金 兄이 기살이다.

● 기살이 건(乾)에서 발동하니 두통이 심하다 하겠다.

● 태(兌)는 입이다. 태(兌)에서 기살은 입 안에 병이 있다. 치통(齒痛)이나 입 안이 허는 병[구강궤양]이다.

南편 병점

水山蹇 ! 澤山咸

°父未 // 應
兄酉
兄申孫亥 ✕
  兄申 / 世
°官午 //
父辰 //

辰月 丁亥日

● 神算六爻 例文.
● 2효의 午火 官이 용신이다.
● 4효 亥水 孫이 기살이다.
● 亥水 孫이 태(兌)에서 발동해 용신을 극하니 신랑이 치통으로 고생한다.

● 이(離)는 심장이나 눈이다. 이(離)에서 기살이 일어나 용신이나 세효를 극하면 심장이 울렁거리거나 눈이 어두워지는 병이다.

처 병점

! 離爲火

°兄巳 / 世
孫未 //
財酉 /
官亥 / 應
孫丑 //
父卯 /

午月 己亥日

● 神算六爻 例文.
● 4효 酉金 財가 용신이다.
● 6효 巳火 兄이 기살이다.
● 용신이 午月의 극을 받은 가운데 기살이 암동해 극하니 흉하다.
● 巳火 기살이 이(離)에서 발동하니 가래가 많고 기침이 심한 병이다.

- 진(震)은 발이다. 진(震)의 기살은 발의 병이나 절상(折傷)이다.
- 구진은 느리고 지저분한 자다. 구진 토(土) 기살이 임하면 종기(腫氣)다.
- 백호는 혈상(血傷)을 나타낸다. 백호 금(金) 기살이 임하면 신체 한 부분의 절상(折傷)이다.

형 병점
地澤臨 ! 地雷復

句	｡孫酉 //	
朱	財亥 //	未
靑	兄丑 // 應	月
玄	兄辰 //	己
白	官卯官寅 ⚊	卯
比	財子 / 世	日

- 神算六爻 例文.
- 용신인 4효 丑土 兄이 월파를 당하고 일진이 극하니 흉하다.
- 더구나 2효에서 寅木 官이 발동해 진신이 되면서 극하니 흉중흉(凶中凶)이다.
- 사다리에서 떨어져 무릎을 크게 다친 괘다.

- 손(巽)은 다리다. 손(巽)에서 기살은 허벅지나 종아리에 탈이 난 것이다. 아니면 다리가 붓거나 하지정맥류다.

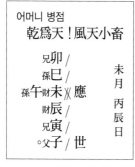

어머니 병점
乾爲天 ! 風天小畜

	兄卯 /	
	孫巳 /	未
孫午財未 ⚊ 應		月
	財辰 /	丙
	兄寅 /	辰
	｡父子 / 世	日

- 神算六爻 例文.
- 초효 子水 父가 용신이다.
- 4효에서 기살인 未月이 발동해 父를 극하는 가운데 父가 또 일묘(日墓)에 드니 매우 불길하다.
- 未土 財가 손(巽)에서 발동하니 중풍을 앓는다.
- 현재는 子水 父가 공망이니 괜찮다.
- 하지만 출공하는 甲子日을 조심하라.

- 감(坎)에서 기살은 귀에 문제가 있거나 신장이나 방광에 무리가 있는 병이다.
- 구진은 앞을 가로막는 자다. 구진이 기살이면 소리를 막는 모습이니 듣지 못하는 농아(聾啞)다.
- 등사는 어수선한 자다. 등사가 기살이면 귀가 어수선해지니 이명증(耳鳴症)이다.

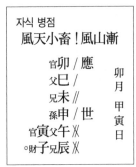

처 병점
澤水困 ! 坎爲水

比　　○兄子 // 世　　亥
句　　　官戌 /　　　月
朱　　兄亥父申 ╳　　辛
靑　　　財午 // 應　　酉
玄　　　官辰 /　　　日
白　　　孫寅 //

- 神算六爻 例文.
- 3효 午火 財가 용신이고 兄이 기살이다.
- 용신이 亥月의 극을 받고 일진에 휴수되니 힘이 없다.
- 6효에서 기살인 子水 兄이 감(坎)에서 등사를 대하고 있으니 이명증으로 고생하는 괘다.

- 간(艮)은 손이다. 간(艮)에서 기살은 손이나 팔의 병이다. 간(艮)에서 금(金) 기살이 발동해 용신을 손상하면 골병(骨病:뼈 관련 병증)이나 절상(折傷)이며, 화(火) 기살이 왕동(旺動)하여 용신을 극해하면 종기나 창독(瘡毒:부스럼의 독기)이다.

자식 병점
風天小畜 ! 風山漸

　　官卯 / 應　　卯
　　父巳 /　　　月
　　兄未 //　　　甲
　　孫申 / 世　　寅
官寅父午 ╳　　日
○財子兄辰 ╳

- 神算六爻 例文.
- 용신인 3효 申金 孫이 卯月에 절(絶)이 되고 일파를 만나니 무력하다.
- 2효에서 午火 父 기살이 발동해 孫을 극한다.
- 기살이 간(艮)에서 발동하니 자식이 팔에 상처를 입어 화농이 심한 괘다.

◑ 오행의 속성에 따라 판단하기도 한다.

◑ 금(金)은 폐·대장이다. 금(金) 기살은 폐·기관지의 병(해수咳嗽:기침)이거나 대장에 탈이 난 것이다.

◑ 토(土)는 비·위다. 토(土) 기살은 위의 병(구토, 부종, 전염병)이다.

◑ 목(木)은 간·담이다. 목(木) 기살은 간담이 나를 괴롭히는 것이다. 아니면 사지(四肢:팔과 다리)에 문제가 있다.

◑ 수(水)는 신장·방광이다. 수(水) 기살은 대소변으로 나를 괴롭히는 것이다. 신장계의 병이다.

◑ 화(火)는 심장이다. 화(火) 기살은 심장이 나를 괴롭히는 것이다. 가슴이 뛰고 숨이 차는 병이다.

◑ 세(世)와 응(應) 중간에서 간효가 기살이 되어 발동하면 주위 환경에 의해 일어난 병이다. 하소연할 곳이 없어 마음이 답답하다.

처 병점

雷天大壯 ! 山天大畜

兄戌官寅 Ⅹ
　財子 ∥ 應　　申
父午兄戌 ⅩⅩ　　月
　°兄辰 /　　　戊
　官寅 / 世　　戌
　財子 /　　　日

◑ 神算六爻 例文.

◑ 용신은 子水 財다.

◑ 용신의 기살인 戌土 兄이 世와 應 중간에서 일진을 대하고 발동해 용신을 극한다.

◑ 처(妻)가 돈을 빌려주고 받지 못해 가슴이 답답해지고 우울증이 생긴 괘다.

> ❂ 금(金) 기살이 발동해 목효(木爻)를 극하면 팔다리(枝節)를 다친다.

여동생 병점
澤山咸!雷地豫

財戌 //
官酉官申 ※　　　酉月
○孫午 / 應　　　丙戌日
官申兄卯 ※
孫巳 //
○財未 // 世

- 神算六爻 例文.
- 용신은 3효 卯木 兄이다.
- 용신이 酉月에 월파를 당한 가운데 발동해 회두극을 만났다.
- 그리고 5효에서 申金 기살이 발동해 극하니 매우 흉하다.
- 申金 기살은 戌日의 역마이니 교통사고를 주의하라.
- 과연 甲申日에 대형 사고를 당해 팔다리에 절상(折傷)을 입었으나 구사일생(九死一生)했다.

> ❂ 목(木) 기살이 발동해 토효(土爻)를 극하면 피골(皮骨)이 상(傷)한다.

처 병점
天澤履!天雷无妄

○財戌 /
官申 /　　　亥月
孫午 / 世　　　甲子日
財辰 //
兄卯兄寅 ※
父子 / 應

- 神算六爻 例文.
- 6효 戌土 財가 용신이다.
- 택효(宅爻)에서 寅木 기살이 발동해 진신이 되면서 용신인 戌土 財를 극한다.
- 거실을 청소하다가 발등에 꽃병이 떨어져 피부가 많이 손상된 괘다.

● 토(土) 기살이 발동해 수효(水爻)를 극하면 갈증이 심하고 신장 또는 방광이 허(虛)하다.

```
처 병점
雷山小過!艮爲山

 兄戌官寅 XX 世
   財子 //      戌
 父午兄戌 XX    月
   孫申 / 應    乙
   父午 //      未
  ○兄辰 //      日
```

● 神算六爻 例文.
● 5효 子水 財가 용신이다.
● 4효에서 戌土 기살이 발동해 용신 子水 財를 극하니 매우 불길하다.
● 신장병을 앓고 있다.
● 戌日을 주의하라.

● 수(水) 기살이 발동해 화효(火爻)를 극하면 눈이 어둡고 가슴이 답답하다.

```
남편 병점
風地觀!山地剝

   財寅 /
 官巳孫子 XX 世   亥
   父戌 //        月
   財卯 //        丙
   官巳 // 應      子
   父未 //         日
```

● 神算六爻 例文.
● 2효 巳火 官이 용신이다.
● 용신이 월파를 당했는데 괘 중에서 일진이 발동해 극하니 대흉하다.
● 심장에 문제가 있겠다.
● 오늘을 넘기기 어렵다.
● 심장마비로 당일 사망한 괘다.

◉ 화(火) 기살이 발동해 금효(金爻)를 극하면 두풍(頭風:중풍)이거나 폐(肺)가 상(傷)한다.

자기 병점
澤風大過 ! 澤山咸

父未 ∥ 應
兄酉 /　　巳
○孫亥 /　　月
兄申 / 世　庚
○孫亥官午 ⚊×　午
父辰 ∥　　日

● 神算六爻 例文.

● 3효 申金 세효가 巳月의 극을 받은 가운데 2효에서 일진이 발동해 극하니 매우 흉하다.

● 4효 亥水 孫이 약(藥)인데 월파를 당하고 공망을 만나니 진공이다.

● 폐에 병이 생겨 고생하던 중 약을 잘못 먹어 위험해진 괘다.

◉ 응효나 관(官)이 기살을 대하고 발동해 세효와 합(合)하면 타인으로부터 전염된 것이다.

동생 병점
風火家人 ! 澤火革

孫卯官未 ⚊×　　申
父酉 /　　　月
官未兄亥 ⚊× 世　戊
兄亥 /　　　戌
官丑 ∥　　　日
孫卯 / 應

● 神算六爻 例文.

● 6효에서 未土 기살이 발동한 가운데 卯木 孫을 화출해 해묘미(亥卯未) 삼합을 이루면서 용신 亥水를 극합(克合)하니 남의 병이 전염됐다.

● 未土 기살이 발동해 卯木 孫을 화출했는데 卯木이 도화(桃花)이니 성병(性病)이다.

◉ 기살이 절(絶)이 되면 병은 가볍고, 용신이 생부(生扶)를 받으면 절처봉생(絶處逢生)한다.

친구 병점
天風姤 ! 天山遯
父戌 /
∘兄申 / 應
官午 /
∘兄申 /
孫亥官午 ※世
父辰 //

未月 壬午日

◉ 神算六爻 例文.

◉ 용신은 5효 申金 兄이다.

◉ 申金 兄이 3효와 5효에 교중되어 있다. 이런 경우 내괘의 兄을 형제로, 외괘의 兄을 친구로 판단한다.

◉ 午日이 괘 중에서 발동해 용신을 극하니 흉하다.

◉ 하지만 午火 기살이 회두극을 당하고 未月이 생하니 절처봉생이다.

◉ 현재는 변효인 亥水 孫이 未月에 극을 받고 일진에 절(絶)이 되니 무력하다.

◉ 午火 기살이 회두극을 당하지 않는 형국이라 힘이 있다는 얘기다.

◉ 입추(立秋)가 지나 申月에 접어들고 亥日이 되면 午火 기살이 무력해지니 완쾌되겠다.

제11장

소송점
訴 訟 占

❍ 소송점(訴訟占)에서는 분쟁의 원인과 진행 그리고 결과를 예측할 수 있다.

❍ 세효가 원고(原告:소송을 제기한 사람)다. 응효가 피고(被告:소송을 당한 사람)다.

❍ 세효는 일·월이나 동효의 생부(生扶)를 받아 왕상(旺相)해야 좋다.

❍ 응효가 일·월이나 동효의 충극(冲克)을 받거나 휴수사절(休囚死絕)이 되면 분쟁에서 내가 유리하다.

水地比！坎爲水		
兄子 // 世		辰月
官戌 /		甲午日
父申 //		
財午 // 應		
°財巳 °官辰 X		
孫寅 //		

● 神算六爻 例文.

● 육충괘라 분쟁이 있음이 분명하다.

● 세효는 子水 兄이다.

● 응효는 午火 財다.

● 세효가 응효를 극하니 내가 유리하다 하겠다.

● 그러나 2효에서 辰月이 발동해 세효를 입고시키는 가운데 午日이 일파로 치니 어찌 유리하다 하겠는가?

● 패소(敗訴:소송에서 짐)하고 구속까지 된 괘다.

◐ 일진이나 월건은 국가기관에 비유되고 관(官)은 바로 세력의 상징이다.

◐ 일진이나 월건이 괘 중에서 관(官)을 대하고 발동해 응효를 극하면 나에게 좋은 배경이 된다. 반드시 승소한다. ▶

地澤臨 ! 地雷復	
孫酉 //	
財亥 //	亥月
兄丑 // 應	庚子日
°兄辰 //	
官卯官寅 ╳ (巳父)°	
財子 / 世	

● 神算六爻 例文.

● 2효 寅木 官이 亥月의 생을 받아 왕한데 발동해 진신이 되면서 응효를 극하니 내가 유리하다.

● 또 4효 丑土 응효는 일·월에 휴수되어 약하다.

● 그리고 응효의 원신인 巳火 父는 2효에 복신인데 월파를 당하고 일진의 극을 받은 중 공망을 만나니 진공이다.

● 卯月에 송사가 마무리 되고 손해배상을 받은 괘다.

◐ 세효와 응효가 생합(生合)하면 서로 화해할 뜻이 있다.

◐ 세효가 동하여 응효를 생하면 내가 먼저 화해할 의사가 있다. 반대로 응효가 동하여 세효를 생하면 상대방이 먼저 화해를 요청한다. ▶

山火賁 ! 風火家人	
兄卯 /	
°父子孫巳 ╳ 應	申月
財未 //	戊午日
父亥 /	
°財丑 // 世	
兄卯 /	

● 神算六爻 例文.

● 5효 巳火 응효가 발동해 세효를 생하니 상대방이 합의·화해할 뜻이 있다.

● 응효는 발동해 회두극이 되니 불안하다.

● 丑土 세효는 일진의 생을 받으니 여유가 있다.

● 현재는 합의되지 않는다.

● 子와 丑이 공망이므로 세효가 출공하는 甲子日에 합의가 이뤄지겠다.

> ❷ 세효와 응효가 비화(比和)되면 나와 상대방의 뜻이 비슷해 화해할 의사가 있다. 관(官)이 발동해 세효나 응효를 극하면 관공서에서 화해를 방해한다.

<table>
<tr><td rowspan="6">

火澤睽!火水未濟

○兄巳 / 應
孫未 //
財酉 /
兄午 // 世
○孫辰 /
○兄巳 父寅 ╳

申月 戊戌日
</td></tr>
</table>

● 神算六爻 例文.

● 세효는 午火 兄이고, 응효도 巳火 兄으로 비화(比和)한다.

● 초효에서 寅木 父가 발동해 巳火 兄을 화출했다.

● 상대방이 송사를 생각했으나 세 · 응이 둘 다 兄이면서 일묘(日墓)에 드니 양쪽 모두 손재(損財)를 본다는 것을 알고 송사를 포기한 괘다.

> ❷ 공망은 자리나 생각을 비운 것이다.
> ❷ 세효가 공망이면 내가 송사를 원하지 않고, 응효가 공망이면 상대방이 송사를 원하지 않는다.

天地否!天山遯

父戌 /
○兄申 / 應
官午 /
財卯 ○兄申 ╳
官午 // 世
父辰 //

寅月 丁丑日

● 神算六爻 例文.

● 친구에게 사기를 당한 사람이 얻은 괘다.

● 5효 申金 응효가 월파를 당하고 일묘(日墓)에 드니 상대방이 흉하다.

● 상대방이 배상할 능력이 없음을 알고 내가 소송을 취하(取下)한 괘다.

- 세효와 응효 사이에 있는 2위(位)가 간효다.
- 내 위치와 상대의 위치 사이에 있으니 증인(證人)이 된다.
- 간효가 세효를 생하면 증인이 나에게 유리한 증언을 하고 응효를 생하면 상대방에게 유리한 증언을 한다.

```
天山遯 ! 風山漸

 ○官卯 / 應
   父巳 /          午
 父午兄未 ※         月
   孫申 / 世        丁
   父午 //          未
   兄辰 //          日
```

- 神算六爻 例文.
- 4효 未土 兄이 증인이다.
- 증인 兄이 발동해 세효를 생하고 6효 卯木 응효를 입고시키니 내가 유리하다.
- 증인이 나를 두둔하고 상대방에게 불리한 증언을 한다.

- 일진은 당일의 점사를 주관한다.
- 일진은 송사의 성패를 좌우한다.
- 일진이 기살을 대하고 괘 중에서 발동해 극세하면 나에게 형(刑:형벌, 법적 제재)이 있고, 응효를 극하면 상대방에게 형(刑)이 있다.

```
天風姤 ! 澤風大過

 財戌財未 ※
   官酉 /          午
   父亥 / 世        月
   官酉 /           丁
   父亥 /           未
 財丑 // 應          日
```

- 神算六爻 例文.
- 4효 亥水 세효가 午月에 무력한데 6효에서 未日이 발동해 진신이 되면서 극해 오니 매우 흉하다.
- 일진이 발동해 극세하니 당일 구속된 괘다.

- 형(兄)은 손실을 일으키는 자다.
- 형(兄)이 지세하면 승소(勝訴:소송에서 이김)하더라도 손재가 있다. 일진이나 월건을 대하면 파산(破散:재산을 모두 잃고 망함)할 정도가 된다.

<table>
<tr><td colspan="2">澤水困 ! 坎爲水</td><td></td></tr>
<tr><td>兄子 //</td><td>世</td><td rowspan="6"></td></tr>
</table>

澤水困 ! 坎爲水	
兄子 // 世	子
○官戌 /	月
○兄亥父申 ※	壬
財午 // 應	申
官辰 /	日
孫寅 //	

- 神算六爻 例文.
- 6효 子水 세효는 일·월의 생부(生扶)를 받아 왕하다.
- 3효 午火 응효는 월파를 당하고 일진에 휴수되니 무력하다.
- 따라서 내가 이긴다.
- 그러나 兄이 지세하니 경비지출이 심하다. 兄은 손재의 神이기 때문이다.
- 많은 돈을 들여 재판을 한 끝에 승소했으나 배상을 전혀 받지 못한 괘다.

- 일·월에 쇠절(衰絶)된 세효가 일묘(日墓)나 화묘(化墓)나 동묘(動墓)에 들면 내가 구속이 된다.
- 파(破)나 공망을 만난 응효가 삼묘(三墓)에 들면 상대방이 반드시 구속된다.

水雷屯 ! 水火旣濟	
○兄子 // 應	辰
官戌 /	月
父申 //	丁
官辰兄亥 ✕ 世	巳
○官丑 //	日
孫卯 /	

- 神算六爻 例文.
- 세효와 응효가 비화(比和)하니 서로 소송을 낼 의사가 없었다.
- 그런데 경찰서에서 사건의 내막을 알고 나를 처벌한 괘다.
- 3효 亥水 세효가 辰月에 회두극되고 일파를 당하니 매우 불길하다. 申日에 구속됐다.

- 왕자(旺者)는 쇠(衰)하는 날이 흉일(凶日)이고, 쇠자(衰者)는 왕(旺)하는 날이 흉일이다.

▷ 간효에서 일진이나 월건 기살이 발동해 극세하면 내가 구타를 당하고, 응효를 극하면 상대방이 매를 맞는다.

地火明夷 ! 水火旣濟	
兄子 // 應	卯月 戊戌日
兄亥官戌 X	
父申 //	
兄亥 / 世	
官丑 //	
孫卯 /	

- 神算六爻 例文.
- 두 사람이 함께 술을 마시다가 작은 시비 끝에 주먹이 오고 갔다.
- 경찰에 연행됐는데 폭력배로 오인한 경찰이 나를 구타한 괘다.
- 세 · 응이 비화(比和)하므로 서로 법적 대응을 할 의사가 전혀 없다.

- 경찰에 가서도 세효와 응효가 비화하니 똑같은 일을 당해야 할 것이나 그렇지 않다.
- 5효 戌土 기살이 발동해 亥水 兄을 화출하면서 세효를 극한다.
- 기살[경찰]이 世[나]를 구타한다.

▷ 괘신은 송사(訟事)의 뿌리가 된다.
▷ 괘신이 왕(旺)하면 사건은 크고 쇠(衰)하면 작다.
▷ 괘신이 발동하면 사안은 급하고 정(靜)하면 더디다.

澤水困 ! 坎爲水	
兄子 // 世	子月 壬申日
°官戌 /	
°兄亥父申 X	
財午 // 應	
官辰 /	
孫寅 //	

- 神算六爻 例文.
- 간효 申日이 발동해 세효를 생하는 가운데 세효가 일 · 월의 생부(生扶)를 받으니 내가 반드시 승소한다.
- 그러나 내가 兄을 대하고 괘신이 해월괘(亥月卦)로 왕한 것이 문제다.
- 결국 승소했으나 경비지출이 많았다.

> ❍ 태세는 연월일 중 가장 큰 세력이다.
>
> ❍ 태세가 괘 중에서 발동하면 대법원까지 가는 사건이다.
>
> ❍ 월건은 태세 다음으로 큰 세력이다. 월건이 괘 중에서 발동하면 고등법원까지 가는 사건이다.
>
> ❍ 일진은 서민과 접촉하는 기관이다. 일진이 괘 중에서 발동하여 세효를 도우면 지방법원에서 마무리가 된다.

<table>
<tr><td colspan="2" align="center">山地剝！艮爲山</td></tr>
<tr><td>官寅 / 世</td><td rowspan="6">申年
亥月
戊寅
日</td></tr>
<tr><td>財子 //</td></tr>
<tr><td>兄戌 //</td></tr>
<tr><td>官卯∘孫申 Ⅹ 應</td></tr>
<tr><td>父午 //</td></tr>
<tr><td>兄辰 //</td></tr>
</table>

● 神算六爻 例文.

● "申年이 괘 중에서 발동해 세효를 극하나 일·월이 세효를 생부(生扶)하니 1심에서 재판이 마무리 되겠다."라고 육효를 잘 아는 사람이 말했다.

● 그렇지 않다.

● 일·월이 세효를 생함은 길하나 태세가 발동해 극세하니 대법원까지 갈 것 같다.

● 응효가 비록 태세를 대하고 있으나 亥月에 휴수되고 일파를 당한 가운데 스스로 발동해 절지(絕地)에 빠지니 내가 분명히 승소하긴 한다.

> ❍ 관(官)은 권위이며 재앙이기도 하다.
>
> ❍ 관(官)이 괘 중에 없으면 주관(主觀)이 분명하지 않으니 일이 번잡하게 된다.

<table>
<tr><td colspan="2" align="center">水澤節！風雷益</td></tr>
<tr><td>∘父子兄卯 Ⅹ 應</td><td rowspan="6">子月
乙卯
日</td></tr>
<tr><td>孫巳 /</td></tr>
<tr><td>財未 //</td></tr>
<tr><td>財辰 // 世(酉官)</td></tr>
<tr><td>兄卯兄寅 ⅩⅩ</td></tr>
<tr><td>∘父子 /</td></tr>
</table>

● 神算六爻 例文.

● "관(官)이 복신인데 일파를 당해 무력하니 주관이 없는 것 같다. 송사가 흐지부지 되지 않겠는가"라고 어떤 이가 말했다.

● 그렇지 않다.

● 3효 辰土 세효의 기살은 寅卯木인데, 2효와 6효에서 발동해 극세하니 내년 寅卯月에 큰 손재가 있겠다.

> ● 부(父)는 일이 일어나는 과정이고, 관(官)은 사안을 판단하는 자다.
> ● 부(父)가 왕(旺)하면 일이 번잡하고 어수선하나 관(官)이 휴수(休囚)되면 결말을 내기 어려워 시작은 큰 사건처럼 보이나 사건은 축소된다.
> ● 부(父)가 휴수되고 관(官)이 왕하면 시작은 보잘 것 없는 작은 송사같아도 사건은 점점 확대된다.

<table>
<tr><td colspan="2">水風井 ! 澤風大過</td></tr>
<tr><td>財未 //</td><td rowspan="6">子月 丁巳日</td></tr>
<tr><td>官酉 /</td></tr>
<tr><td>官申父亥 ╳ 世</td></tr>
<tr><td>官酉 /</td></tr>
<tr><td>父亥 /</td></tr>
<tr><td>º財丑 // 應</td></tr>
</table>

● 神算六爻 例文.
● 5효 酉金 官이 子月에 휴수되고 일진의 극을 받으니 약하다.
● 4효 亥水 父가 수왕절(水旺節)에 발동하고 회두생을 받으니 매우 왕하다.
● 송사가 큰 사건 같았는데 결국은 흐지부지된 괘다.

> ● 부(父)는 문서(文書)다.
> ● 세효가 부(父)를 대하면 내가 먼저 고소(告訴)하고, 응효가 부(父)를 대하면 상대방이 먼저 고소한다.
> ● 발동하면 이미 행동함이니 소장(訴狀)을 낸 것이고, 정(靜)하면 생각 중이다.

<table>
<tr><td colspan="2">天地否 ! 澤山咸</td></tr>
<tr><td>父戌父未 ╳ 應</td><td rowspan="6">巳月 辛亥日</td></tr>
<tr><td>兄酉 /</td></tr>
<tr><td>孫亥 /</td></tr>
<tr><td>º財卯兄申 ╳ 世</td></tr>
<tr><td>官午 //</td></tr>
<tr><td>父辰 //</td></tr>
</table>

● 神算六爻 例文.
● 6효 未土 응효가 巳月의 생을 받은 가운데 발동해 진신이 되니 상대방이 먼저 고소했다.
● 그러나 응효가 발동해 생세하니 상대방이 소(訴)를 취하한다. 처벌을 원하지 않아서 바로 합의했다.

● 그리고 3효에서 申金 兄이 지세하고 발동해 財를 화출하니 이 송사로 상당한 손재를 봤다.

❯ 세효가 관(官)을 대하고 일·월에 쇠절(衰絶)되면 나에게 관재(官災)가 있다.
❯ 응효가 관(官)을 대하고 일·월에 휴수(休囚)되면 상대에게 관재가 있다.

火雷噬嗑 ! 離爲火

兄巳 / 世
孫未 //
財酉 X
孫辰 ° 官亥 X 應
孫丑 //
父卯 /

寅月 己巳日

● 神算六爻 例文.
● 6효 巳火 세효는 일·월의 생부(生扶)를 받아 왕하니 길(吉)하다.
● 3효 亥水 응효는 官을 대하고 있는데 寅月에 휴수되고 일파를 만난 가운데 발동해 화묘(化墓)에 드니 매우 흉하다.
● 반드시 관재가 있겠다.
● 충자(冲者)는 합일(合日)에 성사되니 寅日이 불안하다.

❯ 손(孫)은 관(官)을 제압하는 자다.
❯ 괘신이 손(孫)이면 관재는 물러간다.
❯ 복신은 숨어 있거나 가려진 자다. 관(官)이 세효 아래 복신이면 현재는 괜찮으나 뒤에 복신이 출현하는 시기에 송사가 발생한다.

坎爲水 ! 風水渙

官子父卯 X
兄巳 / 世
° 孫未 //
° 午 //
孫辰 / 應
父寅 //

未月 庚寅日

● 神算六爻 例文.
● 괘신은 육효의 본체다.
● 孫은 관재, 질병, 도둑을 쫓는 神이다.
● 괘신이 진월괘(辰月卦)로 孫인데 어찌 재앙이 있을 수 있겠는가.

- 일·월에 휴수된 세효가 발동해 화묘(化墓)에 들거나 일묘(日墓)나 동묘(動墓)에 빠지면 구속(拘束)된다.
- 일·월이 묘(墓)를 충파(冲破)하면 출옥(出獄:석방)한다.

```
    澤山咸 ! 艮爲山

 兄未官寅 Ⅹ 世        申
 ○孫酉財子 ⅩⅩ        月
 財亥兄戌 ⅩⅩ
   ○孫申 / 應        癸
   父午 //           未
   兄辰 //           日
```

- 神算六爻 例文.
- 6효 寅木 세효가 월파를 당하고 발동해 화묘(化墓)에 드니 매우 흉하다.
- 오늘 반드시 구속되리라.
- 언제 석방이 되겠는가?
- 내년 寅月이 되면 寅木 세효가 득세(得勢)하고 未土 목고(木庫)는 무력해지니 충하는 丑日에 나오겠다.

- 태세는 중앙 부서에 비유된다.
- 구속된 상황에서 태세가 괘 중에서 발동해 세효를 생하면 특별사면이 있다.
- 월건이 괘 중에서 발동해 세효를 생하면 판사(법원)가 도와주고, 일진이 발동해 세효를 생하면 경찰이나 검찰의 도움을 받는다.

```
   언제 석방되겠나
   火天大有 ! 火山旅

   ○兄巳 /           午
    孫未 //          年
    財酉 / 應        卯
    財申 /           月
  父寅 兄午 Ⅹ        丁
  官子○孫辰 Ⅹ 世      酉
                     日
```

- 神算六爻 例文.
- 초효에서 辰土 孫이 지세하니 관재로부터 벗어나겠다.
- 2효에서 午年이 발동해 세효를 생하니 올해 중 특사(特別赦免)가 있겠다.
- 현재는 세효가 卯月의 극을 받고 일진에 설기(泄氣)돼 무력하니 때가 아니다.
- 세효가 생을 받는 巳月에 나오겠다.

실물점
失 物 占

❥ 실물점(失物占)에서는 잃어버린 물건을 찾을 수 있는지를 예측할 수 있다.

❥ 잃어버린 것들은 보편적으로 타인이 욕심을 내는 물건이다. 예전에는 사람이 욕심을 내는 물건은 귀한 것이므로 재(財)를 용신으로 정한 듯하다. 그러나 현시대에는 이처럼 판단하면 안 된다.
❥ 물건의 종류와 사안에 따라 용신을 정해야 한다.

❥ 실물점에서 현금이나 귀중품은 재(財)가 용신이 된다.
❥ 정(靜)은 움직이지 않음이고, 동(動)은 움직임이다.
❥ 용신이 정(靜)하면 물건은 움직이지 않은 것이고, 용신이 동(動)하면 물건에 변동이 있다.

도둑을 잡겠는가	
山火賁 ! 離爲火	
兄巳 / 世	
孫未 //	戌
∘孫戌財酉 Ⅹ	月
∘官亥 / 應	辛
孫丑 //	未
父卯 /	日

● 神算六爻 例文.
● 3효 亥水 官이 도둑인데 일·월의 극을 받으니 반드시 붙잡는다.
● 현재는 亥水 官이 공망이라 도둑의 위치가 분명하지 않다.
● 亥水가 출공하는 乙亥日이면 도둑의 위치가 밝혀지면서 체포되겠다.

- 고전에 합(合)은 물건을 찾기 쉽고 충(冲)은 물건을 찾기 어렵다고 했으나 합충으로 판단하는 것은 옳지 않다.
- 용신 재(財)가 왕(旺)한 가운데 순공이면 물건은 잠시 감춰져 있으니 출공일(出空日)에 찾는다. 실물(失物)이 흩어지지 않았기 때문이다.

승용차 분실
山水蒙!山澤損

```
 ○官寅 / 應
 財子 //          巳
 兄戌 //          月
 兄丑 // 世       辛
 ○官卯 /          亥
○官寅父巳 \       日
```

- 神算六爻 例文.
- 승용차는 父가 용신이다.
- 초효에서 巳火 父가 왕한 가운데 발동하는데 역마가 임하니 자동차 분실이다.
- 寅木 官이 공망이니 출공하는 甲寅日에 찾으리라.

- 용신이 일·월에 쇠절(衰絶)되거나 충파(冲破)를 만난 가운데 공망이면 진공이다.
- 물건이 이미 소진(消盡:모두 쓰여 사라짐)되었거나 내 환경에서 사라진 것이다. 진공은 소멸을 의미하기 때문이다.

서류 분실
天火同人!天雷无妄

```
 財戌 /
 官申 /           未
 孫午 / 世         月
父亥財辰 \\        丙
 兄寅 //           辰
 ○父子 / 應        日
```

- 神算六爻 例文.
- 초효 子水 父가 용신이다.
- 용신 子水 父가 未月의 극을 받은 가운데 일묘(日墓)에 드니 불길하다.
- 더욱이 용신이 공망이니 진공이다.
- 찾지 못한다.

◐ 용신이 정(靜)한 가운데 본궁내괘(本宮內卦)에 있으면 내 거처 주변에 실물(失物)이 있다.

◐ 용신이 타궁외괘(他宮外卦)에 있으면 물건이 이미 멀리 떠나있는 것이고, 일·월에 파(破)를 당하거나 진공이 되면 이미 내 시야에서 소멸된 것이니 찾지 못한다.

목걸이 분실
雷山小過 ! 雷風恒
財戌 // 應
官申 //
孫午 /
官酉 / 世
孫午父亥 X
°財丑 //

午月 丁巳日

● 神算六爻 例文.

● 목걸이 등 패물(佩物)은 財가 용신이다.

● 초효와 6효에 財가 둘인데 공망인 초효 丑土 財를 용신으로 삼는다.

● 용신이 일·월의 생을 받아 왕한데 공망을 만나니 순공이다.

● 丑土 財가 발동하지 않으니 아직 집 안에 있다 하겠다.

● 2효에서 亥水 父가 발동해 원신인 4효 午火 孫을 극하니 원신을 감추고 있는 것과 같다.

● 검은 서류함이나 의류 상자를 살펴봐라.

● 未日에 찾으리라.

● 未日은 공망인 丑土를 충하는 날이다.

❍ 거처를 위주로 실물 위치를 판단할 때, 용신이 초효 자수(子水)이면 우물이나 수돗가, 용신이 2효에 있으면 주방, 3효이면 현관문 또는 베란다에 있다.

❍ 4효이면 대문 부근, 5효이면 도로, 6효이면 담장이나 천정에 있다.

용신 위치	초효	2효	3효	4효	5효	6효
집안 위치	바닥·마당	주방	현관·베란다	대문	도로	담장·천정

도자기 분실

水天需 ! 風天小畜

父子兄卯 ⚋
　°孫巳 ／　　　卯
　財未 ⚋ 應　　月
　°財辰 ／　　　戊
　兄寅 ／　　　戌
　父子 ／ 世　　日

● 神算六爻 例文.

● 3효 財와 4효 財 중에서 용신은 공망인 3효 辰土 財이다.

● 용신인 辰土 財가 6효에서 발동한 卯月의 극을 받고 다시 일파를 당하니 찾기 어렵다.

● 그러나 辰土 財가 발동하지 않으니 현관문·베란다·다용도실을 찾아봐라.

● 베란다에서 파손된 채 찾았다.

제 ⑫ 장 실물점

❍ 용신이 수(水)인데 외괘에 있으면 집 주변이나 방죽 또는 연못에서 찾고, 내괘에 있으면 집안 연못이나 어항 속에서 찾는다.

지갑 분실

水澤節 ! 地澤臨

　°孫酉 ⚋
兄戌財亥 ⚋ 應　　午
　兄丑 ⚋　　　月
　兄丑 ⚋　　　甲
　官卯 ／ 世　　戊
　父巳 ／　　　日

● 神算六爻 例文.

● 5효 亥水 財가 용신이다.

● 용신인 亥水 財가 午月에 절(絶)이 되고 戊日에 회두극을 당한다.

● 따라서 돈은 이미 없어졌다고 본다.

● 빈 지갑을 집 앞 도랑 주변에서 찾았다.

> ❍ 용신이 목효(木爻)이면 목기(木器:나무로 만든 그릇)나 대바구니 속
> 이나 서가(書架:책이나 문서가 있는 선반, 책꽂이)에 있다.
> ❍ 용신이 금효(金爻)이고 왕(旺)하면 쇠그릇, 쇠(衰)하면 질그릇 속에
> 있다.

팔찌 분실		
澤雷隨！澤地萃		
父未 //		亥
∘兄酉 / 應		月
孫亥 /		己
財卯 //		卯
官巳 // 世		日
孫子父未 ※		

- 神算六爻 例文.
- 3효 卯木 財가 용신이다.
- 용신이 亥月의 생을 받고 일진이 임하니 고가품(高價品)이다.
- 卯木 財가 발동하지 않으니 아직 밖으로 유출되지 않았다.
- 초효에서 未土 父가 발동해 용신을 입고(入庫)시키니 그릇 속에 감추어져 있다.
- 未土는 목고(木庫)이니 나무그릇이다.
- 또 子水 孫이 화출되니 검정색 광채(光彩)가 나는 그릇이다.
- 未土를 충하는 丑日에 찾으리라.

> ❍ 용신이 입묘(入墓)하거나 묘(墓) 아래 복신이면 상자나 그릇 속에 감
> 춰져 있다.
> ❍ 묘(墓)가 충개(沖開) 되는 날에 찾는다.

TV를 도둑맞음		
火澤暌！火風鼎		
兄巳 /		未
孫未 // 應		月
財酉 /		丁
∘孫丑 財酉 X		巳
官亥 / 世		日
兄巳 ∘孫丑 ※		

- 神算六爻 例文.
- 2효 亥水 官이 도둑이다.
- 未月의 극을 받고 일파를 당하니 반드시 잡힌다. 용신은 酉金 財다.
- 丑土 금고(金庫)가 발동해 입고시키고 용신이 공망을 만나니 지금은 찾기 어렵다.
- 丑土 금고(金庫)가 辛未日이 되면 충파(沖破)되므로 찾는다.

- 동(動)은 움직임이다.
- 실물점에서는 용신이 발동하면 물건이 이동(移動:옮겨져 움직임)하거나 이미 변동(變動:바뀌거나 달라져 움직임)됐다고 판단한다. ▼

```
수금한 돈 분실
澤山咸 ! 澤地萃

父未 //
兄酉 / 應      酉
孫亥 /        月
兄申 ○財卯 ✕   庚
官巳 // 世     戌
父未 //        日
```

- 神算六爻 例文.
- 용신은 3효 卯木이다.
- 용신이 월파를 당한 가운데 발동해 회두극을 만나니 분실한 돈을 찾지 못한다.
- 2효의 巳火 官이 도둑이다.
- 일묘(日墓)에 드는 데다 官을 생하는 卯木 財가 무력하니 반드시 붙잡힌다.
- 亥日에 잡았으나 이미 돈을 모두 써 버린 후였다.

- 용신이 지세하면 물건이 내 주변에 있음을 나타낸다.
- 용신이 지세하거나 세효와 생합(生合)하면 물건을 찾을 수 있다. ▼

```
수표 분실
坎爲水 ! 澤水困

父未 //
○兄酉 /        未
○兄申 孫亥 ✕ 應  月
官午 //        乙
父辰 /         亥
財寅 // 世      日
```

- 神算六爻 例文.
- 초효 寅木 財가 용신이다.
- 용신이 지세하고 정(靜)하니 그 물건은 나의 수중(手中)에 있다 하겠다.
- 亥日이 발동해 세효와 생합하니 申日에 찾으리라.
- 합자(合者)는 충일(冲日)에 성사되기 때문이다.

- 관(官)은 부(父)를 생하는 자로 조상으로 판단하기도 한다.
- 용신이 발동해 관(官)을 화출하면 조상의 유품이나 종교관련 물품 아니면 종교적 그림이 있는 곳에 있다.

<table>
<tr><td rowspan="7">

패물 둔 곳을 모르겠다
兌爲澤 ! 澤水困

父未 //
兄酉 /
孫亥 / 應   亥月
官午 //   辛丑日
°父辰 /
°官巳 財寅 ⚊ 世

</td></tr>
</table>

- 神算六爻 例文.
- 초효 寅木 財가 용신이다.
- 寅木 財가 발동해 巳火 官을 화출하니 신물(神物)이 있는 곳이나 신귀(神鬼)의 거처를 찾아봐라.
- 현재는 巳火 官이 공망이라 출타(出他)한 것과 같다.
- 신귀(神鬼)가 돌아오는 乙巳日에 찾을 수 있겠다.

- 손(孫)은 기르고 양육하는 것이다.
- 용신이 발동해 손(孫)을 화출하면 자손의 거처나 금수(禽獸:모든 짐승)와 관계가 있는 곳으로 움직인 것이다.
- 손(孫)이 자(子)이면 쥐가 물어간 것이고, 인(寅)이면 고양이가 물어간 것이다. 축(丑)이면 외양간이나 소가죽으로 만든 기물이 담긴 그릇이나 소 그림이 있는 곳이다.
- 이처럼 주위 환경·상황에 맞게 분별하라.

문서 분실
火山旅 ! 離爲火

兄巳 / 世
孫未 //   子月
財酉 /
官亥 / 應   己酉日
孫丑 //
孫辰 °父卯 ⚊

- 神算六爻 例文.
- 용신은 초효 卯木 父다.
- 발동해 辰土 孫을 화출하니 용(龍) 그림이 있는 곳이나 용과 관련 있는 곳에 있다.
- 그런데 집 안에 그런 것이 없다고 한다.

● 충자(沖者)는 합일(合日)에 성사되니 戌日을 기다려 보라고 했다.

● 戌日에 집안일을 돌보는 아주머니가, 문서가 방안에 딩굴어 한쪽으로 치웠다고 한다.

● 그 아주머니가 辰生이다.

● '神'은 되도록이면 단자(斷者:점을 판단하는 사람)가 쉽게 판단할 수 있는 데까지 가르쳐 준다는 것을 알 수 있다.

> ❯ 관(官)이 휴수공망(休囚空亡)이거나 괘 중에 없는데 세효가 발동하면 남이 훔쳐간 것이 아니라 내가 잃어버린 것이다.

<table>
<tr><td rowspan="7">돈을 잃어버림

風火家人!風雷益

兄卯 / 應
孫巳 /
財未 //
父亥財辰 ∦世(酉官)。
兄寅 //
父子 /

卯月 辛巳日</td></tr>
</table>

● 神算六爻 例文.

● 3효에서 辰土 財가 지세하고 발동하니 내가 물건을 갖고 소란을 피우는 것과 같다.

● 酉金 官은 3효 아래 복신인데 월파를 당하고 일진의 극을 받은 가운데 공망이니 도둑이 없다 하겠다.

● 스스로 돈을 둔 곳을 찾지 못해 남을 의심했다.

● 동자(動者)는 합일(合日)에 성사되니 酉日에 찾겠다.

> ◈ 관(官)이 괘 중에 없거나 휴수공망(休囚空亡)이고 용신이 응효이거나 응효 아래 복신이면 내가 남에게 빌려주고 잊어버린 것이다. ▶

목걸이 분실

乾爲天 ! 風天小畜

兄卯 /
孫巳 /
孫午財未 ⫽ 應
財辰 / (酉官)。
兄寅 /
父子 / 世

午月
己卯日

- 神算六爻 例文.
- 용신은 4효 未土 財다.
- 酉金 官이 3효 辰土 아래 복신인데 午月의 극을 받고 일파를 당하니 도둑은 없다 하겠다.
- 용신인 財가 응효를 대하고 있으니 내가 분실했거나 남에게 빌려주고 기억을 하지 못하는 것이다.
- 未土 財가 발동해 극세하니 未日을 기다려라.
- 과연 未日이 되자 빌려간 사람이 찾아와 목걸이를 돌려줬다.

> ◈ 관(官)이 복신이면서 휴수공망(休囚空亡)이 되면 도둑은 없다. 내가 분실(紛失)한 것이다. ▶

핸드폰 분실

水雷屯 ! 風雷益

父子兄卯 ⫶ 應
孫巳 /
財未 ⫽
財辰 ⫽ 世 (酉官)。
兄寅 ⫽
父子 /

亥月
己卯日

- 神算六爻 例文.
- 용신은 3효 辰土 財다.
- 酉金 官이 3효 아래 복신인데 亥月에 휴수되고 일파를 만난 중 공망이라 진공이다.
- 도둑이 없음과 같으니 스스로 잃어버렸다 하겠다.

- 용신이 손(孫) 아래 복신이고 비신(飛神)의 생을 받으면 자손의 거처에 있다.
- 그러나 생을 받지 못하면 가축(家畜) 그림이 있는 곳이나 가축과 관련 있는 비품이 있는 곳에 있다.

약속어음을 보관한 곳을 잊음
風澤中孚 ! 風水渙

父卯 /
兄巳 / 世
孫未 // (酉財)
兄午 // (亥官)。
孫辰 / 應
兄巳父寅 ∦

未月 己巳日

- 神算六爻 例文.
- 4효의 복신인 酉金 財가 용신이다.
- 용신이 비신인 未土 孫의 생을 얻으니 자손의 거처를 살펴봐라.
- 이(離)는 화(火)이고 간(艮)은 그릇이니 전구나 전기용품을 담아 두는 그릇에 있을 것이다.

- 용신이 내괘에 있으면서 파(破)나 공망을 만나면 집에서 잃은 것이고, 외괘에 있으면서 파(破)나 공망을 만나면 밖에서 분실한 것이다.

시계 분실
澤火革 ! 風火家人

財未 兄卯 Ⅹ
孫巳 / 應
父亥 財未 ∦
父亥 /
財丑 // 世
兄卯 /

子月 丁亥日

- 神算六爻 例文.
- 내괘 2효와 외괘 4효에 각각 財가 있는데 외괘 未土 財가 발동하니 용신으로 정한다.
- 4효 未土 財와 6효 卯木 兄이 발동해 삼합(三合) 형국(兄局)을 이루니 도적이 무리를 지어 탈취했음이 분명하다.

- 손궁(巽宮)인 풍화가인(風火家人)괘가 변해서 감궁(坎宮)인 택화혁(澤火革)괘가 되니 도적의 무리는 소년티를 벗어난 이들이다.

- 관(官)이 양(陽)이면 남자, 음(陰)이면 여자다.
- 관(官)이 발동한 효가 양(陽)에서 양(陽)으로 변하면 남자이고, 음(陰)에서 음(陰)으로 변하면 여자다.
- 양(陽)에서 음(陰)으로 변하거나 음(陰)에서 양(陽)으로 변하면 남녀가 함께 도둑질한 것이다.

```
사기 사건
雷天大壯 ! 水火旣濟

    兄子 // 應
 ○父申 官戌 Ⅹ      亥
 財午 ○父申 ⅩⅩ     月
    兄亥 / 世       壬
 孫寅 官丑 ⅩⅩ      午
    孫卯 /         日
```

- 神算六爻 例文.
- 2효 丑土 官과 5효 戌土 官이 함께 발동하니 도둑이 안과 밖에서 내통했다.
- 내괘에서는 陰이 陽으로 변하니 남자이고, 외괘에서는 陽이 陰으로 변하니 여자다.

- 내괘 丑土 官은 午日의 생을 받지만 亥月의 생을 얻은 寅木 孫이 회두극하니 인·묘일(寅卯日)에 붙잡힌다.
- 5효의 戌土 官은 발동해 申金 역마를 화출하고 공망을 만나니 멀리 도망갔다.
- 내년 寅月에나 붙잡을 수 있다.

- 십이운성을 적용해서 관(官)이 포(胞)나 태(胎)이면 어린아이이고, 장생(長生)이나 건록(健祿)이면 청년이다.
- 관(官)이 관대(冠帶)이면 장년이고, 쇠(衰)나 절(絶)이면 노인이다.
- 관(官)이 일·월에 충해(沖害)를 당하면 병자(病者:병을 앓고 있는 사람)이다.

자전거 분실	
坎爲水！水風井	
父子 //	
財戌 / 世	午
°官申 //	月
孫午°官酉 ✕	戊
父亥 / 應	寅
財丑 //	日

- 神算六爻 例文.
- 도둑인 3효 酉金 官이 午月에 회두극을 당하고 일진에 절(絶)이 되니 반드시 붙잡힌다.
- 午日을 기다려라. 午日에 체포했는데 도둑은 노쇠(老衰)한 환자였다.

- 세효는 내 위치다.
- 세효가 관(官)을 충(沖)하면 본인이 도둑을 안다.
- 응효가 관(官)을 충하면 남이 도둑을 안다.

사내 기물 분실	
山澤損！火澤睽	
父巳 /	
兄未 //	亥
兄戌 °孫酉 ✕ 世	月
兄丑 //	丁
官卯 /	丑
父巳 / 應	日

- 神算六爻 例文.
- 실물점은 특히 심사숙고해야 하며 경솔하게 말해서는 안 된다.
- 4효에서 酉金 세효가 발동해 2효 卯木 官을 충하니 누가 도둑인지를 본인이 알고 있다.
- 그러나 卯木 官이 왕해서 내가 도둑으로부터 또 다른 피해를 당할까 봐 두려워 못 본 척하고 있다.

● 손(孫)이 괘 중에서 일·월을 대하고 발동해 관(官)을 충극하면 도둑은 사면초가(四面楚歌)라 반드시 붙잡힌다.

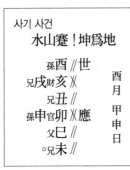

사기 사건

水山蹇!坤爲地

孫酉 // 世
兄戌財亥 ✕
　　兄丑 //
孫申官卯 ✕ 應
　　父巳 //
　∘兄未 //

酉月 甲申日

● 神算六爻 例文.

● 3효 卯木 官이 도둑이다.

● 월파를 당한 가운데 일진의 회두극을 만나니 도저히 빠져 나가지 못한다.

● 오늘 반드시 체포되리라.

● 월건이 형(兄)을 대하고 괘 중에서 발동해 용신인 재(財)를 충극(冲克)하면 재(財)는 이미 탕진(蕩盡)되었거나 파손(破損)되었음을 의미한다. 이 경우 도둑을 붙잡더라도 실물(失物)은 찾지 못한다.

공금 횡령범

水火旣濟!風火家人

父子兄卯 ✕
　　孫巳 / 應
　　財未 //
∘父亥 / (酉官)
　　財丑 // 世
　　兄卯 /

寅月 庚午日

● 神算六爻 例文.

● 3효 亥水 父 아래 복신인 酉金 官이 도둑이다.

● 酉金 官이 寅月에 절(絶)이 되고 일진의 극을 받으니 도둑은 반드시 잡힌다.

● 복자(伏者)는 출현일에 성사되니 酉日에 체포된다.

● 그러나 돈은 찾기 어렵다. 초효와 6효에 卯木 兄이 교중돼 있는데 6효에서 兄이 발동해 財를 극하기 때문이다.

● 6효 卯木 兄이 도화(桃花)를 대하고 발동해 子水 父를 화출하면서 자묘형(子卯刑)을 이루니 주색(酒色)으로 돈을 탕진했으리라.

○ 일·월은 힘과 세력의 상징이다.

○ 일·월 관(官)이 괘 중에서 발동해 극세하면 도둑으로 인한 상해(傷害)를 조심해야 한다.

형제 안부
地火明夷！水火旣濟

```
兄子 // 應
兄亥官戌 X        巳
○父申 //          月
兄亥 / 世        甲
官丑 //          戌
孫卯 /            日
```

○ 神算六爻 例文.

○ 3효 亥水 兄이 용신이다.

○ 월파를 당하고 5효에서 일진이 발동해 극하니 매우 흉하다.

○ 그리고 원신 申金 父가 巳月의 극을 받고 공망이다. 생사(生死) 여부가 걱정스럽다.

○ 강도를 당해 상해를 입었다는 연락을 받고 사실 여부를 물어 나온 괘다.

○ 손(孫)은 관(官)을 제압한다.

○ 손(孫)은 도둑을 잡는 神이다.

○ 일·월 손(孫)이 괘 중에서 발동해 관(官)을 극하면 도둑은 반드시 잡힌다.

강도를 잡겠나
風地觀！山地剝

```
財寅 /
○官巳孫子 X 世    亥
父戌 //          月
財卯 //          庚
○官巳 // 應      子
父未 //          日
```

○ 神算六爻 例文.

○ 2효 巳火 官이 월파를 당하고 5효에서 일진이 발동해 극하니 반드시 체포되리라.

○ 현재는 巳火 官이 공망이므로 출공일인 乙巳日에 잡힐 것이다.

- 일 · 월을 국가기관으로도 판단한다.
- 일 · 월이 관(官)을 생합(生合)하면 도둑을 잡는 자와 도둑이 결탁(結託)한다.

문서 사기	
水地比!坤爲地	
孫酉 // 世	
兄戌財亥 ※	酉月
兄丑 //	
官卯 // 應	丁亥日
父巳 //	
○兄未 //	

- 神算六爻 例文.
- 상대방에게 문서를 사기 당했는데 경찰이 무혐의로 풀어줬다.
- 5효에서 亥日이 발동해 卯木 官을 생하니 도둑과 경찰이 내통한다.
- 酉月이 卯木 官을 충극하니 상부에 부탁하라.

- 과연 상부 기관에서 나서 사기당한 문서를 찾고 상대방을 처벌할 수 있었다.

- 실물점에서 재(財)만 용신인 것이 아니다.
- 차나 배는 부(父)가 용신이다. 그런데 재(財)로 판단하기도 한다. 가축처럼 기르고 양육하는 것은 손(孫)이 용신이다.

차량 도난	
!天火同人	
孫戌 / 應	
○財申 /	巳月
兄午 /	
官亥 / 世	壬午日
孫丑 //	
父卯 /	

- 神算六爻 例文.
- 차량은 父로 용신함이 당연하다.
- 이 문복자는 차량으로 생업(生業)을 잇는 사람이라 財가 용신이다.
- 5효 申金 역마를 巳月이 극하고 午日이 극하는 가운데 공망이니 진공이라 찾지 못한다.

제13장

도망점·가출점
逃 亡 占　家 出 占

◐ 도망은 한 집단으로부터 죄를 짓고 피하거나 쫓기어 달아나는 것이다.

◐ 가출은 가족끼리 적응하지 못하거나 불만을 가지고 집이나 가족을 떠나는 것이다. 도망자나 가출자의 위치를 육효로 예측할 수 있다.

◐ 괘 중에서 용신의 비신(十二支)으로 도망자나 가출자의 방향을 알 수 있다.

◐ 용신이 정(靜)하면 움직이지 않고, 용신이 동(動)하면 장소를 이동한다.

◐ 용신이 자(子)이면 정북쪽, 축·인(丑寅)이면 간방(艮方)이니 동북쪽이다. 묘(卯)이면 정동쪽, 진·사(辰巳)는 손방이므로 동남쪽이다.

용신의 비신	子	丑寅	卯	辰巳	午	未申	酉	戌亥
방향	북	동북	동	동남	남	서남	서	서북

◐ 용신이 복신이면 몸을 감추고 있다.

◐ 처(妻)의 가출점에서 巳火 財가 용신이면 손(巽) 방향으로 간 것이고, 발동하여 寅木을 화출하면 간(艮) 방향으로 다시 이동한 것이다.

◐ 용신이 안정한 곳이 현재 있는 방향이다.

```
       처 가출
   澤水困 ! 水澤節
     兄子 //
     官戌 /          戊
   兄亥父申 X 應      月
     官丑 //          戊
    ○孫卯 /           申
  ○孫寅財巳 X 世       日
```

◐ 神算六爻 例文.

◐ 초효 巳火 財가 용신인데 발동해 寅木 孫을 화출했다.

◐ 동남쪽으로 갔다가 다시 동북쪽으로 이동했다.

◐ 용신이 타궁내괘에서 본궁내괘로 변하니 시·군 경계를 맴돌다가 본군(本郡)의 간(艮) 방향으로 와 있다.

- 도망자나 가출자의 위치를 찾는 법 중 하나는 용신이 속한 소성괘로 판단하는 것이다.
- 건(乾:金)은 하늘이자 우러러 보는 곳이다. 큰 사원이나 큰 교회다.
- 태(兌:金)는 조용한 연못이기도 하다. 금(金)은 고귀한 것이다. 神이 있는 곳이다. 작은 사원이나 교회다.
- 이(離:火)는 불빛이다. 화려하고 번화한 곳으로 사람이 북적거리는 곳이다. 유흥가다.
- 진(震:木)은 우레다. 시끄럽고 번잡한 곳이다. 서울이나 대도시로 판단한다.
- 손(巽:木)은 바람이 일어나는 곳이며 쉬는 곳이다. 놀이터나 공원이다.
- 감(坎:水)은 물이 모이고 흐르는 곳이다. 해변이나 강변 아니면 호수나 저수지 부근이다.
- 간(艮:土)은 산이다. 산림이나 토굴 아니면 산장이다.
- 곤(坤:土)은 대지다. 넓은 들이나 전답 부근이다.

```
아들 가출
雷山小過 ! 雷風恒

財戌 // 應
官申 //        寅
°孫午 /         月
官酉 / 世       戊
°孫午父亥 X     子
財丑 //         日
```

- 神算六爻 例文.
- 용신은 4효 午火 孫이다.
- 용신이 암동하는 가운데 택효(宅爻)에서 亥水가 발동해 용신을 극하니 가출했다.
- 진(震)에 있으니 서울로 갔다.
- 지금은 午火 孫이 순공이니 출공(甲午日)한 후 乙未日에 귀가하리라.
- 충자(冲者)는 합일(合日)에 성사되기 때문이다.

```
天雷无妄 ! 兌爲澤

父戌  父未 ⚋世
      兄酉 /         未
      孫亥 /         月
      父丑 ⚋應       戊
 ○財寅 ○財卯 ⚋      申
      官巳 /         日
```

- 神算六爻 例文.
- 용신은 2효 卯木 財다.
- 卯木 財가 일·월의 생부(生扶)를 받지 못해 약한 가운데 발동해 퇴신이 되면서 공망을 만나니 진공이다.
- 절대 귀가할 의사가 없다.
- 6효에서 未月이 발동해 卯木 財를 입

고시키니 사원이나 교회 아니면 종교단체에 있다.

- 관(官)을 神으로도 판단한다.
- 용신이 관(官)에 임하고 왕(旺)하면 신이 살아 숨 쉬는 형상이다. 신당이나 神의 거처에 은거(隱居)하고 있다.
- 관(官)이 쇠절(衰絶)되면 神이 무력한 형상이다. 산야(山野)의 분묘(墳墓) 주변에 있다.

```
澤天夬 ! 澤風大過

     財未 ⚋
     官酉 /         午
   ○父亥 /世         月
     官酉 /         己
   ○父亥 /          巳
 父子財丑 ⚋應        日
```

- 神算六爻 例文.
- 용신은 초효 丑土 財다.
- 丑土 財가 일·월의 생을 받아 왕한 가운데 발동해 子水 父를 화출하면서 자축합(子丑合)이 된다.
- 未日에 귀가한다. 합자(合者)는 충일(冲日)에 성사되기 때문이다.

- 丑土가 酉金 官의 묘(墓)가 되니 神의 거처에 있다.

- 산제당(山祭堂:산신을 모신 곳)에서 기도한 뒤 未日에 귀가한 괘다.

아들 가출	
火山旅 ! 天山遯	
｡父戌 /	
父未兄申 Ⅹ 應	申月
官午 /	
兄申 /	癸酉日
官午 ∥ 世	
父辰 ∥ (子孫)	

● 神算六爻 例文.
● 용신은 초효 辰土 父 아래 복신인 子水 孫이다.
● 용신이 父 아래 복신이니 존장(尊長)의 집에 숨어 있다.
● 비신 辰土가 孫을 극하니 거처가 불안·불편하다.

● 용신 孫이 타궁내괘에 있으니 본도(本道)내 정북 방향에 있다.
● 출현하는 子日에 찾으리라.

집을 나간 숙모의 행방	
澤風大過 ! 地風升	
｡官酉 ∥	
｡官酉父亥 Ⅹ	申月
父亥財丑 Ⅹ 世	
｡官酉 /	辛巳日
父亥 /	
財丑 ∥ 應	

● 神算六爻 例文.
● 5효 亥水 父가 용신이다.
● 타궁외괘에서 역마를 대하고 발동하니 멀리 간 것이다.
● 丑土 財가 발동해 父를 극하니 돈을 횡령해 갔다.
● 酉金 官이 내·외괘에 교중된 가운데

亥水 父가 발동해 酉金 官을 화출하니 정부(情夫)와 동행했다.

❍ 남자가 가출한 점에서 용신이 발동해 도화 재(財)와 합(合)하면 여자와 함께 달아난 것이다.

❍ 여자가 가출한 점에서 용신이 발동해 도화 관(官)과 합하면 남자와 동행한 것이다.

조카의 행방이 묘연하다
火澤睽 ! 火風鼎

兄巳 /
°孫未 // 應   子月
財酉 /
孫丑財酉 ⚊ 壬辰日
官亥 / 世
兄巳孫丑 ⚊

● 神算六爻 例文.

● 용신은 초효 丑土 孫인데 발동해 3효 酉金 財와 삼합(三合)을 이룬다.

● 용신과 삼합하는 酉金 財가 도화를 대하니 여자와 동행했다.

● 巳日에 귀가하리라. 삼합을 이루는 세 글자(三字) 중에서 한 글자(一字)가 발동하지 않을 때는 그날에 성사되기 때문이다.

❍ 용신이 본궁내괘(本宮內卦)에 있으면 본군(本郡:내가 살고 있는 시군읍 포함)이다.

❍ 본궁외괘(本宮外卦)면 인근의 타군(他郡:내가 살고 있는 지역의 근접 시군읍 포함)이다.

❍ 타궁내괘(他宮內卦)이면 본도(本道:내가 살고 있는 도)이다.

❍ 타궁외괘(他宮外卦)이면 타도(他道:내가 살고 있는 지역의 근접 도)이거나 외국에 있다.

처와 자식 행방
! 火天大有

官巳 / 應
父未 //
兄酉 /
父辰 / 世
財寅 /
孫子 /

● 神算六爻 例文.

● 화천대유(火天大有)괘는 속궁이 건궁(乾宮)이다.

● 외괘는 이(離)이니 타궁외괘다.

● 내괘는 건(乾)이니 본궁내괘다.

● 財와 孫이 내괘에 있으니 본궁내괘에 있는 것이다.

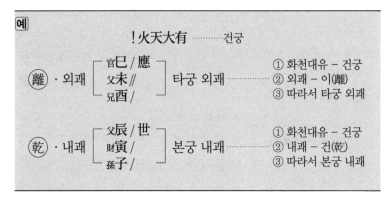

남편 행방	
	!天風姤
	父戌 /
	兄申 /
	官午 / 應
	兄酉 /
	孫亥 /
	父丑 // 世

- 神算六爻 例文.
- 천풍구(天風姤)괘는 속궁이 건궁이다.
- 외괘는 건(乾)이니 본궁외괘다.
- 내괘는 손(巽)이니 타궁내괘다.
- 午火 官이 용신인데 4효에 있으니 본궁외괘에 있는 것이다.

처 행방	
	!天地否
	父戌 / 應
	兄申 /
	官午 /
	財卯 // 世
	官巳 //
	父未 //

- 神算六爻 例文.
- 천지비(天地否)괘는 속궁이 건궁이다.
- 외괘는 건(乾)이니 본궁외괘다.
- 내괘는 곤(坤)이니 타궁내괘다.
- 卯木 財가 용신인데 3효에 있으니 타궁내괘에 있는 것이다.

자손 행방	● 神算六爻 例文.
!山地剝	● 산지박(山地剝)괘는 속궁이 건궁이다.
	● 외괘는 간(艮)이니 타궁외괘다.
財寅 /	● 내괘는 곤(坤)이니 타궁내괘다.
孫子 // 世	● 子水 孫이 용신인데 5효에 있으니 타
父戌 //	궁외괘에 있는 것이다.
財卯 //	
官巳 // 應	
父未 //	

> ● 용신이 발동해 세효와 생합(生合)하면 아직 나를 잊지 않고 생각하고 있는 형상이므로 비록 멀리 갔더라도 뒤에 반드시 돌아온다. ▶

가출한 처가 귀가하겠는가		● 神算六爻 例文.
兌爲澤 ! 地澤臨		● 용신은 5효 亥水 財다.
孫酉 //		● 亥水 財가 未月의 극을 받고 일파된
孫酉財亥 ✕ 應	未月	가운데 발동하니 아직 오지 못한다.
財亥兄丑 ✕		● 亥水 財가 발동해 세효를 생합하니 꼭
兄丑 //	乙巳日	돌아오고 싶어한다.
°官卯 / 世		● 酉金 孫이 亥水 財를 회두생하니 亥水
父巳 /		

가 생을 받는 酉月을 기다려라.

● 정(靜)은 움직임이 없는 것이다. 용신이 정(靜)하면 찾기 쉽다.
● 동(動)은 움직이는 것이다. 용신이 발동하면 이름을 바꿔가며 동서
　남북(모든 방향)으로 이동하니 찾기 어렵다.

<table>
<tr><td>

처 행방
澤天夬 ! 風天小畜

財未兄卯 Ⅹ
　孫巳 /
°父亥財未 ⅩⅩ 應
　財辰 /
　兄寅 /
　父子 / 世

卯
月
辛
未
日

</td></tr>
</table>

● 神算六爻 例文.
● 용신은 4효 未土 財다.
● 未土 財가 일진을 대하고 발동해 해묘
미(亥卯未) 목국(木局)을 이루니 토(土)가
목(木)으로 변한 것이다.
● 성과 이름을 바꿔가며 이리저리 다닌
다.

● 財가 발동해 극세하니 처가 나의 행동을 다 알고 있다.
● 亥水가 공망이니 未土 財도 공망이라 아직 돌아올 뜻이 없다.

● 일 · 월은 힘을 의미한다. 일 · 월이 발동해 용신과 생합(生合)하면
　깊이 숨어 있어 찾기 어렵다.
● 손(孫)은 관귀나 질병을 능히 물리친다. 생합하는 효가 손(孫)이면
　종교인이나 의사(醫師) 집에 있다.

<table>
<tr><td>

남편의 행방
風澤中孚 ! 巽爲風

°兄卯 / 世
　孫巳 /
　財未 //
財丑官酉 Ⅹ 應
　父亥 /
孫巳財丑 ⅩⅩ

丑
月
乙
巳
日

</td></tr>
</table>

● 神算六爻 例文.
● 용신은 3효 酉金 官이다.
● 초효에서 일진의 생을 받은 丑月이 발
동해 酉金 官을 생합한다.
● 생합하는 丑土가 財이니 여자 집에 숨
어 있다.
● 용신 酉金 官이 巽(본궁내괘)에서 兌
(타궁내괘)로 변하니 본군(本郡)에서 타군(他郡)으로 이동했다.
● 卯木 세효가 일 · 월에 휴수되고 공망이니 현재는 찾기 어렵다.

- 충(沖)은 효를 움직이게 한다. 용신이 충을 받으면 용신은 타의(他意)에 의해 움직이는 모양이라 종적(蹤迹)이 발각된다.
- 일·월은 힘이 있는 곳이거나 세력·단체다. 괘 중에서 일·월이 발동해 극하면 붙잡힌다.

<table>
<tr><td>사기사건에 연루된 친구가
도망 중이다

坤爲地 ! 地水師

父酉 // 應
兄亥 //　　巳
官丑 //　　月
財午 // 世　癸
財巳 官辰 Ⅹ　丑
○孫寅 //　　日</td></tr>
</table>

- 神算六爻 例文.
- 용신은 5효 亥水 兄이다.
- 亥水 兄이 월파를 당하고 일진의 극을 받으니 매우 불길하다.
- 2효 辰土 官이 발동해 亥水 兄을 극하면서 입고시키니 丙辰日을 조심하라.
- 丙辰日에 붙잡혔다.

- 공망은 자리의 비움, 진공은 소멸이다.
- 용신이 진공이면 내 시야에서 소멸된 것이니 찾아도 찾지 못하고, 세효가 공망이면 내가 보지 못하는 것과 같으니 찾지 못한다.
- 세효와 용신이 모두 공망이면 어찌 찾으랴!

<table>
<tr><td>채무자가 부도를 내고
도망갔다

山雷頤 ! 火雷噬嗑

孫巳 /
○財未 // 世　申
財戌 官酉 Ⅹ　月
財辰 //　　丙
兄寅 // 應　戌
父子 /　　日</td></tr>
</table>

- 神算六爻 例文.
- 용신은 4효 酉金 官이다.
- 酉金 官이 일·월의 생부(生扶)를 받은 가운데 발동하니 찾기 어렵다.
- 게다가 5효 未土 세효가 공망이니 더욱 찾기 어렵겠다.

대인점
待 人 占

❯ 대인점에서는 기다리는 사람이 언제쯤 오겠는지를 예측할 수 있다.

❯ 용신이 정(靜)하고 일·월이나 동효의 충(冲)을 받지 않으면 움직일 생각이 없는 것이다. 현지(現地)에서 편안히 있으면서 귀가할 뜻이 없다.

이민 간 아들의 귀국 여부
!地天泰

孫酉 // 應
財亥 //　　　未
兄丑 //　　　月
°兄辰 / 世　　庚
官寅 /　　　子
財子 /　　　日

● 神算六爻 例文.

● 용신은 6효 酉金 孫이다.

● 酉金 孫이 未月의 생을 받고 괘가 안정하니 귀국할 의사가 없다.

● 3효 辰土 세효가 공망이니 아들의 귀국을 기다리지 않는 것이 좋겠다.

● 효가 발동해 세효를 극하는 것은 급히 내 위치를 점거하고 싶어 하는 것이다. 용신이 발동해 세효를 극하면 기다리는 사람은 빨리 돌아온다.

형이 집을 나가 소식이 끊김	
震爲雷 ! 地雷復	
孫酉 //	
財亥 //	巳
父午兄丑 ╳ 應	月
兄辰 //	癸
°官寅 //	丑
財子 / 世	日

● 神算六爻 例文.

● 용신은 4효 丑土 兄이다.

● 丑土 兄이 巳月의 생을 받고 일진이 임한 가운데 발동해 회두생이 되면서 극세한다.

● 오늘 돌아오리라.

● 丑日이 발동했기 때문이다.

● 효가 세효와 생합(生合)하고 있음은 서로 신뢰하고 있는 것이다. 용신이 발동해 세효와 생합하면 기다리는 사람은 여유 있게 온다.
● 세효가 효를 극하는 것은 내가 그 육친을 못마땅하게 여기는 것과 같다. 세효가 용신을 극하면 기다리는 사람은 오지 않는다.

가출한 처가 언제 돌아오겠나	
山天大畜 ! 山澤損	
官寅 / 應	
°財子 //	申
兄戌 //	月
兄辰°兄丑 ╳ 世	丁
官卯 /	巳
父巳 /	日

● 神算六爻 例文.

● 용신은 5효 子水 財다.

● 子水 財가 申月의 생을 받지만 공망인데다 일진에 절(絶)이 되니 흉조다.

● 게다가 3효에서 丑土 兄이 발동해 진신이 되면서 子水 財를 극하니 내가 두려워 귀가할 생각이 없다.

● 처·재(妻財)가 가장 겁내는 자는 兄이다.

○ 3효는 내문, 4효는 대문이니 문호(門戶:집으로 드나드는 문)다. 용 신이 문호(門戶)에서 발동하면 기다리는 사람이 문 앞에서 서성거림 과 같다. 돌아올 날이 가깝다.

○ 용신이 3효나 4효에서 발동해 세효나 가택을 생하면 바로 온다.

유학중인 애인 귀국 여부	
水澤節 ! 兌爲澤	
父未 // 世	亥
兄酉 /	月
兄申 ○孫亥 X	癸
父丑 // 應	酉
財卯 /	日
官巳 /	

● 神算六爻 例文.

● 용신은 2효 卯木 財다.

● 4효에서 亥水가 역마를 대하고 발동 해 용신을 생하니 바로 귀국하리라.

● 내일 戌日을 기다려라.

● 충자(沖者)는 합일(合日)에 성사된다.

○ 용신이 발동해 진신이면 빨리 온다. 퇴신이면 오다가 다시 돌아간 다.

○ 퇴신에는 두 가지 유형이 있다. 첫째는 왕(旺)한 상태에서 발동해 퇴 신이 되면 원래 있던 자리로 다시 돌아간다.

○ 둘째는 쇠절(衰絶)된 효가 발동해 퇴신이 되면 그 효는 소멸한다.

신랑이 내연관계를 청산하고 돌아 왔다. 다시 바람이 나겠는가.	
風雷益 ! 風澤中孚	
○官卯 /	亥
父巳 / (子財)	月
兄未 // 世	乙
兄丑 //	巳
○官寅 ○官卯 X	日
父巳 / 應	

● 神算六爻 例文.

● 용신은 2효 卯木 官이다.

● 용신이 亥月의 생을 받아 왕한 상태 에서 발동해 퇴신이 된 것이니 오다가 본래 자리로 되돌아간다.

● 子水 財가 5효 일진 巳火 父 아래 복 신이니 내연녀를 존장(尊丈)의 집에 숨 겨 놓고 있다.

● 내년 卯月이면 그 여자를 다시 찾아 가리라.

● 효가 발동해 다른 효를 충극하는 것은 충극 당한 효를 핍박하는 것과 같다. 용신이 출현하면 충극을 받으면 안 된다.
● 진공이나 파(破)는 소멸을 의미한다. 용신이 진공 또는 진파(眞破)가 되면 내 시야에서 벗어났거나 내가 생활하는 공간에서 소멸한 것과 같으니 돌아오지 않는다.

신랑 귀국 여부		
!地雷復		
孫酉 //		未月
財亥 //		己酉日
兄丑 //應		
兄辰 //		
°官寅 //		
財子 /世		

● 神算六爻 例文.
● 용신은 2효 寅木 官이다.
● 寅木 官이 未月에 입고되고 일진의 극을 받은 가운데 공망을 만나니 진공이다.
● 절대 귀국할 의사가 없다.

● 용신이 복신이면 비신(십이지)을 충(冲)하는 날에 온다.
● 공망은 자기 위치를 비움이며 일진은 점사를 주관하는 자다.
● 용신이 복신인데 비신이 공망이고 용신이 일진 동효와 생합(生合)하면 당일에 온다. 아니면 출현일(出現日)에 온다.

배낭여행간 아들의 소식이 끊겼다		
火地晋 !天地否		
父戌 /應		酉月
°父未兄申 Ⅹ		甲申日
°官午 /		
財卯 //世		
官巳 //		
°父未 //(子孫)		

● 神算六爻 例文.
● 용신은 초효 未土 父 아래 복신인 子水 孫이다.
● 子水 孫은 일·월의 생을 받으니 왕(旺)하다. 따라서 현재 무사하다.
● 초효 未土 父가 공망인 가운데 5효에서 일진이 발동해 용신을 생합하니 오늘 귀국하겠다.

> ● 용신이 관(官) 아래 복신이면 관재(官災)나 병(病)으로 돌아오지 못한다.
> ● 형(兄) 아래 복신이면 도박(賭博)이나 구설(口舌) 때문에 귀가(歸嫁)하지 못한다.

<table>
<tr><td colspan="2">외국에 있는 동생 연락 두절
風雷益 ! 風地觀</td></tr>
<tr><td>財卯 /
官巳 / (申兄)。
父未 // 世
財卯 //
官巳 //
孫子父未 ※ 應</td><td>午
月
庚
辰
日</td></tr>
</table>

● 神算六爻 例文.

● 용신은 5효 巳火 官 아래 복신인 申金 兄이다.

● 官 아래 복신이니 관재를 당하고 있거나 병을 앓고 있다.

● 용신이 비신의 극을 받은 중 午月의 극도 받으니 매우 흉하다.

● 하지만 일진이 생하니 절처봉생이다.

● 午月이 지나고 未月이 되면 기운을 회복하거나 관재에서 벗어나고 申月이면 돌아오겠다.

<table>
<tr><td colspan="2">외출한 처가 돌아오지 않음
水火旣濟 ! 澤火革</td></tr>
<tr><td>○官未 //
父酉 /
父申兄亥 Ⅹ 世
兄亥 / (午財)。
官丑 //
孫卯 / 應</td><td>丑
月
丁
亥
日</td></tr>
</table>

● 神算六爻 例文.

● 용신은 3효 亥水 兄 아래 복신인 午火 財다.

● 午火 財가 丑月에 휴수되고 일진의 극을 받은 가운데 공망이니 진공이다.

● 귀가하지 않는다.

● 귀가가 문제가 아니라 출공하고 출현하는 甲午日에 대흉하리라.

● 친구의 꾐에 빠져 도박판에서 많은 돈을 잃은 뒤 고민하다 甲午日에 자살한 괘다.

● 손(孫)은 즐거움과 안락함을 즐기는 자다.
● 용신이 도화(桃花) 손(孫) 아래 복신이면 음주가무(飮酒歌舞)를 즐기느라 귀가하지 못한다.
● 용신이 부(父) 아래 복신이면 문서(계약) 문제 때문이다.
● 용신이 재(財) 아래 복신이면 사업경영이나 돈 문제로 귀가하지 못한다.

지방출장간 아버지와
연락이 끊김

艮爲山！火山旅

```
      兄巳 /
      孫未 //          亥
孫戌財酉 X 應         月
      財申 /          庚
      兄午 //         戌
孫辰 // 世(服)。        日
```

● 神算六爻 例文.
● 용신은 초효 辰土 孫 아래 복신 卯木 父다.
● 卯木 父가 도화를 대하고 孫 아래 복신이니 주색(酒色)에 빠져 있다.
● 일진이 비신인 辰土를 충파(冲破)하나 卯木이 현재 공망이라 출공하는 卯日에 정신을 차리겠다.

지방출장간 아들의 소식이 끊김

澤山咸！天山遯

```
父未父戌 X
      兄申 / 應        申
      官午 /          月
      兄申 /          戊
      官午 // 世        戌
     ○父辰 // (子孫)     日
```

● 神算六爻 例文.
● 용신은 초효 辰土 父 아래 복신인 子水 孫이다.
● 子水 孫이 父 아래 복신이니 문서(계약) 문제로 고심하고 있다.
● 일진이 비신인 辰土를 충파(冲破)하니 아들이 있는 곳을 오늘 알 수 있다.

● 子水가 출현하는 子日에 귀가하겠다.

출장간 남편의 소식이 두절됨

水雷屯 ! 風雷益

父子兄卯 ✕ 應
　孫巳 /　　　寅
　財未 //　　　月
　財辰 // 世(酉官)。丙
　兄寅 //　　　子
　父子 /　　　日

● 神算六爻 例文.

● 용신은 3효 辰土 財 아래 복신인 酉金 官이다.

● 酉金 官이 財 아래 복신이니 사업경영이나 돈 문제로 고민하고 있다.

● 酉金 官이 현재는 공망이라 출공하는 乙酉日에 행적을 알 수 있겠다.

● 6효에서 일 · 월의 생부(生扶)를 받아 왕(旺)한 卯木 兄이 발동해 세효를 극하니 상당한 손재(損財)가 우려된다.

---

❷ 용신이 정(靜)하면 어려움이 없어 귀가할 의사가 없다.

❷ 용신이 세효를 생합(生合)하면 현재는 귀가하지 않으나 돌아올 마음은 있다.

아들이 귀국할 의사가 있는가

! 地水師

父酉 // 應
兄亥 //　　　戊
官丑 //　　　月
財午 // 世　　乙
官辰 /　　　巳
。孫寅 //　　　日

● 神算六爻 例文.

● 용신은 초효 寅木 孫이다.

● 괘가 안정되고 孫이 발동하지 않으니 아직 귀가할 뜻이 없다.

● 그러나 寅木 孫이 午火 세효를 생합하는 관계이니 귀국할 의사는 있다.

● 언제 귀국하겠는가?

● 寅木 孫이 동해야 한다. 亥月이 되어 寅木 孫이 생을 받으면 申日에 충동(沖動)이 된다. 申日에 귀국한다.

○ 세효가 공망이면 내가 생활하는 공간에 용신의 자리를 준비하여 비
  워둔 것과 같으니 빨리 돌아온다.
○ 용신이 공망이면 세효가 공망이라도 돌아오지 않는다.

부모와 갈등으로 가출한 아들이 귀가하겠는가	
天山遯!天火同人	

```
  ○孫戌 / 應          午
   財申 /            月
   兄午 /            壬
  ○官亥 / 世          申
   孫丑 //           日
孫辰父卯 X
```

○ 神算六爻 例文.

○ 용신은 6효 戌土 孫이다.

○ 申日이 세효를 생하니 자손을 보고 싶
  어한다.

○ 세효가 공망이니 빨리 돌아올 것 같
  다.

○ 하지만 6효 戌土 孫이 공망인 가운데
  초효에서 卯木 父가 발동해 孫을 극하니

귀가할 의사가 전혀 없다.

○ 괘 중에 재(財)가 없고 일·월에도 재(財)가 없으면 그 사람의 주변
  에는 재물이 없는 것과 같다. 돈이 없어 돌아오지 못한다.

형이 언제 귀국할까	
天火同人!澤火革	

```
官戌官未 //
  ○父酉 /           子
   兄亥 / 世         月
   兄亥 / (午財)      乙
   官丑 //           亥
   孫卯 / 應         日
```

○ 神算六爻 例文.

○ 용신은 4효 亥水 兄이다.

○ 午火 財는 3효 亥水 兄 아래 복신인데
  월파를 당하고 일진의 극을 받으니 경제
  적으로 어려움이 많다.

○ 게다가 兄이 지세하니 나도 생활이 어
  렵다.

● 묘(墓)는 잡아 가두거나 묶는 자다.

● 용신이 일묘(日墓)에 들거나, 귀묘(鬼墓)를 화출하거나, 귀묘(鬼墓) 아래 복신이면 병(病)으로 인해 돌아오지 못한다.

<table>
<tr><td colspan="2">여자친구가 갑자기 연락이 없다
山雷頤!山火賁</td></tr>
<tr><td>官寅 /
財子 //
°兄戌 //應
兄辰°財亥 Ⅹ
兄丑 //
官卯 /世</td><td>巳
月
丁
卯
日</td></tr>
</table>

● 神算六爻 例文.

● 3효에 있는 亥水 財가 용신이다.

● 亥水 財가 월파를 당하고 일진에 휴수된 가운데 공망이니 진공이다.

● 발동해 화묘(化墓)에 드니 매우 흉하다.

● 현재 생사(生死) 여부가 분명하지 않다.

● "며칠 전까지 건강했는데 무슨 소리요?"라며 그럴 리 없다고 한다.

● 내일 절명(絶命)하지 않으면 亥日에 흉사(凶事)가 염려된다.

● 일·월 기살이 괘 중에서 발동해 용신을 극하거나, 용신이 괘 중일·월 기살 아래 복신이면 행동에 제약을 받고 있는 것이다. 구속되어 오지 못한다.

<table>
<tr><td colspan="3">아들이 언제 귀국하겠는가
風山漸!天山遯</td></tr>
<tr><td>匕</td><td>父戌 /</td><td rowspan="6">午
月
庚
辰
日</td></tr>
<tr><td>勾</td><td>°兄申 /應</td></tr>
<tr><td>朱</td><td>父未官午 Ⅹ</td></tr>
<tr><td>青</td><td>°兄申 /</td></tr>
<tr><td>玄</td><td>官午 //世</td></tr>
<tr><td>白</td><td>父辰 // (子孫)</td></tr>
</table>

● 神算六爻 例文.

● 용신은 초효 辰土 父 아래 복신인 子水 孫이다.

● 용신 孫이 월파를 당하고 일진의 극을 받고 있다.

● 기살인 父 아래 복신인 가운데 6효戌土 父가 암동해 극하니 귀가하기 어렵다.

● 법을 위반한 것 같다 하니 그렇다고 한다.

● 亥·子年에 孫이 득기(得氣)하고 寅·卯年에 기살을 제거하면 귀국할 수 있겠다.

> ◐ 합(合)은 만남, 충(沖)은 위치 파악을 의미한다.
> ◐ 용신이 세효와 합이 되거나 세효를 충할 경우 수소문(搜所聞)을 하면 찾을 수 있다.

오래전에 연락이 끊긴 친구가 있는데 찾을 수 있겠는가

乾爲天 ! 澤天夬

兄戌○兄未 ✕

　　孫酉 / 世

　　財亥 /

　　兄辰 /

　　官寅 / 應

　　財子 /

巳月 丙戌日

● 神算六爻 例文.

● 용신은 6효 未土 兄이다.

● 용신이 발동해 진신이 되면서 5효 酉金 세효를 생한다.

● 또 3효에서 辰土 兄이 암동해 세효를 생합(生合)하니 찾을 수 있다.

● 3효와 6효에서 兄이 함께 발동하니 찾는 사람이 2명이다.

● 사람을 보내거나 수소문하면 바로 찾으리라.

> ◐ 현무는 나태하고 음탐(淫貪)한 자다.
> ◐ 용신이 현무 재(財)와 합(合)하거나, 현무 재(財) 아래 복신이면 주색(酒色)에 빠져서 오지 않는다.

출장간 동생이 연락이 없다

地風升 ! 火風鼎

朱　財酉兄巳 ✕

青　　孫未 // 應

玄　孫丑財酉 ✕

白　　財酉 /

比　　官亥 / 世

句　　孫丑 //

午月 戊申日

● 神算六爻 例文.

● 용신은 6효 巳火 兄이다.

● 용신 巳火가 발동해 酉金 財와 사유축(巳酉丑) 재국(財局)을 이루었다.

● 酉金에 도화와 현무가 임하니 주색에 빠져 연락할 생각도 하지 않고 있다.

처가 가출했다

澤山咸 ! 雷山小過

匕	父戌 //	巳
句	兄酉兄申 ※	月
朱	官午 / 世	庚
青	兄申 /	戌
玄	官午 // (卯財)。	日
白	父辰 // 應	

● 神算六爻 例文.

● 용신은 2효 午火 官 아래 복신인 卯木 財다.

● 2효에는 도적의 神인 현무가 임하고 있다.

● 용신이 현무 官 아래 복신이라 불량배의 소굴에 있는 것과 같다.

● 卯木 財가 일·월에 휴수된 가운데 공망이 되니 진공이다. 귀가할 뜻이 없다.

피난점
避難占

> ⊙ 피난점에서는 안 좋은 일이 생겼을 때 과연 해(害)가 있을지, 해를 당하지 않으려면 어디로 피신해야 안전한지 등을 예측할 수 있다. ▶

> ⊙ 누구나 길흉화복(吉凶禍福)이 있다. 흉화(凶禍)가 예상되면 잠시 재화(災禍)가 일어나는 곳을 피하는 것이 좋다.
> ⊙ 피난처(避難處)는 용신(자신)이 일·월에 휴수(休囚)되면 용신을 생부(生扶)하는 방향이 좋고, 다른 효에서 기살이 발동해 세효를 충극(冲克)하면 기살을 제거하는 방향이 좋다. ▶

일이 생겼다 어디로 피해야 하겠는가
火天大有 ! 火風鼎

兄巳 /
孫未 // 應　　戊月
財酉 /
財酉 /　　乙丑
°官亥 / 世　　日
官子孫丑 ✕

⊙ 神算六爻 例文.

⊙ 2효 亥水 官이 지세하고 있다.

⊙ 관재(官災)나 질고(疾苦:질병, 고생) 같은 재액(災厄)이 이미 내 몸에 와 있다는 뜻이다.

⊙ 亥水 세효의 기살은 초효 丑土 孫이다.

⊙ 기살인 孫이 발동해 세효를 극하고 戊月이 극하니 재액을 피하기 어렵다.

⊙ 현재는 亥水 世가 공망이라 괜찮지만 출공하면 해(害)를 당하겠다.

- 관(官)이 항상 기살(忌殺)을 의미하는 것은 아니다. 기살은 용신이나 세효를 극하는 것이다.
- 관(官)이 발동하더라도 세효나 용신을 극하지 않으면 기살이라 하지 않는다.

<table>
<tr><td>회사가 부도나 잠시
피해야 하겠는데</td></tr>
</table>

회사가 부도나 잠시
피해야 하겠는데

天水訟!天雷无妄

財戌 /
°官申 /
孫午 / 世
財辰 //
財辰兄寅 ✗
兄寅父子 ✗ 應

子月 戊寅日

- 神算六爻 例文.
- 4효 午火 세효가 용신이다.
- 孫이 지세하고 子月이 충하여 월파가 되었으나 일진이 생하니 월파가 아니다.
- 초효에서 子水 父가 발동하나 2효에서 寅木이 발동해 탐생망극시키니 흉함이 변해 길함으로 바뀐다. 피난하지 않아도 된다.

- 기살이 발동해 세효나 용신을 극하더라도 일 · 월이 괘 중에서 발동해 기살을 제극(制克)하면 무사(無事)하다.

아버지가 도산 후 피신 중인데
채권자들로부터 안전하겠는가

離爲火!乾爲天

°父戌 / 世
父未兄申 ✗
官午 /
父辰 / 應
父丑財寅 ✗
孫子 /

申月 辛未日

- 神算六爻 例文.
- 용신은 6효 戌土 父다. 용신 父의 기살은 財다.
- 2효에서 寅木 기살이 발동해 극하니 불미(不美)한 듯하다.
- 하지만 5효에서 申月이 발동해 기살을 극하니 무사하겠다.

- 일·월이 기살을 대하고 괘 중에서 발동해 용신을 극하면 흉화(凶禍)를 피할 수 없다.

처가 회사일로 피신 중인데 해를 당하지 않겠는가
水火旣濟!風火家人

父子兄卯 Ⅹ
　孫巳 / 應　　　亥
。財未 // 　　　月
父亥 /　　　　辛
財丑 // 世　　　卯
兄卯 /　　　　日

- 神算六爻 例文.
- 용신은 2효 丑土 財와 4효 未土 財 중에서 공망인 未土로 정한다.
- 卯日이 초효와 6효에서 교중 발동해 극하니 매우 흉하다.
- 용신 未土 財의 원신인 5효 巳火 孫이 月에 충극을 당하니 화(禍)를 피하기 어렵겠다.

- 출공하는 乙未日에 해(害)가 두렵다.

- 충산은 동효가 흩어져 무력해진 것이다.
- 손(孫)이 정(靜)한 가운데 관(官)이 발동하더라도 일진이 동효를 충하면 충산이다. 흉화(凶禍)는 흩어진다.

불량배로부터 협박을 받고 있는데 탈이 없겠는가
天火同人!澤火革

官戌官未 ⅩⅩ
父酉 /　　　　卯
兄亥 / 世　　　月
兄亥 /　　　　辛
官丑 //　　　　丑
孫卯 / 應　　　日

- 神算六爻 例文.
- 용신은 4효 亥水 세효다. 용신이 일·월에 휴수되니 약하다.
- 6효에서 未土 기살이 발동해 진신이 되면서 극세하니 흉하다.
- 그러나 卯月이 초효에서 孫을 대하고 丑日이 未土 기살을 충산시키니 해(害)는 없다.

479

○ 내괘는 내가 생활하는 주변이다. 기살이 본궁내괘에서 발동하면 적이 반드시 온다.
○ 외괘는 내 위치를 벗어난 곳이다. 외괘에서 기살이 발동하더라도 세효를 극하지 않으면 내가 있는 곳에는 적이 침범하지 못한다.

<table>
<tr><td rowspan="7">동생이 경찰에 쫓기고
있는데 잡히겠는가

坤爲地 ! 地水師

父酉 // 應
○兄亥 //
官丑 //
財午 // 世
財巳官辰 X
孫寅 //

酉月 戊辰日</td></tr>
</table>

● 神算六爻 例文.
● 용신은 5효에 있는 亥水 兄이다.
● 2효에서 일진 辰土 官이 발동해 巳火를 화출하면서 용신을 극하니 오늘 사시(巳時)에 동생을 추적하는 사람이 있겠다.
● 亥水 兄이 순공이므로 오늘은 피할 수 있다.

● 그러나 달이 바뀌어 戌月이 되고 亥水가 출공하면 반드시 체포될 것이다.

○ 퇴신은 물러가는 것이다. 기살이 발동하더라도 퇴신이 되면 적은 다른 곳으로 간다.
○ 진신은 앞으로 나아가는 것이다. 기살이 발동해 진신이 되면 적이 몰려오니 급히 피해야 한다.

<table>
<tr><td rowspan="7">내가 경찰에 수배돼 있는데
피할 수 있겠는가

天火同人 ! 澤火革

官戌官未 ※
○父酉 /
兄亥 / 世
兄亥 /
官丑 //
孫卯 / 應

巳月 壬午日</td></tr>
</table>

● 神算六爻 例文.
● 6효에서 未土 官이 발동해 진신이 되면서 세효를 극하니 경찰이 급하게 온다.
● 세효가 월파를 당하고 일진에 휴수되니 무력하다.
● 빨리 孫 방향인 동쪽으로 피하라.
● 亥水 세효를 생해주는 서쪽으로 피하는 것은 좋지 않다. 5효 酉金이 巳月과 午日의 극을 받은 가운데 공망이라 진공에 빠졌기 때문이다.

❍ 삼합 기살국(忌殺局)을 이루어 세효를 극하는 것이 가장 나쁘다. 사방에서 적이 무리 지어 몰려오는 것과 같아서 재앙을 피하기 어렵기 때문이다.

채권자를 피해 다니고 있는데 계속 피할 수 있겠는가	
坤爲地 ! 地火明夷	
父酉 //	
兄亥 //	子
官丑 // 世	月
孫卯兄亥 X	乙
官丑 //	酉
○官未孫卯 X 應	日

● 神算六爻 例文.

● 용신은 4효 丑土 官이다.

● 官의 기살은 孫이다.

● 초효 卯木과 3효 亥水가 발동하고 해묘미(亥卯未) 손국(孫局)을 이뤄 세효를 극하니 대흉하다.

● 현재는 未土가 공망이고 卯木 孫이 충산을 당하니 손국(孫局)이 세효를 극하지 못한다.

● 그러나 未土가 출공하는 乙未日에는 피하기 어렵겠다.

❍ 일·월 기살이 세효를 극하면 왕성한 세력의 적이 내 환경을 장악하는 것과 같아서 적을 피하기 어렵다.

형이 공금횡령으로 수배 중인데 무사하겠는가	
地火明夷 ! 水火旣濟	
兄子 // 應	
兄亥官戌 X	午
父申 //	月
兄亥 / 世	丙
官丑 //	戌
孫卯 /	日

● 神算六爻 例文.

● 용신은 3효 亥水 兄이다.

● 용신이 月에 휴수되고 일진의 극을 받아 무력하다.

● 5효에서 戌土 官이 발동해 亥水 兄을 화출하면서 극하니 오늘이 흉하다.

● 오늘 중 반드시 체포되리라.

● 5효에서 戌土 官이 亥水 兄을 화출하면서 극하는 것은 바로 亥水 兄의 위치를 침범했다는 뜻이다.

- 손(孫)이 지세하고 일·월의 생부(生扶)가 있으면 발동하지 않아도 길하다.
- 월(月)이나 일(日)의 세력을 얻고 발동하면 능히 적을 감당할 수 있다.

<table>
<tr><td>

어떤 문제가 있어 잠시 피해 있으려 하는데

火水未濟!火澤睽

父巳 /
兄未 //　　卯
孫酉 / 世　月
°兄丑 //　　丁
官卯 /　　　巳
官寅父巳 X 應　日

</td><td>

- 神算六爻 例文.
- 보통 사람이 신수점(身數占)을 쳤을 경우 孫이 지세하면 1년이 편안하다는 뜻이다.
- 피난을 목적으로 친 점이라면 孫 지세가 꼭 좋다고 할 수 없다.
- 4효에서 酉金 孫이 지세했으나 월파를 당했다.

</td></tr>
</table>

● 그리고 일진 巳火 父가 초효와 6효에서 교중인데, 초효가 발동해 극세하니 어찌 무사하겠는가? 孫의 기살은 父이기 때문이다.

- 괘 중에 기살이 없는데 형(兄)이 발동해 극세하면 주위에 재물을 훔치려는 사람이 있다.
- 내괘에서 형(兄)이 발동하면 도둑은 근처에 사는 사람이다.
- 외괘에서 발동하면 먼 곳에 사는 사람이다.

<table>
<tr><td>

風山漸!風火家人

兄卯 /
孫巳 / 應　亥
財未 //　　月
父亥 /　　　乙
財丑 // 世　亥
財辰兄卯 X　日

</td><td>

- 神算六爻 例文.
- 괘 중에 官이 없음은 도둑이 없다는 것이다.
- 초효와 6효에서 卯木 兄이 교중한 상태에서 초효가 발동하니 분명히 손재가 있으리라.
- 초효에서 兄이 발동하니 도둑은 인근

</td></tr>
</table>

에 살고 있는 사람이다.

◐ 괘 중에 관(官)이 없는데 재(財)가 발동해 관(官)을 화출하면서 극세하면 종업원이나 처·첩(妻妾)이 도둑으로 위장하여 재물을 훔친 것이다.

올해 신수	
火天大有!風天小畜	
兄**卯** /	
財**未**孫**巳** Ⅹ	巳 月
○官**酉**財**未** Ⅺ 應	
財**辰** /	己 卯
兄**寅** /	日
父**子** / 世	

● 神算六爻 例文.

● 세효가 왕(旺)할 경우 財가 발동해 극세하면 재수가 대길하다.

● 그러나 세효가 휴수쇠절(休囚衰絶)되어 약할 때 財가 발동해 극세하면 재물이나 처첩으로 재앙이 있다.

● 초효 子水 세효가 일·월에 휴수돼 약하다.

● 5효에서 巳火 孫이 발동해 4효 未土 財를 생하고, 힘을 얻은 未土 財는 세효를 강하게 극한다.

● 未月에 재물로 인해 고통을 당한다. 未土 財가 발동해 酉金 官을 화출한 것은 처첩이나 종업원이 도둑으로 변했다는 의미이다.

◐ 육충괘이거나 괘 중의 효가 모두 발동하면 육친(六親)이 서로 흩어진다.

여자 신수점	
山地剝!地天泰	
官**寅**孫**酉** Ⅺ 應	
財**亥** //	寅 月
兄**丑** //	
官**卯**兄**辰** Ⅹ 世	丁 亥
父**巳**官**寅** Ⅹ	日
○兄**未**財**子** Ⅹ	

● 神算六爻 例文.

● 2효에서 寅月 官이 발동해 극세하니 본인이 불안하다.

● 6효에서 酉金 孫이 스스로 발동해 절(絶)이 되니 자식도 흉하다.

● 2효에서 官이 발동해 극세하고 있는데, 3효에서 辰土 세효가 발동해 회두극을 당하니 반드시 양부(兩夫:남자가 둘)로 인한 재난이라 하겠다.

제 **⑮** 장 피난점

483

● 과연 卯月에 남편과 내연의 남자가 난동을 부려 본인과 자식이 헤어지게 되었다.

❯ 기살이 발동해 극세하면서 재(財)와 합(合)을 이루면 자신은 구속되고 처(妻)는 능욕(凌辱:강간하여 욕보임)을 당한다.

올해 신수
風澤中孚 ! 巽爲風

兄卯 / 世
ㅇ孫巳 /
財未 //
財丑官酉 X 應
父亥 /
ㅇ孫巳財丑 X

未
月
癸
卯
日

● 神算六爻 例文.
● 6효에서 卯木 兄이 지세하니 재수를 말할 수 없다.
● 그러나 兄이 발동하지 않고 정(靜)하니 손재는 없다.
● 3효 酉金 官이 초효 丑土 財와 함께 발동해 사유축(巳酉丑) 관국(官局)을 이루어 극세하니 대흉하다.

● 酉月을 조심하라. 酉月에 떼강도가 들어 자신은 크게 다치고 처는 능욕을 당했다.

❯ 괘 중의 모든 효가 정(靜)하고 기살이 세효나 용신을 충극(冲克)하지 않으면 해(害)를 피할 수 있다.

!火山旅

兄巳 /
孫未 //
ㅇ財酉 / 應
ㅇ財申 /
兄午 //
孫辰 // 世

午
月
癸
未
日

● 神算六爻 例文.
● 초효에서 辰土 孫이 지세한 것은 모든 재앙을 물리치는 수호신(守護神)이나 선신(善神)의 보호를 받고 있는 것과 같다.
● 기살이 휴수쇠절 되거나 공망이면 일신(一身:자기 한 몸)이 편안하다.
● 그러나 직장 구함과 시험에는 덕이 없다.

● 현재 처해 있는 여건에 따라 길흉을 판단해야 한다.

제16장

귀신점
鬼神占

▶ 하늘에 있는 자를 신(神), 땅에 있는 자를 귀(鬼)라고 한다. 신(神)이나 귀(鬼)의 동향을 느끼는 사람은 많으나 볼 수 있는 사람은 많지 않다. 신(神)의 의중을 묻고자 할 때는 내[來占者]가 신의 뜻을 거슬렀는가 아니면 신(神)이 나의 몸을 범했는가를 생각한 뒤에 점(占)해야 한다. 신·귀(神鬼)는 관(官)으로 판단한다.

▶ 괘 중에서 관(官)이 휴·수·사·절·진공(休囚死絕眞空)이 되면 귀신의 해악(害惡)이 아니다. 귀신을 논할 필요 없다. 그러나 관(官)이 왕동(旺動)하면 신의 움직임을 나타낸다.

▶ 관(官)이 괘 중의 효를 극하는 것은 귀신의 뜻을 거스른 결과이다. 괘 중의 효를 생하는 것은 신의 의중을 전하고 싶은 거다.

▶ 관(官)이 월이나 일을 대하고 왕(旺)한 상태에서 지세한 것은 이미 귀신이 내 주변을 범접(犯接)했다는 뜻이다.

水風井 ! 澤風大過

財未 //
官酉 /
官申父亥 X 世(午孫)
官酉 /
父亥 / (寅兄) 。
財丑 // 應

子月 己酉日

● 神算六爻 例文.

● 3효와 5효 酉金 官이 亥水 세효를 감싸고 있는 가운데 세효가 발동해 申金 官을 화출하면서 회두생을 받으니 사방이 官이다.

● 관귀(官鬼)나 병(病)에 둘러싸였거나 묻혀 사는 사람이다. 문복자는 박수무당이었다.

● 괘 중에 육친이 복신이거나 진공이면 현실 세상에는 없는 것과 같으니 허상(虛象)이다. 孫과 兄이 없다.

● 문복자는 죽은 자식과 동생을 위주로 신당(神堂)을 꾸미고 있다고 했다.

❯ 태세와 월건과 일진은 세력의 배경이다.

❯ 태세와 일진, 월건과 일진, 태세와 월건이 관(官)이면 관귀가 세력에 편승하여 질책하는 모습이다. 조상의 제사를 잘못 지냈거나 신의 뜻을 거슬러 생긴 탓이다.

자식이 매우 아픈데 명의를 만나겠는가
風地觀 ! 山地剝

```
ᵒ財寅 /
官巳孫子 ⚋ 世        午 乙
  父戌 ⚋⚋           月 巳
ᵒ財卯 ⚋⚋             日
官巳 ⚋⚋ 應
  父未 ⚋⚋
```

● 神算六爻 例文.

● 용신은 5효 子水 孫이다.

● 용신이 발동해 巳火 官을 화출하면서 절(絶)이 되니 대흉하다.

● 더욱이 午月과 巳日이 官이다. 백약(百藥)이 무효다.

● 일 · 월이 官이라 제사로 인해 탈이 난 것이다.

◗ 소성괘 중 乾·震·坎·艮은 양(陽)이고, 坤·巽·離·兌는 음(陰)이다.

◗ 관(官)이 속한 곳이 양(陽)이면 남귀(男鬼)이고, 음(陰)이면 여귀(女鬼)다. 그러나 괘의 음양(陰陽)으로 남귀·여귀를 구분하는 것은 다소 무리가 있다. 괘의 동정(動靜)을 살펴 분별해야 할 것이다. ▼

꿈자리가 사나웠다. 혹시 못된 귀신이 害하지는 않겠는가

!山澤損

官寅 / 應
財子 //
°兄戌 //
兄丑 // 世
官卯 /
父巳 /

亥月 壬申日

● 神算六爻 例文.

● 6효에서 寅木 官이 암동해 극세하니 귀신의 해(害)가 있다.

● 그 영가(靈駕)는 자동차 사고로 죽은 이다.

● 申日에 官 寅木이 역마이기 때문이다.

● 괘신은 신월괘(申月卦)다.

● 괘신이 官을 극하니 처첩(妻妾) 귀신이다.

● 서쪽 40리 부근에 있는 도사(道士)를 찾아가 영가를 위로하라.

○ 망자(亡者)가 나와 어떤 관계인가? 는 괘신[나:我]을 기준으로 판단한다.

○ 괘신이 관(官)을 생하면 자손 영가다.

○ 괘신이 관(官)을 극하면 처첩 영가다.

○ 괘신과 관(官)이 비화(比和)하면 형제자매 또는 친구 영가다.

○ 관(官)이 괘신을 극하면 여자는 남편 영가로, 남자는 생전에 원한(怨恨) 있는 사람 영가다.

○ 관(官)이 괘신을 생하면 부모 영가다.

○ 관(官)이 발동해 형(兄)을 화출하거나(→官化兄), 형(兄)이 발동해 관(官)을 화출하면(→兄化官) 형제 또는 친구 영가다.

○ 관(官)이 발동해 부(父)를 화출하거나, 부(父)가 발동해 관(官)을 화출하면 괘에 나타난 망자는 부모나 웃어른이다.

○ 관(官)이 발동해 손(孫)을 화출하거나, 손(孫)이 발동해 관(官)을 화출하면 자손 영가다.

내가 앓고 있는 병의 원인이 무엇인가
風水渙 ! 巽爲風

○兄卯 / 世	
孫巳 /	午月 乙巳日
財未 //	
孫午官酉 X 應	
父亥 /	
財丑 //	

● 神算六爻 例文.

● 3효에서 酉金 官이 발동해 6효 卯木 세효를 극하니 흉하다.

● 그러나 酉金 官이 일·월의 극을 받는데다 회두극을 당하니 무력하다.

● 官이 발동하나 별 문제는 없다.

● 官이 孫으로 변하거나 孫이 官으로 변하면 자손이 죽은 영가다.

● 죽은 자식을 생각하다 상심하여 얻은 병이라 하겠다.

> ❍ 관(官)이 발동해 세효를 생하거나 극하는 것은 죽은 자가 살아 있는
> 자에게 자기의 절실함을 전달하고자 함이다.
>
> ❍ 신·유(申酉) 관(官)이 백호를 대하고 발동해 세효를 생하거나 극하
> 면 도검(刀劍)이나 흉기에 죽은 사람의 영가다.
>
> ❍ 인·묘(寅卯) 관(官)이 발동해 세효를 생하거나 극하면 나무에서 떨
> 어지거나 교수형(絞首刑) 아니면 목을 매 죽은 사람의 영가다.

부엌에서 이상한 소리가 자꾸
들린다. 어떤 귀신의 조화인가

地火明夷 ! 地天泰

```
句        孫酉 // 應
朱        財亥 //          卯
靑        兄丑 //          月
玄      ∘兄辰 / 世         己
白    兄丑官寅 X           亥
匕        財子 /           日
```

● 神算六爻 例文.

● 2효에서 寅木 官이 왕(旺)한 가운데
발동해 극세하니 영가가 해(害)를 일
으키고 있다.

● 괘신은 인월괘(寅月卦)로 官과 괘신
이 목(木)으로 비화하니 형제 영가다.

● 형제 영가가 백호를 대하니 선종
(善終)했다고 보기 어렵다.

● 내괘 건(乾)에서 官이 발동하니 중년에 목을 매달고 죽은 이다.

- 해·자(亥子) 관(官)이면 강·호수·바다에서 해를 당한 자의 영가이다.
- 사·오(巳午) 관(官)이면 끓는 물이나 불에 타서 죽은 영가다.
- 진술축미(辰戌丑未) 관(官)은 담이나 둑이 무너지거나 산·건물이 붕괴되어 해를 당한 사람의 영가다.

天火同人 ! 澤火革	
官戌官未 ∦	
○父酉 /	申月
兄亥 / 世	
兄亥 /	癸
官丑 ∦	未
孫卯 / 應	日

- 神算六爻 例文.
- 6효에서 未土 官이 발동해 극세하니 산이나 건물이 무너져 죽은 사람의 영가다.
- 괘신은 묘월괘(卯月卦)다.
- 괘신이 未土 官을 극하니 처·첩(妻妾) 영가다.

- 괘 중에 관(官)이 없는 것은 망자(亡者)가 아직 자리를 잡지 못했다는 의미다.
- 일진이 관(官)이면 망자가 문 앞에서 서성거리는 모습이니 순중(旬中)에 죽은 사람의 영가다.
- 일진 관(官)이 괘 중에 있으면 괘 중의 효에 비로소 자리를 정했으니 가까운 달[近月]에 사망한 사람의 영가다.

天火同人 ! 澤火革	
官戌官未 ∦	
○父酉 /	申月
兄亥 / 世	
兄亥 /	癸
官丑 ∦	未
孫卯 / 應	日

- 神算六爻 例文.
- 6효에서 未土 일진 官이 발동하니 근월(近月)에 사망한 사람의 귀신이다.

```
地火明夷 ! 地天泰

   孫酉 // 應
   財亥 //          卯
   兄丑 //          月
  ∘兄辰 / 世        己
 兄丑官寅 X          亥
   財子 /           日
```

● 神算六爻 例文.

● 괘신은 인월괘(寅月卦)다.

● 괘신과 官이 목(木)으로 비화하니 형제 영가다.

❯ 병점(病占)에서 관(官)이 지세하면 귀신이 이미 내 위치를 범접했다는 의미다. 신(神)이나 망자(亡者)가 기도나 제사를 바라고 있는 것이다. 기도나 제사 후 약(藥)을 써야 낫는다.

```
      ! 雷山小過

   父戌 //
   兄申 //          寅
   官午 / 世         月
   兄申 /           乙
   官午 //          巳
   父辰 // 應         日
```

● 神算六爻 例文.

● 4효에서 午火 官이 지세하고 있다.

● 괘신은 묘월괘(卯月卦)로 官을 생하니 자손 영가다.

● 기도 또는 제사로 자손의 영혼을 위로한 뒤 약을 써야 한다.

제17장

음택·분묘점
陰宅　墳墓占

❯ 장지의 바름과 바르지 못함을 육효로 분별할 수 있다.

❯ 세효는 현재 내가 처해 있는 환경이고, 응효는 내가 진행하고자 하는 일의 배경·안내자이다.

❯ 응효를 지사(地師)로 본다.

❯ 동(動)은 적극적이고, 정(靜)은 소극적이다.

❯ 응효가 발동해 세효를 생하면 나에게 덕을 주고자 함이다. 지사(地師)의 학문과 기술이 부족하더라도 나에게 덕(德)이 된다.

길지를 구하려고 한다. 지사와 인연이 있겠는가	
火風鼎 ! 雷風恒	
青　孫巳 財戌 ⚋ 應	戌
玄　　官申 ⚋	月
白　　孫午 ⚊	丙
匕　　官酉 ⚊ 世	午
句　　父亥 ⚊	日
朱　　財丑 ⚋	

● 神算六爻 例文.

● 6효에 있는 戌土 응효가 '지사' 다.

● 戌土 응효가 청룡을 대하고 발동해 생세하니 대길조(大吉兆)다.

● 꼭 명당(明堂)을 구하리라.

○ 응효가 발동해 세효를 극하면 '지사'가 나를 가볍게 여기는 형상이다. 천하제일(天下第一)의 '지사'라도 나에게 덕(德)이 되지 못한다.

유명한 지사가 길지를
권유하는데 괜찮겠는가

風澤中孚 ! 巽爲風

```
兄卯 / 世
孫巳 /            未
財未 //           月
財丑官酉 Ⅹ 應      戊
°父亥 /           辰
孫巳財丑 Ⅹ         日
```

● 神算六爻 例文.
● 6효 卯木 세효가 일·월에 휴수돼 힘이 없다.
● 世의 원신인 2효 亥水 父는 일·월의 극을 받은 가운데 공망이니 진공이다.
● 따라서 원신이 세효를 전혀 도와주지 못하니 세효는 무력하다.
● 이런 상황에서 3효 酉金 응효가 사유축(巳酉丑) 관국(官局)을 이뤄 극세하니 크게 흉하다.

● 이번 일은 나에게 절대 도움이 될 수 없다. 다음 기회를 기다려라.

○ 공망은 빈 자리이다. 세효가 공망이면 내가 명당을 받아들이지 못하는 것이고, 응효가 공망이면 지사의 능력이 부족하거나 인연이 없다.
○ 세효와 응효가 모두 공망이면 나와 지사가 모두 성의가 없으니 명당을 구하기 어렵다.

! 水風井

```
父子 //
°財戌 / 世        午
官申 //           月
官酉 /            乙
°父亥 / 應         丑
財丑 //           日
```

● 神算六爻 例文.
● 세효가 공망이면 내가 길지(吉地)를 얻을 수 없다는 뜻이고, 응효가 공망이면 지사가 길지를 찾지 못한다는 얘기다.
● 戌土 세효와 亥水 응효가 모두 공망이니 戌月이나 戌年을 기다려 다시 명당을 구하는 것이 좋겠다.

- 내괘는 산두(山頭), 외괘는 조향(朝向), 세효는 혈(穴)로 본다.
- 육효는 항상 초효부터 기세가 일어나 6효에 이른다.
- '혈'이 초효나 2효에 임하면 산두의 생기(生氣)를 얻어 자손만대(子孫萬代)에 영화(榮華)가 있다.
- '혈'이 3효나 4효에 임하면 산두의 여기(餘氣)를 얻어 부귀한다.
- '혈'이 5효나 6효에 임하면 기세가 수그러지는 곳이다. 산두의 기(氣)가 절(絶)되니 지세(地勢)와 산형(山形)이 맞지 않다. 명당을 거론하지 말아야 한다.

癸亥生 아버지 묘의
길흉은 어떠한가
風地觀!山地剝

財寅 /
官巳°孫子 ╳ 世　　丑
父戌 //　　　　　月
財卯 //　　　　　乙
官巳 // 應　　　卯
父未 //　　　　　日

- 神算六爻 例文.
- 세효가 '혈'이다.
- 혈이 망자(亡者)의 납음오행을 생부(生扶)해야 한다.
- 망자가 계해생(癸亥生)이니 납음오행은 대해수(大海水)라 혈과 세효가 같은 오행으로 비화다.
- 子水 세효가 월의 극을 받고 일진에 휴수되니 약하다.
- 게다가 스스로 발동해 巳火를 화출하고 절(絶)이 되어 무력하다.
- 卯日에는 巳火가 역마다.
- 따라서 주변에 도로가 생겨 혈맥(穴脈)이 끊어졌다고 본다.

묘지의 길지 여부
天澤履!天風姤

青　父戌 /
玄　兄申 /
白　官午 / 應　　巳
比　父丑兄酉 ╳　月
句　孫亥 /　　　　丁
朱　°官巳父丑 ╳ 世　酉
　　　　　　　　　　日

- 神算六爻 例文.
- 6효 戌土 청룡과 4효 午火 백호가 巳月에 생부를 받아 왕하니 좌청룡 우백호가 수려(秀麗)하다.
- 世와 應 중간의 酉金과 亥水 두 효가 장지(葬地:장사하여 시체를 묻는 땅)다.

- 酉金과 亥水가 왕하니 장지가 평평하고 넓다.
- 巳月이 초효 丑土 세효를 생하니 내룡(來龍)이 탄탄하며 산두의 정기(正氣)가 가득하다.
- 초효 丑土 世와 3효 酉金 兄이 발동해 兄 金局(형 금국)을 이루니 금명인(金命人)이 길지(吉地)다.

> - 세효가 일 · 월의 생부(生扶)를 받아 왕상(旺相)하면 내룡(來龍)이 장원(長遠)하다.
> - 풍수의 특성상 육수(六獸)의 적용은 절대적이다.
> - 내룡에서 혈을 좌측으로 감싸고도는 맥을 청룡(靑龍)이라 하고, 우측으로 감싸고도는 맥을 백호(白虎)라 한다.
> - 청룡이 월이나 일의 기운을 얻어 득기(得氣)하면 좌측산(左山)이 수려(秀麗)하고, 백호가 일이나 월에 쇠절(衰絶)되면 우측산(右山)이 불미(不美)하다.

묘지 명당 여부
水地比 ! 澤地萃

```
青   ○父未 //
玄    兄酉 / 應      子
白  兄申孫亥 ╳       月
匕    財卯 //        丁
句    官巳 // 世      亥
朱   ○父未 //        日
```

- 神算六爻 例文.
- 6효 未土가 청룡이고 4효 亥水가 백호다.
- 未土 청룡은 일·월에 휴수되고 공망이다. 따라서 청룡이 부실하다.
- 지세한 2효 巳火는 일파를 당해 무력하다.
- 亥水 백호는 일 · 월의 생부를 받아 왕하고 단단하며 수려하다.
- 주산(主山)과 내룡의 기가 끊기니 명당이 아니다.

```
      묘지 길흉
    地風升 ! 水風井

      父子 //
   父亥財戌 Ⅹ 世      申
    官申 // (午孫)。    月
    官酉 /            辛
    父亥 / 應          卯
    財丑 //            日
```

● 神算六爻 例文.

● 2효 亥水와 6효 子水가 申月의 생을 받아 왕하고 5효에서 戌土 세효가 발동해 亥水를 화출하니 사방이 물이다.

● 세효와 응효 중간이 장지(葬地)가 된다.

● 장지가 수원(水源)이 되니 장지가 바다나 저수지 가운데에 있다 하겠다.

● 戌土 세효가 혈(穴)이다.

● 午火 원신이 4효 申金 아래 복신이고 조산(祖山)과 내룡(來龍)이 없으니 장지로는 좋지 않다.

```
    風地觀 ! 艮爲山

     官寅 / 世
   ○父巳財子 Ⅹ      未
     兄戌 //         月
   官卯孫申 Ⅹ 應     丁
     父午 //         酉
   ○兄辰 //          日
```

● 神算六爻 例文.

● 6효 寅木 세효가 혈이다.

● 세효가 未月에 입고되고 酉日의 극을 받아 힘이 없다.

● 그리고 3효에서 申金 응효가 왕한 가운데 발동해 세효를 극하니 조산(朝山)은 깎아지른 듯 높다.

● 5효에서 子水가 발동해 절지(絶地)가 되니 조산과 내룡이 불미(不美)하다.

● 맥이 끊긴 자리다.

乙丑生 조부 묘의 길흉
澤風大過 ! 雷風恒

比　　　　財戌 // 應　　戌年
句　官酉官申 ⚋　　戌月
朱　　　　孫午 /　　　庚戌日
靑　　　　官酉 / 世
玄　　　　父亥 /
白　　　　財丑 //

● 神算六爻 例文.

● 망자(亡者)는 을축생(乙丑生)이니 납음오행은 金이다.

● 세효와 망자의 납음이 비화되고 연월일의 생을 받으니 길지(吉地)다.

● 청룡이 연월일의 생을 얻으니 좌청룡이 수려하다.

● 초효 丑土 백호도 연월일의 생부(生扶)를 받으니 아름답다.

● 다만 亥水가 연월일 삼전극을 받으니 수로(水路)가 약해 흠이다.

● 그러나 5효에서 申金이 발동해 亥水를 생하니 절처봉생이라 길지라고 하겠다.

> ● 길지(吉地)라도 망자(亡者)와 인연이 없으면 자손에게 해악(害惡)이 있다.
> ● 망자의 납음오행이 지세하거나 세효가 망자의 납음오행을 생합(生合)하면 망자에게는 길지가 된다. 그러나 충극하면 명당이라도 도리어 흉지(凶地)가 된다.

```
丁巳生 어머니 장지로 좋겠는가
      天澤履 ! 乾爲天
玄      父戌 / 世
白     °兄申 /          子
比      官午 /          月
句   父丑父辰 ⚊ 應        乙
朱      財寅 /          亥
青      孫子 /          日
```

● 神算六爻 例文.
● 정사생(丁巳生)은 납음오행이 사중토(沙中土)이니 토명인(土命人)이다.
● 세효와 망자의 납음오행이 비화되어 길지인 듯하다.
● 그렇지 않다.
● 土의 묘(墓)는 辰土인데 3효에서 辰土가 발동해 퇴신이 되니 장지로 마땅하지 않으며 6효에 세효가 있어 산형의 기가 없다.

● 또 원신 午火가 월파를 당하고 일진의 극을 받으니 장지는 맥이 없다.

● 외형상으로는 좌청룡이 수려하나, 우백호는 공망이라 흉하다.

● 세효와 응효 중간의 두 효인 午火와 申金을 장지로 판단하는데 午火는 월파되고 申金은 공망이다. 장소가 협소하여 매장할 곳이 없다.

● 망자의 납음이 지세하거나 세효와 생합하면 길지라고 하나 이것만 봐서는 안 된다.

● 괘상(卦象)을 전체적으로 보고 판단해야 한다.

❍ 세효는 혈이고, 응효는 배경이다.

❍ 세효와 응효 중간에 있는 2개(二個)의 효 즉 간효가 장지(葬地)다. 간효가 왕상(旺相)하면 장지가 넓고 평평하나 쇠절(衰絕)되면 경사지고 좁다.

장지로 좋은가		
山風蠱 ! 火風鼎		

```
句   ○兄巳 /
朱     孫未 // 應        未
青   孫戌財酉 ⅹ          月
                        己
玄     財酉 /            亥
白     官亥 / 世         日
匕     孫丑 //
```

● 神算六爻 例文.

● 2효에서 백호가 지세하고, 4효에서 청룡이 未月의 생을 받는 가운데 발동하니 왕하다.

● 세효와 응효 중간의 酉金도 왕하다.

● 따라서 좌청룡 우백호가 장구(長久)하고 장지는 평평하고 넓다.

● 장지는 세효와 응효의 중간 효인 3효와 4효다.

● 酉金이 교중한 상태에서 亥水 일진이 지세하여 혈장이 되니 쌍혈(雙穴)이다.

● 길(吉)하다.

❍ 응효는 명당의 배경이다.

❍ 응효에 해·자수(亥子水)가 임하고 삼합(三合) 수국(水局)을 이루면 개울이나 우물 또는 연못 주변이다.

장지로 좋은가		
天山遯 ! 天雷无妄		

```
玄     財戌 /
白     官申 /            巳
匕     孫午 / 世         月
句   官申 財辰 ⅹ         乙
朱     兄寅 //           卯
青 財辰 ○父子 ⅹ 應       日
```

● 神算六爻 例文.

● 午火 세효가 일·월의 생부를 받으니 조산과 내룡이 든든하다.

● 초효와 3효에서 子水와 辰土가 발동해 辰土가 물을 담고 있는 형상이다.

● 저수지 위에 있는 땅이다.

● 초효 子水가 청룡이고 5효 申金이 백호다.

● 초효 子水는 巳月에 절(絕)이 되고 발동해 회두극을 받으니 무

제 **⑰** 장 음택·분묘점

499

력하다.

● 5효 申金 백호는 巳月에 절(絕)이 되고, 신자진(申子辰) 수국(水局)으로 물에 잠기니 청룡 백호가 맥이 없다. 길지로 보기 어렵다.

❯ 등사는 길처럼 길어서 도로(道路)로 판단한다.
❯ 진술축미(辰戌丑未)에 등사가 있는데 일진 동효가 충극(冲克)하면 도로 주변이다.

아버지 묘터가 흉지라는데 과연 그러한가	
天風姤 ! 巽爲風	

玄	兄卯 / 世	
白	孫巳 /	未
匕	°孫午 °財未 ⚏	月
句	官酉 / 應	乙
朱	父亥 /	酉
靑	財丑 ⚏	日

● 神算六爻 例文.
● 6효가 지세하니 절맥지다.
● 4효에서 未月이 등사를 대하니 도로 주변이고, 발동해 卯木 세효를 입고(入庫)시키니 도로로 인해 묘(墓)가 황폐하다.
● 午 · 未가 공망이라 사람의 왕래가 적다.

❯ 구진은 몸집이 거대한 자로 움직일 때마다 주변이 울리며 많은 땅을 장악하므로 토지를 관장한다.
❯ 진술축미(辰戌丑未)가 지세하고 구진이 임한 가운데 일 · 월 동효의 충극을 받으면 전답(田畓)이다.

할아버지 묘의 길흉	
火澤睽 ! 火雷噬嗑	

匕	孫巳 /	
句	°財未 ⚏ 世	亥
朱	官酉 /	月
靑	財辰 ⚏	庚
玄	卯兄寅 ⚏ 應	寅
白	父子 /	日

● 神算六爻 例文.
● 세효와 응효 사이의 효인 酉金과 辰土가 일 · 월에 휴수되니 장지가 좁고 가파르다.
● 혈인 5효 未土 세효가 구진을 대한 가운데 2효에서 寅日이 발동해 극하니 좁은 밭뙈기에 묘(墓)를 쓴 것이다.

- 3효 辰土 청룡과 5효 未土 세효를 寅日이 발동해 극하니 맥이 없다.
- 파산(破産)하거나 상처(喪妻)하는 자손이 속출하겠다.

- 진술축미(辰戌丑未)는 묘(墓)에 해당한다.
- 辰戌丑未 관(官)이 일·월의 생부(生扶)가 없어 휴수(休囚)되면 주변에 황폐한 묘가 있다.
- 辰戌丑未 관(官)이 일·월의 생부를 받아 왕상(旺相)하면 좋은 묘가 있다.

雷天大壯!雷火豊	
官戌 //	
父申 // 世	卯月
財午 /	
兄亥 /	辛亥日
○孫寅官丑 ※ 應	
○孫卯 /	

- 神算六爻 例文.
- 2효 丑土 官이 발동해 회두극을 당하니 무력하다.
- 6효 戌土 官은 月의 극을 받은 가운데 일진에 휴수되니 역시 힘이 없다.
- 아래위로 황폐한 묘가 있음을 알 수 있다.

- 일진은 괘를 관장하고 세력이 있는 자이기도 하다.
- 괘 중에서 일진 관(官)이 구진을 대하고 발동해 세효를 극하면 묘지로 인한 분쟁이 생긴다.

水澤節!風澤中孚	
句 財子官卯 Ⅹ	
朱 父巳 /	亥月
靑 兄未 // 世	
玄 兄丑 //	己卯日
白 官卯 /	
匕 父巳 / 應	

- 神算六爻 例文.
- 6효에서 일진 官이 구진을 대하고 발동해 극세한다.
- 반드시 묘지로 인한 분쟁이나 송사가 있겠다.

● 괘 중에서 일진이 발동해 부화부(父化父), 형화형(兄化兄), 관화관(官化官), 재화부(財化財), 손화손(孫化孫)하면서 묘효(墓爻)를 충극하면 중매(重埋) 또는 개장(改葬)한 것이다.

水命人	
兌爲澤 ! 澤雷隨	
財未 // 應	戊月
官酉 /	
○父亥 /	丙寅
財辰 // 世	日
兄卯兄寅 ✗	
父子 /	

● 神算六爻 例文.
● 수명인(水命人)의 묘는 辰이다.
● 2효에서 寅日이 발동해 兄化兄하니 개장했다.
● 戊月이 辰土 세효를 월파로 치고 寅日이 발동해 극하니 맥이 없다.

● 세효가 외괘에 있는 것은 망자가 객지에 놓여 있다는 뜻이다.
● 괘신과 혈이 공망이면 일정한 장지가 없다. 매장지(埋葬地)가 없어 타향에 매장되거나 화장(火葬)된 것이다.

土命人	
坤爲地 ! 山地剝	
兄酉財寅 ✗	辰月
孫子 // 世	
○父戌 //	壬申
財卯 //	日
官巳 // 應	
父未 //	

● 神算六爻 例文.
● 괘신은 술월괘(戌月卦)다.
● 戌土가 공망이고 월파를 당하니 진공이다.
● 장지가 없어 화장한 사람의 괘다.

● 현재 놓여 있는 분묘(墳墓)에 대해 괘를 구하는 경우 흉살이 괘신을 충극하면 망자는 흉사(凶事)한 것이다.

```
        水地比 ! 坎爲水
      ○兄子 //世
       官戌 /          午
       父申 //         月
       財午 //應        己
     財巳官辰 X         未
       孫寅 //          日
```

● 神算六爻 例文.

● 괘신은 해월괘(亥月卦)다.

● 세효가 午月에 절(絶)이 되고 일진의 극을 받은 가운데 2효에서 辰土가 발동해 세효를 극하니 교통사고로 죽었다.

● 辰土가 발동해 巳火를 화출했는데 巳火가 未日의 역마이기 때문이다.

● 일진 현무가 기살을 대하고 괘 중에서 발동해 공망인 묘(墓)를 충극하면 관(棺)은 부서지고 시신(屍身)은 흐트러진 것이다.

```
火命人
        水澤節 ! 水雷屯
   匕      兄子 //
   句      官戌 /應      辰
   朱      父申 //        月
   青      官辰 //        庚
   玄    孫卯孫寅 X世      寅
   白      兄子 /         日
```

● 神算六爻 例文.

● 화명인(火命人)의 묘(墓)는 戌이다.

● 5효에서 戌土가 월파를 당한 가운데 2효에서 寅日이 현무를 대하고 발동해 극한다.

● 묘가 무너지고 관이 훼손됐다 하겠다.

◑ 일진 세효가 발동해 응효를 충극하면 내가 타인을 기만(欺瞞)하는 것이니 남의 선산(先山)에 몰래 혈을 취한 것이다.

```
      風地觀 ! 山地剝
玄        財寅 /
白    官巳孫子 ⚋ 世      申
比       ○父戌 ⚋⚋         月
句        財卯 ⚋⚋         甲
朱       官巳 ⚋ 應         子
青        父未 ⚋⚋         日
```

● 神算六爻 例文.
● 5효에서 子水 세효가 발동해 巳火를 화출하면서 2효 응효를 극한다.
● 응효는 또 주작을 대하고 있다.
● 장지가 없어 남의 선산에 몰래 묘를 썼는데 상대방으로부터 강한 항의를 받은 괘다.

◑ 일진 응효가 발동해 극세하면 타인이 나를 무시하는 모습이니 남이 우리 선산(先山)에 몰래 매장(埋葬)한 것이다.

```
      乾爲天 ! 風天小畜
        兄卯 /
        孫巳 /             午
    孫午財未 ⚋ 應         月
        財辰 /             己
        兄寅 /             未
       ○父子 / 世          日
```

● 神算六爻 例文.
● 4효에서 未土 일진 응효가 발동해 극세하니 남이 우리 선산에 몰래 묘를 썼다.
● 응효는 일 · 월의 생부(生扶)를 받아 왕(旺)하나 세효는 월파를 당하고 일진의 극을 받아 무력하니 속수무책이라 하겠다.

○ 괘가 복음이면 옮기고 싶어도 못하고, 반음이면 내 의사(意思)와 관계없이 이장(移葬)하게 된다.

水風井!水地比

財子 // 應
兄戌 /
孫申 //
孫酉 官卯 X 世
財亥。父巳 X
兄未 //

申月 乙未日

● 神算六爻 例文.
● 3효 卯木 세효가 혈이다.
● 세효가 申月의 극을 받으면서 발동해 회두극을 당하는 가운데 未日에 입고된다.
● 이미 묘(墓)가 절맥(絶脈)되었다.
● 세효가 발동해 반음이 되니 내 뜻과는

관계없이 야산개발로 인해 묘를 옮기게 된 괘다.

○ 괘 중에 부(父)가 복신이면서 공망이면 후손(後孫)에 고아(孤兒)가 많다.
○ 관(官)이 복신이면서 공망이면 과부(寡婦)가 많다.
○ 재(財)가 복신이면서 공망이면 홀아비가 많다.

艮爲山!火山旅

兄巳 /
孫未 //
孫戌財酉 X 應
財申 /
兄午 //
孫辰 // 世(卯父)。

申月 癸丑日

● 神算六爻 例文.
● 卯木 父가 초효에 복신인데 申月에 극을 당하고 공망이다.
● 초효 辰土 아래 복신이니 부모가 일찍 죽는 괘다.
● 고아가 많이 생기겠다.

주식투자운세

❍ 주식투자는 현대인의 건전한 재산 증식 방법 중 하나다. 그러나 선별 투자해야 한다. 우량주·불량주를 분별하고, 불량 세력의 농간을 경계하고, 투자시기와 정리하는 시기를 잘 선택해야 한다.

❍ 세효를 투자자, 응효를 주식시장으로 판단한다.
❍ 세효가 순공이면 출공일에 다시 투자계획을 할 수 있으나, 진공이면 당분간 주식시장을 멀리해야 한다.
❍ 응효가 순공이면 주식시장이 불안정하게 보이나 출공일에 안정을 되찾는다. 진공이면 주식시장이 어지럽다.
❍ 세효와 응효가 함께 공망이면 현재는 주식과 인연이 없다. 세효와 응효에 있는 비신(십이지)이 세효와 응효를 떠나는 년이나 일·월을 기다려 다시 연구해야 한다.
❍ 세효가 세파(歲破)를 당하면 당년(當年:1년), 세효가 월파(月破)를 당하면 당월(當月:1개월, 그달), 세효가 일파(日破)를 당하면 당일(當日:1일, 그날)에는 손실이 크다.

주식투자를 하면 좋겠는가
澤火革 ! 水火旣濟

```
兄子 // 應
官戌 /          申
兄亥父申 ※       月
兄亥 / 世        辛
官丑 //          亥
○孫卯 /          日
```

❍ 神算六爻 例文.
❍ 4효에서 申月이 발동해 亥水 세효를 생하니 좋은 듯하다.
❍ 그러나 兄이 지세하니 손재(損財)하는 조건이다.
❍ 財가 가장 두려워하는 것은 兄이다.
❍ 兄은 財를 극하는 손재의 神이기 때문이다.

주식투자하면 돈을 벌겠는가	
天水訟！澤水困	
父戌父未 ※ 兄酉 / 孫亥 / 應 官午 ∥ 父辰 / °財寅 ∥ 世	午 月 己 酉 日

● 神算六爻 例文.

● 초효에서 寅木 財가 지세하니 재물을 구하는 데 좋은 모습이다.

● 그러나 寅木 財가 午月에 휴수되고 일진 酉金의 극을 받은 가운데 공망이니 현재는 재물과 인연이 없다.

● 寅木이 힘을 얻는 亥月이 오면 다시 괘를 얻어 투자 여부를 결정하라.

○ 투자상담사, 증권회사 직원, 펀드매니저도 응효로 판단한다.

○ 응효가 발동해 세효를 생합(生合)하면 투자상담사나 펀드매니저가 나를 돕는다.

○ 응효가 발동해 세효를 극해(克害)하면 투자상담사나 펀드매니저가 아무리 유능하더라도 나에게는 덕이 되지 않는다.

투자상담사의 권유로 주식 투자를 하려는데 어떨까	
火風鼎！雷風恒	
°孫巳財戌 ※ 應 官申 ∥ 孫午 / 官酉 / 世 父亥 / 財丑 ∥	戌 月 丁 酉 日

● 神算六爻 例文.

● 戌月이 6효에서 응효를 대하고 발동해 회두생이 되면서 酉金 세효를 생하니 투자상담사가 나를 도와주는 형국이다.

● 응효가 財를 대하고 있으니 길조다.

● 그러나 현재는 변효 巳火가 공망이라 戌土 財도 공망이니 재미가 없다.

● 巳火가 출공하는 乙巳日에 크게 득재(得財)하겠다.

投資相談士의 권유로 주식
투자를 하려는데 어떨까
火澤睽 ! 火雷噬嗑

孫巳 /
財未 // 世
官酉 /
財辰 //
兄卯兄寅 X 應
°父子 /

亥月　壬戌日

● 神算六爻 例文.
● 2효에서 寅木 응효가 兄을 대하고 발동해 진신이 되면서 5효 未土 세효를 극하니 대흉하다.
● 5효에서 未土 財가 지세하고 있는 것은 내가 재물을 얻는다는 뜻이 아니라 현재 재물을 소유하고 있다는 것이다.
● 투자하면 寅 · 卯日이나 寅 · 卯月에 큰 손해를 보게 된다.

❯ 주식투자 관련 점에서 재물을 얻을 수 있는 괘상(卦象)은 세 가지가 있다.
❯ 첫째는 재(財)가 지세하고 응효에서 손(孫)이 발동해 세효를 생하는 경우이다.

주식투자로 돈을 벌 수
있겠는가
坎爲水 ! 澤水困

父未 //
兄酉 /
兄申孫亥 X 應
官午 //
父辰 /
財寅 // 世

酉月　乙卯日

● 神算六爻 例文.
● 4효에서 亥水 응효가 孫을 대하고 발동해 회두생을 받아 지세한 寅木 財를 생하니 길하다.
● 亥日에 큰 즐거움이 있겠다.

● 둘째는 관(官)이 지세했는데 응효에서 재(財)가 발동해 세효를 생하는 경우이다.

오늘 주식을 샀는데 어떨까.
언제 파는 것이 좋겠는가

火風鼎!雷風恒

孫巳財戌 ⚋⚋ 應
　官申 ⚋⚋
　孫午 ⚊
　官酉 ⚊ 世
　父亥 ⚊
　財丑 ⚋⚋

未月 辛亥日

● 神算六爻 例文.
● 3효에서 酉金 官이 지세하고 있는데 6효에서 응효가 戌土 財를 대하고 발동해 세효를 생하니 대길하다.
● 庚戌日에 팔아라.
● 반드시 큰 차익을 남길 것이다.

● 셋째는 부(父)가 지세했는데 응효에서 재(財)가 발동해 세효를 극하는 경우이다.

채권에 투자하려 하는데
어떨까

乾爲天!風天小畜

　兄卯 ⚊
　孫巳 ⚊
孫午財未 ⚋⚋ 應
　財辰 ⚊
　兄寅 ⚊
　父子 ⚊ 世

申月 甲子日

● 神算六爻 例文.
● 申月에 子水 父가 지세하고 있다.
● 세효는 일 · 월의 생부(生扶)를 받으니 매우 왕(旺)하다.
● 4효에서 未土 財가 발동해 회두생이 되면서 극세하니 대길하다.
● 채권을 사면 未年 午月에 재수 대길하겠다.

○ 응효가 재(財)를 대하고 극세하는 경우 세효가 월파 또는 일파되거나 진공이 되면 투자로 인해 흉화(凶禍)가 발생한다.

주식투자를 하려는데 어떨까
乾爲天！風天小畜

兄卯 /
孫巳 /　　　巳
孫午財未 ╳ 應　月
財辰 /　　　庚
兄寅 /　　　午
父子 / 世　　日

● 神算六爻 例文.
● 앞의 괘상과 비슷한 듯하나 내용은 완전히 다르다.
● 4효에서 未土 財가 발동해 초효 세효를 극하니 재수있는 것처럼 보인다.
● 그러나 초효 子水 세효가 巳月에 절(絶)이 된 가운데 일진의 충을 받아 일파가 되니 무력하기 짝이 없다.
● 더욱이 4효 未土 財가 발동해 극세하니 대흉하다.
● 午月이나 未月에 투자하면 반드시 실패한다.

○ 형(兄)은 재물과는 인연이 없는 자다.
○ 형(兄)이 지세하면 내 환경에 재물을 내쫓는 자가 있으니 재수와 거리가 멀다. 투자와 인연이 없다. 세효에서 형(兄)이 떠날 때까지 기다려야한다.

친구 권유로 주식투자를 하고 싶은데 어떨까
山雷頤！火地晋

°官巳 /
父未 //　　　未
父戌兄酉 ╳ 世　月
財卯 //　　　丙
°官巳 //　　　申
孫子父未 ╳ 應　日

● 神算六爻 例文.
● 兄이 지세하면 재물을 구하는 것과는 인연이 없다.
● 兄은 財를 내쫓는 神이기 때문이다.
● 兄이 발동하는 것은 현재 손재(損財)의 神이 활동하고 있다는 뜻이다.
● 절대로 투자를 해서는 안 된다.

> ◉ 일·월은 세력, 응효는 주식시장이다.
> ◉ 일·월 형(兄)이 응효에서 왕동(旺動)해 세효를 극하면 주식시장이 나를 능멸하는 것과 같다. 주식투자로 인해 패가망신(敗家亡身)한다. ▼

주식투자를 하고 있는데 전망은 어떨까	
水澤節!風雷益	
父子兄卯 ⚊ 應	寅
◦孫巳 /	月
財未 //	癸
◦財辰 //世	卯
兄卯兄寅 ⚊	日
父子 /	

◉ 神算六爻 例文.

◉ 2효에서 寅月 兄이 발동해 극세하니 흉하다.

◉ 6효에서 卯日 兄이 응효를 대하고 발동해 극세하니 대흉하다.

◉ 투자에서 손을 떼는 것이 현명하다.

> ◉ 재(財)가 응효가 아닌 다른 효에서 발동해 생세하거나 극세하면 주식투자와 무관하다. 다른 일로 득재(得財)한다. ▼

특정 회사의 주가가 오르겠는가	
山風蠱!火風鼎	
◦兄巳 /	子
孫未 //應	月
孫戌財酉 ⚊	丙
財酉 /	申
官亥 /世	日
孫丑 //	

◉ 神算六爻 例文.

◉ 4효에서 酉金 財가 발동해 회두생을 받아 생세하니 득재할 수 있는 형국이다.

◉ 그러나 酉金 財가 응효를 대하지 않으니 주식투자와는 관계가 없다.

◉ 다른 일로 득재할 것임을 보여주는 괘다.

◐ 연월일은 괘를 관리하는 자다.

◐ 연월일이 괘에서 관(官)을 대하고 발동해 응효를 충극하면 정부기관
이나 기관투자자가 시장을 농락(籠絡)하는 것이다. 주식시장을 빨리
떠나야 한다. ▼

<table>
<tr><td>地火明夷！水火旣濟

兄子 // 應
兄亥官戌 X
∘父申 //
兄亥 / 世
官丑 //
孫卯 /</td><td>午
月
甲
戌
日</td></tr>
</table>

◉ 神算六爻 例文.

◉ 6효에서 子水 응효가 午月에 월파를
당하고 있는 가운데 일진 戌土 官이 5효
에서 발동해 세효와 응효를 극하니 투자
자(世)와 시장(應)이 어지럽다.

◉ 투자에서 당분간 손을 떼고 있는 것이
좋겠다.

◉ 연월일을 정부, 국가기관, 상급기관으로 본다.

◐ 세효는 내 위치, 응효는 주식 시장이다. 세효와 응효의 중간 효인 간
효가 발동해 극세하면 타인이 나의 생각을 흐리게 한다. ▼

<table>
<tr><td>친구가 특정 종목을 추천하며
투자를 권하는데 어떨까
雷地豫！山地剝

父戌財寅 X
∘孫子 // 世
官午父戌 X
財卯 //
官巳 // 應
父未 //</td><td>未
月
丁
巳
日</td></tr>
</table>

◉ 神算六爻 例文.

◉ 5효 子水 세효가 未月의 극을 받은 가
운데 일진 巳火에 절(絕)이 되니 무기력
하다.

◉ 게다가 4효에서 戌土 父가 발동해 회
두생이 되면서 극세하니 흉하다.

◉ 소문은 무성하나 투자하면 손해 본다.

◉ 소문이 무성한 이유는 父가 왕동(旺

動)하기 때문이다.

○ 응효에서 부(父)가 발동해 세효를 생하면 증권회사(또는 주식시장)가 전문 강사를 통해 투자자들에게 투자를 권유한다.

```
火雷噬嗑 ! 火地晋

靑      官巳 /
玄      父未 //       亥
白      兄酉 / 世     月
匕    °財卯 //        丁
句      官巳 //       未
朱   孫子父未 ※ 應     日
```

● 神算六爻 例文.

● "증권회사가 개최한 투자설명회에서 초청된 강사가 종목을 추천하며 투자를 권하는데 투자하면 어떻게 될까?" 하고 물어 나온 괘다.

● 초효에서 응효 未土 父가 주작을 대하고 발동하니 강사는 말을 잘한다.

● 4효에서 酉金 兄이 지세하고 있는데 未土 父가 발동해 세효를 생하니 손재의 神인 兄만 더욱 왕해진다.

● 주식투자로 어찌 돈을 벌 수 있겠는가?

○ 역마(驛馬)는 외부와의 운반 수단이다.
○ 일・월 역마가 발동해 응효를 생하면 해외투자자들이 증권시장으로 몰려온다.
○ 반대로 일・월 역마가 응효를 극하면 해외 투자자들이 증권시장을 빠져 나간다.

```
風火家人 ! 風天小畜

      兄卯 /
    °孫巳 /          卯
    財未 // 應        月
    °財辰 /          庚
  財丑兄寅 ※          子
      父子 / 世        日
```

● 神算六爻 例文.

● 2효에서 寅木 兄이 발동해 4효 응효에 있는 未土 財를 극한다.

● 해외 투자자들이 주식을 팔고 시장을 떠난다.

● 寅木은 일진 子日의 역마다.

○ 특정 주식의 주가 변동을 점칠 때는 응효로 해당 주식의 위치를 정한다.

○ 응효에서 재(財)가 발동해 관(官)을 화출하면서 공망에 빠지면 그 회사의 주인(大株主)이 어두운 마음으로 주가를 조작하고 있다. ▼

<table>
<tr><td rowspan="7">특정 회사 주식을 사면
어떨까

火天大有!風天小畜

兄卯 /
財未孫巳 X
○官酉財未 XX 應
財辰 /
兄寅 /
父子 / 世

午
月

辛
巳
日</td></tr>
</table>

● 神算六爻 例文.

● 초효 子水 세효가 월파되고 巳日에 절(絶)이 되어 불길하다.

● 4효에서 未土 財가 응효를 대하고 왕동(旺動)해 酉金 官을 화출하면서 공망이 되니 장세(場勢)가 투자자를 속이고 있는 모양이다.

● 투자하면 불리하다.

○ 관(官)은 어두운 생각이며 공망은 생각이 비어 있음이다.

○ 응효에서 손(孫)이 발동해 생세하더라도 관(官)을 화출하고 공망에 빠지면 기업이 주가를 조작하거나 주주(株主)를 기만하려 하니 투자를 중단해야 한다. ▼

<table>
<tr><td rowspan="7">水地比!雷地豫

財戌 //
財戌 ○官申 XX
○官申 孫午 X 應
兄卯 //
孫巳 //
財未 // 世

子
月

辛
巳
日</td></tr>
</table>

● 神算六爻 例文.

● 4효에서 응효 午火 孫을 대하고 발동해 세효를 생하니 좋은 듯하나 사실은 그렇지 않다.

● 午火 孫이 발동해 申金 官을 화출함은 도적 같은 마음을 갖고 있다는 얘기다.

● 申金 官이 공망된 것은 진실을 가장(假裝)하고 있음을 뜻한다.

● 투자하지 않는 것이 좋다.

- 형(兄)은 재물을 탐하는 자, 관(官)은 그늘과 바르지 못함을 나타내기도 한다.
- 응효에서 형(兄)이 발동해 관(官)을 화출하면서 세효를 극하면 불량한 자가 무리 지어 투자자에게 큰 피해를 준다.

벤처기업에 투자하려
하는데 어떨까
地雷復!風雷益

```
○官酉兄卯 Ⅹ 應
  父亥孫巳 Ⅹ      卯
     財未 //       月
     財辰 // 世     乙
     兄寅 //        亥
     父子 /         日
```

- 神算六爻 例文.
- 6효에서 응효가 卯木 兄을 대하고 발동해 회두극이 된 형태다.
- 그러나 卯木 兄이 일·월의 생부(生扶)를 받아 왕하기 때문에 회두극을 당하지 않는다.
- 이 경우 변효 酉金은 응효의 뜻이 겉으로 드러난 것으로 봐야 한다.

- 응효가 卯木 兄을 대하고 왕동(旺動)해 극세함은 손실이 크다는 뜻이다.
- 酉金 官이 화출됨은 응효에게 도둑과 같은 마음이 있다는 것이다.

- 특정주식의 시세를 묻는 경우 응효는 특정 주식의 위치가 된다.
- 일·월이 괘 중에서 발동해 응효 재(財)를 생하면 주가는 폭등한다.

주식시장이 어떻게 될까
天山遯!火山旅

```
   ○兄巳 /
  財申孫未 Ⅹ      辰
     財酉 / 應     月
     財申 /        乙
     兄午 //       未
  ○孫辰 // 世      日
```

- 神算六爻 例文.
- 응효는 주식시장이다.
- 4효 酉金 財 응효가 일·월의 생을 받으니 매우 왕하다.
- 게다가 未日이 5효에서 발동해 응효를 생하니 시장 상황이 좋아진다.
- 주가가 오르겠다.

● 주식시장의 동향(動向)을 묻는 경우 응효에서 재(財)가 일·월 동효의 극을 받고 공망이 되면 주식시장은 무기력해진다.

주식시장이 앞으로 어떻게 될까 **山水蒙!山天大畜**	
官寅 /	
°財子 // 應	巳月
兄戌 //	丙
父午 兄辰 Ⅹ	辰日
官寅 / 世	
官寅 °財子 Ⅹ	

● 神算六爻 例文.

● 5효 子水 財 응효가 巳月에 휴수되고 일진의 극을 받으니 무기력하다.

● 그리고 3효에서 辰日이 왕동해 子水 財 응효를 극하면서 입고시키니 시장이 불안하다.

● 주가가 폭락하겠다.

● 투자대상 기업의 전망은 응효로 판단한다.
● 응효에 재(財)가 있는데 연월일이 괘 중에서 발동해 응효를 생부(生扶)하면 정부의 지원을 받는 기업이라 유망하다.

어떤 주식에 투자하려 하 는데 회사 전망은 어떤가 **山風蠱!雷風恒**	
兄寅 財戌 ХХ 應	
官申 //	午月
財戌 孫午 Ⅹ	丁
官酉 / 世	巳日
父亥 /	
°財丑 //	

● 神算六爻 例文.

● 4효에서 午月 孫과 6효에서 戌土 財가 발동하여 인오술(寅午戌) 손국(孫局)을 이뤄 6효 응효를 생한다.

● 연월일은 상급기관, 정부, 국가로 본다.

● 점치는 대상은 정부나 국가가 지원하거나 관련이 있는 기업이 틀림없다.

● 응효인 戌土 財가 왕동해 생세하니 반드시 戌月에 대길하다.

● 응효에 재(財)가 있으면 대체적으로 우량 기업이다.
● 그러나 괘 중에서 연월일이 발동해 응효를 극하면 그 기업은 도산(倒産)한다.

유망기업인데 투자하면
어떨까

火天大有 ! 火山旅

```
兄巳 /
孫未 //      卯
財酉 / 應    月
財申 //      庚
父寅兄午 ✕   午
官子孫辰 ✕ 世 日
```

● 神算六爻 例文.
● 4효에서 酉金 財가 응효를 대하니 유망 기업이라 할 수 있다.
● 그러나 卯月이 酉金 財를 월파로 치고 2효에서 午日이 발동해 극하니 午月에 반드시 나쁜 일이 있으리라.

● 응효에서 형(兄)이 발동하면 유망기업이라는 소문이 있더라도 투자하면 안 된다. 한강투석(漢江投石)이 된다.

유망기업에서 투자를
권하는데 어떨까

火澤睽 ! 火雷噬嗑

```
孫巳 /
財未 // 世     亥
官酉 /        月
財辰 //       丁
○兄卯○兄寅 ✕ 應 未
父子 /        日
```

● 神算六爻 例文.
● 5효에서 未土 財가 일진을 대하고 지세하니 이 사람은 재력(財力)이 있다 하겠다.
● 그러나 2효에서 寅木 兄이 응효를 대하고 발동해 극세하니 대흉하다.
● 특히 兄이 발동해 진신이 되니 투자에 끝이 보이지 않는다.

■ 응효에 관(官)이 있는데 일·월 재(財)가 발동해 응효를 생합(生合)하면 정부나 국가에서 지원하는 기업이다.

```
風天小畜 ! 巽爲風

兄卯 / 世
°孫巳 /          丑
財未 //          月
官酉 / 應         戊
父亥 /           戌
父子財丑 ✕        日
```

● 神算六爻 例文.

● 3효에서 酉金 官이 응효를 대하고 있다.

● 초효에서 丑月이 발동해 酉金 官을 생하고 일진도 酉金을 생한다.

● 정부나 국가가 지원하는 우량 기업이라 하겠다.

● 그러나 卯木 兄이 지세하니 재물과 나는 무관하다.

■ 신용으로 주식을 사는 것은 건전한 투자라기보다는 투기에 가까운 만큼 신중을 기해야 한다.

```
澤火革 ! 水火旣濟

兄子 // 應
官戌 /           申
兄亥父申 ✕         月
兄亥 / 世         庚
官丑 //           子
孫卯 /           日
```

● 神算六爻 例文.

● 주식투자로 상당히 손해를 본 사람이 투자전망에 대해 물어 나온 괘다.

● 兄이 세효와 응효에 있음은 주식시장도 덕이 없고 자신도 재수 없다는 뜻이다.

● 4효에서 申金 父가 발동해 세효와 응효 兄을 생하니 빨리 주식시장에서 발을 빼는 것이 좋겠다.

```
風地觀 ! 水地比

官卯 財子 ⚋ 應
    兄戌 ⚊         申
    孫申 ⚋⚋        月
    官卯 ⚋⚋ 世      庚
   °父巳 ⚋⚋        子
    兄未 ⚋⚋        日
```

● 神算六爻 例文.

● 위 사람이 그래도 종목을 선정해달라고 간곡히 부탁해서 나온 괘다.

● 6효 응효가 일진 子水 財를 대하고 발동해 생세하니 투자하면 돈을 벌 수 있으리라.

● 바로 증권회사 직원에게 전화해 자기 돈으로 5천주를 사고 신용으로 다시 5천주를 더 샀다.

● 그러나 다음날인 辛丑日 장세가 밀려 불안하자 손실을 감수하고 팔았다.

● 그런데 壬寅日, 癸卯日에 주가가 연속 올랐다.

● 참으로 신(神)의 뜻을 거스르기가 어렵다 하겠다.

● 처음 수화기제(水火旣濟)괘를 얻음은 '투자불가'를 가르쳐 주었는데 듣지 않고 욕심을 내봐야 되지 않음을 보여 주는 예다.

❯ 선물은 주식시장의 종합지수 등락에 집중해야 한다.
❯ 내가 직접 투자할 때는 세효가 주식시장이 된다. 투자하지 않고 관망할 때는 응효가 주식시장이 된다.

```
선물에 투자하고 싶다.
5월에 하면 좋겠는가
震爲雷 ! 地雷復

  °孫酉 ⚋⚋
   財亥 ⚋⚋         卯
父午兄丑 ⚋⚋ 應      月
   兄辰 ⚋⚋         甲
   官寅 ⚋⚋         戌
   財子 ⚊  世       日
```

● 神算六爻 例文.

● 초효에서 子水 財가 지세한 것은 현재 나에게 경제적인 능력이 있다는 뜻이다.

● 4효에서 丑土 兄이 응효를 대하고 발동해 나의 재물을 빼앗아 가려 한다.

● 丑土 兄이 발동해 午火를 화출해 회두생이 되면서 극세한다.

● 巳·午月에 큰 손재를 보겠다.

제 ⑱ 장 주식투자운세

519

○ 부(父)가 지세했는데 응효에서 태세 재(財)가 발동해 세효를 생하거나 세효를 극하면 장기투자가 유리하다.

<table>
<tr><td rowspan="7">특정 주식에 장기투자하고 싶은데 어떨까

澤天夬!澤風大過

○財未 //　　丑
官酉 /　　　年
父亥 / 世　　申
官酉 /　　　月
父亥 /　　　癸
父子財丑 ※ 應　巳
　　　　　　　日</td></tr>
</table>

● 神算六爻 例文.

● 초효에서 丑土 財 응효가 년(年)을 대하고 발동해 극세하니 丑年에 주가가 오르겠다.

● 그러나 해[年]가 바뀌어 寅年 寅 · 卯月이 되면 불안하니 丑月에 팔아라.

○ 재수는 응효에서 재(財)가 발동해 세효를 생하거나 세효를 극하면 유망하다.
○ 일 · 월이 형(兄)을 대하고 괘 중에서 발동해 응효를 극하면 정부나 국가의 지원이 끊겨 주가가 폭락한다.

<table>
<tr><td>澤天夬!風天小畜

○財未 兄卯 X
孫巳 /　　　亥
父亥○財未 ※ 應　月
財辰 /　　　辛
兄寅 /　　　卯
父子 / 世　　日</td></tr>
</table>

● 神算六爻 例文.

● 4효에서 응효 未土 財가 발동해 극세하니 좋은 듯하다.

● 그러나 6효에서 일진 卯木 兄이 발동해 해묘미(亥卯未) 목국(木局)을 이뤄 응효를 극하니 흉하다.

● 정부나 국가 지원을 약속 받았으나 실제로 약속이 이행되지 않은 괘다.

○ 데이트레이딩은 당일 일진이 중요하다.

○ 일진 재(財)가 지세하면 응효에서 손(孫)이 발동해 생세하거나 일진 재(財)가 응효에서 발동해 극세해야 재수가 있다.

```
    乾爲天 ! 風天小畜

   ○兄卯 /
    孫巳 /          申 月
  孫午財未 ×× 應     乙
    財辰 /          巳 日
   ○兄寅 /
    父子 / 世
```

● 神算六爻 例文.

● 4효에서 응효 未土 財가 발동해 회두생이 되면서 극세하니 길하다.

● 巳·午·未 사흘간 반드시 많은 돈을 벌 수 있으리라.

○ 상종가 행진을 계속하는 종목이라도 괘 중에서 형(兄)이 발동해 세효나 응효를 극하면 투자를 중단해야 한다.

○ 응효에서 재(財)가 발동해 세효를 생하거나 극합(克合)해 오면 지금 투자해도 늦지 않다.

```
    風澤中孚 ! 風雷益

   ○兄卯 / 應
    孫巳 /          卯 月
    財未 //          甲
    財辰 // 世        辰 日
  ○兄卯○兄寅 ××
    父子 /
```

● 神算六爻 例文.

● 3효에서 일진 辰土 財가 지세하는 것은 현재 내가 재물을 갖고 있다는 뜻이다.

● 그러나 6효에서 응효 卯木 兄을 대하니 내가 주식시장에서 손해를 본다.

● 특히 2효에서 寅木 兄이 발동해 卯木으로 진신이 되면서 극세하니 대흉하다.

● 당장 주식시장에서 손을 떼라.

● 다른 사업도 중단하는 것이 좋다.

神算 김용연 선생님의 '신산육효'는 2001년 〈신산육효-이것이 귀신이 곡하는 점술이다〉를 통해 세상에 처음 공개됐습니다. 당시 시중에는 육효를 공부할 수 있는 마땅한 책이 없던 터라, 이 책이 나오자 '육효 교과서'라는 평판을 들었습니다. 실제 이 책은 육효 강의가 개설돼 있는 전국 곳곳의 대학원이나 평생교육원에서 교과서로 채택되고 있습니다. 육효 입문서로서 타의 추종을 불허하는 책이라고 자부할 수 있습니다.

〈신산육효-육효신강〉은 「신산육효-이것이 귀신도 곡하는 점술이다」의 완전 개편, 개정증보판이라 할 수 있습니다. 처음 나온 책보다 내용이 훨씬 자세하고 풍부합니다. 책의 분량이 크게 늘어난 것만 봐도 알 수 있습니다. 그만큼 육효 입문자나 초학자가 육효를 더 쉽게 이해하고 효율적으로 배울 수 있도록 배려했습니다. 따라서 이 책만으로도 누구나 짧은 기간에 육효 이론을 충분히 익히고도 남을 것입니다.

같은 괘를 갖고도 술사에 따라 괘풀이 및 해석이 달라지는 커다란 오류가 발생합니다.

하지만 이 책의 내용이 완전 초보 수준에만 머무는 것은 결코 아닙니다. 육효의 기본은 물론 왠만한 이론은 다 담겨 있습니다. 단순한 입문서가 아니라는 얘기입니다. 많은 예문과 명쾌한 설명이 특징인 이 책을 술술 읽어가다 보면 자신도 모르는 사이에 상당한 경지에 올라 있음을 느낄 수 있을 것입니다.

이 책을 독파한 뒤 육효의 묘미를 더 느껴보고 싶다면 〈신산육효정해〉(2013년)와 〈신산육효비전요결〉(2009년)을 권합니다.

〈신산육효정해〉는 2002년 두 번째로 출판된 〈이것이 신이 내려주신 점술이다〉의 개정증보판입니다. 이들 신산육효 책 3권만 읽는다면 육효에 나름대로 일가견을 가질 수 있을 것입니다. 특히 신산육효 책 곳곳에는 시중의 어떤 육효 책에서도 찾아볼 수 없는 '비결'이 많이 들어 있습니다.

육효는 점술입니다. 점의 세계에서는 책이나 문자의 수준을 넘어서는 '무엇'이 있어야 합니다. 육효 이론만 섭렵해서는 육효 고수가 되기 어려운 이유입니다. "용하다"는 말을 들으려면 전지전능한 '신'이나 '하늘'과 교감이 꼭 필요합니다. 지극정성이 바탕이 돼야 함은 말할 나위가 없습니다. 그러나 이 책은 그런 신과의 교감 능력을 키우는 방법까지는 얘기하지 않습니다. 그것은 각자 기도나 마음공부 등을 통해 부단히 노력함으로써 해결해 나갈 수밖에 없습니다. 따지고 보면 육효는 이론보다 신과의 교감이 더 중요합니다. 이런 점에서 육효는 결코 간단한 학문이 아닙니다.

그렇다고 미리 겁먹을 필요는 없습니다. 먼저 육효 이론을 차근차근 공부하면서 점치는 연습을 끊임없이 한다면 언젠가는 고수 반열에 오를 수 있을 것입니다. 무엇이든 처음부터 잘하는 사람은 아무도 없습니다. 이 책을 통해 육효에 입문해 육효 공부의 즐거움을 흠뻑 느끼고 신산육효의 신비함에 깊이 빠져들 수 있게 되기를 바랍니다.

2014년 7월
신산육효연구회 회원 노 응 근

精說窮通寶鑑 정설궁통보감

무릇 오행생극론(五行生剋論)은 한유(開遊)로부터 비롯되어 당대(當代)의 이 허중(李虛中) 선생에 이르러 거듭 천간지지(天干地支)를 배합하여 팔자(八字) 가 완성되었다. 당시에는 오로지 재관인(財官印)만을 살펴 인사(人事)의 득실 을 논하였다.

그러나 후세에 이르러 여러 현자들이 천관(天官) 자미(紫微) 신수(身數)등을 지어 함께 섞어 사용을 하게 되자 이론이 분분하고 일정치 않아 종잡을 수 없 었다. 명학(命學)은 원래 명백함이 돋보이는 학문이다.

그러나 명학을 배우는 사람들이 마음깊이 요긴한 진리를 깨닫지 못하였으니 술법이 모두 적중할 수 없었던 것이다.

내가 틈을 내어 시문(詩文)을 고르고 수집하고 또 많은 명학에 관한 여러 서 적을 두루 섭렵하였는데 마침 난강망을 가지고 있는 한 벗이 찾아와 나에게 말하기를 간결하고 쉽게 확절(確切)한 이론으로 저술하고자 한다면 이것이 후학들에게 모범이 될 수 있는 훌륭한 책이 되리라 생각되며 이 비본(秘本) 의 이론을 통해서 사람의 부귀의 한계를 저울질하면 자주 영험함이 있을 것 이니 자평의 판목이 되고 자평학(子平學)에 작은 보탬이 되리라 생각한다고 하였다.

내가 책을 받아 그 이론을 일득해보니 의론(議論)의 정교함과 상세함이 한눈 에 들어오고 취사선택이 적절하여 오행생극(五行生剋)에 대해 깨닫게 하는 바가 있으며 팔괘착종(八卦錯綜)의 빼어남이 측량할 수 없었다.

이에 뜻이 애매하거나 자잘한 것은 잘라내고 세세한 것은 묶고 번거로운 것 은 버리고 지나치게 생략된 것은 보완하고 잘못 된 글자는 바로잡아 한눈에 알아볼 수 있도록 해놓고 보니 이것이야말로 진정한 명학(命學)의 지남(指南) 이요 자평(自評)의 모범이라 이에 이름을 궁통보감(窮通寶鑑)이라 하였다.

소원성취, 만사형통, 신비의 영험부적

이것이 神이 내려주신 부적이다
• 神算大靈符籍 •

崔太鍾 著 / 金用淵 監修

부적에 대한 연구는 이미 오래전부터 진행되어 왔고 관련 서적도 수없이 많다. 하지만 대다수의 책들은 부적의 활용법 중 일부만 제시되어 있을 뿐 부적의 구성원리라든가 실질적인 활용법에 대한 제시가 없었다. 이 책은 풍부한 사례와 함께 상세한 해설로 부적을 구성하는 원리에 대해 다각도로 조명함으로서 보다 근본적으로 이해할 수 있고 또한 누구나 직접 만들어 사용할 수 있게 하였다.

부적은 동양오술(東洋五術) 중 산(山)에 속하는 것으로 신비의 대상도 미신의 대상도 아니다.
인간세계와 영(靈)의 세계는 같은 공간에 존재하는 것이 아니기에 직접 의사소통을 할 수 있는 방법이 없다.
부적은 이를 해결하고자 하는 인간들의 절박한 필요에 의해 생겨난 것이다.
부적은 과학으로는 이해 할 수 없는 초과학의 세계로, 신과의 교감을 통한 신탁에 의해서 얻어진 영험한 것으로 작성자의 지극한 정성과 의지에서 발생되어 나온 강한 기(氣)가 내재되어 있어야 한다.
나의 기와 神의 기(氣)가 서로 합하여 이루어진 신기(神氣)는 형체가 없으나 부적을 통해 그 형체가 남게 된다.
이것이 서로 응하여 영험함이 나타나게 된다.
누구나 정확한 절차와 제작 방법에 따라 스스로 만들어 사용한다면 나쁜 기운으로부터 보호 받으며 모든 재앙을 예방하고 만사형통의 기운이 넘쳐나게 하는 신물(神物)이다.

실전 육효 최고급 완성편

神算 六爻精解
신 산 육 효 정 해

神算 金 用 淵 教授

神算六爻研究會 會員
盧 應 根 共著

신산육효 상담 실전 요람
전문가로 안내하는 실전 종합응용편

전문 술사로 안내하는 풍부하고도 다양한 실증적 사례!
이 책 한 권이면 당신도 50년 실전경력자

상담 실전에서 바른 점사와 정확한 괘 풀이로 전율할 만큼 신묘하고도 높은 적중률로 안내하는 종합 실전 · 상담 응용편이다.

육효학과 육효점, 즉 이론과 풀이를 동시에 만족시키기 위해 저자의 '신산 육효학 강의'에서만 들을 수 있는 내용과 비전도 감추지 않고 공개하였다.

전문술사를 위한 육효점의 바른 점사와 괘 풀이!

六爻는 자연의 의중을 묻는 학문으로 다른 점술에 비해 배우기 쉬우면서도 탁월한 적중률을 자랑한다. 그러나 시중에는 고전을 단순 번역해석한 책이 난무하고 있다. 고서의 예문을 인용한 막연한 해설에 불과한 내용이 초학자에게는 상당히 많은 혼란을 주고 있다. 이런 문제를 해소하기 위해 출간한 것이 〈神算六爻精解〉이다.

〈神算六爻-이것이 귀신도 곡하는 점술이다〉가 육효의 기초와 함께 육효점을 각 분야 · 사례별로 소개한 입문서라면, 〈神算六爻精解〉는 상담 실전에서 바른 점사와 정확한 괘 풀이로 전율할 만큼 신묘하고도 높은 적중률로 안내하는 전문 술사를 위한 실전 · 응용편이라 할 수 있다.

육효학과 육효점, 즉 이론과 풀이를 동시에 만족 시키기 위해 필자의 〈신산육효학 강의〉에서만 들을 수 있는 내용을 다수 포함시키고 비전도 감추지 않고 공개하였다.

실전육효최고급 종결편

神算 六爻秘傳要訣

신 산 육 효 비 전 요 결

神算 金 用 淵 教授

神算六爻硏究會 會員
盧 應 根 共著

실전육효 최고급편

저자로서 지금까지 펴낸 「이것이 귀신도 곡하는 점술이다」가 육효점의 입문에서부터 기초와 이해에 바탕하여 육효점을 적용할 수 있는 사례를 분야별로 소개한 입문서라면, 「이것이 신이 내려주는 점술이다」는 좀 더 깊이 있게 실전에서 연구, 응용할 수 있는 종합응용편이라 할 것이다.

육효학에 대해서는 이상으로 모든 것을 널리 소개, 밝혔다고 생각하고 더 이상의 책 출간은 생각지 않았으나 수 많은 독자와 강호 제현들의 격려와 성화를 거절할 수 없었고, 또 세상에서 흔히 비전이라 쉬쉬하며 특별히 전수하는 양하며 자행되는 금전갈취와 비행을 모르는체 할 수 없어 저자로서 필생동안 연구, 임상하였던 흔치 않은 모든 비술을 여기에 모두 밝혔음을 알린다.

지금까지 저자의 앞서 발행된 2권의 책을 숙지한 독자라면 이 책마저 통달하고 나면 육효학에 관한한 특출한 일가견을 이루었다고 확신하는 바이며 역학계에서 우뚝하리라 믿는다

이 冊으로 後學들이 六爻學을 공부하는 데, 또 실제 상담실전에 보다 유용하고 효과적으로 한치의 오차도 없이 정확하게 판단하는 데 조금이라도 도움이 된다면 필자로서는 더 없는 기쁨이라 하겠다.

神算 金用淵 先生 講義 案内

신산육효연구회에서는 상담 경력 50여년의 풍부한 경험과 사안별 예단하는 육효 단시점, 인간의 길흉화복과 운명감정에 독보적 입신의 경지에 이르신 神算선생님을 모시고, 역학에 입문하시려는 초학자 분들을 위하여 아래와 같이 강의 개설을 안내합니다.

신산 김용연선생님은 역학의 신비화와 혹세무민 비전을 찾는 그릇된 형태를 늘 경계하고 올바른 역술인으로서의 양식을 늘 강조하신 분으로 현재 많은 제자들이 육효학의 대가로 활동하고 있습니다.

동양철학의 전문지식을 습득하여 자신이나 타인의 운명을 분석하여 부부 및 자식관계 · 직장 · 사업 · 재물 · 건강 등 인생전반에 걸쳐서 삶의 방향과 방책을 제시해 주는 전문가를 양성하는 교육과정입니다.

● 신산육효학 · 신산상법(관상학) · 명리학 강좌 안내 ●

교육참가대상

- 전문 상담실 개업을 희망하시는 분, 일반인.
- 직업 전환을 원하시는 직장인 · 자영업자 또는 자신의 진로와 미래에 대해 확신을 갖고 싶거나 관심이 많으신 분
- 자신의 현재 직업에 응용할 분.(부동산관련 종사자 · 펀드매니저 · 한의사 · 의사 · 약사 · 풍수지리 · 결혼매니저 · 진학상담교사 · 인사 및 노무 관리자)

■ **수강기간** : 실전반으로 6개월. (각 과목별)
■ **강의일시** : 매주 1회, 1시간씩. (각 과목별)
■ **장 소** : 신산육효연구회(서울시 강남구 대치동)
■ **문의전화** : 02-554-9898 (신산이수역술원)
■ **홈페이지** : http://김용연.한국
　　　　　　　http://유명역술인.한국
■ **이 메 일** : 025549898@daum.net
　　　　　　　027112517@daum.net